초단기 新BCT Speaking 공략

초단기 新BCT Speaking 공략

1판 1쇄 발행 2015년 12월 15일
2쇄 발행 2016년 7월 11일

저자 진윤영
기획 멀티캠퍼스 외국어연구소

펴낸이 박민우
기획팀 송인성, 김선명, 박민하, 박종인
편집팀 박우진, 김영주, 김정아, 최미라
관리팀 임선희, 정철호, 김성언, 권주련
펴낸곳 멀티캠퍼스 하우
주소 서울시 중랑구 망우로68길 48
전화 (02)922-7090
팩스 (02)922-7092
홈페이지 http://www.hawoo.co.kr
e-mail hawoo@hawoo.co.kr
등록번호 제2014-18호

값 17,000원
ISBN 979-11-955278-4-7 13720

Copyright ⓒ 2015 by Jin Yoonyoung

All rights reserved.
No part of this publication may be reproduced, stored in a retrieval system,
or transmitted in any form or by any means, electronic, mechanical, photocopying, recording,
or otherwise, without the prior permission of the publisher.

이 책은 저작권법에 따라 보호받는 저작물이므로 무단전재와 무단복제를 금지하며,
이 책 내용의 전부 또는 일부를 이용하려면 반드시 저작권자와 출판권자의 서면 동의를 받아야 합니다.

 모범 답변 MP3 다운로드 www.opic.co.kr 접속 후 '북&앱북'에서 다운로드

초단기
新 BCT
Speaking
공략

진윤영 저

머리말

"대세는 미국, 처세는 일본, 실세는 중국"

중국은 인구 세계 1위, GDP 세계 2위, 국토 면적 세계 3위인 나라로 2000년대 들어 경제 대국으로 부상하며, 신흥 강국으로서 기존의 초강대국인 미국과 어깨를 나란히 하고 있습니다. 이에 많은 언론들은 "G2시대, 중국어는 필수", "이제 중국은 미국과 대등한 G2국가"라고 앞다투어 보도하고 있으니, 중국어는 이제 선택이 아닌 반드시 배워야 하는 필수 언어임이 분명합니다.

중국과의 비즈니스 교류에서 "영어만 잘하면 되겠지", 혹은 "난 중국어를 잘하니 문제없어"라고 생각하는 분들이 많지만, 실제 비즈니스 상황에 직면해 보면 영어 혹은 유창한 중국어 회화 실력만으로 중국 비즈니스의 벽을 넘기 힘들다는 것을 깨닫게 됩니다. 즉, 중국과의 비즈니스에서는 '능숙한 비즈니스 중국어'만이 해답이라 할 수 있습니다. 자주 사용하는 외래어도 자국어로 순화시키는 중국인만큼 능숙한 비즈니스 중국어만이 중국인들의 필요를 파악하고 성공적인 비즈니스를 이끌어 낼 수 있는 힘입니다.

초단기 新BCT Speaking 공략은 新BCT Speaking 시험을 대비하기 위한 교재이자, 감히 흔한 비즈니스 중국어에서 한 단계 더 업그레이드 된 내용의 책이라고 말씀드리고 싶습니다. 식상한 비즈니스 중국어가 아닌 실제 업무에서 사용하는 비즈니스 중국어가 무엇인지 알기 위해 다방면의 비즈니스 영역에 종사하고 있는 한국인과 중국인들을 만나 조사하였고, 매일 중국에서 발간되는 경제 신문, 비즈니스 관련 법률 조항, 계약서 등의 자료를 찾아 참고하였으며, 중국에 있는 지인들을 통해 일면식도 없는 중국인들을 소개받아 수집한 자료를 구축하여 교재를 집필하였습니다. 저는 新BCT Speaking 교재 집필을 위해 누구보다 더 고민하였고, 누구보다 더 많이 준비하였으며, 누구보다 더 열심히 비즈니스 관련 공부를 했다고 감히 자부하며 이 책을 여러분께 소개하고 싶습니다.

끝으로 이 책이 나올 수 있도록 소중한 기회를 주신 Credu 계영아 소장님, 김경아 대리님, 김문정 대리님께 감사의 말씀 드립니다. 연휴, 주말 등 개인 생활까지 포기하며 저와 같이 매번 밤새도록 고생하신 서혜미 대리님께도 감사하다는 말씀 전하고 싶습니다. 그리고 중국어 감수에 신경 써준 明华선생님, 姜丽선생님께도 감사드립니다. 또한 본 교재의 집필을 위해 일면식도 없는데 기꺼이 도와준 중국인 친구들, 회사 계약서, 프로젝트 관련 내용까지 설명해가며 도와주신 저의 옛 수강생 분들, 바쁜 제자 건강까지 살뜰히 챙겨주시며 항상 응원해 주시는 박흥수 지도 교수님께 감사의 말씀 전합니다. 마지막으로 밖에서는 항상 살가우면서 집에만 오면 힘들다고 말 한마디 안 하고 짜증만 내는 저를 묵묵히 다 받아준 우리 가족들에게 감사하고 죄송하다는 말씀 전하고 싶습니다.

가르치는 강사보다는, 함께 고민하고 함께 공부하는 강사가 되겠습니다. 감사합니다.

진 윤 영

목차

- 머리말 ... 4
- 이 책의 구성과 활용법 ... 8
- 新BCT Speaking 소개 ... 10
- 新BCT Speaking 시험 진행 방식 및 화면 구성 ... 12
- 기간별 학습 계획 ... 13

1부분 快速作答 그림을 보고 간단하게 답하기

Chapter 01 **사실묘사-상태와 동작 1** ... 18

Chapter 02 **사실묘사-상태와 동작 2** ... 28

Chapter 03 **사실묘사-상태와 동작 3** ... 38

Chapter 04 **개인 의견 말하기** ... 48

2부분 简短作答 질문에 간단하게 답하기

Chapter 05 **소개와 설명 1** ... 62

Chapter 06 **소개와 설명 2** ... 72

Chapter 07 **비즈니스 상황 1** ... 82

Chapter 08 **비즈니스 상황 2** ... 92

3부분 情景模拟 주어진 상황에 맞게 말하기

Chapter 09 설명과 안내-일반 비즈니스	106
Chapter 10 설명과 안내-직무 비즈니스	114
Chapter 11 문제 해결과 요구-일반 비즈니스	122
Chapter 12 문제 해결과 요구-직무 비즈니스	130

4부분 意见表述 의견 말하기

Chapter 13 일반 생활	142
Chapter 14 일반 비즈니스 1	150
Chapter 15 일반 비즈니스 2	158
Chapter 16 직무 비즈니스	166

5부분 看图描述 그림을 보고 이야기 만들기

| Chapter 17 일반 생활 | 178 |
| Chapter 18 비즈니스 | 190 |

- 실전 모의고사 1   203
- 실전 모의고사 2   209
- 모범 답변 및 해설   215

이 책의 구성과 활용법

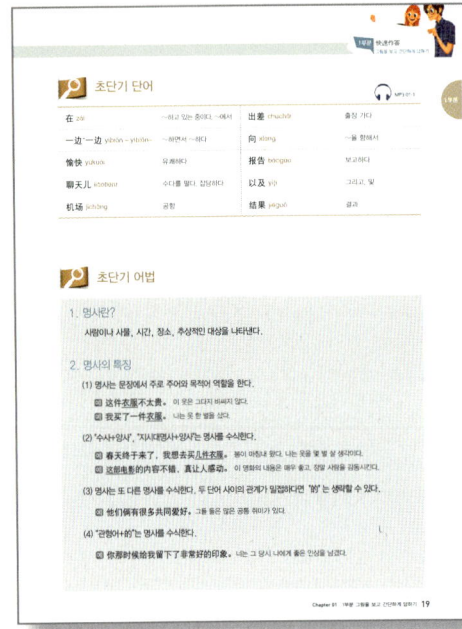

◀ 초단기 단어 & 어법

초단기 학습 문제의 답변을 완성하는데 꼭 필요한 단어와 중국어 말하기 능력에 기본이 되는 어법 사항을 제시하였습니다. 단어는 MP3로 제공되는 원어민 발음을 들으며 학습해 보세요.

초단기 학습 ▶

제시된 문제의 답변을 완성하는 방법으로 3단계 학습법을 제시하였습니다. 주어진 단계에 따라 스스로 답변을 완성할 수 있도록 연습해 보세요.

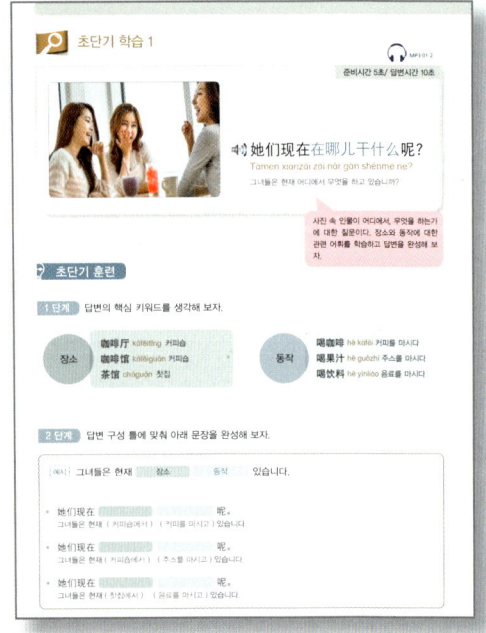

◀ **초단기 연습**

초단기 학습에서 제시한 3단계 학습법으로 스스로 답변을 완성해 볼 수 있는 연습 문제를 제시하였습니다. 실전 문제를 풀어보기 전 최종 연습을 해 보세요.

초단기 실전 ▶

실제 新BCT Speaking 시험에서 출제 빈도가 높은 유형의 문제를 제시하였습니다. 다양한 문제를 접해 볼수록 실제 시험에서 자신감 있게 답변할 수 있습니다. 각 문제에 제공되는 2개의 모범 답변을 MP3로 제공되는 원어민 발음으로 듣고 연습해 보세요.

新BCT Speaking 소개

1 新BCT(Business Chinese Test) Speaking 이란?

新BCT Speaking은 일반적인 업무 상황, 비즈니스 활동 및 일상 생활 중의 중국어 말하기 능력을 평가하는 시험입니다.

2 新BCT Speaking의 특징

(1) 컴퓨터로 진행되는 말하기 시험

응시자는 개별 컴퓨터를 배정받아 시험을 보게 됩니다. 오리엔테이션과 실제 시험이 모두 컴퓨터를 통해 진행되며, 응시자는 컴퓨터에 장착된 헤드셋을 통해 문제를 듣고 헤드셋 마이크로 답변을 녹음하게 됩니다.

(2) 응시자 개인별 맞춤형 문제 출제

시험 전 진행되는 설문조사의 결과에 따라 개별 응시자에게 맞춤형 문제가 제공됩니다. 특히 처음에 선택한 난이도(초급/중급/고급)는 시험 중 매 문제에 대한 답변이 끝날 때마다 재조정(쉬움/적당함/어려움)할 수 있습니다.

(3) 문제 유형과 소재의 다양화로 응시자의 중국어 실력을 객관적으로 평가

新BCT Speaking은 총 5개 부분으로 구성되어 있으며, 부분별로 다른 유형의 문제가 출제됩니다. 또한 비즈니스 활동, 업무 상황 외에 일상 생활 관련 소재의 문제도 출제되어 응시자의 중국어 실력을 객관적으로 평가합니다.

3 新BCT Speaking의 구성 및 시험 시간

新BCT Speaking은 총 5개 부분으로 구성되어 있으며, 총 15문제가 출제됩니다. 오리엔테이션 및 설문조사를 포함한 전체 시험 소요시간은 약 35분(OT 약 15분, 시험 약 20분)입니다.

구분	내용	문항 수(개)	준비 시간(초)	답변 시간(초)
1 부분	快速作答 그림을 보고 간단하게 답하기	4	5	10
2 부분	简短作答 질문에 간단하게 답하기	4	5	20
3 부분	情景模拟 주어진 상황에 맞게 말하기	3	20	60
4 부분	意见表述 의견 말하기	3	20	70
5 부분	看图描述 그림을 보고 이야기 만들기	1	50	120

4 新BCT Speaking의 점수 체계 및 점수대 별 말하기 능력 설명

(1) 新BCT Speaking 점수 체계

구분	1 부분	2 부분	3 부분	4 부분	5 부분	합계
부분별 만점(점)	80	100	120	120	80	500

(2) 新BCT Speaking 점수대 별 말하기 능력 설명

점수	말하기 능력 설명
0~110	• 발음이 부정확하며 이해하기 힘든 부분이 많습니다. • 제한된 단어와 간단한 구조는 사용할 수 있으나, 틀린 부분이 매우 많아 커뮤니케이션에 심각한 영향을 미칠 수 있습니다. • 말할 때 휴지(休止)가 매우 적절하지 못하며, 휴지(休止)의 시간이 깁니다. • 정확한 묘사나 설명은 힘들어나, 본인이 아는 다른 표현을 활용하여 설명할 수 있습니다.
111~220	• 발음 문제가 분명하게 드러나고 때로는 이해하는데 지장을 줍니다. • 일정한 어휘량을 보유하고 있으나, 간혹 정확하게 사용하지 못하여 의미 전달이 불분명합니다. • 일부 비교적 고정적으로 상용되는 구와 단문은 유창하게 구사하는 편이나, 자신이 문장을 만들어서 말할 때는 유창하지 않으며 적절하지 않은 휴지(休止)가 많은 편입니다.
221~330	• 약간의 발음 문제가 있으나 대체로 이해하는데 지장이 없습니다. • 상당한 어휘량을 보유하고 있으며 일부 상용 비즈니스 단어를 사용할 수 있습니다. 잘못 사용하는 부분도 있으나 대체로 커뮤니케이션에 영향을 미치지 않습니다. • 대부분 유창하게 말하지만 복잡한 내용을 표현할 때는 조금 힘들어하며, 부적절한 휴지(休止)가 있습니다. • 표현에 일관성이 있으며, 간단하지만 논리적으로 말할 수 있습니다.
331~430	• 개별적인 발음의 문제는 있으나 이해하는데 지장은 없습니다. • 어휘량이 상당히 풍부하며 상용 비즈니스 단어를 적절하게 사용할 수 있습니다. • 커뮤니케이션 요구에 따라 자연스럽게 복잡한 문형을 사용할 수 있고, 실수가 있어도 의미 전달에 영향을 주지 않습니다. • 표현이 비교적 적절하고 논리적이며 연결성 있게 말할 수 있습니다.
431~500	• 개별적인 발음의 문제는 있으나 이해하는데 전혀 지장을 주지 않습니다. • 어휘량이 상당히 풍부하고 상용 비즈니스 단어를 적절하게 사용할 수 있으며 문장이 매끄럽습니다. • 표현이 매우 적절하고 논리적이며 조리 있게 말할 수 있습니다. • 명확한 이유를 들어 설명할 수 있으며, 본인의 의사와 태도를 정확하게 전달할 수 있습니다.

5 新BCT Speaking 시험 관련 정보 확인

시험 일정 및 센터, 시험 접수, 성적 확인 등 新BCT Speaking 시험 관련 내용은 한국BCT사업본부 홈페이지 www.bctkorea.co.kr 에서 확인 가능합니다.

新BCT Speaking 시험 진행 방식 및 화면 구성

1. 실제 시험 전 신분 확인 및 오리엔테이션(개인 정보 입력, 헤드셋 점검, 설문 조사 등)이 진행됩니다.
2. 매 문제의 답변이 끝난 후 난이도를 재조정 할 수 있습니다. '쉬움/적당함/어려움' 중 선택할 수 있으며, 기본값은 쉬움으로 되어 있습니다.
3. 준비 시간 필요 없이 바로 답변하기 원할 경우 '준비 및 답변' 버튼(◯)을 클릭하면 됩니다.

新BCT Speaking 시험 화면 구성

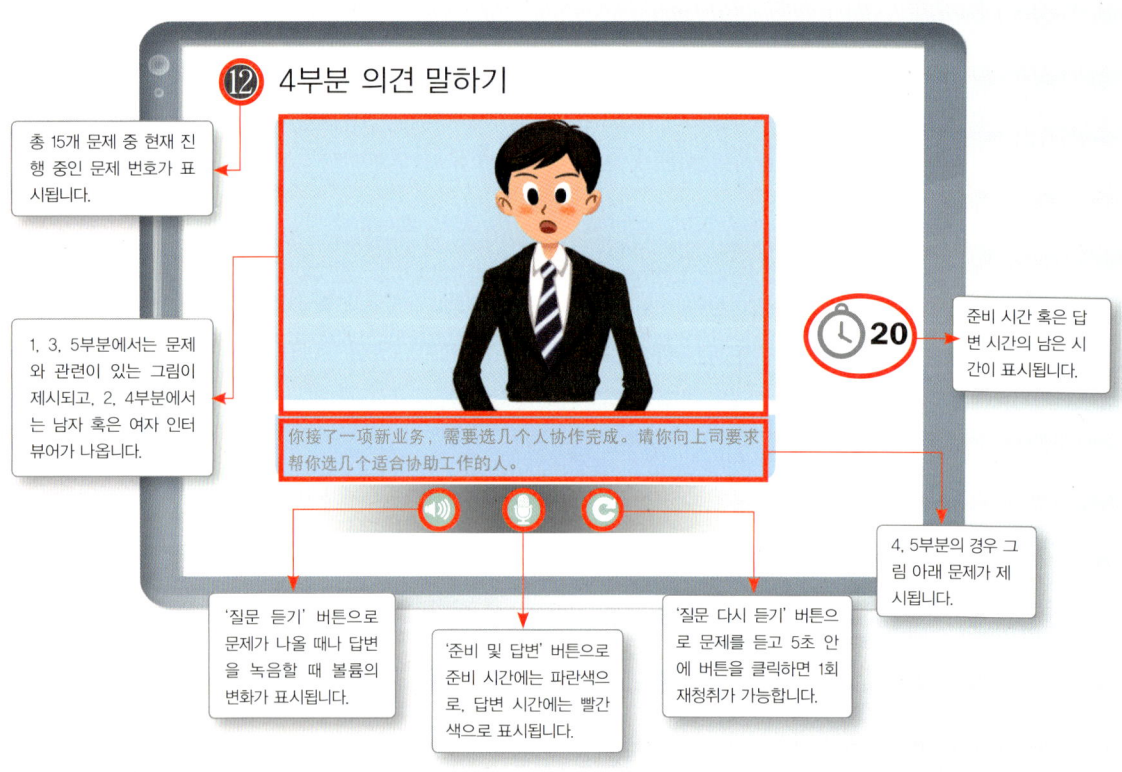

기간별 학습 계획

■ 4주 완성(주 5일)

주 \ 요일	월	화	수	목	금
1주	Chapter 1	Chapter 2	Chapter 3	Chapter 4	Chapter 5
2주	Chapter 6	Chapter 7	Chapter 8	Chapter 9	Chapter 10
3주	Chapter 11	Chapter 12	Chapter 13	Chapter 14	Chapter 15
4주	Chapter 16	Chapter 17	Chapter 18	실전 모의고사 1	실전 모의고사 2

■ 8주 완성(주 3일)

주 \ 요일	월	수	금
1주	Chapter 1	Chapter 2	Chapter 3
2주	Chapter 4	Chapter 1-4 복습	Chapter 5
3주	Chapter 6	Chapter 7	Chapter 8
4주	Chapter 5-8 복습	Chapter 9	Chapter 10
5주	Chapter 11	Chapter 12	Chapter 9-12 복습
6주	Chapter 13	Chapter 14	Chapter 15
7주	Chapter 16	Chapter 13-16 복습	Chapter 17
8주	Chapter 18	Chapter 17-18 복습	실전 모의고사 1, 2

1부분

快速作答

그림을 보고 간단하게 답하기

1부분 실전테스트 예시

❶ 快速作答

# 1부분 快速作答 초단기 공략법

그림을 보고 간단하게 답하기

1부분은 제시된 그림과 관련된 질문을 듣고 답변하는 유형이다. 그림을 묘사 또는 설명하는 문제와 그림을 참고로 본인의 상황에 맞게 답변하는 문제로 구분이 되므로, 질문을 주의 깊게 듣는 것이 중요하다. 그림이 화면에 제시되고, 질문은 음성으로만 듣게 된다.

 ## 시험 구성

문항 수	총 4문항 (그림 묘사 또는 설명 3문항 + 개인 상황에 대한 질문 1문항)
시험 시간	각 문항 당 준비시간 5초, 답변시간 10초
출제 의도	• 기본적인 비즈니스 활동 및 배경 장소 관련 어휘를 정확하게 알고 있는지 파악한다. • 개인의 일상 생활, 계획 또는 관심사에 대한 설명이 가능한지 파악한다.
채점 포인트	• 발음, 성조의 정확성을 평가한다. • 그림에 맞는 적합한 의미의 어휘를 구사했는지 평가한다.

 ## 학습법

1. 그림을 보고 묘사하는 연습을 꾸준히 하자!

그림 속 인물이 어떤 장소에서 어떤 동작을 하고 있는지 최대한 구체적으로 답변할 수 있도록 연습을 해야 한다. 주로 육하원칙에 따른 질문이 나오므로 답변 역시 육하원칙에 맞춰 할 수 있도록 준비하자.

2. 동작 묘사 관련 어휘는 반드시 정리하자!

1부분 답변의 핵심은 바로 동작 묘사에 있다. 어떤 장소에서 어떤 동작이 자주 발생하는지, 예컨대 "邮局(우체국)"에서 자주 발생하는 동작 "寄包裹(소포 부치다)" 등과 같이 특정 장소와 관련된 동작 묘사 어휘는 반드시 함께 정리해 두어야 한다.

3. 취미 관련 어휘를 정리하자!

개인 상황을 묻는 문제는 대부분 시험 전 진행한 설문조사 내용에 근거하여 출제되기 때문에 개인의 취미와 관련된 어휘는 반드시 정리해 두어야 한다. 또한 그 취미를 하는 이유 역시 간단하게 설명할 수 있어야 한다.

 **시험 진행 프로세스**

문제 제시
1부분은 제시된 그림과 관련된 질문을 듣고 답변하는 문제이다.

Tip 준비시간이 짧은 만큼 문제 다시 듣기를 활용하여 시간을 버는 것도 하나의 팁!

준비시간 5초
질문이 끝난 후 시계에 5초가 표시되고, 마이크가 파란색으로 변하면 답변 준비를 시작한다.

Tip 사진을 보면서 답변의 핵심 키워드 생각하기!

답변시간 10초
시계에 답변시간 10초가 표시되고, 안내멘트 후 "삐" 소리와 함께 마이크가 빨간색으로 변하면 답변을 시작한다.

Tip 질문의 틀을 활용하여 핵심 어휘만 바꿔 재빨리 답변하기!

 **초단기 답변 포인트**

1. 행동 묘사: 그림 속 인물이 어떤 행동을 취하고 있는지 정확하게 답변해야 한다.
2. 사물 묘사: 인물 외에도 그림 속엔 다양한 사물들이 등장한다. 사물 묘사는 응시자가 사물을 칭하는 명사를 정확하게 알고 있는지 파악하기 위해 출제되므로, 관련 명사는 정확히 알고 있어야 한다.
3. 개인 경험: 개인의 취미 또는 일상 생활과 관련하여 간략하게 답변할 수 있어야 한다.

Chapter 01

1부분 快速作答
그림을 보고 간단하게 답하기

사실묘사 – 상태와 동작 1

그림 속 인물이 어떤 장소에서 어떤 동작을 행하고 있는지, 혹은 사물이 어떠한 상태를 나타내고 있는지에 대해 답변하는 방법을 학습해 보자. 응시자가 다양한 장소 및 동작 관련 단어를 파악하고 있는지, 상태를 묘사할 수 있는 형용사를 얼마나 파악하고 있는지 평가하는 부분이기 때문에 비즈니스 활동이 이루어지는 장소, 관련 동사, 관련 형용사를 공부하는 것이 중요하다.

진윤영선생님의 초단기 전략!

1 질문 내용을 잘 파악하자!

1부분은 그림만 제시되고 질문 내용은 화면에 제시되지 않는다. 따라서 질문이 요구하는 내용이 무엇인지 정확하게 듣고 파악해야 한다.

예) 她们现在在哪儿干什么呢?
그녀들은 현재 어디에서 무엇을 하고 있습니까?

질문의 핵심은 "어디"와 "무엇"이다. 따라서 제시된 그림을 보고 장소와 동작에 중점을 두어 답변을 해야 한다.

2 문제가 요구하는 내용만 핵심적으로 말하자!

1부분은 준비시간이 5초, 답변시간이 10초로 비교적 짧다. 따라서 머뭇거리거나, 더 많은 말을 하려고 하다 답변시간을 초과해 버리면 감점의 요인이 될 수 있으므로 문제가 요구하는 내용만 핵심적으로 답변해야 한다.

1부분 快速作答
그림을 보고 간단하게 답하기

 초단기 단어

 MP3 01-1

在 zài	~하고 있는 중이다, ~에서	出差 chūchāi	출장 가다
一边~一边~ yībiān~yībiān~	~하면서 ~하다	向 xiàng	~을 향해서
愉快 yúkuài	유쾌하다	报告 bàogào	보고하다
聊天儿 liáotiānr	수다를 떨다, 잡담하다	以及 yǐjí	그리고, 및
机场 jīchǎng	공항	结果 jiéguǒ	결과

 초단기 어법

1. 명사란?

사람이나 사물, 시간, 장소, 추상적인 대상을 나타낸다.

2. 명사의 특징

(1) 명사는 문장에서 주로 주어와 목적어 역할을 한다.

예 这件<u>衣服</u>不太贵。 이 옷은 그다지 비싸지 않다.
예 我买了一件<u>衣服</u>。 나는 옷 한 벌을 샀다.

(2) "수사+양사", "지시대명사+양사"는 명사를 수식한다.

예 春天终于来了，我想去买<u>几件衣服</u>。 봄이 마침내 왔다. 나는 옷을 몇 벌 살 생각이다.
예 <u>这部电影</u>的内容不错，真让人感动。 이 영화의 내용은 좋고, 정말 사람을 감동시킨다.

(3) 명사는 또 다른 명사를 수식한다. 두 단어 사이의 관계가 밀접하다면 "的"는 생략할 수 있다.

예 他们俩有很多<u>共同爱好</u>。 그들 둘은 많은 공통 취미가 있다.

(4) "관형어+的"는 명사를 수식한다.

예 你那时候给我留下了<u>非常好的印象</u>。 너는 그 당시 나에게 매우 좋은 인상을 남겼다.

 **초단기 학습 1**

 MP3 01-2

준비시간 5초 / 답변시간 10초

🔊 **她们现在在哪儿干什么呢?**
Tāmen xiànzài zài nǎr gàn shénme ne?
그녀들은 현재 어디에서 무엇을 하고 있습니까?

사진 속 인물이 어디에서, 무엇을 하는가에 대한 질문이다. 장소와 동작에 대한 관련 어휘를 학습하고 답변을 완성해 보자.

초단기 훈련

1 단계 답변의 핵심 키워드를 생각해 보자.

장소
- 咖啡厅 kāfēitīng 커피숍
- 咖啡馆 kāfēiguǎn 커피숍
- 茶馆 cháguǎn 찻집

동작
- 喝咖啡 hē kāfēi 커피를 마시다
- 喝果汁 hē guǒzhī 주스를 마시다
- 喝饮料 hē yǐnliào 음료를 마시다

2 단계 답변 구성 틀에 맞춰 아래 문장을 완성해 보자.

예시 그녀들은 현재 **장소** **동작** 있습니다.

- 她们现在 _____ 呢。
  그녀들은 현재 (커피숍에서) (커피를 마시고) 있습니다.

- 她们现在 _____ 呢。
  그녀들은 현재 (커피숍에서) (주스를 마시고) 있습니다.

- 她们现在 _____ 呢。
  그녀들은 현재 (찻집에서) (음료를 마시고) 있습니다.

3 단계 답변을 확인하고 큰 소리로 읽어보자.

- 她们现在 `在咖啡厅` `喝咖啡` 呢。
  Tāmen xiànzài zài kāfēitīng hē kāfēi ne.
  그녀들은 현재 커피숍에서 커피를 마시고 있습니다.

- 她们现在 `在咖啡馆` `喝果汁` 呢。
  Tāmen xiànzài zài kāfēiguǎn hē guǒzhī ne.
  그녀들은 현재 커피숍에서 주스를 마시고 있습니다.

- 她们现在 `在茶馆` `喝饮料` 呢。
  Tāmen xiànzài zài cháguǎn hē yǐnliào ne.
  그녀들은 현재 찻집에서 음료를 마시고 있습니다.

진윤영 선생님의
고득점 모범답변!

MP3 01-4

她们现在在咖啡厅里，一边喝咖啡一边愉快地聊天儿呢。
Tāmen xiànzài zài kāfēitīng lǐ, yìbiān hē kāfēi yìbiān yúkuài de liáotiānr ne.
그녀들은 현재 커피숍에서 커피를 마시면서 즐겁게 이야기를 하고 있습니다.

★ **고득점 전략** 一边~一边~ ~하면서 ~하다

두 가지 동작의 동시 진행을 설명하는 접속사 구문이다.

예) 他们一边喝酒一边聊天儿呢。
    그들은 술을 마시면서 이야기를 하고 있습니다.

예) 她一边听音乐一边看书呢。
    그녀는 음악을 들으면서 책을 보고 있습니다.

초단기 학습 2

준비시간 5초/ 답변시간 10초

🔊 **她正要去哪儿?**
Tā zhèngyào qù nǎr?

그녀는 어디에 가려고 합니까?

> 어디에 가는지 장소에 대한 질문이다. 그림을 보고 해당 장소가 어디인지 신속하게 파악하고 답변을 완성해 보자.

초단기 훈련

1 단계 답변의 핵심 키워드를 생각해 보자.

장소
机场 jīchǎng 공항
首都机场 shǒudūjīchǎng 수도 공항

동작
出差 chūchāi 출장가다

> 중국어는 동사구 목적어를 쓸 수 있으므로 去 뒤에 동작 동사를 사용해도 된다.

2 단계 답변 구성 틀에 맞춰 아래 문장을 완성해 보자.

예시
그녀는   **장소**   가려고 합니다.
그녀는   **동작**   가려고 합니다.

- 她正要去 _____ 。
  그녀는 (공항에) 가려고 합니다.

- 她正要去 _____ 。
  그녀는 (수도 공항에) 가려고 합니다.

- 她正要去 _____ 。
  그녀는 (출장을) 가려고 합니다.

3 단계 답변을 확인하고 큰 소리로 읽어보자.

MP3 01-6

- 她正要去 机场 。
  Tā zhèngyào qù jīchǎng.
  그녀는 공항에 가려고 합니다.

- 她正要去 首都机场 。
  Tā zhèngyào qù shǒudūjīchǎng.
  그녀는 수도 공항에 가려고 합니다.

- 她正要去 出差 。
  Tā zhèngyào qù chūchāi.
  그녀는 출장을 가려고 합니다.

진윤영선생님의 고득점 모범답변!

MP3 01-7

她正要去机场，今天她去中国出差。
Tā zhèngyào qù jīchǎng, jīntiān tā qù Zhōngguó chūchāi.
그녀는 공항에 가려고 합니다. 오늘 그녀는 중국으로 출장을 갑니다.

★ **고득점 전략**
단순히 장소만 언급하여 답변을 마무리 하기 보다 뒤에 그 장소에 가려고 하는 목적을 덧붙여 답변하면 고득점을 받을 수 있다.

예 她正要去机场，今天她跟朋友们一起去中国旅游。
  그녀는 공항에 가려고 합니다. 오늘 그녀는 친구들과 함께 중국으로 여행을 갑니다.

예 她正要去机场，今天她要接朋友。
  그녀는 공항에 가려고 합니다. 오늘 그녀는 친구를 마중해야 합니다.

 **초단기 학습 3**

 MP3 01-8

준비시간 5초/ 답변시간 10초

🔊 **李秘书现在在做什么呢?**
Lǐ mìshū xiànzài zài zuò shénme ne?

이 비서는 현재 무엇을 하고 있습니까?

> 무엇을 하는가에 대한 질문이다. 그림을 보고 보통 비서가 하는 일이 무엇인지 추측하여 답변을 완성해 보자.

초단기 훈련

1 단계 답변의 핵심 키워드를 생각해 보자.

동작
- 报告 bàogào 보고하다
- 汇报 huìbào 종합하여 보고하다
- 说明 shuōmíng 설명하다

동작의 대상
- 今天的日程 jīntiān de rìchéng 오늘의 일정
- 会议结果 huìyì jiéguǒ 회의 결과
- 有关合作的事项 yǒuguān hézuò de shìxiàng 합작 관련 사항

2 단계 답변 구성 틀에 맞춰 아래 문장을 완성해 보자.

[예시] 이 비서는 현재 회장님께　**동작의 대상**　**동작**　하고 있습니다.

- 李秘书正在向会长　　　　　。
  이 비서는 회장님께　(오늘의 일정을)　(보고)　하고 있습니다.

- 李秘书正在向会长　　　　　。
  이 비서는 회장님께　(회의 결과를)　(종합하여 보고)　하고 있습니다.

- 李秘书正在向会长　　　　　。
  이 비서는 회장님께　(합작 관련 사항을)　(설명)　하고 있습니다.

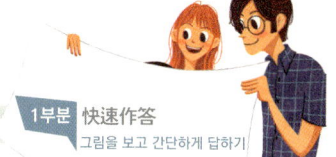

3 단계 답변을 확인하고 큰 소리로 읽어보자.

MP3 01-9

- 李秘书正在向会长 **报告** 今天的日程 。
  Lǐ mìshū zhèngzài xiàng huìzhǎng bàogào jīntiān de rìchéng.
  이 비서는 회장님께 오늘의 일정을 **보고**하고 있습니다.

- 李秘书正在向会长 **汇报** 会议结果 。
  Lǐ mìshū zhèngzài xiàng huìzhǎng huìbào huìyì jiéguǒ.
  이 비서는 회장님께 회의 결과를 **종합하여 보고**하고 있습니다.

- 李秘书正在向会长 **说明** 有关合作的事项 。
  Lǐ mìshū zhèngzài xiàng huìzhǎng shuōmíng yǒuguān hézuò de shìxiàng.
  이 비서는 회장님께 합작 관련사항을 **설명**하고 있습니다.

진윤영선생님의 고득점 모범답변!

MP3 01-10

李秘书现在报告今天的日程以及昨天的会议结果。
Lǐ mìshū xiànzài bàogào jīntiān de rìchéng yǐjí zuótiān de huìyì jiéguǒ.
이 비서는 현재 오늘의 일정 및 어제의 회의 결과를 보고하고 있습니다.

★ 고득점 전략

동작의 대상은 구체적이고 자세하게 말하는 것이 좋다.

예 他正在复印什么?
그는 무엇을 복사하고 있습니까?

→ 他正在复印材料。
그는 자료를 복사하고 있습니다.

→ 他正在复印会议材料和合同草案。
그는 회의 자료와 계약서 초안을 복사하고 있습니다.

초단기 연습

해설 216p

 MP3 01-11

📝 준비시간 5초
⏰ 답변시간 10초

핵심 키워드 생각하기

(장소)   (동작)

나만의 답변 만들기

他们在 _____ 。
그들은   (장소)   (동작)   있다.

답변 완성하기

초단기 실전

해설 216p

1부분

1

준비시간 5초
답변시간 10초

답변 노트

2

준비시간 5초
답변시간 10초

답변 노트

3

준비시간 5초
답변시간 10초

답변 노트

Chapter 02

1부분 快速作答
그림을 보고 간단하게 답하기

사실묘사 – 상태와 동작 2

그림 속 인물의 동작 혹은 사물의 상황이 어떠한지 묘사하는 방법에 대해서 학습해 보자. 그림 속 인물 혹은 사물의 상황을 보고 유추해서 대답하는 표현으로 부사, 접속사 등을 사용하여 답변한다면 좀 더 높은 점수를 받을 수 있다.

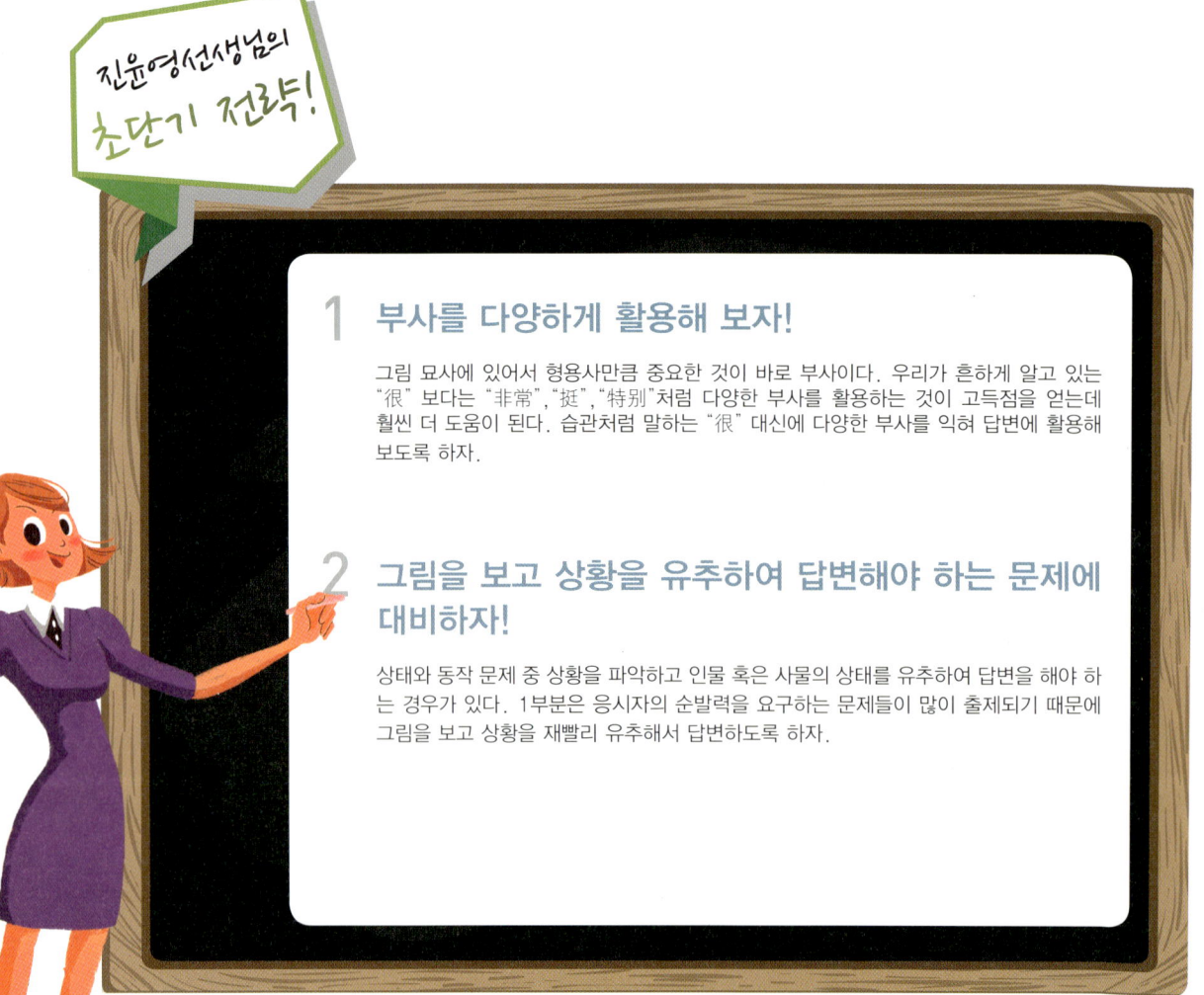

진윤영선생님의 초단기 전략툭!

1. 부사를 다양하게 활용해 보자!

그림 묘사에 있어서 형용사만큼 중요한 것이 바로 부사이다. 우리가 흔하게 알고 있는 "很" 보다는 "非常", "挺", "特別"처럼 다양한 부사를 활용하는 것이 고득점을 얻는데 훨씬 더 도움이 된다. 습관처럼 말하는 "很" 대신에 다양한 부사를 익혀 답변에 활용해 보도록 하자.

2. 그림을 보고 상황을 유추하여 답변해야 하는 문제에 대비하자!

상태와 동작 문제 중 상황을 파악하고 인물 혹은 사물의 상태를 유추하여 답변을 해야 하는 경우가 있다. 1부분은 응시자의 순발력을 요구하는 문제들이 많이 출제되기 때문에 그림을 보고 상황을 재빨리 유추해서 답변하도록 하자.

 초단기 단어

 MP3 02-1

弹钢琴 tán gāngqín	피아노를 치다	便宜 piányi	싸다, 저렴하다
饭馆 fànguǎn	식당	常常 chángcháng	종종, 자주
受欢迎 shòu huānyíng	환영 받다	座无虚席 zuòwúxūxí	빈 자리가 없다
累 lèi	피곤하다	又A又B yòu A yòu B	A하면서 B하다
极了 jí le	매우 ~하다	看起来 kàn qǐlái	보아하니

 초단기 어법

1. 양사란?

사람, 사물, 동작 등의 수량 단위를 나타내는 품사이다.

2. 양사의 종류

(1) 명량사는 숫자와 함께 쓰여서 명사를 꾸며 주는 양사이다.
　　기본 어순: 지시대명사/수사+양사+명사

　　예 我买了<u>两杯茶</u>。 나는 차를 두 잔 샀다.

(2) 동량사는 동사 뒤에 위치하여 동작의 횟수나 양을 나타내는 양사이다.
　　기본 어순: 동사+了/着/过+수사+양사

　　예 我<u>去过三次</u>。 나는 세 번 가 본 적이 있다.

(3) 시량사는 동사 뒤에서 동작이 얼마 동안 지속되었는지를 나타내는 양사이다.
　　기본 어순: 동사+了/着/过+수사+양사+명사

　　예 我们<u>开了一个小时的会议</u>。 우리는 한 시간 동안 회의를 했다.

초단기 학습 1

 MP3 02-2

준비시간 5초/ 답변시간 10초

🔊 **她弹钢琴弹得怎么样?**
Tā tán gāngqín tán de zěnmeyàng?
그녀가 피아노를 치는 건 어떠합니까?

그림 속 인물의 동작이 어떠한지 묻는 질문이다. 동작과 동작의 정도를 나타내는 어휘를 학습하고 답변을 완성해 보자.

초단기 훈련

1 단계   답변의 핵심 키워드를 생각해 보자.

동작   弹 tán (악기를) 연주하다

동작의 정도
非常好 fēicháng hǎo 매우 잘한다
挺不错 tǐng búcuò 매우 괜찮다
非常好听 fēicháng hǎotīng
매우 듣기 좋다

2 단계   답변 구성 틀에 맞춰 아래 문장을 완성해 보자.

[예시]   그녀는   **동작**   **동작의 정도**   합니다.

- 她钢琴_____得_____。
  그녀는 피아노를 (매우 잘)(칩니다).

- 她钢琴_____得_____。
  그녀는 피아노를 (매우 괜찮게)(칩니다).

- 她钢琴_____得_____。
  그녀는 피아노를 (매우 듣기 좋게)(칩니다).

3 단계 답변을 확인하고 큰 소리로 읽어보자.

- 她钢琴 弹 得 非常好。
  Tā gāngqín tán de fēicháng hǎo.
  그녀는 피아노를 매우 잘 칩니다.

- 她钢琴 弹 得 挺不错。
  Tā gāngqín tán de tǐng búcuò.
  그녀는 피아노를 매우 괜찮게 칩니다.

- 她钢琴 弹 得 非常好听。
  Tā gāngqín tán de fēicháng hǎotīng.
  그녀는 피아노를 매우 듣기 좋게 칩니다.

진윤영선생님의 고득점 모범답변!

MP3 02-4

她钢琴弹得好极了。
Tā gāngqín tán de hǎo jí le.
그녀는 피아노를 매우 잘 칩니다.

★ **고득점 전략**

형용사를 수식할 때 정도부사(很 / 非常 / 太)를 사용해도 좋지만, 정도보어(极了 / 不得了)를 사용하면 좀 더 높은 점수를 받을 수 있다.

예 今天天气非常好。 오늘 날씨가 매우 좋다.
→ 今天天气好<u>极了</u>。

예 他现在特别着急。 그는 지금 매우 조급하다.
→ 他现在急得<u>不得了</u>。

초단기 학습 2

준비시간 5초 / 답변시간 10초

🔊 **这家饭馆的菜怎么样?**
Zhè jiā fànguǎn de cài zěnmeyàng?

이 식당의 음식은 어떠합니까?

> 식당의 음식이 어떠한지 묻는 질문이다. 그림을 보고 식당 음식 맛에 대한 묘사와 보충설명으로 답변을 완성해 보자.

초단기 훈련

1 단계 답변의 핵심 키워드를 생각해 보자.

묘사
- 很好吃 hěn hǎochī 매우 맛있다
- 味道很好 wèidao hěn hǎo 맛이 매우 좋다
- 很有特色 hěn yǒu tèsè 매우 특색 있다

보충설명
- 受很多人的欢迎 shòu hěn duō rén de huānyíng 많은 사람들에게 인기 있다
- 每次都人很多 měi cì dōu rén hěn duō 매번 사람이 많다
- 年轻人很喜欢 niánqīngrén hěn xǐhuan 젊은 사람들이 좋아한다

2 단계 답변 구성 틀에 맞춰 아래 문장을 완성해 보자.

> [예시] 이 식당의 음식은 [묘사]. 그래서 [보충설명].

- 这家饭馆的菜 _____, 所以 _____.
  이 식당의 음식은 (매우 맛있습니다). 그래서 (많은 사람들에게 인기가 있습니다).

- 这家饭馆的菜 _____, 所以 _____.
  이 식당의 음식은 (맛이 매우 좋습니다). 그래서 (매번 사람이 많습니다).

- 这家饭馆的菜 _____, 所以 _____.
  이 식당의 음식은 (매우 특색 있습니다). 그래서 (젊은 사람들이 좋아합니다).

1부분 快速作答
그림을 보고 간단하게 답하기

3 단계 답변을 확인하고 큰 소리로 읽어보자.

- 这家饭馆的菜 很好吃 ，所以 受很多人的欢迎 。
  Zhè jiā fànguǎn de cài hěn hǎochī, suǒyǐ shòu hěn duō rén de huānyíng.
  이 식당의 음식은 매우 맛있습니다. 그래서 많은 사람들에게 인기가 있습니다.

- 这家饭馆的菜 味道很好 ，所以 每次都人很多 。
  Zhè jiā fànguǎn de cài wèidao hěn hǎo, suǒyǐ měi cì dōu rén hěn duō.
  이 식당의 음식은 맛이 매우 좋습니다. 그래서 매번 사람이 많습니다.

- 这家饭馆的菜 很有特色 ，所以 年轻人很喜欢 。
  Zhè jiā fànguǎn de cài hěn yǒu tèsè, suǒyǐ niánqīngrén hěn xǐhuan.
  이 식당의 음식은 매우 특색 있습니다. 그래서 젊은 사람들이 좋아합니다.

진윤영선생님의 고득점 모범답변!

MP3 02-7

这家饭馆的菜又好吃又便宜，所以常常座无虚席。
Zhè jiā fànguǎn de cài yòu hǎochī yòu piányi, suǒyǐ chángcháng zuòwúxūxí.
이 식당의 음식은 맛있으면서 저렴합니다. 그래서 자주 앉을 곳이 없습니다.

★ **고득점 전략** 又A又B A하면서 B하다('又' 뒤에 주로 형용사가 옴)

예 这家饭馆的菜又好吃又有特色，所以常常座无虚席。
   이 식당의 음식은 맛있으면서 특색도 있습니다. 그래서 자주 앉을 곳이 없습니다.

예 这家饭馆的菜又便宜又有特色，所以常常座无虚席。
   이 식당의 음식은 저렴하면서 특색도 있습니다. 그래서 자주 앉을 곳이 없습니다.

초단기 학습 3

준비시간 5초/ 답변시간 10초

🔊 **他最近怎么了？工作多吗？**
Tā zuìjìn zěnme le? Gōngzuò duō ma?
그는 최근에 어떠합니까? 일이 많습니까?

> 사진 속 남자의 상태와 업무에 대해 묻는 질문이다. 관련 어휘를 학습하고 답변을 완성해 보자.

초단기 훈련

1단계 답변의 핵심 키워드를 생각해 보자.

상태
- 又累又忙 yòu lèi yòu máng
  피곤하기도 하고 바쁘기도 하다
- 身体不太好 shēntǐ bú tài hǎo
  몸이 별로 좋지 않다
- 压力很大 yālì hěn dà
  스트레스가 많다

업무
- 要做的工作也很多 yào zuò de gōngzuò yě hěn duō
  해야 할 업무도 아주 많다
- 工作也很忙 gōngzuò yě hěn máng
  업무도 아주 바쁘다
- 工作也非常多 gōngzuò yě fēicháng duō
  업무도 매우 많다

2단계 답변 구성 틀에 맞춰 아래 문장을 완성해 보자.

[예시] 그는 최근 상태 , 업무 .

- 他最近　　　　　，　　　　　。
  그는 최근 (피곤하기도 하고 바쁘기도 하며), (해야 할 업무도 아주 많습니다).

- 他最近　　　　　，　　　　　。
  그는 최근 (몸이 별로 좋지 않고), (업무도 아주 바쁩니다).

- 他最近　　　　　，　　　　　。
  그는 최근 (스트레스가 많고), (업무도 매우 많습니다).

1부분 快速作答
그림을 보고 간단하게 답하기

3 단계 답변을 확인하고 큰 소리로 읽어보자.

 MP3 02-9

- 他最近 又累又忙 ， 要做的工作也很多 。
  Tā zuìjìn yòu lèi yòu máng, yào zuò de gōngzuò yě hěn duō.
  그는 최근 피곤하기도 하고 바쁘기도 하며, 해야 할 업무도 아주 많습니다.

- 他最近 身体不太好 ， 工作也很忙 。
  Tā zuìjìn shēntǐ bú tài hǎo, gōngzuò yě hěn máng.
  그는 최근 몸이 별로 좋지 않고, 업무도 아주 바쁩니다.

- 他最近 压力很大 ， 工作也非常多 。
  Tā zuìjìn yālì hěn dà, gōngzuò yě fēicháng duō.
  그는 최근 스트레스가 많고, 업무도 매우 많습니다.

진윤영선생님의 고득점 모범답변!

MP3 02-10

他最近工作很忙，所以现在看起来特别累。
Tā zuìjìn gōngzuò hěn máng, suǒyǐ xiànzài kàn qǐlái tèbié lèi.
그는 최근 일이 아주 바빠서 현재 매우 피곤해 보입니다.

★ **고득점 전략** 看起来 보기에 ~하다

예 他最近又累又忙，看起来工作也很多。
그는 최근 피곤하기도 하고 바쁘기도 합니다. 업무 역시 아주 많아 보입니다.

예 他最近工作很忙，而且看起来工作压力也很大。
그는 최근 업무가 매우 바쁩니다. 게다가 업무 스트레스도 아주 커 보입니다.

핵심 키워드 생각하기

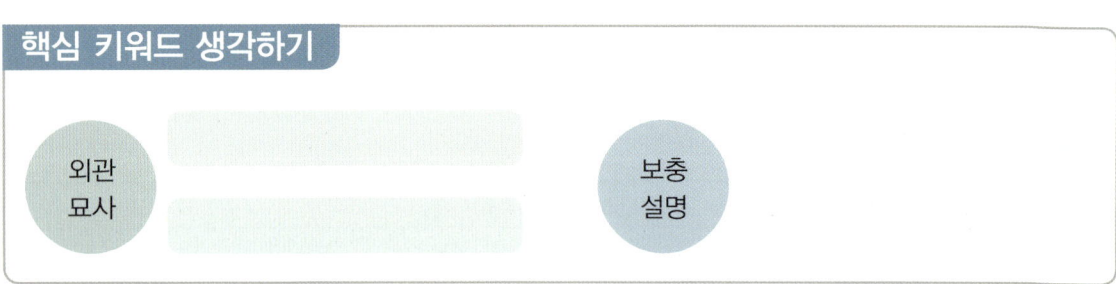

나만의 답변 만들기

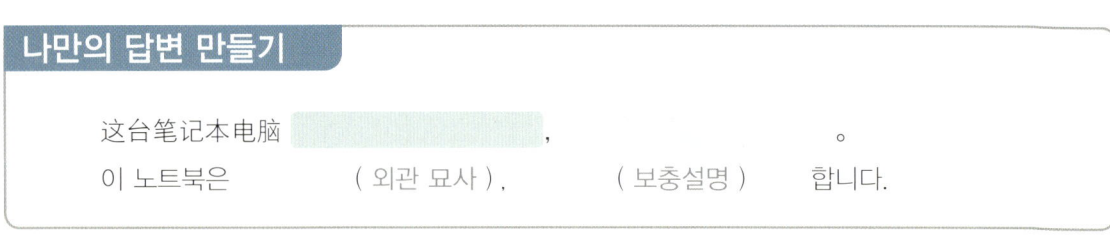

这台笔记本电脑　　　　　　　　　　，　　　　　　　　　　。
이 노트북은　　　（외관 묘사），　　　（보충설명）　　합니다.

답변 완성하기

1

📝 준비시간 5초
⏰ 답변시간 10초

답변 노트

2

📝 준비시간 5초
⏰ 답변시간 10초

답변 노트

3

📝 준비시간 5초
⏰ 답변시간 10초

답변 노트

Chapter 03

1부분 **快速作答**

그림을 보고 간단하게 답하기

사실묘사 - 상태와 동작 3

각종 의문대명사를 포함한 간단한 질문에 답변하는 방법을 학습해 보자. 질문에 어떤 의문대명사가 나오는지 정확히 듣고 이해하는 것이 중요하며, 자주 출제되는 직업, 교통수단 등과 관련된 단어는 미리 학습해 두는 것이 좋다.

진윤영선생님의 초단기 전략!

1 질문 속의 의문대명사를 파악하자!

질문 속의 의문대명사를 잘 파악해야 답변의 핵심 키워드를 알 수 있다. 어떠한 의문대명사가 나오는지 잘 듣고 그에 맞는 답변을 하도록 하자.

예) 他在**哪儿**工作?
그는 어디에서 근무합니까?

他**怎么**去医院?
그는 어떻게 병원에 갑니까?

他复印**什么**?
그는 무엇을 복사합니까?

这家商店**为什么**这么有名?
이 상점은 왜 이렇게 유명합니까?

질문 속의 의문대명사가 바로 답변해야 할 중요 키워드이므로 어떤 의문대명사가 포함되어 있는지 꼭 파악하도록 하자.

2 단어를 몰라 답변을 못하는 상황은 피하자!

1부분에서는 그림 속 인물의 직업, 동작 진행의 방법, 대상, 이유 혹은 사물의 위치 등을 묻기 때문에 이와 관련된 단어는 꼭 알고 있어야 한다. 직업, 장소, 교통수단, 방위사 등의 단어는 반드시 익히도록 하자.

1부분 快速作答
그림을 보고 간단하게 답하기

 초단기 단어

MP3 03-1

从事 cóngshì	종사하다	商品 shāngpǐn	상품
销售员 xiāoshòuyuán	판매원, 세일즈맨	公共交通工具 gōnggòng jiāotōng gōngjù	대중교통 수단
地铁 dìtiě	지하철	打折 dǎzhé	할인하다
优惠活动 yōuhuìhuódòng	할인 행사	购物 gòuwù	구매하다
搭 dā	타다, 탑승하다	复印机 fùyìnjī	복사기

 초단기 어법

1. 동사란?

기본적으로 동작을 나타내며 존재, 소유 또는 심리 등을 나타내기도 하는 품사이다.

2. 동사의 특징

(1) 문장에서 주로 술어 역할을 한다.
　　예 我**复印**材料。 나는 자료를 복사한다.

(2) 了 / 着 / 过와 결합하여 시제나 상황을 구체화할 수 있다.
　　예 我昨天**买了**一台笔记本电脑。 나는 어제 노트북 한 대를 샀다. (동작의 완료)
　　　 我**躺着**看电视。 나는 누워서 TV를 본다. (상태의 지속)
　　　 我**去过**中国。 나는 중국에 가 본 적이 있다. (경험)

(3) 감정이나 심리를 나타내는 동사는 정도부사 很, 非常, 太 등의 수식을 받는다.
　　예 我**很**喜欢散步。 나는 산책하는 것을 매우 좋아한다.

(4) "동사+목적어"의 구조로 이루어진 이합사(离合词)는 단어 자체에 목적어를 포함하고 있으므로, 바로 뒤에 다른 명사가 올 수 없다.
　　예 我跟他**见面**。 (O) 나는 그와 만난다.
　　　 我**见面**他。 (X)

초단기 학습 1

준비시간 5초/ 답변시간 10초

🔊 **她从事什么工作?**
Tā cóngshì shénme gōngzuò?
그녀는 어떠한 일에 종사합니까?

> 그림 속 인물이 어떠한 일에 종사하는지 묻는 질문이다. 인물이 일하는 장소와 구체적인 직업명을 이야기하여 답변을 완성해 보자.

초단기 훈련

1 단계 답변의 핵심 키워드를 생각해 보자.

장소
- 百货商店 bǎihuòshāngdiàn 백화점
- 百货商场 bǎihuòshāngchǎng 백화점
- 购物中心 gòuwùzhōngxīn 쇼핑몰

직업명
- 销售员 xiāoshòuyuán 판매원, 세일즈맨
- 售货员 shòuhuòyuán 판매원
- 营业员 yíngyèyuán 판매원, 점원

2 단계 답변 구성 틀에 맞춰 아래 문장을 완성해 보자.

예시 그녀는 ___장소___ 에서 근무하며, ___직업명___ 입니다.

- 她在_____工作，是_____。
  그녀는 (백화점)에서 근무하며, (판매원)입니다.

- 她在_____工作，是_____。
  그녀는 (백화점)에서 근무하며, (판매원)입니다.

- 她在_____工作，是_____。
  그녀는 (쇼핑몰)에서 근무하며, (판매원)입니다.

1부분 快速作答
그림을 보고 간단하게 답하기

3 단계   답변을 확인하고 큰 소리로 읽어보자.

 MP3 03-3

- 她在 百货商店 工作，是 销售员 。
  Tā zài bǎihuòshāngdiàn gōngzuò, shì xiāoshòuyuán.
  그녀는 백화점에서 근무하며, 판매원입니다.

- 她在 百货商场 工作，是 售货员 。
  Tā zài bǎihuòshāngchǎng gōngzuò, shì shòuhuòyuán.
  그녀는 백화점에서 근무하며, 판매원입니다.

- 她在 购物中心 工作，是 营业员 。
  Tā zài gòuwùzhōngxīn gōngzuò, shì yíngyèyuán.
  그녀는 쇼핑몰에서 근무하며, 판매원입니다.

진윤영선생님의 고득점 모범답변!

MP3 03-4

她从事销售工作，在百货商店卖衣服。
Tā cóngshì xiāoshòu gōngzuò, zài bǎihuòshāngdiàn mài yīfu.
그녀는 판매업에 종사하며, 백화점에서 옷을 판매 합니다.

★ 고득점 전략 从事 종사하다

예 她从事教育工作，是个老师。
그녀는 교육업에 종사하며, 선생님입니다.

예 他从事人力资源方面的工作，主要工作内容是挖掘人才。
그는 인력자원 분야에 종사하며, 주요 업무 내용은 인재발굴입니다.

 **초단기 학습 2**

준비시간 5초/ 답변시간 10초

🔊 **他怎么上下班?**
Tā zěnme shàngxiàbān?

그는 어떻게 출퇴근합니까?

사진 속 인물의 출퇴근 방식을 묻는 질문이다. 교통수단과 관련된 어휘를 학습하고 답변을 완성해 보자.

초단기 훈련

1 단계 답변의 핵심 키워드를 생각해 보자.

동작
- 坐 zuò 타다
- 搭 dā 타다
- 利用 lìyòng 이용하다

수단
- 地铁 dìtiě 지하철
- 公共交通工具 gōnggòng jiāotōng gōngjù 대중교통 수단

2 단계 답변 구성 틀에 맞춰 아래 문장을 완성해 보자.

예시 그는 매일 **수단** 을 **동작** 출퇴근합니다.

- 他每天都 _____ 上下班。
  그는 매일 (지하철)을 (타고) 출퇴근합니다.

- 他每天都 _____ 上下班。
  그는 매일 (지하철)을 (타고) 출퇴근합니다.

- 他每天都 _____ 上下班。
  그는 매일 (대중교통 수단)을 (이용하여) 출퇴근합니다.

1부분

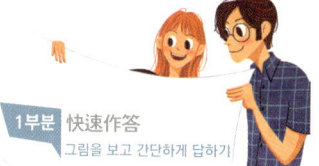

3 단계 답변을 확인하고 큰 소리로 읽어보자.

MP3 03-6

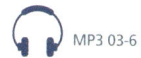

- 他每天都 坐 地铁 上下班。
  Tā měitiān dōu zuò dìtiě shàngxiàbān.
  그는 매일 지하철을 타고 출퇴근합니다.

- 他每天都 搭 地铁 上下班。
  Tā měitiān dōu dā dìtiě shàngxiàbān.
  그는 매일 지하철을 타고 출퇴근합니다.

- 他每天都 利用 公共交通工具 上下班。
  Tā měitiān dōu lìyòng gōnggòng jiāotōng gōngjù shàngxiàbān.
  그는 매일 대중교통 수단을 이용하여 출퇴근합니다.

진윤영선생님의
고득점 모범답변!

MP3 03-7

他经常利用公共交通工具上下班，特别是搭地铁。
Tā jīngcháng lìyòng gōnggòng jiāotōng gōngjù shàngxiàbān, tèbié shì dā dìtiě.
그는 자주 대중교통 수단을 이용하여 출퇴근하는데, 특히 지하철을 탄다.

★ 고득점 전략

문장을 둘로 나누어 상위 범주, 하위 범주 순으로 답변한다.

예 他经常利用公共交通工具上下班，特别是坐公共汽车。
그는 자주 대중교통 수단을 이용하여 출퇴근하는데, 특히 버스를 탄다.

예 他经常利用公共交通工具上下班，特别是坐地铁。
그는 자주 대중교통 수단을 이용하여 출퇴근하는데, 특히 지하철을 탄다.

 초단기 학습 3

 MP3 03-8

준비시간 5초/ 답변시간 10초

🔊 **这家商店为什么有那么多人?**
Zhè jiā shāngdiàn wèishénme yǒu nàme duō rén?

이 상점은 왜 이렇게 사람이 많습니까?

> 사진 속 상점에 사람이 많은 이유를 묻는 질문이다. 관련 어휘를 학습하고 답변을 완성해 보자.

초단기 훈련

1 단계 답변의 핵심 키워드를 생각해 보자.

이유
- 打折 dǎzhé 세일하다
- 打九折 dǎ jiǔ zhé 10% 세일하다
- 进行优惠活动 jìnxíng yōuhuì huódòng 할인행사를 하다

수식어
- 所有 suǒyǒu 모든
- 各种各样的 gèzhǒnggèyàng de 각양각색의
- 购物 gòuwù 구매하다
- 买东西 mǎi dōngxi 물건을 사다

2 단계 답변 구성 틀에 맞춰 아래 문장을 완성해 보자.

[예시] 이 상점의 **수식어** 물건은 **이유** 중 입니다. 그래서 **수식어** 사람이 많습니다.

- 这家商店　　商品都在　　　，所以　　的人很多。
  이 상점의 (모든) 물건은 모두 (세일하는) 중 입니다. 그래서 (구매하는) 사람이 많습니다.

- 这家商店　　商品都在　　　，所以　　的人很多。
  이 상점의 (모든) 물건은 모두 (10% 세일하는) 중 입니다. 그래서 (구매하는) 사람이 많습니다.

- 这家商店　　商品都在　　　　，所以　　的人很多。
  이 상점의 (각양각색의) 물건은 모두 (할인행사를 하는) 중 입니다. 그래서 (물건을 사는) 사람이 많습니다.

3 단계 답변을 확인하고 큰 소리로 읽어보자.

- 这家商店 **所有** 商品都在 **打折** ，所以 **购物** 的人很多。
  Zhè jiā shāngdiàn suǒyǒu shāngpǐn dōu zài dǎzhé, suǒyǐ gòuwù de rén hěn duō.
  이 상점의 모든 물건은 모두 세일하는 중 입니다. 그래서 구매하는 사람이 많습니다.

- 这家商店 **所有** 商品都在 **打九折** ，所以 **购物** 的人很多。
  Zhè jiā shāngdiàn suǒyǒu shāngpǐn dōu zài dǎ jiǔ zhé, suǒyǐ gòuwù de rén hěn duō.
  이 상점의 모든 물건은 모두 10% 세일하는 중 입니다. 그래서 구매하는 사람이 많습니다.

- 这家商店 **各种各样的** 商品都在 **进行优惠活动** ，所以 **买东西** 的人很多。
  Zhè jiā shāngdiàn gèzhǒnggèyàng de shāngpǐn dōu zài jìnxíng yōuhuì huódòng, suǒyǐ mǎi dōngxi de rén hěn duō.
  이 상점의 각양각색의 물건은 모두 할인행사를 하는 중 입니다. 그래서 물건을 사는 사람이 많습니다.

진윤영선생님의 고득점 모범답변!

这家商店正搞优惠活动，所以购物的人很多。
Zhè jiā shāngdiàn zhèng gǎo yōuhuì huódòng, suǒyǐ gòuwù de rén hěn duō.
이 상점은 할인 행사를 하고 있어서 구매하는 사람이 매우 많습니다.

★ **고득점 전략**

물건 구입 관련 소재는 자주 출제되므로 관련 어휘는 꼭 암기해 둔다.

예 搞优惠活动 gǎo yōuhuì huódòng 할인 행사를 하다
　　打折 dǎzhé 세일하다
　　折扣 zhékòu 할인, 세일
　　清仓甩卖 qīngcāngshuǎimài 창고 정리 세일
　　买一赠一活动 mǎi yī zèng yī huódòng 1+1 행사

초단기 연습

해설 219p

MP3 03-11

📝 준비시간 5초
⏰ 답변시간 10초

핵심 키워드 생각하기

(방법)   (동작)

나만의 답변 만들기

她一般 _____ 。

그녀는 일반적으로 (방법)으로, (동작)합니다.

답변 완성하기

46 초단기 新BCT Speaking 공략

초단기 실전

해설 219p

1부분

1

준비시간 5초
답변시간 10초

MP3 03-12

답변 노트

2

준비시간 5초
답변시간 10초

MP3 03-13

답변 노트

3

준비시간 5초
답변시간 10초

MP3 03-14

답변 노트

Chapter 04

1부분 快速作答
그림을 보고 간단하게 답하기

개인 의견 말하기

설문조사 내용을 바탕으로 개인의 일상 생활, 계획, 취미 또는 관심사를 묻는 질문에 답변하는 방법을 학습해 보도록 하자. 질문이 "你"로 시작하므로 개인의 실제 상황에 대해서 이야기해야 한다.

진윤영선생님의 초단기 전략!

1 본인의 상황에 맞춰 답변하자!

1부분의 4문항 중 1문항은 개인의 일상 생활이나 취미 관련 내용을 묻는 문제가 출제된다. 그림은 참고로 나와 있는 것이지 묘사나 설명을 위해서 나온 것이 아니므로 자신의 경험과 실제 상황을 바탕으로 답변한다.

2 취미 관련 어휘를 정리해 두자!

취미 관련 설문조사 내용을 바탕으로 출제되기 때문에 취미 관련 어휘는 반드시 정리해 두어야 한다. 또한 그 취미 생활을 하는 이유 등 보충 설명도 간단하게 준비해 두자.

초단기 단어

 MP3 04-1

一般 yìbān	일반적으로	感觉 gǎnjué	느끼다
痛快 tòngkuài	통쾌하다, 즐겁다	爽 shuǎng	상쾌하다, 후련하다
逛街 guàngjiē	쇼핑하다	压力 yālì	스트레스
电子产品 diànzǐchǎnpǐn	전자제품	流行趋势 liúxíngqūshì	유행 트렌드
动作片 dòngzuòpiàn	액션영화	场面 chǎngmiàn	장면, 씬

초단기 어법

1. 형용사란?

주어의 성질이나 상태를 나타내는 품사로 문장에서 대부분 술어 역할을 한다.

2. 형용사의 특징

(1) 형용사는 정도부사의 수식을 받는다.

형용사는 항상 很, 非常, 太 등과 같은 정도부사의 수식을 받는데, 그 중 "很"은 "매우"의 의미보다는 습관적으로 쓰이는 경우가 많다.

예 我们办公室的环境很舒适。 우리 사무실의 환경은 (매우) 쾌적하다.

(2) 형용사 뒤에는 목적어가 올 수 없다.

예 今天很忙。 오늘은 매우 바쁘다.

(3) 형용사는 명사를 수식하는 관형어의 역할을 한다.

예 很干净的房间 매우 깨끗한 방

초단기 학습 1

준비시간 5초 / 답변시간 10초

🔊 **你周末一般跟朋友们做什么?**
Nǐ zhōumò yìbān gēn péngyoumen zuò shénme?

당신은 주말에 친구들과 일반적으로 무엇을 합니까?

> 주말에 무엇을 하는지에 대해 묻는 질문이다. 관련 어휘를 학습하고 답변을 완성해 보자.

초단기 훈련

1단계 답변의 핵심 키워드를 생각해 보자.

동작
- 喝 hē 마시다
- 品 pǐn 음미하다, 맛보다
- 聊 liáo 이야기하다

대상
- 啤酒 píjiǔ 맥주
- 葡萄酒 pútáojiǔ 와인
- 自己的心事 zìjǐ de xīnshì 자신의 고민거리
- 最近感兴趣的事 zuìjìn gǎnxìngqù de shì 최근 관심거리

2단계 답변 구성 틀에 맞춰 아래 문장을 완성해 보자.

> **예시** 우리는 일반적으로 술집에 가서 [동작] [대상] , 즐겁게 놉니다.

- 我们一般去酒吧边 　　 边 　　 ，痛痛快快地玩儿。
  우리는 일반적으로 술집에 가서 (마시면서)(이야기하며), 즐겁게 놉니다.

- 我们一般去酒吧边 　　　 边 　　　　 ，痛痛快快地玩儿。
  우리는 일반적으로 술집에 가서 (맥주를)(마시면서)(자신의 고민거리를)(이야기하며), 즐겁게 놉니다.

- 我们一般去酒吧边 　　　 边 　　　　 ，痛痛快快地玩儿。
  우리는 일반적으로 술집에 가서 (와인을)(맛보면서)(최근 관심거리를)(이야기하며), 즐겁게 놉니다.

3 단계 답변을 확인하고 큰 소리로 읽어보자.

- 我们一般去酒吧边 喝 边 聊 ，痛痛快快地玩儿。
  Wǒmen yìbān qù jiǔbā biān hē biān liáo, tòngtong kuàikuai de wánr.
  우리는 일반적으로 술집에 가서 마시면서 이야기하며, 즐겁게 놉니다.

- 我们一般去酒吧边 喝 啤酒 边 聊 自己的心事 ，痛痛快快地玩儿。
  Wǒmen yìbān qù jiǔbā biān hē píjiǔ biān liáo zìjǐ de xīnshì, tòngtong kuàikuai de wánr.
  우리는 일반적으로 술집에 가서 맥주를 마시면서 자신의 고민거리를 이야기하며, 즐겁게 놉니다.

- 我们一般去酒吧边 品 葡萄酒 边 聊 最近感兴趣的事 ，痛痛快快地玩儿。
  Wǒmen yìbān qù jiǔbā biān pǐn pútáojiǔ biān liáo zuìjìn gǎnxìngqù de shì, tòngtong kuàikuai de wánr.
  우리는 일반적으로 술집에 가서 와인을 맛보면서 최근 관심거리를 이야기하며, 즐겁게 놉니다.

진윤영선생님의 고득점 모범답변!

我们一般去酒吧边喝边聊，这样感觉所有的压力都没了。
Wǒmen yìbān qù jiǔbā biān hē biān liáo, zhèyàng gǎnjué suǒyǒu de yālì dōu méi le.
우리는 일반적으로 술집에 가서 마시면서 이야기 합니다. 이렇게 하면 모든 스트레스가 다 없어집니다.

★ **고득점 전략**
취미 생활에 대해 답변할 때는 그 취미 생활을 하는 이유까지 덧붙여서 답변한다.

예 我一般吃晚饭后去散散步，这样对身体很好。
나는 일반적으로 저녁을 먹은 후 산책을 한다. 이렇게 하면 건강에 좋다.

예 我一般看书，因为看书会拓宽知识面。
나는 일반적으로 독서를 한다. 독서는 지식의 폭을 넓혀주기 때문이다.

초단기 학습 2

준비시간 5초/ 답변시간 10초

🔊 **你一般一个月去逛几次街?**
Nǐ yìbān yí ge yuè qù guàng jǐ cì jiē?
당신은 일반적으로 한 달에 몇 번 쇼핑을 합니까?

> 동작의 횟수를 묻고 있는 질문이다. 동작의 횟수와 쇼핑 품목에 관련된 어휘를 익히고 답변을 완성해 보자.

초단기 훈련

1 단계 답변의 핵심 키워드를 생각해 보자.

동작의 횟수
- 两三次 liǎngsāncì 두세 번
- 一两次 yīliǎngcì 한두 번
- 差不多三四次 chàbuduō sānsìcì 보통 세네 번

동작의 대상
- 衣服 yīfu 옷
- 电子产品 diànzǐchǎnpǐn 전자제품
- 鞋子 xiézi 신발
- 生活用品 shēnghuóyòngpǐn 생활용품

2 단계 답변 구성 틀에 맞춰 아래 문장을 완성해 보자.

> [예시] 저는 일반적으로 한 달에 [동작의 횟수] 쇼핑하며, [동작의 대상] 을 삽니다.

- 我一般一个月逛＿＿＿＿, 买＿＿＿＿或者＿＿＿＿。
  저는 일반적으로 한 달에 (두세 번) 쇼핑하며, (옷)이나 (전자제품)을 삽니다.

- 我一般一个月逛＿＿＿＿, 买＿＿＿＿或者＿＿＿＿。
  저는 일반적으로 한 달에 (한두 번) 쇼핑하며, (신발)이나 (전자제품)을 삽니다.

- 我一般一个月逛＿＿＿＿, 买＿＿＿＿或者＿＿＿＿。
  저는 일반적으로 한 달에 (보통 세네 번) 쇼핑하며, (전자제품)이나 (생활용품)을 삽니다.

1부분 快速作答
그림을 보고 간단하게 답하기

3 단계 답변을 확인하고 큰 소리로 읽어보자.

 MP3 04-6

- 我一般一个月逛 两三次 ，买 衣服 或者 电子产品 。
  Wǒ yìbān yí ge yuè guàng liǎngsāncì, mǎi yīfu huòzhě diànzǐchǎnpǐn.
  저는 일반적으로 한 달에 두세 번 쇼핑하며, 옷이나 전자제품을 삽니다.

- 我一般一个月逛 一两次 ，买 鞋子 或者 电子产品 。
  Wǒ yìbān yí ge yuè guàng yīliǎngcì, mǎi xiézi huòzhě diànzǐchǎnpǐn.
  저는 일반적으로 한 달에 한두 번 쇼핑하며, 신발이나 전자제품을 삽니다.

- 我一般一个月逛 差不多三四次 ，买 电子产品 或者 生活用品 。
  Wǒ yìbān yí ge yuè guàng chàbuduō sānsìcì, mǎi diànzǐchǎnpǐn huòzhě shēnghuóyòngpǐn.
  저는 일반적으로 한 달에 보통 세네 번 쇼핑하며, 전자제품이나 생활용품을 삽니다.

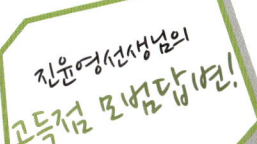

 MP3 04-7

我每个周末都去逛街，看看最近的流行趋势。
Wǒ měi ge zhōumò dōu qù guàngjiē, kànkan zuìjìn de liúxíng qūshì.
저는 매주 주말마다 쇼핑을 하며, 최신 유행 트렌드를 구경합니다.

★ **고득점 전략**
동작의 횟수를 묻는 질문이므로 먼저 쇼핑을 하는 횟수를 이야기하고 그 뒤에 무엇을 구입하는지 답변한다. 구체적인 품목을 이야기해도 좋고, "流行趋势"처럼 난이도가 있는 어휘를 사용하여 답변을 마무리하면 고득점을 받을 수 있다.

예 我每个周末都去逛街，把逛街当作一个消除压力的方法。
저는 매주 주말마다 쇼핑을 하며, 쇼핑을 하나의 스트레스를 푸는 방법으로 생각합니다.

예 我每个周末都去逛街，把逛街当作对自己辛苦工作的补偿。
저는 매주 주말마다 쇼핑을 하며, 쇼핑을 스스로 힘들게 일한 것에 대한 보상이라고 생각합니다.

초단기 학습 3

 MP3 04-8

준비시간 5초/ 답변시간 10초

🔊 **你喜欢看什么样的电影?**
Nǐ xǐhuan kàn shénmeyàng de diànyǐng?
당신은 어떤 영화를 보는 것을 좋아합니까?

> 어떤 영화를 보는 것을 좋아하는지 묻고 있으므로 영화의 종류를 말하면 된다. 또한 왜 그 영화를 즐겨보는지 이유도 함께 언급하도록 하자.

초단기 훈련

1단계 답변의 핵심 키워드를 생각해 보자.

영화 종류
- 动作片 dòngzuòpiàn 액션 영화
- 喜剧片 xǐjùpiàn 코미디 영화
- 恐怖片 kǒngbùpiàn 공포 영화

이유
- 感觉特别爽 gǎnjué tèbié shuǎng
  굉장히 후련하다
- 可以放松一下心情 kěyǐ fàngsōng yí xià xīnqíng
  마음이 편안해 진다
- 可以暂时忘掉烦恼 kěyǐ zànshí wàng diào fánnǎo
  잠시 동안 고민을 잊을 수 있다

2단계 답변 구성 틀에 맞춰 아래 문장을 완성해 보자.

예시) 저는 **영화 종류** 를 좋아합니다. **영화 종류** 를 보면 **이유** .

- 我喜欢看_____。看_____。
  저는 (액션 영화)를 좋아합니다. (액션 영화)를 보면 (굉장히 후련합니다).

- 我喜欢看_____。看_____。
  저는 (코미디 영화)를 좋아합니다. (코미디 영화)를 보면 (마음이 편안해 집니다).

- 我喜欢看_____。看_____。
  저는 (공포 영화)를 좋아합니다. (공포 영화)를 보면 (잠시 동안 고민을 잊을 수 있습니다).

1부분 快速作答
그림을 보고 간단하게 답하기

3 단계　답변을 확인하고 큰 소리로 읽어보자.

 MP3 04-9

- 我喜欢看 动作片 。看 动作片 感觉特别爽 。
  Wǒ xǐhuan kàn dòngzuòpiàn. Kàn dòngzuòpiàn gǎnjué tèbié shuǎng.
  저는 액션 영화를 좋아합니다. 액션 영화를 보면 굉장히 후련합니다.

- 我喜欢看 喜剧片 。看 喜剧片 可以放松一下心情 。
  Wǒ xǐhuan kàn xǐjùpiàn. Kàn xǐjùpiàn kěyǐ fàngsōng yí xià xīnqíng.
  저는 코미디 영화를 좋아합니다. 코미디 영화를 보면 마음이 편안해 집니다.

- 我喜欢看 恐怖片 。看 恐怖片 可以暂时忘掉烦恼 。
  Wǒ xǐhuan kàn kǒngbùpiàn. Kàn kǒngbùpiàn kěyǐ zànshí wàng diào fánnǎo.
  저는 공포 영화를 좋아합니다. 공포 영화를 보면 잠시 동안 고민을 잊을 수 있습니다.

 MP3 04-10

我喜欢看动作片。看着电影里斗志斗勇的场面，感觉特别爽。
Wǒ xǐhuan kàn dòngzuòpiàn. Kàn zhe diànyǐng lǐ dòuzhìdòuyǒng de chǎngmiàn, gǎnjué tèbié shuǎng.
저는 액션 영화를 좋아합니다. 영화 안에서 지혜와 용기를 겨루는 장면을 보면 굉장히 후련합니다.

★ 고득점 전략
영화를 좋아하는 이유를 구체적으로 이야기할수록 고득점을 받는데 유리하지만 답변 시간을 초과하지 않도록 주의해야 한다. 또한 영화 종류 관련 어휘를 꼭 미리 암기해 둔다.

爱情片 àiqíngpiàn 로맨스 영화	动作片 dòngzuòpiàn 액션 영화
犯罪片 fànzuìpiàn 범죄 영화	恐怖片 kǒngbùpiàn 공포 영화
喜剧片 xǐjùpiàn 코미디 영화	冒险片 màoxiǎnpiàn 어드벤처 영화
幻想片 huànxiǎngpiàn 판타지 영화	科幻片 kēhuànpiàn SF영화
武打片 wǔdǎpiàn 무협 영화	灾难片 zāinànpiàn 재난 영화

초단기 연습

해설 220p

MP3 04-11

📝 준비시간 5초

⏰ 답변시간 10초

핵심 키워드 생각하기

동작

나만의 답변 만들기

我一般上网_____,_____有时候_____。
저는 보통 인터넷으로 (동작), (동작) 하고, 가끔은 (동작) 합니다.

답변 완성하기

1

 준비시간 5초
답변시간 10초

답변 노트

2

 준비시간 5초
답변시간 10초

답변 노트

3

 준비시간 5초
답변시간 10초

답변 노트

2부분 简短作答

질문에 간단하게 답하기

2부분 실전테스트 예시

❺ 简短作答

2부분 简短作答 초단기 공략법

질문에 간단하게 답하기

2부분은 그림이 주어지지 않고 질문만 듣고 답변하는 유형이다. 답변 시 사용하는 단어의 난이도와 답변의 길이가 점수에 영향을 주는 만큼 최대한 답변시간을 채워서 대답하는 것이 중요하다.

 시험구성

문항 수	총 4문항
시험 시간	각 문항 당 준비시간 5초, 답변시간 20초
출제 의도	• 응시자의 간단한 상황 설명 능력을 파악한다. • 개인 정보 및 업무 관련 설명이 가능한지 파악한다. • 간단한 의견 제시가 가능한지 파악한다.
채점 포인트	• 발음, 성조의 정확성을 평가한다. • 답변 문장의 길이가 적절한지 평가한다. • 주제와 관련된 답변을 했는지 평가한다.

 학습법

1. 개인 정보 관련 문제는 모범답변을 미리 준비하자!

2부분에서는 응시자의 개인 정보를 묻는 문제가 반드시 출제된다. 따라서 졸업한 학교, 근무지, 업무 범위, 비즈니스 경력 등 개인과 관련된 문제의 모범답변을 미리 준비하면 시험 때 긴장하지 않고 바로 답변할 수 있다.

2. 간단한 문법은 정리해 두자!

짧은 시간 안에 상황을 설명해야 하기 때문에 문법을 실수할 가능성이 높다. 문법 실수는 점수에 영향을 줄 수 있으므로 기본적인 문법 사항은 미리 정리해 두는 것이 좋다.

3. 자주 사용하는 비즈니스 관련 단어는 필수다!

2부분에서는 업무 상황 설명이나 업무 상황에 관련된 의견 제시를 요구하는 문제가 자주 출제되므로 자신의 업무와 관련 있는 단어는 반드시 정리해 두어야 한다. 단어를 몰라서 답변하지 못하는 일이 없도록 주의해야 한다.

 시험 진행 프로세스

문제 제시
2부분은 질문을 듣고 간단하게 답변하는 문제이다.

Tip 간단한 개인 정보 및 업무 상황 설명, 의견 제시 문제가 출제!

준비시간 5초
질문이 끝난 후 시계에 5초가 표시되고, 마이크가 파란색으로 변하면 답변 준비를 시작한다.

Tip 답변의 대략적인 흐름을 이어갈 핵심 키워드 생각하기!

답변시간 20초
시계에 답변시간 20초가 표시되고, 안내멘트 후 "삐" 소리와 함께 마이크가 빨간색으로 변하면 답변을 시작한다.

Tip 답변의 길이가 점수에 영향을 주는 만큼 답변시간을 최대한 채워서 답변하기!

 초단기 답변 포인트

1. 답변시간이 20초이므로 최소 2문장 이상 말할 수 있도록 준비하자.
2. 회사 소개, 업무 소개, 업무 상황 설명 등의 문제는 반드시 출제되므로 비즈니스 관련 어휘를 미리 정리해 두자.
3. 자신의 의견을 이야기할 때는 그에 상응하는 이유를 반드시 언급한다.

Chapter 05

2부분 简短作答
질문에 간단하게 답하기

소개와 설명 1

어떤 상황에 대해 소개하거나 설명하는 방법에 대해 학습해 보자. 응시자의 개인 정보 또는 업무 상황과 관련된 문제는 반드시 출제되며, 생활, 업무 관련 문제에 대한 간단한 의견 제시를 요구하는 문제들이 주로 나온다. 간단한 어법과 비즈니스 어휘를 미리 학습하는 것이 중요하다.

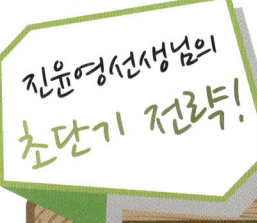

진윤영선생님의 **초단기 전략!**

1. 성조는 기본이다!

2부분부터 답변 내용이 길어지면서 성조가 부정확해지는 경우가 허다하다. 답변의 길이도 중요하지만 그보다 더 중요한 것은 의미 전달에 영향을 주는 성조이기 때문에 성조에 반드시 주의하도록 하자.

2. 비즈니스 관련 어휘가 관건이다!

2부분은 응시자가 간단한 개인 정보, 업무 상황에 대한 설명이 가능한지 파악하기 위한 문제이기 때문에 비즈니스 관련 어휘가 매우 중요하다. 개인의 상황과 관련된 문제에 대비하여 관련 어휘는 미리 정리해 두도록 하자.

2부분 简短作答
질문에 간단하게 답하기

🔍 초단기 단어

 MP3 05-1

有助于	yǒuzhùyú	~에 도움이 되다	积极开朗	jījí kāilǎng	적극적이고 활발하다
缓解	huǎnjiě	호전되다, 완화하다	外向	wàixiàng	외향적이다
压力	yālì	스트레스	交流	jiāoliú	교류하다
反而	fǎn'ér	반대로, 도리어	方便	fāngbiàn	편리하다
属于	shǔyú	~에 속하다	排队	páiduì	줄을 서다

 초단기 어법

1. 전치사란?

"~에서, ~을, ~와" 처럼 단독으로 쓰이지 못하고 명사와 함께 술어를 수식하는 품사이다.

2. 전치사의 특징

(1) "전치사+명사"의 형태로 부사어 역할을 한다.

> 예 我上午<u>在图书馆</u>借了一本书。
> 나는 오전에 도서관에서 책 한 권을 빌렸다.

(2) 전치사는 문장 맨 앞에도 올 수 있다.

> 예 <u>关于</u>这个问题，我们再商量一下吧。
> 이 문제에 관해서 우리 다시 상의해 보자.

(3) 동사 뒤에 놓여서 보어의 역할을 한다.

> 예 请你把会议结果<u>写在</u>报告上。
> 회의 결과를 보고서에 쓰세요.

 초단기 학습 1

 MP3 05-2

준비시간 5초 / 답변시간 20초

看电视有助于缓解压力吗?
Kàn diànshì yǒuzhùyú huǎnjiě yālì ma?

TV를 보는 것이 스트레스 완화에 도움이 됩니까?

> TV를 보는 것에 대한 개인의 견해를 밝히는 문제이다. 견해에 대한 근거와 실례를 들어 답변을 완성해 보자.

초단기 훈련

1 단계 답변의 핵심 키워드를 생각해 보자.

근거
- 有意思 yǒuyìsi 재미있다
- 自己喜欢 zìjǐ xǐhuan 자신이 좋아하다

실례
- 电视剧 diànshìjù 드라마
- 体育节目 tǐyùjiémù 스포츠 프로그램

2 단계 답변 구성 틀에 맞춰 아래 문장을 완성해 보자.

[예시] 저는 ___근거___ 프로그램을 보면, 예를 들어 ___실례___ 를 보면 스트레스가 풀립니다.

- 我觉得看 _____ 的节目，比如看 _____ 就会缓解我的压力。
  저는 (재미있는) 프로그램을 보면, 예를 들어 (드라마)를 보면 스트레스가 풀립니다.

- 我觉得看 _____ 的节目，比如看 _____ 就会缓解我的压力。
  저는 (자신이 좋아하는) 프로그램을 보면, 예를 들어 (스포츠 프로그램)을 보면 스트레스가 풀립니다.

2부분 简短作答
질문에 간단하게 답하기

3 단계 답변을 확인하고 큰 소리로 읽어보자.

 MP3 05-3

- 我觉得看 有意思 的节目，比如看 电视剧 就会缓解我的压力。
  Wǒ juéde kàn yǒuyìsi de jiémù, bǐrú kàn diànshìjù jiù huì huǎnjiě wǒ de yālì.
  저는 재미있는 프로그램을 보면, 예를 들어 드라마를 보면 스트레스가 풀립니다.

- 我觉得看 自己喜欢 的节目，比如看 体育节目 就会缓解我的压力。
  Wǒ juéde kàn zìjǐ xǐhuan de jiémù, bǐrú kàn tǐyù jiémù jiù huì huǎnjiě wǒ de yālì.
  저는 자신이 좋아하는 프로그램을 보면, 예를 들어 스포츠 프로그램을 보면 스트레스가 풀립니다.

진윤영선생님의 고득점 모범답변!

MP3 05-4

我觉得看电视不见得能缓解压力，反而会感觉更没有力气。
Wǒ juéde kàn diànshì bújiàndé néng huǎnjiě yālì, fǎn'ér huì gǎnjué gèng méi yǒu lìqi.
저는 TV를 보는 것이 반드시 스트레스를 완화시켜 준다고 생각하지 않습니다. 오히려 더욱 기운이 없게 느껴집니다.

★ **고득점 전략** 不见得 반드시 ~한 것은 아니다 / 反而 오히려

예) 这样做<u>不见得</u>有效。 이렇게 하는 것이 반드시 효과가 있는 것은 아니다.
예) 玩电脑游戏<u>不见得</u>影响学习。 컴퓨터 게임을 하는 것이 반드시 학습에 영향을 주는 것은 아니다.

예) 今天不太冷，<u>反而</u>很暖和。 오늘은 그다지 춥지 않고 오히려 따뜻하다.
예) 雪不但没小，<u>反而</u>越下越大了。 눈이 잦아들기는커녕 오히려 갈수록 많이 온다.

 **초단기 학습 2**

준비시간 5초/ 답변시간 20초

🔊 **你的性格怎么样?**
Nǐ de xìnggé zěnmeyàng?
당신의 성격은 어떠한가요?

자신의 성격에 대해 설명하는 문제이다. 자신의 성격을 이야기하고, 그에 대한 보충 설명을 추가하여 답변을 완성해 보자.

초단기 훈련

1 단계 답변의 핵심 키워드를 생각해 보자.

성격
- 积极开朗 jījí kāilǎng 적극적이고 명랑하다
- 外向 wàixiàng 외향적이다
- 思想开放 sīxiǎngkāifàng 사고가 개방적이다
- 乐观 lèguān 낙관적이다

보충 설명
- 喜欢跟别人交流 xǐhuan gēn biérén jiāoliú 다른 사람과 교류하는 것을 좋아하다
- 诚实坦白 chéngshí tǎnbái 성실하고 솔직하다

2 단계 답변 구성 틀에 맞춰 아래 문장을 완성해 보자.

예시 저의 성격은 ___성격___, ___성격___ 타입에 속합니다.
또한 _____보충 설명_____.

- 我的性格属于那种 _____, _____ 的类型。也 _____。
  저의 성격은 (적극적이고 명랑하며), (외향적인) 타입에 속합니다. 또한 (다른 사람과 교류하는 것을 좋아합니다).

- 我的性格属于那种 _____, _____ 的类型。也 _____。
  저의 성격은 (사고가 개방적이고), (낙관적인) 타입에 속합니다. 또한 (성실하고 솔직합니다).

2부분 简短作答
질문에 간단하게 답하기

3 단계 답변을 확인하고 큰 소리로 읽어보자.

 MP3 05-6

- 我的性格属于那种 积极开朗 ， 外向 的类型。也 喜欢跟别人交流 。
  Wǒ de xìnggé shǔyú nà zhǒng jījí kāilǎng, wàixiàng de lèixíng. Yě xǐhuan gēn biérén jiāoliú.
  저의 성격은 적극적이고 명랑하며, 외향적인 타입에 속합니다. 또한 다른 사람과 교류하는 것을 좋아합니다.

- 我的性格属于那种 思想开放 ， 乐观 的类型。也 诚实坦白 。
  Wǒ de xìnggé shǔyú nà zhǒng sīxiǎngkāifàng, lèguān de lèixíng. Yě chéngshí tǎnbái.
  저의 성격은 사고가 개방적이고, 낙관적인 타입에 속합니다. 또한 성실하고 솔직합니다.

진윤영선생님의 고득점 모범답변!

 MP3 05-7

我属于内向的人，还比较害羞，但我认真仔细，我喜欢我的性格。
Wǒ shǔyú nèixiàng de rén, hái bǐjiào hàixiū, dàn wǒ rènzhēn zǐxì, wǒ xǐhuan wǒ de xìnggé.
저는 내성적인 성격에 속하며 비교적 수줍음을 잘 탑니다. 하지만 저는 열심히 하고 꼼꼼하여, 저는 제 성격이 좋습니다.

★ **고득점 전략**
스스로 생각하는 성격의 장점과 단점을 함께 언급하여 답변을 완성한다.

예 我属于内向的人，还不太爱说话，但我做什么事都积极负责，我喜欢我的性格。
저는 내성적인 편에 속하며, 말수가 별로 없습니다. 하지만 저는 무슨 일을 하든 적극적으로 책임감 있게 하기에, 저는 제 성격이 좋습니다.

예 我属于胆小怕事的人，还比较害羞，但我言出必行，我喜欢我的性格。
저는 겁이 많고 소심한 편에 속하며 비교적 수줍음을 잘 탑니다. 하지만 저는 말한 것은 반드시 실천하기에, 저는 제 성격이 좋습니다.

 **초단기 학습 3**

준비시간 5초/ 답변시간 20초

🔊 **你一般怎么订电影票?**
Nǐ yìbān zěnme dìng diànyǐngpiào?
당신은 일반적으로 어떻게 영화표를 예매합니까?

자신의 경험을 바탕으로 어떻게 영화표를 예매하는지 설명하고, 그에 대한 이유를 들어 답변을 완성해 보자.

초단기 훈련

1 단계 답변의 핵심 키워드를 생각해 보자.

| 방법 | 在网上 zài wǎngshàng 인터넷에서 | 이유 | 又方便又不必排队 yòu fāngbiàn yòu bú bì páiduì 편리하고 줄을 설 필요가 없다 |
| | 用手机 yòng shǒujī 휴대폰으로 | | 又省时又不费力气 yòu shěngshí yòu bú fèi lìqì 시간도 아끼고 힘도 들지 않다 |

2 단계 답변 구성 틀에 맞춰 아래 문장을 완성해 보자.

[예시] 저는 일반적으로 **방법** 표를 예매합니다.
이렇게 하면 **이유** .

- 我一般 _____ 订票，这样 _____ 。
  저는 일반적으로 (인터넷에서) 표를 예매합니다. 이렇게 하면 (편리하고 줄을 설 필요가 없습니다).

- 我一般 _____ 订票，这样 _____ 。
  저는 일반적으로 (휴대폰으로) 표를 예매합니다. 이렇게 하면 (시간도 아끼고 힘도 들지 않습니다).

2부분 简短作答
질문에 간단하게 답하기

3 단계 답변을 확인하고 큰 소리로 읽어보자.

- 我一般 在网上 订票，这样 又方便又不必排队 。
  Wǒ yìbān zài wǎngshàng dìng piào, zhèyàng yòu fāngbiàn yòu bú bì páiduì.
  저는 일반적으로 인터넷에서 표를 예매합니다. 이렇게 하면 편리하고 줄을 설 필요가 없습니다.

- 我一般 用手机 订票，这样 又省时又不费力气 。
  Wǒ yìbān yòng shǒujī dìng piào, zhèyàng yòu shěngshí yòu bú fèi lìqì.
  저는 일반적으로 휴대폰으로 표를 예매합니다. 이렇게 하면 시간도 아끼고 힘도 들지 않습니다.

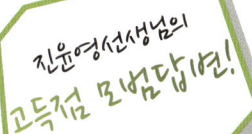

我一般用手机订电影票，最近智能手机的支付方式很方便，只要输入六位数的密码就可以。
Wǒ yìbān yòng shǒujī dìng diànyǐngpiào, zuìjìn zhìnéng shǒujī de zhīfù fāngshì hěn fāngbiàn, zhǐyào shūrù liù wèi shù de mìmǎ jiù kěyǐ.
저는 일반적으로 휴대폰을 이용하여 영화표를 예매합니다. 최근 스마트폰의 지불 방식이 매우 편리하여 6자리 숫자 비밀번호만 입력하면 됩니다.

★ 고득점 전략
자신의 견해를 이야기할 때는 구체적인 이유를 함께 제시해야 하며, 내용이 자세할수록 좋다.

예 我一般用手机订电影票。因为无论在哪儿，什么时候都可以订票，只要安装软件，点击几次就可以。
저는 일반적으로 휴대폰을 이용하여 영화표를 예매합니다. 왜냐하면 어디에 있든, 언제든 표를 예매할 수 있고, 어플리케이션을 설치하고 몇 번 클릭하기만 하면 되기 때문입니다.

예 我一般用手机订电影票。这样不仅方便快捷，而且不必排队，还可以选到自己喜欢的座位。
저는 일반적으로 휴대폰을 이용하여 영화표를 예매합니다. 이렇게 하면 편리하고 빠를 뿐만 아니라 줄을 서지 않아도 되며 자신이 좋아하는 자리를 고를 수 있습니다.

초단기 연습

해설 222p

준비시간 5초
답변시간 20초

핵심 키워드 생각하기

묘사

동작

나만의 답변 만들기

我的大学生活　　　　　　　　。像别人一样　　　　　　　　。

저의 대학생활은 (묘사). 다른 사람과 똑같이 (동작).

답변 완성하기

📝 준비시간 5초
⏰ 답변시간 20초

답변 노트

📝 준비시간 5초
⏰ 답변시간 20초

답변 노트

📝 준비시간 5초
⏰ 답변시간 20초

답변 노트

Chapter 06

2부분 简短作答
질문에 간단하게 답하기

소개와 설명 2

2부분에서는 회사 생활과 관련된 업무 범위, 동료들간의 관계, 연봉, 업무 시 필요한 능력, 회사 소개 등의 문제가 자주 출제되므로 미리 모범답변을 준비한다면 실제 시험장에서 완벽하게 답변할 수 있다. 답변시간 20초를 최대한 활용하여 답변하도록 한다.

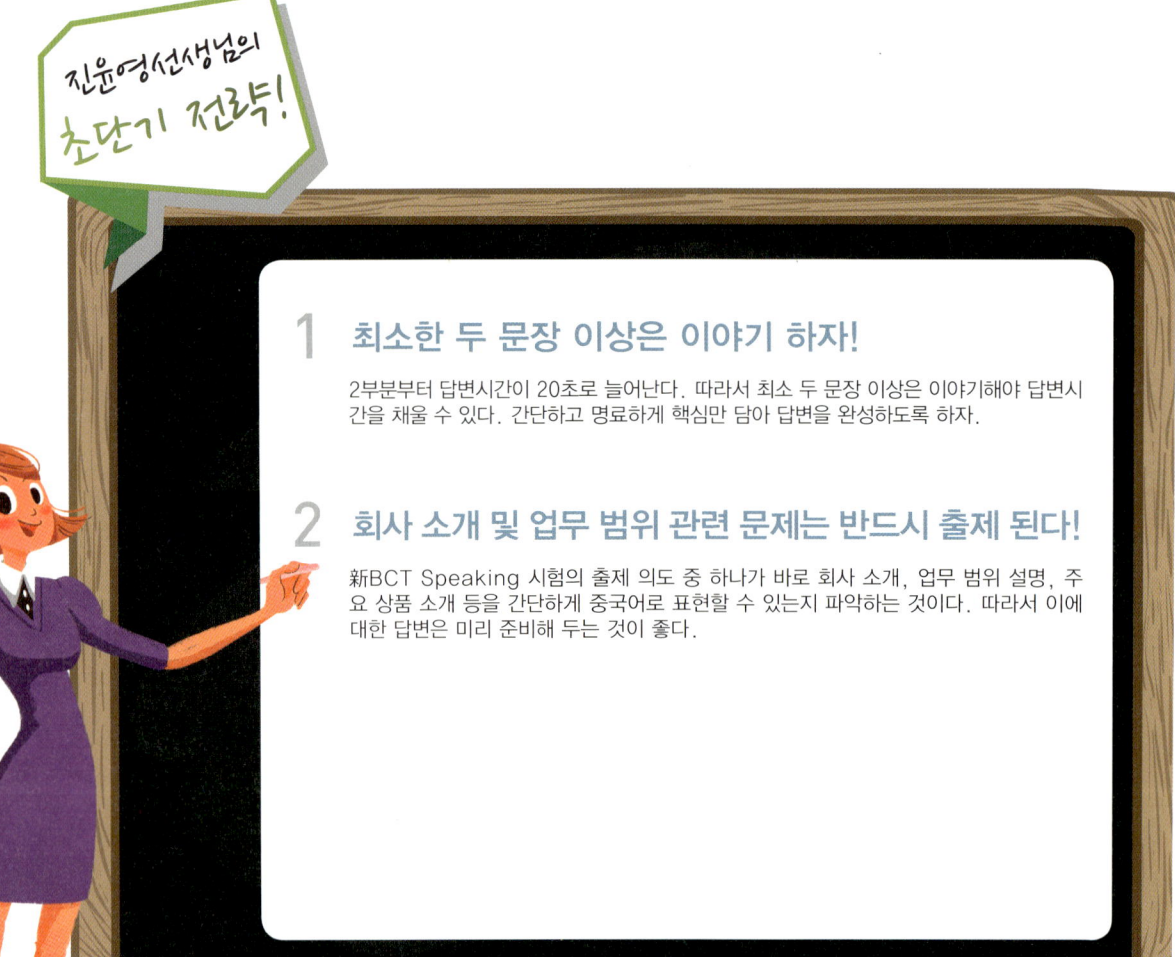

진윤영선생님의 초단기 전략!

1. 최소한 두 문장 이상은 이야기 하자!

2부분부터 답변시간이 20초로 늘어난다. 따라서 최소 두 문장 이상은 이야기해야 답변시간을 채울 수 있다. 간단하고 명료하게 핵심만 담아 답변을 완성하도록 하자.

2. 회사 소개 및 업무 범위 관련 문제는 반드시 출제 된다!

新BCT Speaking 시험의 출제 의도 중 하나가 바로 회사 소개, 업무 범위 설명, 주요 상품 소개 등을 간단하게 중국어로 표현할 수 있는지 파악하는 것이다. 따라서 이에 대한 답변은 미리 준비해 두는 것이 좋다.

2부분 简短作答
질문에 간단하게 답하기

초단기 단어

MP3 06-1

范围 fànwéi	범위	相处 xiāngchǔ	함께 지내다
负责 fùzé	책임지다	需要 xūyào	필요하다
培训 péixùn	양성하다, 훈련하다	采购 cǎigòu	(주로 기관, 기업 등에서) 구입하다
强调 qiángdiào	강조하다	必须 bìxū	반드시
和谐 héxié	잘 어울리다, 조화롭다	几乎 jīhū	거의

초단기 어법

1. 부사란?

술어 앞에 위치하여 동작, 행위, 상태, 정도, 범위, 시간 등의 상황을 더 분명하게 나타내 주는 품사이다.

2. 부사의 특징

(1) 부사는 보통 주어와 술어 사이에 위치한다.

예 他<u>马上</u>回来。 그는 금방 돌아 온다.

(2) 부사는 대부분 조동사 앞에 위치한다.

예 我<u>也</u>要喝一杯咖啡。 나도 커피 한 잔을 마시려 한다.

(3) 일부 부사는 주어 앞에 위치할 수 있다.

예 <u>刚才</u>他出去了。 그는 방금 나갔다.

(4) 일부 부사는 수사 앞에 위치한다.

예 <u>已经</u>九点了, 你怎么还不来? 벌써 9시인데. 너는 왜 아직도 안 오니?

 초단기 학습 1

준비시간 5초 / 답변시간 20초

🔊 **请说一下你的工作范围。**
Qǐng shuō yí xià nǐ de gōngzuò fànwéi.

당신의 업무 범위를 말해보세요.

> 업무 범위에 관하여 설명하는 문제이다. 자신의 업무 내용을 바탕으로 답변을 완성해 보자.

초단기 훈련

1단계 답변의 핵심 키워드를 생각해 보자.

부서
- 人事部 rénshìbù 인사팀
- 市场营销部 shìchǎngyíngxiāobù 마케팅팀

업무 내용
- 安排新职员的入职，职员的培训以及人事管理 신입사원의 입사, 직원 교육 및 인사관리 계획
  ānpái xīnzhíyuán de rùzhí, zhíyuán de péixùn yǐjí rénshì guǎnlǐ
- 组织年度市场预测及季度调整工作 한 해 시장 예측 및 분기 업무 조정
  zǔzhī niándù shìchǎng yùcè jí jìdù tiáozhěng gōngzuò

2단계 답변 구성 틀에 맞춰 아래 문장을 완성해 보자.

> [예시] 저는 **부서** 에서 근무합니다. 일반적으로 **업무 내용** 등을 맡고 있습니다.

- 我在 _____ 工作。一般负责 _____ 等等。
  저는 (인사팀)에서 근무합니다. 일반적으로 (신입사원의 입사, 직원 교육 및 인사관리 계획) 등을 맡고 있습니다.

- 我在 _____ 工作。一般负责 _____ 等等。
  저는 (마케팅팀)에서 근무합니다. 일반적으로 (한 해 시장 예측 및 분기 업무 조정) 등을 맡고 있습니다.

2부분 简短作答
질문에 간단하게 답하기

3 단계 답변을 확인하고 큰 소리로 읽어보자.  MP3 06-3

- 我在 人事部 工作。一般负责 安排新职员的入职、职员的培训以及人事管理 等等。
  Wǒ zài rénshìbù gōngzuò. Yìbān fùzé ānpái xīnzhíyuán de rùzhí、zhíyuán de péixùn yǐjí rénshì guǎnlǐ děngděng.
  저는 인사팀에서 근무합니다. 일반적으로 신입 사원의 입사, 직원 교육 및 인사관리 계획 등을 맡고 있습니다.

- 我在 市场营销部 工作。一般负责 组织年度市场预测及季度调整工作 等等。
  Wǒ zài shìchǎngyíngxiāobù gōngzuò. Yìbān fùzé zǔzhī niándù shìchǎng yùcè jí jìdù tiáozhěng gōngzuò děngděng.
  저는 마케팅팀에서 근무합니다. 일반적으로 한 해 시장 예측 및 분기 업무 조정 등을 맡고 있습니다.

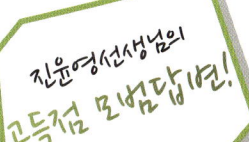

 MP3 06-4

我是一名技术工程师。我的主要工作内容是开发与设计机械零部件，绘制产品装配图及零部件图。
Wǒ shì yì míng jìshù gōngchéngshī. Wǒ de zhǔyào gōngzuò nèiróng shì kāifā yǔ shèjì jīxiè língbùjiàn, huìzhì chǎnpǐn zhuāngpèitú jí língbùjiàntú.

저는 기술 엔지니어입니다. 저의 주요 업무 내용은 기계 부품 개발과 설계, 제품 조립도 및 부품 도안을 제도하는 것입니다.

★ **고득점 전략** 及 및, ~와(과)
명사나 명사구를 연결하여 병렬관계를 나타낸다.

예 网络犯罪及其造成的危害比我们想象的更严重。
인터넷 범죄 및 그것이 야기한 피해는 우리가 상상하는 것보다 더욱 심각하다.

예 我们公司主要生产手机、数码相机及笔记本电脑。
우리 회사는 주로 휴대폰, 디지털 카메라 및 노트북을 생산한다.

 **초단기 학습 2**

준비시간 5초/ 답변시간 20초

你们部门的同事之间的关系怎么样?
Nǐmen bùmén de tóngshì zhījiān de guānxi zěnmeyàng?

당신 부서의 동료들간의 관계는 어떠합니까?

> 동료들간의 관계가 어떠한지에 대해서 묻는 문제다. 회사 동료들간의 관계를 생각해보고 그렇게 생각하는 이유를 들어 답변을 완성해 보자.

초단기 훈련

1 단계 답변의 핵심 키워드를 생각해 보자.

이유
- 上司总是强调同事之间要和谐相处 상사가 항상 동료들간에 화목하게 지내는 것을 강조한다
  shàngsī zǒngshì qiángdiào tóngshì zhījiān yào héxié xiāngchǔ
- 把单位当作另外一个家 회사를 또 하나의 집이라고 생각하다
  bǎ dānwèi dāngzuò lìngwài yí ge jiā

관계의 정도
- 很好 hěn hǎo 매우 좋다
- 像一家人一样 xiàng yì jiā rén yíyàng 마치 한 가족 같다

2 단계 답변 구성 틀에 맞춰 아래 문장을 완성해 보자.

[예시] _____이유_____ 때문에, 저희 부서 동료들간의 관계는 __관계의 정도__.

- 因为 _____, 所以我们部门同事之间的关系 _____.
  (상사가 항상 동료들간에 화목하게 지내는 것을 강조하기) 때문에, 저희 부서 동료들간의 관계는 (매우 좋습니다).

- 因为 _____, 所以我们部门同事之间的关系 _____.
  (저희 부서 동료들은 회사를 또 하나의 집이라고 생각하기) 때문에, 저희 부서 동료들간의 관계는 (마치 한 가족처럼 매우 좋습니다).

2부분 简短作答
질문에 간단하게 답하기

3 단계 답변을 확인하고 큰 소리로 읽어보자.

 MP3 06-6

- 因为 上司总是强调同事之间要和谐相处 ，所以我们部门同事之间的关系 很好 。
  Yīnwèi shàngsī zǒngshì qiángdiào tóngshì zhījiān yào héxié xiāngchǔ, suǒyǐ wǒmen bùmén tóngshì zhījiān de guānxi hěn hǎo.
  상사가 항상 동료들간에 화목하게 지내는 것을 강조하기 때문에, 저희 부서 동료들간의 관계는 매우 좋습니다.

- 因为 我们部门同事把单位当作另外一个家 ，所以我们部门同事之间的关系 像一家人一样, 很不错 。
  Yīnwèi wǒmen bùmén tóngshì bǎ dānwèi dāngzuò lìngwài yí ge jiā, suǒyǐ wǒmen bùmén tóngshì zhījiān de guānxi xiàng yì jiā rén yíyàng, hěn búcuò.
  저희 부서 동료들은 회사를 또 하나의 집이라고 생각하기 때문에, 저희 부서 동료들간의 관계는 마치 한 가족처럼 매우 좋습니다.

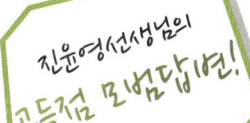

 MP3 06-7

我们部门的同事关系还可以，虽然没到交心的程度，但算是还可以。
Wǒmen bùmén de tóngshì guānxi hái kěyǐ, suīrán méi dào jiāoxīn de chéngdù, dàn suàn shì hái kěyǐ.
저희 부서의 동료 관계는 괜찮습니다. 비록 속마음을 털어놓을 정도까지는 아니지만, 그래도 괜찮은 편입니다.

★ **고득점 전략** 算是 ~라고 할 만하다

예 我这星期六请你吃顿大餐，<u>算是</u>给你赔礼道歉。
내가 이번 주 토요일에 너에게 미안하다는 의미로 크게 한턱 낼게.

예 我一般把工资都花在打扮上，这<u>算是</u>对自己辛苦工作的补偿。
나는 일반적으로 월급을 모두 치장하는 데 사용하는데, 이것은 스스로 힘들게 일한 것에 대한 보상이라고 할 수 있다.

 초단기 학습 3

준비시간 5초 / 답변시간 20초

你的工作需要说外语吗?
Nǐ de gōngzuò xūyào shuō wàiyǔ ma?

당신의 업무는 외국어를 필요로 합니까?

> 경험을 바탕으로 답변해야 하는 문제이다. 자신의 업무를 생각해 보고 어떠한 이유로 외국어 사용이 필요한지 혹은 불필요한지 답변해 보도록 하자.

초단기 훈련

1단계 답변의 핵심 키워드를 생각해 보자.

이유
- 在海外采购部工作
  zài hǎiwài cǎigòubù gōngzuò
  해외 구매팀에서 근무하다
- 经常接待海外顾客
  jīngcháng jiēdài hǎiwài gùkè
  자주 해외 고객들을 접대하다

결론
- 一直在说外语
  yìzhí zài shuō wàiyǔ
  계속 외국어로 말하다
- 要用外语处理工作
  yào yòng wàiyǔ chǔlǐ gōngzuò
  외국어로 업무를 처리해야 하다

2단계 답변 구성 틀에 맞춰 아래 문장을 완성해 보자.

[예시] 저는 ____이유____. 그래서 반드시 영어와 중국어를 할 줄 알아야 합니다. 저는 아침에 출근해서 저녁에 퇴근할 때까지 거의 ____결론____.

- 我 _____, 所以必须得会说英语和汉语。我从早上上班到晚上下班，几乎都 _____ 。

  저는 (해외 구매팀에서 근무합니다). 그래서 반드시 영어와 중국어를 할 줄 알아야 합니다. 저는 아침에 출근해서 저녁에 퇴근할 때까지 거의 (계속 외국어로 말합니다).

- 我 _____, 所以必须得会说英语和汉语。我从早上上班到晚上下班，几乎都 _____ 。

  저는 (자주 해외 고객들을 접대합니다). 그래서 반드시 영어와 중국어를 할 줄 알아야 합니다. 저는 아침에 출근해서 저녁에 퇴근할 때까지 거의 (외국어로 업무를 처리해야 합니다).

3 단계 답변을 확인하고 큰 소리로 읽어보자.

- 我 **在海外采购部工作** ，所以必须得会说英语和汉语。我从早上上班到晚上下班，几乎都 **一直在说外语** 。
  Wǒ zài hǎiwài cǎigòubù gōngzuò, suǒyǐ bìxū děi huì shuō Yīngyǔ hé Hànyǔ. Wǒ cóng zǎoshang shàngbān dào wǎnshang xiàbān, jīhū dōu yìzhí zài shuō wàiyǔ.
  저는 해외 구매팀에서 근무합니다. 그래서 반드시 영어와 중국어를 할 줄 알아야 합니다. 저는 아침에 출근해서 저녁에 퇴근할 때까지 거의 계속 외국어로 말합니다.

- 我 **经常接待海外顾客** ，所以必须得会说英语和汉语。我从早上上班到晚上下班，几乎都 **要用外语处理工作** 。
  Wǒ jīngcháng jiēdài hǎiwài gùkè, suǒyǐ bìxū děi huì shuō Yīngyǔ hé Hànyǔ. Wǒ cóng zǎoshang shàngbān dào wǎnshang xiàbān, jīhū dōu yào yòng wàiyǔ chǔlǐ gōngzuò.
  저는 자주 해외 고객들을 접대합니다. 그래서 반드시 영어와 중국어를 할 줄 알아야 합니다. 저는 아침에 출근해서 저녁에 퇴근할 때까지 거의 외국어로 업무를 처리해야 합니다.

진윤영선생님의 고득점 모범답변!

我在财务部工作，主要负责财务预算工作以及资金运作。因此几乎用不上外语。
Wǒ zài cáiwùbù gōngzuò, zhǔyào fùzé cáiwù yùsuàn gōngzuò yǐjí zījīn yùnzuò. Yīncǐ jīhū yòng bu shàng wàiyǔ.
저는 재무팀에서 근무하는데 주로 재무 예산 업무 및 자금 운용을 맡고 있습니다. 그래서 외국어가 거의 필요하지 않습니다.

★ 고득점 전략 用不上 / 用不到 사용하지 못하다

用不上 (쓸모가 없어서) 사용하지 못하다
예 我买了很多<u>用不上</u>的化妆品。
나는 쓸데 없는 화장품을 많이 샀다.

用不到 (충분하지 않아서) 사용하지 못하다
예 我的手机<u>用不到</u>一天就没电了。
나의 휴대폰은 하루도 안 돼서 배터리가 방전됐다.

초단기 연습

해설 223p

 준비시간 5초

답변시간 20초

핵심 키워드 생각하기

준비물

나만의 답변 만들기

到外国出差时　　　　　、　　　　　和　　　　　一个都不能少。

해외로 출장을 갈 때는 (준비물), (준비물) 과 (준비물) 하나라도 없어서는 안됩니다.

답변 완성하기

초단기 실전

1

준비시간 5초
답변시간 20초

답변 노트

2

준비시간 5초
답변시간 20초

답변 노트

3

준비시간 5초
답변시간 20초

답변 노트

Chapter 07

2부분 简短作答
질문에 간단하게 답하기

비즈니스 상황 1

2부분에서는 회사 업무, 개인 상황 설명 외에도 간단하게 개인의 의견이나 생각을 묻는 문제도 출제된다. 답변을 할 때는 핵심 견해를 먼저 제시하고 근거를 추가하여 설명하면 된다. 답변시간이 20초로 비교적 짧기 때문에 핵심 내용만 간결하게 이야기하도록 한다.

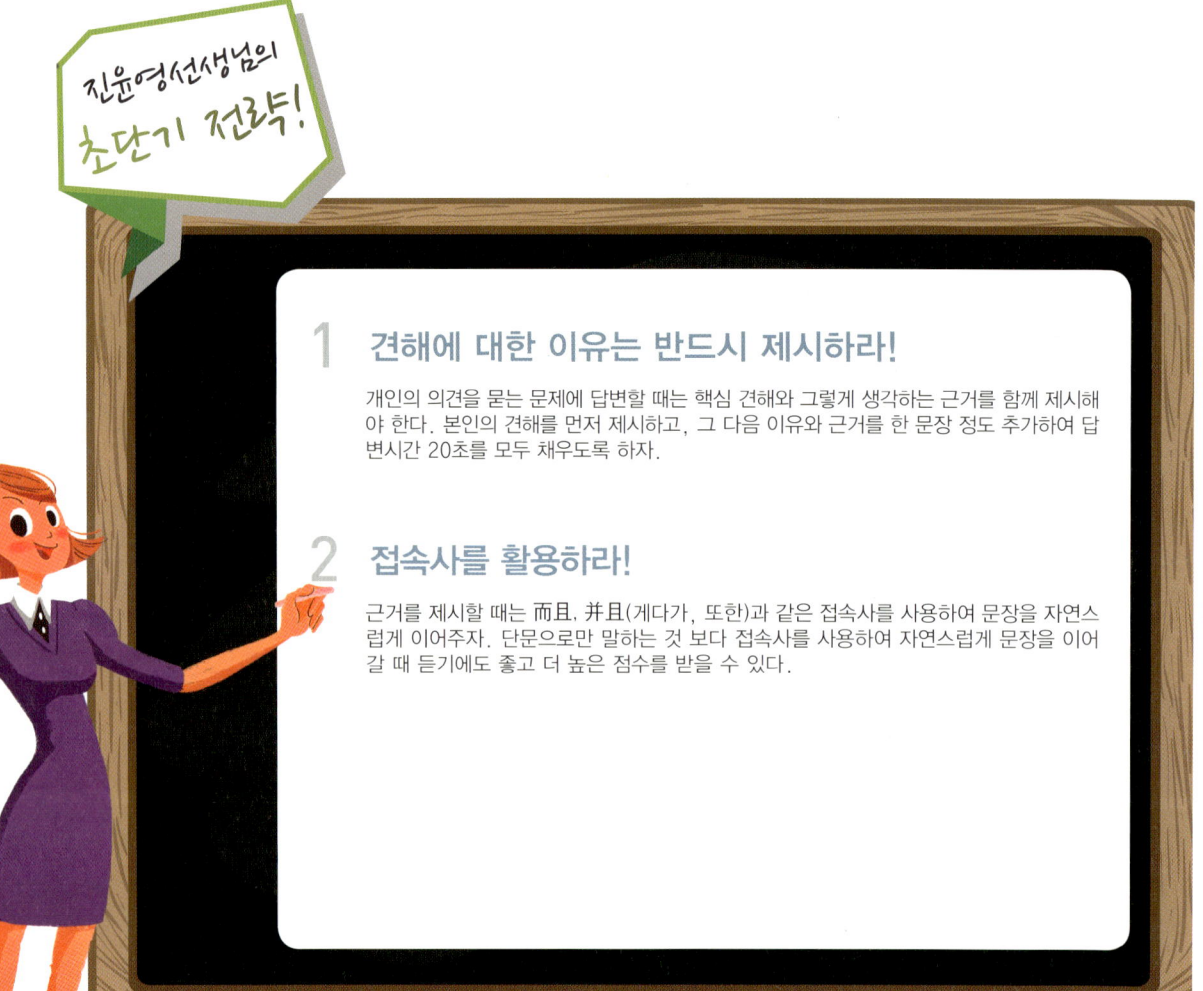

진윤영선생님의 초단기 전략!

1 견해에 대한 이유는 반드시 제시하라!

개인의 의견을 묻는 문제에 답변할 때는 핵심 견해와 그렇게 생각하는 근거를 함께 제시해야 한다. 본인의 견해를 먼저 제시하고, 그 다음 이유와 근거를 한 문장 정도 추가하여 답변시간 20초를 모두 채우도록 하자.

2 접속사를 활용하라!

근거를 제시할 때는 而且, 并且(게다가, 또한)과 같은 접속사를 사용하여 문장을 자연스럽게 이어주자. 단문으로만 말하는 것 보다 접속사를 사용하여 자연스럽게 문장을 이어갈 때 듣기에도 좋고 더 높은 점수를 받을 수 있다.

2부분 简短作答
질문에 간단하게 답하기

초단기 단어

 MP3 07-1

接待 jiēdài	접대하다	合作 hézuò	협력하다, 합작하다
顾客 gùkè	고객, 손님	沟通 gōutōng	소통하다
守时 shǒushí	시간을 준수하다	对方 duìfāng	상대방
着装 zhuózhuāng	옷차림, 복장	提高 tígāo	향상시키다
项目 xiàngmù	프로젝트	效率 xiàolǜ	효율

초단기 어법

1. 결과보어란?

동사 뒤에 위치하여 동작의 결과를 보충해 주는 문장성분이다.

2. 자주 쓰이는 결과보어

(1) 完 wán 동작의 완료를 나타낸다.

> 예) 我吃完了。 나는 다 먹었다.
> 我没写完报告。 나는 보고서를 다 쓰지 못했다.

(2) 好 hǎo 동작의 완료 및 완료한 상태가 만족스러움을 나타낸다.

> 예) 我们已经说好了。 우리는 이미 약속했다.
> 你们准备好了吗? 너희들 준비 다 됐니?

(3) 见 jiàn 시각이나 청각 등의 감각기관으로 대상을 인지함을 나타낸다.

> 예) 你听见了没? 너 들었니?
> 你看见了吗? 너 봤어?

(4) 懂 dǒng / 明白 míngbai 동작의 이해를 나타낸다.

> 예) 听懂了吗? 알아들었니?
> 我听明白了。 나는 듣고 이해했다.

준비시간 5초/ 답변시간 20초

接待重要的顾客时，要注意什么?
Jiēdài zhòngyào de gùkè shí, yào zhùyì shénme?

중요한 고객을 접대할 때 무엇을 주의해야 합니까?

고객 접대에 있어서 주의해야 할 사항을 묻는 문제이다. 주의해야 할 사항과 그에 따른 보충 설명을 추가하여 답변을 완성해 보자.

초단기 훈련

1 단계 답변의 핵심 키워드를 생각해 보자.

주의사항
- 守时 shǒushí 시간을 준수하다
- 着装 zhuózhuāng 복장
- 谈话方式 tánhuà fāngshì 말하는 방식
- 保持微笑 bǎochí wēixiào 미소를 유지하다
- 做自我介绍 zuò zìwǒjièshào 자기 소개하다
- 了解客户需求 liǎojiě kèhù xūqiú 고객의 요구를 이해하다

보충설명
- 比顾客先到 bǐ gùkè xiān dào 고객보다 먼저 도착하다
- 简洁大方 jiǎnjiédàfāng 깔끔하고 점잖다
- 简洁明了 jiǎnjiémíngliǎo 간결하고 명료하다
- 展示笑容 zhǎnshì xiàoróng 웃는 얼굴을 보여주다
- 有礼有节 yǒulǐyǒujié 예의 바르다
- 满足客户需求 mǎnzú kèhù xūqiú 고객의 요구를 만족시키다

2 단계 답변 구성 틀에 맞춰 아래 문장을 완성해 보자.

[예시] 저는 [주의사항] 가장 중요하다고 생각합니다. 반드시 [보충설명] .
둘째, [주의사항] 주의해야 합니다. 반드시 [보충설명] .
마지막으로 [주의사항] 입니다. 최대한 [보충설명] .

- 我认为_____是最重要的，必须_____。其次要注意_____，一定_____。最后是_____，尽量_____。

  저는 (시간을 준수하는 것이) 가장 중요하다고 생각합니다. 반드시 (고객보다 먼저 도착해야 합니다). 둘째, (복장에) 주의해야 합니다. 반드시 (깔끔하고 점잖아야 합니다). 마지막으로 (말하는 방식)입니다. 최대한 (간결하고 명료하게 이야기해야 합니다).

- 我认为_____是最重要的，必须_____。其次要注意_____，一定_____。最后是_____，尽量_____。

  저는 (미소를 유지하는 것이) 가장 중요하다고 생각합니다. 반드시 (당신의 웃는 얼굴을 보여줘야 합니다). 둘째, (자기 소개 하는 것에) 주의해야 합니다. 반드시 (예의 바르게 해야 합니다). 마지막으로 (고객의 요구를 이해하는 것)입니다. 최대한 (고객의 요구를 만족시켜야 합니다).

3 단계   답변을 확인하고 큰 소리로 읽어보자.

- 我认为 守时 是最重要的，必须 得比顾客先到 。其次要注意 着装 ，一定 要简洁大方 。最后是 谈话方式 ，尽量 说得简洁明了 。
  Wǒ rènwéi shǒushí shì zuì zhòngyào de, bìxū děi bǐ gùkè xiān dào. Qícì yào zhùyì zhuózhuāng, yídìng yào jiǎnjiédàfāng. Zuìhòu shì tánhuà fāngshì, jǐnliàng shuō de jiǎnjiémíngliǎo.
  저는 시간을 준수하는 것이 가장 중요하다고 생각합니다. 반드시 고객보다 먼저 도착해야 합니다. 둘째, 복장에 주의해야 합니다. 반드시 깔끔하고 점잖아야 합니다. 마지막으로 말하는 방식입니다. 최대한 간결하고 명료하게 이야기해야 합니다.

- 我认为 保持微笑 是最重要的，必须 得展示你的笑容 。其次要注意 做自我介绍 ，一定 要有礼有节 。最后是 了解客户需求 ，尽量 满足客户的需求 。
  Wǒ rènwéi bǎochí wēixiào shì zuì zhòngyào de, bìxū děi zhǎnshì nǐ de xiàoróng. Qícì yào zhùyì zuò zìwǒjièshào, yídìng yào yǒulǐyǒujié. Zuìhòu shì liǎojiě kèhù xūqiú, jǐnliàng mǎnzú kèhù de xūqiú.
  저는 미소를 유지하는 것이 가장 중요하다고 생각합니다. 반드시 당신의 웃는 얼굴을 보여줘야 합니다. 둘째, 자기 소개 하는 것에 주의해야 합니다. 반드시 예의 바르게 해야 합니다. 마지막으로 고객의 요구를 이해하는 것입니다. 최대한 고객의 요구를 만족시켜야 합니다.

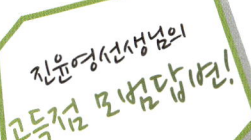

> 我认为接待客户时要注意称呼和保持亲切的态度。在饭馆里，款待宾客时要注意座位的安排，送客礼节也不能忽视。
> Wǒ rènwéi jiēdài kèhù shí yào zhùyì chēnghū hé bǎochí qīnqiè de tàidù. Zài fànguǎn lǐ, kuǎndài bīnkè shí yào zhùyì zuòwèi de ānpái, sòngkè lǐjié yě bù néng hūshì.
> 저는 고객을 접대할 때 호칭에 주의하고 친절한 태도를 유지해야 한다고 생각합니다. 식당에서 고객을 접대할 때는 자리 배치에 주의해야 하며, 배웅하는 예절에도 소홀히 해서는 안됩니다.
>
> ★ 고득점 전략 忽视 / 忽略 소홀히 하다, 홀대하다
>
> 예 环境污染问题确实不容忽视。
> 환경오염 문제는 절대로 소홀히 해서는 안 된다.
>
> 예 我们错过机会，往往是因为忽略了某些小细节。
> 우리가 기회를 놓치는 것은 종종 어떠한 사소한 부분을 소홀히 했기 때문이다.

 초단기 학습 2

준비시간 5초/ 답변시간 20초

🔊 **为了成功地完成项目，最重要的是什么？**
Wèi le chénggōng de wánchéng xiàngmù, zuì zhòngyào de shì shénme?
프로젝트를 성공적으로 완성시키기 위해 가장 중요한 것은 무엇입니까?

> 프로젝트를 성공적으로 완성시키기 위해 중요하게 생각하는 것에 대해 묻는 질문이다. 자신의 견해와 이유를 들어 답변을 완성해 보자.

초단기 훈련

1 단계 답변의 핵심 키워드를 생각해 보자.

견해
- 同事之间的合作 tóngshì zhījiān de hézuò 동료들간의 협조
- 做好计划 zuò hǎo jìhuà 계획을 잘 세우다

이유
- 少不了同事们之间的互相帮助 shǎo bu liǎo tóngshìmen zhījiān de hùxiāng bāngzhù
  동료들간의 도움이 없어서는 안된다
- 预测可能遇到的各种问题 yùcè kěnéng yùdào de gè zhǒng wèntí
  발생할 수 있는 각종 문제를 예측하다

2 단계 답변 구성 틀에 맞춰 아래 문장을 완성해 보자.

| 예시 | 견해 | 일 것입니다. | 이유 | 。|

- 应该是 _____ 。 _____ 。
  (동료들간의 협조)일 것입니다. (특히 혼자 완성이 불가능한 장기 프로젝트는 동료들간의 도움이 없어서는 안됩니다).

- 应该是 _____ 。 _____ 。
  (계획을 잘 세우는 것)일 것입니다. (이렇게 해야만 프로젝트를 실행하는 과정 중 발생할 수 있는 각종 문제를 전반적으로 예측할 수 있고 해결 방안을 내놓을 수 있기 때문입니다).

2부분 简短作答
질문에 간단하게 답하기

3 단계   답변을 확인하고 큰 소리로 읽어보자.

- 应该是 同事之间的合作 。 特别是不可能由一个人来完成的长期项目少不了同事们之间的互相帮助 。
  Yīnggāi shì tóngshì zhījiān de hézuò. Tèbié shì bù kěnéng yóu yí ge rén lái wánchéng de chángqī xiàngmù shǎo bu liǎo tóngshìmen zhījiān de hùxiāng bāngzhù.
  동료들간의 협조일 것입니다. 특히 혼자 완성이 불가능한 장기 프로젝트는 동료들간의 도움이 없어서는 안됩니다.

- 应该是 做好计划 。 这样才能可以全面的预测项目实施过程中可能遇到的各种问题，并作出解决方案 。
  Yīnggāi shì zuò hǎo jìhuà. Zhèyàng cái néng kěyǐ quánmiàn de yùcè xiàngmù shíshī guòchéng zhōng kěnéng yùdào de gè zhǒng wèntí, bìng zuò chū jiějué fāng'àn.
  계획을 잘 세우는 것일 것입니다. 이렇게 해야만 프로젝트를 실행하는 과정 중 발생할 수 있는 각종 문제를 전반적으로 예측할 수 있고 해결 방안을 내놓을 수 있기 때문입니다.

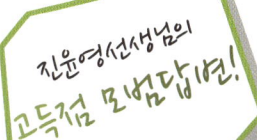

> 我认为是上司的领导力。按照下属的工作能力合理地部署工作，才能有效地完成项目。只有强大的领导力才能起到连接纽带的作用。
> Wǒ rènwéi shì shàngsī de lǐngdǎolì. Ànzhào xiàshǔ de gōngzuò nénglì hélǐ de bùshǔ gōngzuò, cái néng yǒuxiào de wánchéng xiàngmù. Zhǐyǒu qiángdà de lǐngdǎolì cái néng qǐ dào liánjiē niǔdài de zuòyòng.
>
> 저는 상사의 리더십이라고 생각합니다. 부하직원의 업무 능력에 따라 합리적으로 업무를 배정해야만 효율적으로 프로젝트를 완성할 수 있습니다. 강한 리더십만이 유대감을 이어주는 작용을 할 수 있습니다.
>
> ★ **고득점 전략** 才 이제야, 겨우
>
> (1) 수량사+才 : 연령, 수량이 많거나, 시간이 늦음을 의미한다.
>   예 我们每天晚上十一点才下班，累死人了。
>   우리는 매일 저녁 11시가 되어서야 퇴근한다. 피곤해 죽겠다.
>   他三十岁才上大学。 그는 서른 살이 되어서야 대학에 들어갔다.
>
> (2) 才+수량사 : 연령, 수량이 적거나, 시간이 이름 혹은 짧음을 의미한다.
>   예 我昨天晚上才睡了3个小时。 나는 어제 저녁에 겨우 3시간 잤다.
>   这孩子才八岁，就去美国留学了。 이 아이는 겨우 8살인데 미국으로 유학을 갔다.

 **초단기 학습 3**

준비시간 5초/ 답변시간 20초

🔊 **跟同事们经常沟通有什么好处?**
Gēn tóngshìmen jīngcháng gōutōng yǒu shénme hǎochù?

동료들과 자주 소통하면 어떠한 장점이 있습니까?

> 동료간의 소통에 어떠한 장점이 있는지를 묻고 있는 질문이다. 개인의 경험에 빗대어 소통의 장점에 대해 생각해 보고 답변을 완성해 보자.

초단기 훈련

1 단계 답변의 핵심 키워드를 생각해 보자.

장점 1
了解对方
liǎojiě duìfāng
상대방을 이해하다

愉快地工作
yúkuài de gōngzuò
즐겁게 업무를 하다

장점 2
了解对方的工作情况以及工作风格
liǎojiě duìfāng de gōngzuò qíngkuàng yǐjí gōngzuò fēnggé
상대방의 업무 상황 및 업무 스타일을 이해하다

获得帮助 huòdé bāngzhù 도움을 얻다

2 단계 답변 구성 틀에 맞춰 아래 문장을 완성해 보자.

> **예시** 동료들과 소통하면 ＿장점 1＿, 게다가 ＿장점 2＿. 이것은 업무효율을 높이는데 도움이 됩니다.
>
> • 跟同事们沟通 ＿＿＿＿＿＿＿, 并且 ＿＿＿＿＿＿＿＿＿＿。这有助于提高工作效率。
> 동료들과 소통하면 (상대방을 더 많이 이해할 수 있고), 게다가 (상대방의 업무 상황 및 업무 스타일도 이해할 수 있습니다). 이것은 업무 효율을 높이는데 도움이 됩니다.
>
> • 跟同事们沟通 ＿＿＿＿＿＿＿, 并且 ＿＿＿＿＿＿＿＿＿＿。这有助于提高工作效率。
> 동료들과 소통하면 (즐겁게 업무를 할 수 있고), 게다가 (업무량이 많을 때 도움을 얻을 수 있습니다). 이것은 업무효율을 높이는데 도움이 됩니다.

2부분 简短作答
질문에 간단하게 답하기

3 단계 답변을 확인하고 큰 소리로 읽어보자.

MP3 07-9

- 跟同事们沟通 可以多了解对方 ，并且 可以更了解对方的工作情况以及工作风格 。这有助于提高工作效率。
  Gēn tóngshìmen gōutōng kěyǐ duō liǎojiě duìfāng, bìngqiě kěyǐ gèng liǎojiě duìfāng de gōngzuò qíngkuàng yǐjí gōngzuò fēnggé. Zhè yǒuzhùyú tígāo gōngzuò xiàolǜ.
  동료들과 소통하면 상대방을 더 많이 이해할 수 있고, 게다가 상대방의 업무 상황 및 업무 스타일도 이해할 수 있습니다. 이것은 업무 효율을 높이는데 도움이 됩니다.

- 跟同事们沟通，可以 愉快地工作 ，并且 工作量大的时候，可以获得帮助 。这有助于提高工作效率。
  Gēn tóngshìmen gōutōng, kěyǐ yúkuài de gōngzuò, bìngqiě gōngzuòliàng dà de shíhou, kěyǐ huòdé bāngzhù. Zhè yǒuzhùyú tígāo gōngzuò xiàolǜ.
  동료들과 소통하면 즐겁게 업무를 할 수 있고, 게다가 업무량이 많을 때 도움을 얻을 수 있습니다. 이것은 업무효율을 높이는데 도움이 됩니다.

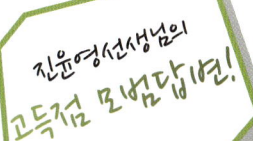
진윤영선생님의 고득점 모범답변!

MP3 07-10

跟同事们之间经常沟通，特别是上司与下属之间的沟通，可以减少上下级之间在工作上的摩擦，还可以提高下属的工作积极性，激发创意。
Gēn tóngshìmen zhījiān jīngcháng gōutōng, tèbié shì shàngsī yǔ xiàshǔ zhījiān de gōutōng, kěyǐ jiǎnshǎo shàngxiàjí zhījiān zài gōngzuò shàng de mócā, hái kěyǐ tígāo xiàshǔ de gōngzuò jījíxìng, jīfā chuàngyì.
동료들과의 잦은 소통, 특히 상사와 부하직원 간의 소통은 상하관계의 업무 마찰을 감소시키고, 부하직원의 업무 적극성을 고취시켜 창의성을 불러일으킵니다.

★ **고득점 전략** 提高 (위치, 정도, 수준, 수량, 품질 등을) 향상시키다, 제고하다

提高 + 工资(월급), 待遇(대우), 水平(수준), 生产(생산), 质量(품질), 效率(효율), 能力(능력)

예 你的汉语水平提高了很多。 당신의 중국어 수준이 많이 향상 되었네요.

예 如何提高生活质量？ 어떻게 하면 생활의 질을 향상시킬 수 있을까요?

초단기 연습

 MP3 07-11

📝 준비시간 5초
⏰ 답변시간 20초

핵심 키워드 생각하기

이유

나만의 답변 만들기

那是因为 _____ 。而且我觉得 _____ 。
그것은 (이유) 때문입니다. 게다가 저는 (이유)라고 생각합니다.

답변 완성하기

초단기 실전

해설 226p

1

 MP3 07-12

📝 준비시간 5초
⏰ 답변시간 20초

답변 노트

2

 MP3 07-13

📝 준비시간 5초
⏰ 답변시간 20초

답변 노트

3

 MP3 07-14

📝 준비시간 5초
⏰ 답변시간 20초

답변 노트

Chapter 08

2부분 **简短作答**
질문에 간단하게 답하기

비즈니스 상황 2

2부분에서 어떤 문제 상황에 대해 간단하게 해결 방법을 제시해야 하는 문제가 출제되기도 한다. 주로 업무와 관련된 문제이며, 자신의 경험을 바탕으로 답변하는 것이 좋다. 또한 방법을 제시할 때 적당한 이유나 근거를 들어 답변을 완성해야 한다.

진윤영선생님의 초단기 전략!

1 자신의 경험을 들어 설명하라!

어떤 문제 상황에 대한 해결 방법을 묻는 문제는 자신의 경험을 들어 답변하는 것이 좋다. 억지로 말을 만들다 보면 했던 말을 자꾸 반복하게 될 수도 있고 말을 더듬을 수도 있기 때문이다. 따라서 평소 업무 상 발생하는 문제에 어떠한 방법을 제시했었는지 자신의 경험을 생각해보고 답변하도록 하자.

2 방법 제시는 핵심만 이야기 하자!

질문이 요구하는 핵심은 "방법 제시"이다. 답변시간 20초가 생각보다 길지 않다. 답변에 쓸데 없는 내용을 덧붙이지 말고 핵심 내용 위주로 이야기 하자. "别人(다른 사람들은)~但我(하지만 저는)~" 보다는 첫마디부터 "我会做~(나는~하겠다)"라고 답변하라.

2부분 简短作答
질문에 간단하게 답하기

 초단기 단어

MP3 08-1

如何 rúhé	어떻게	细节 xìjié	세부, 세부사항
提升 tíshēng	올리다, 향상시키다	关键 guānjiàn	관건, 핵심
业绩 yèjì	업적, 실적	分歧 fēnqí	불일치, 차이
忽视 hūshì	소홀히 하다	冷静 lěngjìng	냉정하다, 차분하다
任何 rènhé	어떠한	道歉 dàoqiàn	사과하다, 사죄하다

 초단기 어법

1. 방향보어란?

술어 뒤에 위치하여 술어의 방향을 보충해 주는 문장성분이다.

2. 자주 쓰이는 방향보어

(1) 上 shàng
- 목적 달성: 考上大学 대학에 합격하다
- 부착, 첨가: 戴上帽子 모자를 쓰다

(2) 下 xià
- 고정: 记下 적어 두다
- 분리, 이탈: 摘下帽子 모자를 벗다

(3) 起来 qǐlái
- 시작과 지속: 吵起来 싸우기 시작하다
- 기억, 연상: 想起来 (잊고 있던 것이) 생각나다

(4) 出来 chūlái
- 발견, 식별: 看出来 알아보다, 听出来 알아듣다, 认出来 알아보다
- 어떤 결과물이 생김: 研究出来 연구해 내다, 制造出来 제조해 내다

초단기 학습 1

준비시간 5초/ 답변시간 20초

🔊 **如何提升职员的销售业绩，你有什么好办法？**
Rúhé tíshēng zhíyuán de xiāoshòu yèjì, nǐ yǒu shénme hǎo bànfǎ?

어떻게 하면 직원의 판매 실적을 올릴 수 있습니까. 당신은 어떤 좋은 방법이 있습니까?

> 판매 실적을 올릴 수 있는 방법을 제시해야 하는 문제이다. 방법과 구체적인 이유를 들어서 답변을 완성해 보자.

초단기 훈련

1 단계 답변의 핵심 키워드를 생각해 보자.

방법
做好销售前的各项准备工作
zuò hǎo xiāoshòu qián de gè xiàng zhǔnbèi gōngzuò
판매 전의 여러 가지 준비 업무를 잘 하다

掌握销售学知识
zhǎngwò xiāoshòuxué zhīshi
마케팅 지식을 익히다

이유
决定成败的关键
juédìng chéngbài de guānjiàn
성공과 실패를 결정하는 관건

不是偶然发生的
bú shì ǒurán fāshēng de
우연히 생기는 것이 아니다

2 단계 답변 구성 틀에 맞춰 아래 문장을 완성해 보자.

> **예시** 판매 실적을 올리려면 _____ **방법** _____.
> 이 영역에서 _____ **이유** _____.

- 想要提升销售业绩 _____。
  在这个领域 _____。
  판매 실적을 올리려면 (판매 전의 여러 가지 준비 업무를 잘 해야 합니다. 절대로 어느 하나 사소한 부분도 소홀히 해서는 안 됩니다). 이 영역에서 (사소한 부분이 성공과 실패를 결정하는 관건입니다).

- 想要提升销售业绩 _____。
  在这个领域 _____。
  판매 실적을 올리려면 (마케팅 지식을 익혀야 합니다. 절대로 마케팅의 대표적인 지식과 테크닉을 소홀히 해서는 안됩니다). 이 영역에서 (모든 성공적인 판매 사례들은 모두 우연히 발생한 것이 아닙니다).

3 단계 답변을 확인하고 큰 소리로 읽어보자.

MP3 08-3

- 想要提升销售业绩 就要做好销售前的各项准备工作，决不可忽视任何一个细节 。
  在这个领域 细节才是决定成败的关键 。
  Xiǎng yào tíshēng xiāoshòu yèjì jiù yào zuò hǎo xiāoshòu qián de gè xiàng zhǔnbèi gōngzuò, jué bù kě hūshì rènhé yí ge xìjié. Zài zhè ge lǐngyù xìjié cái shì juédìng chéngbài de guānjiàn.
  판매 실적을 올리려면 판매 전의 여러 가지 준비 업무를 잘 해야 합니다. 절대로 어느 하나 사소한 부분도 소홀히 해서는 안 됩니다. 이 영역에서 사소한 부분이 성공과 실패를 결정하는 관건입니다.

- 想要提升销售业绩 就要掌握销售学知识，决不可忽视具有代表性的销售知识和技巧 。
  在这个领域 每个成功的销售案例都不是偶然发生的 。
  Xiǎng yào tíshēng xiāoshòu yèjì jiù yào zhǎngwò xiāoshòuxué zhīshi, jué bù kě hūshì jùyǒu dàibiǎoxìng de xiāoshòu zhīshi hé jìqiǎo. Zài zhè ge lǐngyù měi ge chénggōng de xiāoshòu ànlì dōu bú shì ǒurán fāshēng de.
  판매 실적을 올리려면 마케팅 지식을 익혀야 합니다. 절대로 마케팅의 대표적인 지식과 테크닉을 소홀히 해서는 안됩니다. 이 영역에서 모든 성공적인 판매 사례들은 모두 우연히 발생한 것이 아닙니다.

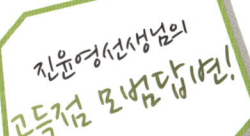

MP3 08-4

想要提升销售业绩应从寻找客户开始。培养顾客比眼前的销售业绩更重要，只有牢牢抓住客户的心，才能保持不败的业绩。
Xiǎng yào tíshēng xiāoshòu yèjì yīng cóng xúnzhǎo kèhù kāishǐ. Péiyǎng gùkè bǐ yǎnqián de xiāoshòu yèjì gèng zhòngyào, zhǐyǒu láoláo zhuāzhù kèhù de xīn, cái néng bǎochí bú bài de yèjì.
판매 실적을 올리려면 고객을 찾는 것에서부터 시작해야 합니다. 고객을 만드는 것이 현재의 판매 실적보다 더 중요하며, 확실히 고객의 마음을 잡아야만 실패하지 않는 실적을 유지할 수 있습니다.

★ **고득점 전략** 培养 기르다(목적을 가지고 교육, 훈련하여 성장하게 하다)

예 我们应该<u>培养</u>分析问题和解决问题的能力。
우리는 문제를 분석하고 해결하는 능력을 길러야 한다.

예 性格可能不会改变，但习惯是可以<u>培养</u>的。
성격은 아마도 바뀌지 않겠지만, 습관은 기를 수 있다.

 초단기 학습 2

준비시간 5초/ 답변시간 20초

🔊 **你正在开会，但你跟同事在意见上产生了一些分歧。这时你会怎么处理？**

Nǐ zhèngzài kāihuì, dàn nǐ gēn tóngshì zài yìjiàn shàng chǎnshēng le yì xiē fēnqí. Zhè shí nǐ huì zěnme chǔlǐ?

당신은 회의 중에 동료와 의견 상 이견이 발생했습니다. 이때 당신은 어떻게 해결하겠습니까?

> 회의 중 동료와 이견이 발생했을 때의 경험을 바탕으로 어떻게 해결할 것인지 답변을 완성해 보자.

초단기 훈련

1 단계 답변의 핵심 키워드를 생각해 보자.

방법 1
- 站在对方的角度换位思考 zhàn zài duìfāng de jiǎodù huàn wèi sīkǎo
  상대방의 각도에서 입장을 바꿔 생각하다
- 找出分歧所在 zhǎo chū fēnqí suǒzài
  이견이 있는 부분을 찾다

방법 2
- 向他道歉 xiàng tā dàoqiàn
  그에게 사과하다
- 向他说明情况，然后道歉 xiàng tā shuōmíng qíngkuàng, ránhòu dàoqiàn
  그에게 상황을 설명하고 사과하다

2 단계 답변 구성 틀에 맞춰 아래 문장을 완성해 보자.

[예시]
저는 먼저 _____방법 1_____.
만약 _____방법 2_____.

- 我先 _____。要是 _____。
  저는 먼저 (화를 가라앉히고 상대방의 각도에서 입장을 바꿔 생각해 보겠습니다). 만약 (제가 정말로 잘못했다면, 저는 먼저 그에게 사과할 것입니다).

- 我先 _____。要是 _____。
  저는 먼저 (이견이 있는 부분을 찾겠습니다). 만약 (제가 잘못했다면, 저는 먼저 그에게 상황을 설명하고 사과할 것입니다).

2부분 简短作答
질문에 간단하게 답하기

3 단계 답변을 확인하고 큰 소리로 읽어보자.

- 我先 冷静下来，站在对方的角度换位思考一下 。要是 我真的做错了的话，我会主动向他道歉 。
  Wǒ xiān lěngjìng xiàlái, zhàn zài duìfāng de jiǎodù huàn wèi sīkǎo yí xià. Yàoshi wǒ zhēnde zuò cuò le de huà, wǒ huì zhǔdòng xiàng tā dàoqiàn.
  저는 먼저 화를 가라앉히고 상대방의 각도에서 입장을 바꿔 생각해 보겠습니다. 만약 제가 정말로 잘못했다면, 저는 먼저 그에게 사과할 것입니다.

- 我先 找出分歧所在 。要是 我做得不对，我会主动向他说明情况，然后道歉 。
  Wǒ xiān zhǎo chū fēnqí suǒ zài. Yàoshi wǒ zuò de bú duì, wǒ huì zhǔdòng xiàng tā shuōmíng qíngkuàng, ránhòu dàoqiàn.
  저는 먼저 이견이 있는 부분을 찾겠습니다. 만약 제가 잘못했다면 저는 먼저 그에게 상황을 설명하고 사과할 것입니다.

진윤영선생님의 고득점 모범답변!

这时我要提醒自己对事不对人。大家都是为了实现共同的目标，而不是针对对方。所以我会仔细听取对方意见，找出让大家都满意的方案。
Zhè shí wǒ yào tíxǐng zìjǐ duì shì bú duì rén. Dàjiā dōu shì wèi le shíxiàn gòngtóng de mùbiāo, ér bú shì zhēnduì duìfāng. Suǒyǐ wǒ huì zǐxì tīngqǔ duìfāng yìjiàn, zhǎo chū ràng dàjiā dōu mǎnyì de fāng'àn.

이때 저는 스스로에게 사람이 아니라 일을 따져야 한다고 일깨워 주겠습니다. 모두들 공동의 목표를 실현하기 위한 것이지 상대방을 겨냥한 것이 아니기 때문입니다. 그래서 저는 상대방의 의견을 자세히 듣고 모두를 만족시킬 수 있는 방안을 찾습니다.

★ **고득점 전략** 为了 ~을 위해

예 我**为了**戒烟，整整一年都没喝酒，也没参加朋友聚会。
나는 담배를 끊기 위해서 일년 내내 술도 안 마시고 친구 모임에도 참석하지 않았다.

예 **为了**避开高峰时间，我一般都提前出门。
러시아워를 피하기 위해서 나는 일반적으로 미리 집을 나섭니다.

 **초단기 학습 3**

준비시간 5초 / 답변시간 20초

🔊 **今天你要去中国参观工厂，但由于天气的原因飞机可能会晚点。这时你会怎么办？**
Jīntiān nǐ yào qù Zhōngguó cānguān gōngchǎng, dàn yóuyú tiānqì de yuányīn fēijī kěnéng huì wǎn diǎn. Zhè shí nǐ huì zěnmebàn?

오늘 당신은 중국으로 공장 참관을 하러 갑니다. 하지만 날씨 때문에 비행기가 조금 늦어질 것 같습니다. 이때 당신은 어떻게 하겠습니까?

> 문제가 발생하였을 때 해결하는 방법에 대해 묻는 질문이다. 자신의 경험을 토대로 해결 방법을 생각하여 답변을 완성해 보자.

초단기 훈련

1단계 답변의 핵심 키워드를 생각해 보자.

방법
- 等待上级指示
  děngdài shàngjí zhǐshì
  상사의 지시를 기다리다
- 问他怎么做
  wèn tā zěnmezuò
  그에게 어떻게 해야 하는지 묻다

이유
- 不是个人的事情
  bú shì gèrén de shìqing
  개인적인 일이 아니다
- 不是能随便取消的事情
  bú shì néng suíbiàn qǔxiāo de shìqing
  마음대로 취소할 수 있는 일이 아니다

2단계 답변 구성 틀에 맞춰 아래 문장을 완성해 보자.

> [예시] 저는 먼저 상사에게 ___방법___. 왜냐하면 공장을 참관하는 것은 ___이유___ 때문에 반드시 먼저 부서 팀장과 상의를 해야 합니다.

- 我会先向上司 _____。因为参观工厂 _____, 必须得先跟部门主管商量。
  저는 먼저 상사에게 (이 상황을 보고하고 상사의 지시를 기다릴 것입니다). 왜냐하면 공장을 참관하는 것은 (제 개인적인 일이 아니기) 때문에 반드시 먼저 부서 팀장과 상의를 해야 합니다.

- 我会先向上司 _____。因为参观工厂 _____, 必须得先跟部门主管商量。
  저는 먼저 상사에게 (이 상황을 설명하고 어찌해야 하는지 물어볼 것입니다). 왜냐하면 공장을 참관하는 것은 (제 마음대로 취소할 수 있는 일이 아니기) 때문에 반드시 먼저 부서 팀장과 상의를 해야 합니다.

3 단계 답변을 확인하고 큰 소리로 읽어보자.

- 我会先向上司 报告这个情况，然后等待上级指示 。因为参观工厂 不是我个人的事情 ，必须得先跟部门主管商量。
  Wǒ huì xiān xiàng shàngsī bàogào zhè ge qíngkuàng, ránhòu děngdài shàngjí zhǐshì. Yīnwèi cānguān gōngchǎng bú shì wǒ gèrén de shìqing, bìxū děi xiān gēn bùmén zhǔguǎn shāngliang.
  저는 먼저 상사에게 이 상황을 보고하고 상사의 지시를 기다릴 것입니다. 왜냐하면 공장을 참관하는 것은 제 개인적인 일이 아니기 때문에 반드시 먼저 부서 팀장과 상의를 해야 합니다.

- 我会先向上司 说明这个情况，然后问他怎么做 。因为参观工厂 不是能随便取消的事情 ，必须得先跟部门主管商量。
  Wǒ huì xiān xiàng shàngsī shuōmíng zhè ge qíngkuàng, ránhòu wèn tā zěnmezuò. Yīnwèi cānguān gōngchǎng bú shì néng suíbiàn qǔxiāo de shìqing, bìxū děi xiān gēn bùmén zhǔguǎn shāngliang.
  저는 먼저 상사에게 이 상황을 설명하고 어찌해야 하는지 물어볼 것입니다. 왜냐하면 공장을 참관하는 것은 제 마음대로 취소할 수 있는 일이 아니기 때문에 반드시 먼저 부서 팀장과 상의를 해야 합니다.

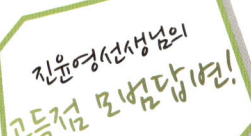

我会先联系中国工厂说明我现在的情况并请他们妥善处理。处理好中国工厂方面以后，我会向上司报告这个情况。
Wǒ huì xiān liánxì Zhōngguó gōngchǎng shuōmíng wǒ xiànzài de qíngkuàng bìng qǐng tāmen tuǒshàn chǔlǐ. Chǔlǐ hǎo Zhōngguó gōngchǎng fāngmiàn yǐhòu, wǒ huì xiàng shàngsī bàogào zhè ge qíngkuàng.
저는 먼저 중국 공장에 연락해서 저의 현재 상황을 설명한 뒤 적절하게 처리해 달라고 부탁할 것입니다. 중국 공장 쪽을 잘 처리한 뒤 저는 상사에게 이 상황을 보고하겠습니다.

★ **고득점 전략**
두 개 이상의 단어나 문장을 연결해 주는 단어 和/并을 활용해 보자.

(1) A和B: 명사와 명사 연결

我和他一起去百货商场买东西。
나는 그와 함께 같이 백화점에 가서 물건을 산다.

(2) A并B: 동사와 동사 연결

妻子和儿子一起祝我生日快乐，并送给我生日礼物。
아내와 아들은 나의 생일을 축하해주고 선물을 주었다.

초단기 연습

해설 227p

MP3 08-11

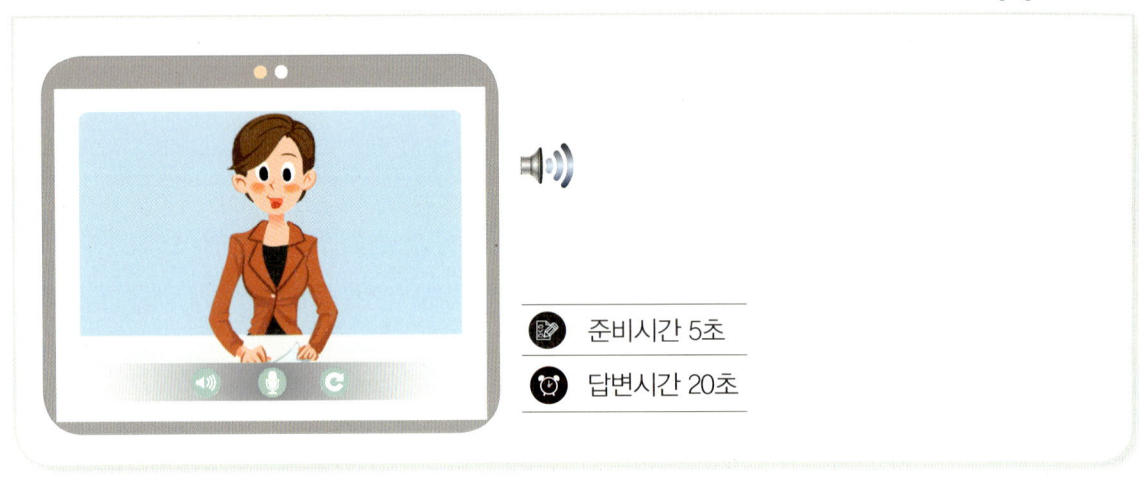

준비시간 5초
답변시간 20초

핵심 키워드 생각하기

견해   방법

나만의 답변 만들기

我认为 _____。
所以提高公司的知名度的最好办法就在于 _____ , 并 _____

저는 (견해   )라고 생각합니다.
따라서 회사의 지명도를 올리는 가장 좋은 방법은 (방법   ) 하고, (방법   )하는 것입니다.

답변 완성하기

1

준비시간 5초
답변시간 20초

답변 노트

2

준비시간 5초
답변시간 20초

답변 노트

3

준비시간 5초
답변시간 20초

답변 노트

3부분 情景模拟

주어진 상황에 맞게 말하기

3부분 실전테스트 예시

❾ 情景模拟

3부분 情景模拟 초단기 공략법

주어진 상황에 맞게 말하기

3부분은 그림과 관련된 질문을 듣고 답변하는 유형이다. 비즈니스 상황에서 자주 부딪힐 수 있는 상황을 설정하여 응시자의 대처 능력, 복잡한 상황 소개 능력을 평가하는 부분으로, 실제 그 상황에 처해 있다고 가정하고 답변하는 것이 중요하다.

 ## 시험 구성

문항 수	총 3문항
시험 시간	각 문항 당 준비시간 20초, 답변시간 60초
출제 의도	• 응시자의 비즈니스 상황 설명 및 안내 능력을 파악한다. • 응시자의 문제 해결 능력을 파악한다. • 응시자의 돌발적인 상황에 대한 대처 능력을 파악한다.
채점 포인트	• 문제점을 제대로 파악하고 그에 대한 정확한 해결책을 제시했는지, 제시한 내용이 얼마나 타당하고 구체적인지 평가한다. • 발음, 성조, 문장의 문법적 완성도, 적절한 어휘 구사 여부를 평가한다.

 ## 학습법

1. 자신이 자주 부딪힐 수 있는 비즈니스 상황이 무엇인지 체크하자!
3부분에서 1문항은 응시자가 시험 전 참여했던 설문 조사 내용을 근거로 출제된다. 따라서 자신이 자주 부딪히는 비즈니스 상황에 관련된 어휘, 문장 등을 미리 준비해 두는 것이 좋다.

2. 설명과 안내는 최대한 자세하게!
설명과 안내는 일정 안내, 프레젠테이션, 예약 및 취소, 공지 등 다양한 내용이 출제된다. 문제는 간단해 보이나 답변시간 60초를 채우기 위해서는 답변 내용을 최대한 자세하게 준비하는 것이 좋다. 어휘, 설명과 안내 시 자주 쓰는 문형 등을 상황 별로 미리 자세하게 준비해 두면 도움이 된다.

3. 문제 해결과 요구는 답변 틀 만들기!
문제 해결과 요구에 관한 문제는 답변 틀을 미리 만들어 놓으면 상황에 따라 어휘만 바꿔서 대답하면 되기 때문에 미리 답변 틀을 만들어 두면 좋다.
① 답변 시작: 인사말이나 요구 상황을 간단히 설명한다.
② 문제점 언급: 언제, 어디에서, 무슨 일이 발생했는지 구체적으로 설명한다.
③ 해결책 제시: 구체적인 해결 방안을 제시한다.
④ 마무리: 문제 해결 협조에 대한 감사 표시를 하거나 연락처를 남긴다.

 시험 진행 프로세스

문제 제시
3부분은 제시된 그림과 관련된 질문을 듣고 주어진 상황에 맞게 답변하는 문제이다.

Tip 설명과 안내 관련 문제인지, 문제 해결과 요구를 원하는 문제인지 재빨리 파악하기!

준비시간 20초
질문이 끝난 후 시계에 20초가 표시되고, 마이크가 파란색으로 변하면 답변 준비를 시작한다.

Tip 어떠한 내용을 이야기 할 것인지 미리 단어로 대략적인 스토리 구상하기!

답변시간 60초
시계에 답변시간 60초가 표시되고, 안내 멘트 후 "삐" 소리와 함께 마이크가 빨간색으로 변하면 답변을 시작한다.

Tip 실제로 그 상황에 처해 있다고 생각하고 어투에 유의하여 답하기!

초단기 답변 포인트

1. 문제에서 제시하는 과제가 두 개일 수도 있다. 따라서 답변 시 문제가 요구하는 과제가 무엇인지 정확히 파악하고 모두 답변해야만 고득점을 얻을 수 있다.
2. 3부분에서는 상황 설명, 문제 해결 등 다양한 과제가 주어지는데, 이때 답변에 반드시 기승전결의 흐름이 있어야 한다.
3. 자신의 의견을 이야기할 때는 그에 상응하는 이유를 반드시 언급해야 한다.

Chapter 09

3부분 情景模拟
주어진 상황에 맞게 말하기

설명과 안내-일반 비즈니스

일반 비즈니스 관련 상황에 처해 있다고 생각하고 상대방에게 설명 또는 안내하는 방법에 대해 학습해 보자. 질문이 화면에 제시되지 않으므로 질문에 귀를 기울여야 하며, 일반 비즈니스 관련 설명과 안내 문제는 주로 호텔 예약, 이유 설명, 길 안내, 상황 설명 등이 출제된다.

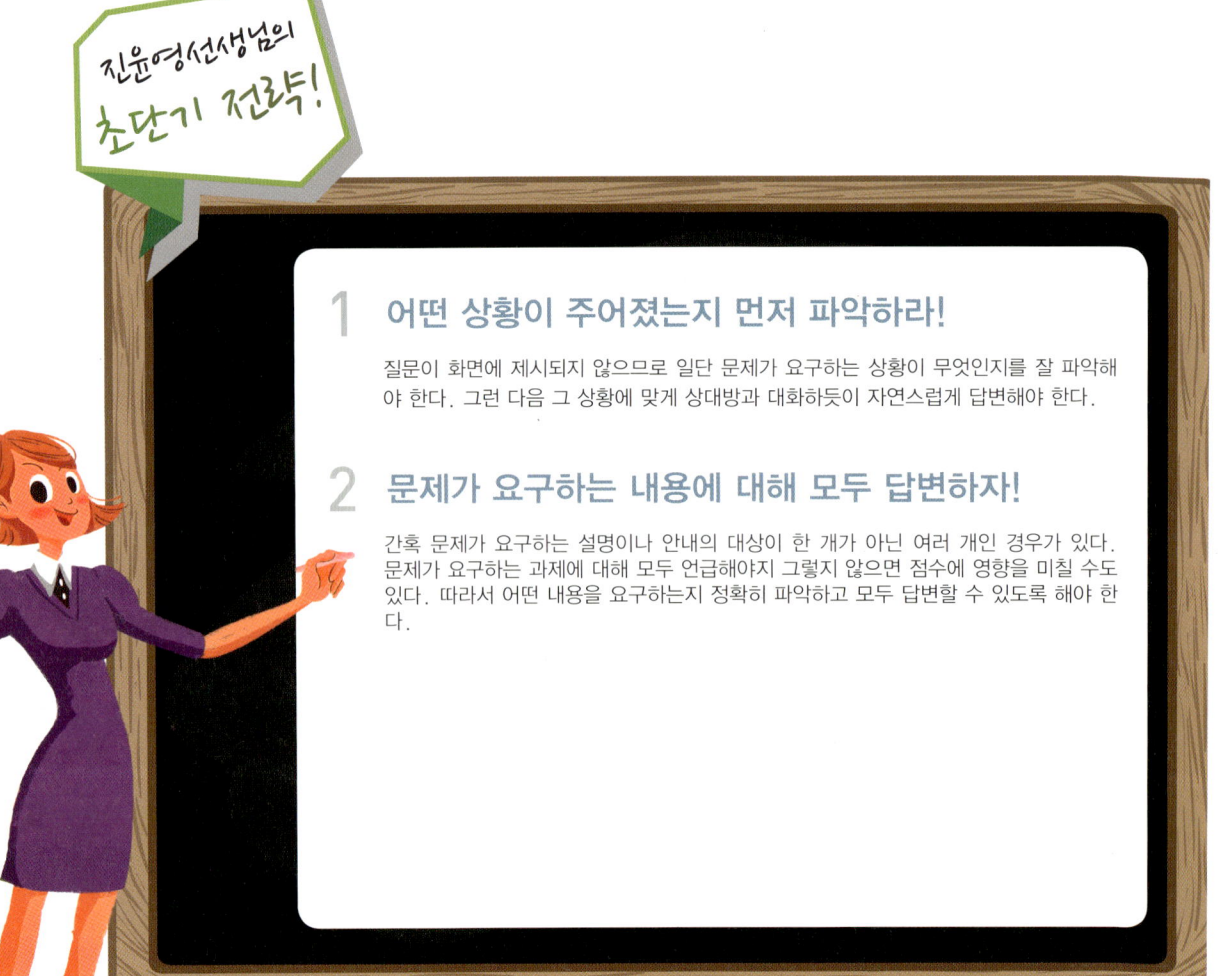

진윤영선생님의 초단기 전략!

1 어떤 상황이 주어졌는지 먼저 파악하라!

질문이 화면에 제시되지 않으므로 일단 문제가 요구하는 상황이 무엇인지를 잘 파악해야 한다. 그런 다음 그 상황에 맞게 상대방과 대화하듯이 자연스럽게 답변해야 한다.

2 문제가 요구하는 내용에 대해 모두 답변하자!

간혹 문제가 요구하는 설명이나 안내의 대상이 한 개가 아닌 여러 개인 경우가 있다. 문제가 요구하는 과제에 대해 모두 언급해야지 그렇지 않으면 점수에 영향을 미칠 수도 있다. 따라서 어떤 내용을 요구하는지 정확히 파악하고 모두 답변할 수 있도록 해야 한다.

3부분 情景模拟
주어진 상황에 맞게 말하기

 초단기 단어

MP3 09-1

预定 yùdìng	예약하다	租 zū	임대하다, 빌리다
顺便 shùnbiàn	~하는 김에, 겸사겸사	准时 zhǔnshí	제 시간에
行程 xíngchéng	여정	大寿 dàshòu	생신 (50세 이상 노인들의 매 10주년 생일)
提供 tígōng	제공하다	着急 zháojí	조급하다
此外 cǐwài	이 외에, 이 밖에	任务 rènwu	임무, 책무

 초단기 어법

1. **가능보어란?**
   동사 뒤에 위치하여 동작, 행위가 가능한지의 여부를 보충하는 문장성분이다.

2. **기본 어순: 동사+得 / 不+결과보어 / 방향보어**
   - 예 我听得懂老师的话。 나는 선생님의 말을 알아들을 수 있다. (긍정형)
   - 예 我看不懂中国菜单。 나는 중국 메뉴판을 못 알아보겠다. (부정형)

3. **의문문**
   - 예 你听得懂吗? 너 알아듣겠니? (문장 뒤에 吗를 붙임)
   - 예 你听得懂听不懂? 너 알아듣겠니? (긍정형 부정형 나열)

4. **자주 쓰이는 가능 보어**
   (1) ~不了 bùliǎo (양이 많아서) ~해 낼 수 없다
     예 吃不了 (많아서) 못 먹겠다
   (2) ~不下 búxià (충분한 공간이나 수량이 없어서) ~하지 못하다
     예 坐不下 (자리가 없어서) 못 앉는다
   (3) ~不起 bùqǐ (돈이 없어서) ~할 수 없다
     예 买不起 (비싸서) 못 산다
   (4) ~不惯 búguàn (습관이 되지 않아서) ~할 수 없다
     예 看不惯 눈에 거슬린다
   (5) ~不到 búdào (기회, 요구, 수준이 되지 않아서) ~할 수 없다
     예 吃不到 먹을 수 없다

 초단기 학습 1

 MP3 09-2

준비시간 20초/ 답변시간 60초

🔊 你下星期要去中国出差。请你给旅行社打电话预定一下飞机票、饭店以及自驾车。

Nǐ xià xīngqī yào qù Zhōngguó chūchāi. Qǐng nǐ gěi lǚxíngshè dǎ diànhuà yùdìng yí xià fēijīpiào、fàndiàn yǐjí zìjiàchē.

당신은 다음주에 중국으로 출장을 가려고 합니다. 여행사에 전화를 걸어 비행기표와 호텔 그리고 렌트카를 예약해 보세요.

> 전화를 걸어 비행기표와 호텔 그리고 렌트카를 예약해야 하는 문제이다. 구체적인 요구 사항을 들어 예약을 해보자!

초단기 훈련

1 단계 답변의 핵심 키워드를 생각해 보자.

비행기표	下星期三下午两点去北京的 xià xīngqīsān xiàwǔ liǎng diǎn qù Běijīng de 다음주 수요일 오후 2시 베이징으로 가는	
호텔	三天两夜 sān tiān liǎng yè 2박 3일	提供早餐 tígōng zǎocān 조식이 제공된다
렌트카	车型不重要，车况好 chēxíng bú zhòngyào, chēkuàng hǎo 차 모델은 중요하지 않고 차 상태가 좋은	

2 단계 답변 구성 틀에 맞춰 아래 문장을 완성해 보자.

인사	喂，是 ____ 吧。 여보세요, (여행사)죠?
예약	我想订一张 ____ 的机票，顺便再帮我订一家饭店，行程是 ____ , 最好 ____ 。 (다음주 수요일 오후 2시 베이징에 가는) 비행기표 한 장을 예약하고 싶고, 호텔 예약도 좀 부탁 드립니다. 일정은 (2박 3일)이고요. (조식이 제공되면) 좋을 것 같습니다.
추가 요청	此外，你们可以帮我租个车吗？ ____ 。 그밖에, 차도 렌트해 주실 수 있나요? (차 모델은 중요하지 않고, 차 상태만 좋으면 됩니다).

3부분 情景模拟
주어진 상황에 맞게 말하기

3 단계   답변을 확인하고 큰 소리로 읽어보자.

 MP3 09-3

喂，是 旅行社 吧。
Wéi, shì lǚxíngshè ba.
我想订一张 下星期三下午两点去北京 的机票，顺便再帮我订一家饭店，行程是 三天两夜 ，最好 提供早餐 。
Wǒ xiǎng dìng yì zhāng xià xīngqīsān xiàwǔ liǎng diǎn qù Běijīng de jīpiào, shùnbiàn zài bāng wǒ dìng yì jiā fàndiàn, xíngchéng shì sān tiān liǎng yè, zuìhǎo tígōng zǎocān.
此外，你们可以帮我租个车吗？ 车型不重要，车况好 就行。
Cǐwài, nǐmen kěyǐ bāng wǒ zū ge chē ma? Chēxíng bú zhòngyào, chēkuàng hǎo jiù xíng.

여보세요, 여행사죠? 다음주 수요일 오후 2시 베이징에 가는 비행기표 한 장을 예약하고 싶고, 호텔 예약도 좀 부탁 드립니다. 일정은 2박 3일이고요, 조식이 제공되면 좋을 것 같습니다. 그밖에, 차도 렌트해 주실 수 있나요? 차 모델은 중요하지 않고, 차 상태만 좋으면 됩니다.

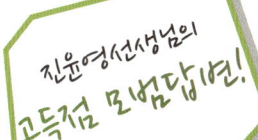
진윤영선생님의
고득점 모범답변!

 MP3 09-4

喂，是旅行社吧。
Wéi, shì lǚxíngshè ba.
我想订一张下星期三下午两点去北京的飞机票，顺便再帮我订一家饭店，最好离市中心近一点儿的，里边要是有韩式餐厅就更好了。
Wǒ xiǎng dìng yì zhāng xià xīngqīsān xiàwǔ liǎng diǎn qù Běijīng de fēijīpiào, shùnbiàn zài bāng wǒ dìng yì jiā fàndiàn, zuìhǎo lí shìzhōngxīn jìn yì diǎnr de, lǐbian yàoshì yǒu hánshì cāntīng jiù gèng hǎo le.
还有我想租一辆车，只要有国际驾照就可以吧？
Háiyǒu wǒ xiǎng zū yí liàng chē, zhǐyào yǒu guójì jiàzhào jiù kěyǐ ba?

여보세요, 여행사죠? 저는 다음주 수요일 오후 2시 베이징에 가는 비행기표 한 장을 예약하고 싶고, 호텔 예약도 부탁 드립니다. 시 중심에서 가까운 것이 좋고요, 호텔 안에 한식당이 있으면 더욱 좋을 것 같습니다. 그리고 제가 차 한 대를 렌트하고 싶은데요, 국제 면허증만 있으면 되죠?

★ **고득점 전략** 离 / 从 ~로 부터

离 기준점 강조
예 江南**离**这儿远吗？ 강남은 여기에서 먼가요?

从 출발점 강조
예 **从**这儿到江南要多长时间？ 여기에서 강남까지 얼마나 걸리나요?

초단기 학습 2

MP3 09-5

준비시간 20초 / 답변시간 60초

🔊 今天你家里有很重要的事，得准时下班。但上司让你留下来加班，请你向上司说明一下你不能加班的理由。

Jīntiān nǐ jiā lǐ yǒu hěn zhòngyào de shì, děi zhǔnshí xiàbān. Dàn shàngsī ràng nǐ liúxiàlai jiābān, qǐng nǐ xiàng shàngsī shuōmíng yíxià nǐ bù néng jiābān de lǐyóu.

당신은 오늘 집에 중요한 일이 있어, 정시에 퇴근을 해야 합니다. 하지만 상사가 당신에게 남아서 야근을 하라고 합니다. 상사에게 당신이 야근할 수 없는 이유를 설명해 보세요.

> 이유를 설명하는 문제이다. 야근을 할 수 없는 이유를 설명하고 그에 대한 해결책을 제시해 보자.

초단기 훈련

1 단계 답변의 핵심 키워드를 생각해 보자.

이유	**母亲的六十大寿** mǔqīn de liùshí dàshòu 어머니 환갑이다
제안	**让李科长帮您** ràng Lǐ kēzhǎng bāng nín 이 과장에게 당신을 도와주라고 하다 **明天晚上加班把任务完成** míngtiān wǎnshang jiābān bǎ rènwu wánchéng. 내일 저녁에 야근해서 업무를 끝내다

2 단계 답변 구성 틀에 맞춰 아래 문장을 완성해 보자.

이유	部长，今天 _____ , 所以今晚 _____ 。这事儿上个月就 _____ 。 부장님, 오늘은 (저의 어머니 환갑입니다). 그래서 오늘 저녁에 (좀 일찍 가서 생신을 축하해 드려야 합니다). 이번 일은 저번 달부터 (미리 계획해 두었던 것입니다).
제안	要不 _____ 怎么样？或者不着急的话，我 _____ 。 아니면 (이 과장님에게 도와 달라고 하시는 건) 어떠세요? 혹 급하지 않으시다면, 제가 (내일 저녁에 야근해서 업무를 끝내도록 하겠습니다).
마무리	您看 ___ 吗? (괜찮을까)요?

3단계 답변을 확인하고 큰 소리로 읽어보자.

部长，今天是 我母亲的六十大寿 ，所以今晚 得早点儿回去给母亲过大寿 。这事儿上个月就 已经安排好了 。
Bùzhǎng, jīntiān shì wǒ mǔqīn de liùshí dàshòu, suǒyǐ jīnwǎn děi zǎodiǎnr huíqù gěi mǔqīn guò dàshòu. Zhè shìr shàng ge yuè jiù yǐjīng ānpái hǎo le.

要不 您让李科长帮您 怎么样？或者不着急的话，我 明天晚上加班把任务完成 。
Yàobù nín ràng Lǐ kēzhǎng bāng nín zěnmeyàng? Huòzhě bù zháojí de huà, wǒ míngtiān wǎnshang jiābān bǎ rènwu wánchéng.

您看 行 吗？
Nín kàn xíng ma?

부장님, 오늘은 저의 어머니 환갑입니다. 그래서 오늘 저녁에 좀 일찍 가서 생신을 축하해 드려야 합니다. 이번 일은 저번 달부터 미리 계획해 두었던 것입니다. 아니면 이 과장님에게 도와 달라고 하시는 건 어떠세요? 혹 급하지 않으시다면, 제가 내일 저녁에 야근해서 업무를 끝내도록 하겠습니다. 괜찮을까요?

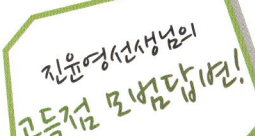

部长，我孩子下午突然生病，现在在医院的急诊室呢，我得回去看看他。真抱歉，今天我实在加不了班。
Bùzhǎng, wǒ háizi xiàwǔ tūrán shēngbìng, xiànzài zài yīyuàn de jízhěnshì ne, wǒ děi huíqù kànkan tā. Zhēn bàoqiàn, jīntiān wǒ shízài jiā bu liǎo bān.

要不我明天帮您行吗？或者我明天早上早点儿来上班帮您吧。
Yàobù wǒ míngtiān bāng nín xíng ma? Huòzhě wǒ míngtiān zǎoshang zǎodiǎnr lái shàngbān bāng nín ba.

부장님, 저희 아이가 오후에 갑자기 아파서 현재 병원 응급실에 있습니다. 제가 가서 봐야 할 것 같습니다. 정말 죄송한데, 오늘은 정말로 야근을 못하겠습니다. 아니면 제가 내일 도와드려도 괜찮을까요? 아니면 내일 아침 일찍 와서 도와드리겠습니다.

★ **고득점 전략** 实在 정말로, 진짜로

예 不好意思，我手里的工作也很多，实在没有办法帮你。
　　미안하지만 저도 일이 너무 많아서 정말로 당신을 도울 수 없어요.

초단기 연습

해설 229p

준비시간 20초
답변시간 60초

핵심 키워드 생각하기

시간	
장소	

나만의 답변 만들기

초단기 실전

1

📝 준비시간 20초
⏲ 답변시간 60초

답변 노트

2

📝 준비시간 20초
⏲ 답변시간 60초

답변 노트

3

📝 준비시간 20초
⏲ 답변시간 60초

답변 노트

Chapter 10

3부분 **情景模拟**
주어진 상황에 맞게 말하기

설명과 안내-직무 비즈니스

직무 비즈니스와 관련되어 상대방에게 설명 또는 안내하는 방법에 대해 학습해 보자. 주로 보고, 회의 순서, 일정 설명, 제품 소개 관련 내용이 출제되며, 답변의 길이와 어휘 선택에 주의하여 구체적이고 자세하게 답변해야 한다.

진윤영선생님의 초단기 전략!

1 설명과 안내 문제는 최대한 자세하게 준비하는 것이 좋다!

설명과 안내는 일정 안내, 예약 및 취소, 상황 보고 등 다양한 내용이 출제된다. 문제는 간단해 보이지만 실제로 답변시간 60초를 채우려면 많은 내용을 이야기해야 한다. 따라서 설명과 안내에 대한 답변을 할 때 자주 사용되는 핵심 패턴, 어휘 등을 상황 별로 자세하게 준비해 두는 것이 좋다.

2 어투에도 신경 쓰자!

3부분은 Role-play인 만큼 그 상황에 처해있다고 가정하고 답변해야 한다. 보고를 해야 하는 상황인데 어투를 너무 가볍게 한다든지, 고객에게 제품을 설명해야 하는데 친구와 대화하는 것처럼 할 수는 없다. 따라서 본인이 실제로 비즈니스 상황에 처했다고 생각하고 어투에 신경을 써서 답변을 해야 한다.

3부분 情景模拟
주어진 상황에 맞게 말하기

초단기 단어

 MP3 10-1

负责 fùzé	책임지다	顾客 gùkè	고객, 손님
销售 xiāoshòu	판매하다	投资 tóuzī	투자하다
促销活动 cùxiāo huódòng	판촉행사, 프로모션	考察 kǎochá	현지 조사하다, 시찰하다
增长 zēngzhǎng	증가하다	亲自 qīnzì	직접
受欢迎 shòu huānyíng	환영 받다	共进 gòngjìn	함께 식사하다

초단기 어법

1. 정도보어란?
동작이나 상태의 정도를 보충하는 문장성분이다.

2. 기본 어순: 술어+得+보어(형용사)

她 说 汉语 说 得 很好。 그녀는 중국어를 잘한다.
　　　　　술어　　보어

3. 정도보어의 특징

(1) 부정문을 만들 때 보어 부분을 부정한다.
　예 她说汉语说得<u>不太好</u>。 그녀는 중국어를 그다지 잘하지 못한다.

(2) 문장 뒤에 好不好 / 怎么样 / 好吗 등을 붙여서 의문문을 만들 수 있다.
　예 她说汉语说得<u>好不好</u>? 그녀는 중국어를 잘하니?
　　　你唱得<u>怎么样</u>? 너는 노래 실력이 어떠니?

(3) 정도보어의 기타 형태
　① 술어+得+很 / 不得了
　　예 我最近忙得<u>不得了</u>。 나는 요즘 너무 바쁘다.
　② 술어+多了
　　예 我的感冒好<u>多了</u>。 나는 감기가 많이 좋아졌다.
　③ 술어+极了 / 死了 / 坏了
　　예 今天的天气好<u>极了</u>。 오늘 날씨가 정말 좋다.
　　　最近工作特别忙, <u>累死了</u>。 요새 일이 너무 바빠서 피곤해 죽겠다.
　　　他把我气<u>坏了</u>。 그는 나를 너무 화나게 했다.

초단기 학습 1

준비시간 20초 / 답변시간 60초

🔊 今天你要负责报告第三季度的销售情况。请你向经理报告一下销售情况。

Jīntiān nǐ yào fùzé bàogào dì sān jìdù de xiāoshòu qíngkuàng. Qǐng nǐ xiàng jīnglǐ bàogào yíxià xiāoshòu qíngkuàng.

오늘 당신은 제 3분기 판매 현황 보고를 맡았습니다. 팀장님께 판매 현황을 보고해 보세요.

> 상품의 판매 현황을 보고하는 문제이다. 월별로 세분화하여 판매 현황을 보고해 보자.

초단기 훈련

1 단계 답변의 핵심 키워드를 생각해 보자.

도입	报告第三季度销售情况 bàogào dì sān jìdù xiāoshòu qíngkuàng 제 3분기 판매 현황을 보고하다	
월별 보고	六月份和七月份: 销售量相差不多 liù yuèfèn hé qī yuèfèn: xiāoshòuliàng xiāngchà bù duō 6월과 7월: 판매량 차이가 많이 나지 않다	
	八月份: 促销活动 bā yuèfèn: cùxiāo huódòng 8월: 프로모션	增长了30% zēngzhǎng le bǎi fēn zhī sān shí 30% 증가
	九月份: 受到顾客的欢迎 jiǔ yuèfèn: shòudào gùkè de huānyíng 9월: 고객의 환영을 받다	增长了20% zēngzhǎng le bǎi fēn zhī èr shí 20% 증가

도입	我简单地向您 _____。 제가 간단히 팀장님께 (제 3분기 판매 현황을 보고하도록 하겠습니다).
월별 보고	六月份和七月份的 _____, 但八月份由于 _____, 所以比七月份 _____。而九月份 _____, 比八月份 _____。 6월과 7월의 (판매량은 차이가 많이 나지 않습니다). 하지만 8월에는 (프로모션을 진행하여서), 7월 보다 (30% 증가했습니다). 그리고 9월에는 (프로모션이 고객들의 열렬한 성원을 받아), 8월 보다 (20% 증가했습니다).

3부분 情景模拟
주어진 상황에 맞게 말하기

3 단계 답변을 확인하고 큰 소리로 읽어보자.

 MP3 10-3

我简单地向您 报告一下第三季度销售情况 。
Wǒ jiǎndān de xiàng nín bàogào yíxià dì sān jìdù xiāoshòu qíngkuàng.

六月份和七月份的 销售量相差不多 ，但八月份由于 进行了促销活动 ，所以比七月份 增长了30% 。而九月份 促销活动受到了顾客的热烈欢迎 ，比八月份 增长了20% 。
Liù yuèfèn hé qī yuèfèn de xiāoshòuliàng xiāngchà bù duō, dàn bā yuèfèn yóuyú jìnxíng le cùxiāo huódòng, suǒyǐ bǐ qī yuèfèn zēngzhǎng le bǎi fēn zhī sān shí. Ér jiǔ yuèfèn cùxiāo huódòng shòudào le gùkè de rèliè huānyíng, bǐ bā yuèfèn zēngzhǎng le bǎi fēn zhī èr shí.

제가 간단히 팀장님께 제 3분기 판매 현황을 보고하도록 하겠습니다. 6월과 7월의 판매량은 차이가 많이 나지 않습니다. 하지만 8월에는 프로모션을 진행하여서, 7월 보다 30% 증가했습니다. 그리고 9월에는 프로모션이 고객들의 열렬한 성원을 받아, 8월 보다 20% 증가했습니다.

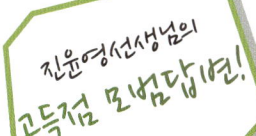

 MP3 10-4

经理您好，我们公司的第三季度销售情况是这样的。
Jīnglǐ nín hǎo, wǒmen gōngsī de dì sān jìdù xiāoshòu qíngkuàng shì zhèyàng de.

六月份和七月份基本持平。八月份促销活动初显成效，比七月份增长了30%。而九月份促销活动受到了顾客的广泛关注，比八月份增长了20%。
Liù yuèfèn hé qī yuèfèn jīběn chípíng. Bā yuèfèn cùxiāo huódòng chū xiǎn chéngxiào, bǐ qī yuèfèn zēngzhǎng le bǎi fēn zhī sān shí. Ér jiǔ yuèfèn cùxiāo huódòng shòudào le gùkè de guǎngfàn guānzhù, bǐ bā yuèfèn zēngzhǎng le bǎi fēn zhī èr shí.

如果能维持现状的话，第四季度的销售情况会很乐观。
Rúguǒ néng wéichí xiànzhuàng de huà, dì sì jìdù de xiāoshòu qíngkuàng huì hěn lèguān.

팀장님 안녕하세요, 우리 회사의 제 3분기 판매 현황은 이렇습니다. 6월과 7월은 기본적으로 비슷합니다. 8월 프로모션이 처음으로 효과를 보이면서 7월 보다 30% 증가했습니다. 그리고 9월 프로모션이 고객들에게 많은 관심을 받아 8월 보다 20%증가했습니다. 만약 현 상황을 유지한다면 제 4분기의 판매 현황도 낙관적일 것입니다.

★ **고득점 전략** 受到~的关注 (~의 환영을 받다)와 같은 의미의 구

- 예 受到很多人的欢迎 많은 사람의 환영을 받다.
- 예 很多人都很喜欢 많은 사람들이 다 좋아하다.
- 예 吸引很多人的关注 많은 사람들의 관심을 이끌다.

 초단기 학습 2

 MP3 10-5

준비시간 20초/ 답변시간 60초

你是一名公司秘书，你的总经理想知道接待考察组的日程安排情况。请你向总经理说明一下那天日程安排。

Nǐ shì yì míng gōngsī mìshū, nǐ de zǒngjīnglǐ xiǎng zhīdao jiēdài kǎocházǔ de rìchéng ānpái qíngkuàng. Qǐng nǐ xiàng zǒngjīnglǐ shuōmíng yíxià nà tiān rìchéng ānpái.

당신은 한 회사의 비서입니다. 당신의 사장님은 시찰단 접대 일정 계획 상황을 알고 싶어 하십니다. 사장님께 그날의 일정을 설명해 주세요.

일정을 설명하는 문제이다. 오전, 점심, 오후, 저녁으로 세분화하여 언제 어떤 일정이 있는지 구체적으로 설명해 보자.

초단기 훈련

1 단계 답변의 핵심 키워드를 생각해 보자.

오전	公司副总经理: 去机场迎接 gōngsī fùzǒngjīnglǐ: qù jīchǎng yíngjiē 회사 부사장님: 공항으로 마중가다
점심	考察组成员: 到饭店休息 kǎocházǔ chéngyuán: dào fàndiàn xiūxi 시찰단: 호텔에 가서 휴식하다
오후	总经理: 到公司总部考察 zǒngjīnglǐ: dào gōngsī zǒngbù kǎochá 사장님: 회사 본사에서 시찰하다
저녁	共进晚餐 gòngjìn wǎncān 함께 저녁식사하다

도입	总经理，我已经 _____ 安排好了。 사장님, 제가 이미 (17일 중국 CCB회사 투자 시찰단 접대 일정을) 준비했습니다.
일정 보고	上午十点，公司 _____ 带队 _____，中午 _____。 下午您 _____，晚上安排 _____。 오전 10시, 회사 (부사장님께서) 팀을 데리고 (공항에 마중 나가실 것입니다). 점심에는 (시찰단을 호텔로 모셔서 휴식을 취한 뒤), 오후에 사장님께서 (직접 그분들을 모시고 회사 본사 시찰을 해주시면 됩니다). 저녁에는 (시찰단을 호텔로 모셔서 저녁식사 대접하는 것을) 계획했습니다.

3 단계 답변을 확인하고 큰 소리로 읽어보자.

 MP3 10-6

总经理，我已经 把十七号接待中国CCB公司投资考察组的日程 安排好了。
Zǒngjīnglǐ, wǒ yǐjīng bǎ shíqī hào jiēdài Zhōngguó CCB gōngsī tóuzī kǎocházǔ de rìchéng ānpái hǎo le.

上午十点，公司 副总经理 带队 去机场迎接 ，中午 安排考察组成员到饭店休息 。
下午您 亲自带他们到公司总部考察 ，晚上安排 考察组成员到饭店共进晚餐 。
Shàngwǔ shí diǎn, gōngsī fùzǒngjīnglǐ dài duì qù jīchǎng yíngjiē, zhōngwǔ ānpái kǎocházǔ chéngyuán dào fàndiàn xiūxi. Xiàwǔ nín qīnzì dài tāmen dào gōngsī zǒngbù kǎochá, wǎnshang ānpái kǎocházǔ chéngyuán dào fàndiàn gòngjìn wǎncān.

사장님, 제가 이미 17일 중국 CCB회사 투자 시찰단 접대 일정을 준비했습니다. 오전 10시 부사장님께서 팀을 데리고 공항에 마중 나가실 것입니다. 점심에는 시찰단을 호텔로 모셔서 휴식을 취한 뒤, 오후에 사장님께서 직접 그분들을 모시고 회사 본사 시찰을 해주시면 됩니다. 저녁에는 시찰단을 호텔로 모셔서 저녁식사 대접하는 것을 계획했습니다.

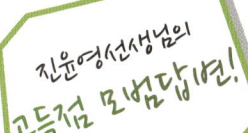

 MP3 10-7

总经理，那天安排是这样的。
Zǒngjīnglǐ, nàtiān ānpái shì zhèyàng de.

十七号上午十点到仁川机场接机，由公司副总经理带队迎接。中午安排考察组成员到饭店休息。下午他们到公司总部考察，由您亲自接见。晚上安排考察组成员到饭店共进晚餐。
Shíqī hào shàngwǔ shí diǎn dào Rénchuān jīchǎng jiējī, yóu gōngsī fùzǒngjīnglǐ dài duì yíngjiē. Zhōngwǔ ānpái kǎocházǔ chéngyuán dào fàndiàn xiūxi. Xiàwǔ tāmen dào gōngsī zǒngbù kǎochá, yóu nín qīnzì jiējiàn. Wǎnshang ānpái kǎocházǔ chéngyuán dào fàndiàn gòngjìn wǎncān.

您有什么意见，我马上安排。
Nín yǒu shénme yìjiàn, wǒ mǎshàng ānpái.

사장님, 그날 계획은 이렇습니다. 17일 오전 10시에 인천공항으로 회사 부사장님께서 팀을 데리고 마중 나가실 것입니다. 점심에는 시찰단 분들을 호텔로 모셔서 휴식을 취하게 합니다. 오후에는 그들이 회사 본사로 와서 시찰을 진행하는데 사장님께서 직접 만나시면 됩니다. 저녁에는 시찰단을 모시고 호텔에서 저녁식사를 대접합니다. 다른 의견 있으시면 제가 바로 준비하겠습니다.

★ **고득점 전략**

어떤 어휘와 문형을 선택하느냐에 따라서 점수에 영향을 줄 수 있다. 일반적으로 전치사, 부사, 접속사 등을 많이 사용하거나 난이도 있는 어휘를 사용하면 고득점을 받을 수 있다.

예) 您亲自带他们到公司总部考察。
　　사장님께서 직접 그분들을 모시고 회사 본사 시찰을 해주시면 됩니다.

→ 他们到公司总部考察，由您亲自接见。
　　그들이 회사 본사로 와서 시찰을 진행하는데 사장님께서 직접 만나시면 됩니다.

초단기 연습

해설 232p

준비시간 20초
답변시간 60초

핵심 키워드 생각하기

가격	
기능	
특징	

나만의 답변 만들기

초단기 실전

1

- 준비시간 20초
- 답변시간 60초

답변 노트

2

- 준비시간 20초
- 답변시간 60초

답변 노트

3

- 준비시간 20초
- 답변시간 60초

답변 노트

Chapter 11

3부분 **情景模拟**
주어진 상황에 맞게 말하기

문제 해결과 요구-일반 비즈니스

3부분에서 일반 비즈니스와 관련된 문제 해결과 요구 문제는 반드시 출제된다. 문제가 요구하는 과제가 무엇인지를 정확하게 파악하여 답변하는 것이 중요하다. 상황을 설명하거나 적절한 단어를 사용하는 것이 다소 어려울 수 있으나 미리 모범 답변을 준비하여 연습한다면 시험장에서 도움이 될 수 있다.

진윤영선생님의 초단기 전략!

1 문제가 제시하는 미션은 모두 완성하자!

문제 해결과 요구에서는 문제점을 제시한 후 그에 대한 해결책을 제시하라고 하는 경우가 있다. 따라서 답변 시 문제 설명 및 해결책을 모두 언급해야 한다.

例 你们公司的复印机坏了，请给维修中心打电话说明一下情况并解决问题。
당신 회사의 복사기가 고장이 났습니다. 수리 센터에 전화해서 상황을 설명하고 문제를 해결해 보세요.

2 답변 틀을 구성하여 답변하자!

문제 해결과 요구 관련 문제는 다음과 같은 순서로 답변하면 내용을 많이 말하지 않더라도 안정된 답변을 했다는 인상을 줄 수 있다.

인사 → 문제점 언급 → 해결책 제시 → 마무리

3부분 情景模拟
주어진 상황에 맞게 말하기

🔍 초단기 단어
 MP3 11-1

电子邮件 diànzǐyóujiàn	이메일	新产品 xīnchǎnpǐn	신제품
提醒 tíxǐng	일깨우다	反应 fǎnyìng	반응
收件人 shōujiànrén	수취인	亏损 kuīsǔn	적자 나다
重新 chóngxīn	다시, 새로	分析 fēnxī	분석하다
推出 tuīchū	내놓다, 선보이다	更新 gēngxīn	새롭게 바뀌다, 혁신하다

🔍 초단기 어법

동작의 완료 / 진행 / 지속 / 미래 변화

1. 동작의 완료: 동사+了(~했다) / 过 (~한 적이 있다)

예 他买了一件衣服。 그는 옷 한 벌을 샀다.
예 我看过这本书。 나는 이 책을 본 적이 있다.

2. 동작의 진행: 在 / 正在+동사(구)+(呢)

예 他们在看电影呢。 그들은 영화를 보고 있다.
예 他正在跟客户开会呢。 그는 고객과 회의 중이다.

3. 동작(상태)의 지속: 동사+着

예 外面刮着大风。 밖에 바람이 많이 불고 있다.
예 她躺着看电视。 그녀는 누워서 텔레비전을 본다.

4. 동작의 미래 변화: 要+동사+了

예 火车要开了。 기차가 곧 출발할 것이다.
예 飞机快要起飞了。 비행기가 곧 이륙할 것이다.

 초단기 학습 1

 MP3 11-2

준비시간 20초/ 답변시간 60초

🔊 你刚收到了一封电子邮件，但这封邮件应该是发给别的同事的。请你给他打电话说明这个情况并提醒他下次注意。

Nǐ gāng shōudào le yì fēng diànzǐyóujiàn, dàn zhè fēng yóujiàn yīnggāi shì fā gěi biéde tóngshì de. Qǐng nǐ gěi tā dǎ diànhuà shuōmíng zhè ge qíngkuàng bìng tíxǐng tā xiàcì zhùyì.

당신은 오늘 한 통의 이메일을 받았는데 이 이메일은 다른 동료에게 보내야 하는 것이었습니다. 그에게 전화를 걸어 이 상황을 설명하고 다음 번에 주의하라고 일깨워 주세요.

> 동료에게 상황을 설명하고 주의를 줘야 하는 문제이다. 두 가지 요구 사항에 맞춰 답변을 완성해 보자.

초단기 훈련

1 단계 답변의 핵심 키워드를 생각해 보자.

문제점 언급	发错 fā cuò 잘못 보내다
주의 주기	下次发邮件时注意点儿 xiàcì fā yóujiàn shí zhùyì diǎnr 다음 번 이메일을 보낼 때는 주의하세요

2 단계 답변 구성 틀에 맞춰 아래 문장을 완성해 보자.

문제점 언급	＿＿＿, 小李, 我＿＿＿＿＿＿, 可你＿＿＿＿, 收件人＿＿＿＿＿＿＿, 你＿＿＿＿＿。 (여보세요), 샤오리, 제가 (방금 한 통의 이메일을 받았습니다). 그런데 (잘못 보내신 것 같네요). 수취인이 (제가 아니라 이대리인 것 같아요). 당신이 (그에게 새로 다시 보내주세요).
주의 주기	还有＿＿＿＿＿。 그리고 (다음 번에 이메일을 보낼 때는 주의하세요).

3부분 情景模拟
주어진 상황에 맞게 말하기

3 단계 답변을 확인하고 큰 소리로 읽어보자.

MP3 11-3

喂, 小李, 我 刚收到了一封电子邮件, 可你 发错人了, 收件人 不应是我, 而该是李代理, 你 重新再给他发一封吧 。
Wéi, Xiǎolǐ, wǒ gāng shōudào le yì fēng diànzǐyóujiàn, kě nǐ fā cuò rén le, shōujiànrén bù yīng shì wǒ, ér gāi shì Lǐ dàilǐ, nǐ chóngxīn zài gěi tā fā yì fēng ba.

还有 下次发邮件时注意点儿吧 。
Hái yǒu xiàcì fā yóujiàn shí zhùyì diǎnr ba.

여보세요. 샤오리, 제가 방금 한 통의 이메일을 받았습니다. 그런데 잘못 보내신 것 같네요, 수취인이 제가 아니라 이대리인 것 같아요. 당신이 그에게 새로 다시 보내주세요. 그리고 다음 번에 이메일을 보낼 때는 주의하세요.

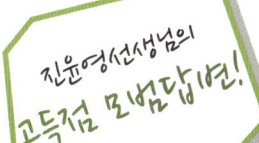

MP3 11-4

喂, 小李, 你可能点错了收件人, 把邮件发到我这儿了。
Wéi, Xiǎo Lǐ, nǐ kěnéng diǎn cuò le shōujiànrén, bǎ yóujiàn fā dào wǒ zhèr le.

下次发邮件时注意点儿吧。万一我们的业务事项泄露给别人可就麻烦了。
Xiàcì fā yóujiàn shí zhùyì diǎnr ba. Wànyī wǒmen de yèwù shìxiàng xièlòu gěi biérén kě jiù máfan le.

여보세요. 샤오리, 당신 수취인을 잘못 선택해서 이메일이 저한테로 왔어요. 다음 번에 이메일을 보낼 때는 주의하세요. 만약 우리 업무 사항이 다른 사람에게 새어나가면 곤란하게 되니까요.

★ **고득점 전략** 有点儿 / 一点儿 조금

有点儿 "조금"이라는 뜻으로 형용사와 심리 동사 앞에 놓이며 부정적인 뉘앙스를 나타낸다.

예 我有点儿后悔了。 나는 조금 후회했다.

一点儿 "조금"이라는 뜻으로 동사와 형용사 뒤에 쓰이거나 명사 앞에 놓이며 동작의 양을 나타낸다.

예 你吃一点儿吧。 너 좀 먹어봐. ("먹다"의 양을 나타냄)
예 我瘦了一点儿。 나는 살이 좀 빠졌다. ("살이 빠진 양"을 나타냄)

초단기 학습 2

준비시간 20초 / 답변시간 60초

🔊 这次你们公司推出的新产品，由于反应不太好而亏损了。请你分析一下亏损的理由。

Zhècì nǐmen gōngsī tuīchū de xīnchǎnpǐn, yóuyú fǎnyìng bú tài hǎo ér kuīsǔn le. Qǐng nǐ fēnxī yíxià kuīsǔn de lǐyóu.

이번에 당신의 회사에서 출시한 신제품의 반응이 좋지 않아서 적자가 났습니다. 적자가 난 이유를 분석해 보세요.

> 손해의 이유를 분석하는 문제이다. 다양한 방면에서 적자의 이유를 설명해 보자.

초단기 훈련

1 단계 답변의 핵심 키워드를 생각해 보자.

손해의 이유	价格与更新速度 jiàgé yǔ gēngxīn sùdù 가격과 혁신 속도
	产品定价过高 chǎnpǐn dìngjià guò gāo 상품의 가격이 너무 높다

2 단계 답변 구성 틀에 맞춰 아래 문장을 완성해 보자.

손해의 이유
这次推出的新产品主要输在　　　　　　上。价格定位是　　　　　　，这次　　　　　　　　　　　　。
이번에 출시한 신제품은 주로 (가격과 혁신 속도)에서 졌습니다. 가격 책정은 (판매에서 중요한 부분인데), 이번 (상품의 가격이 너무 높아서 판매량에 영향을 줬습니다).

마무리
这是　　　　　　　　　　　　。
이것이 (우리의 손해를 야기한 이유입니다).

3단계 답변을 확인하고 큰 소리로 읽어보자.

这次推出的新产品主要输在 价格与更新速度 上。价格定位是 销售的重要环节，这次 产品定价过高影响了销售量 。
Zhècì tuīchū de xīnchǎnpǐn zhǔyào shū zài jiàgé yǔ gēngxīn sùdù shàng. Jiàgé dìngwèi shì xiāoshòu de zhòngyào huánjié, zhècì chǎnpǐn dìngjià guò gāo yǐngxiǎng le xiāoshòuliàng.

这是 导致我们亏损的理由 。
Zhè shì dǎozhì wǒmen kuīsǔn de lǐyóu.

이번에 출시한 신제품은 주로 가격과 혁신 속도에서 졌습니다. 가격 책정은 판매에서 중요한 부분인데, 이번 상품의 가격이 너무 높아서 판매량에 영향을 줬습니다. 이것이 우리의 손해를 야기한 이유입니다.

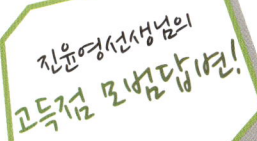

这次推出的新产品主要输在价格与更新速度上。价格定位是销售的重要环节，这次产品定价过高影响了销售量。而且产品更新的速度跟不上客户需求的速度是导致我们亏损的理由。

Zhècì tuīchū de xīnchǎnpǐn zhǔyào shū zài jiàgé yǔ gēngxīn sùdù shàng. Jiàgé dìngwèi shì xiāoshòu de zhòngyào huánjié, zhècì chǎnpǐn dìngjià guò gāo yǐngxiǎng le xiāoshòuliàng. Érqiě chǎnpǐn gēngxīn de sùdù gēn bu shàng kèhù xūqiú de sùdù shì dǎozhì wǒmen kuīsǔn de lǐyóu.

이번에 출시한 신제품은 주로 가격과 혁신 속도에서 졌습니다. 가격 책정은 판매에서 중요한 부분인데 이번 상품의 가격이 너무 높아서 판매량에 영향을 줬습니다. 게다가 상품의 혁신 속도가 고객의 수요 속도에 따라가지 못한 것도 우리의 손해를 야기한 이유입니다.

★ **고득점 전략** 导致 야기하다, 초래하다 + 부정적인 의미의 명사

예 导致环境污染 환경오염을 야기하다.

예 导致失败 실패를 야기하다.

예 导致破产 파산을 초래하다.

초단기 연습

준비시간 20초
답변시간 60초

핵심 키워드 생각하기

전화한 이유	
시간 묻기	

나만의 답변 만들기

1

준비시간 20초
답변시간 60초

답변 노트

2

준비시간 20초
답변시간 60초

답변 노트

3

준비시간 20초
답변시간 60초

답변 노트

Chapter 12

3부분 **情景模拟**
주어진 상황에 맞게 말하기

문제 해결과 요구-직무 비즈니스

직무 비즈니스와 관련된 문제 해결과 요구 문제는 응시자의 설문 조사 내용에 근거하여 출제된다. 따라서 자신이 자주 부딪히는 비즈니스 상황에 관련된 단어, 문형 등을 미리 준비해 두면 좋다.

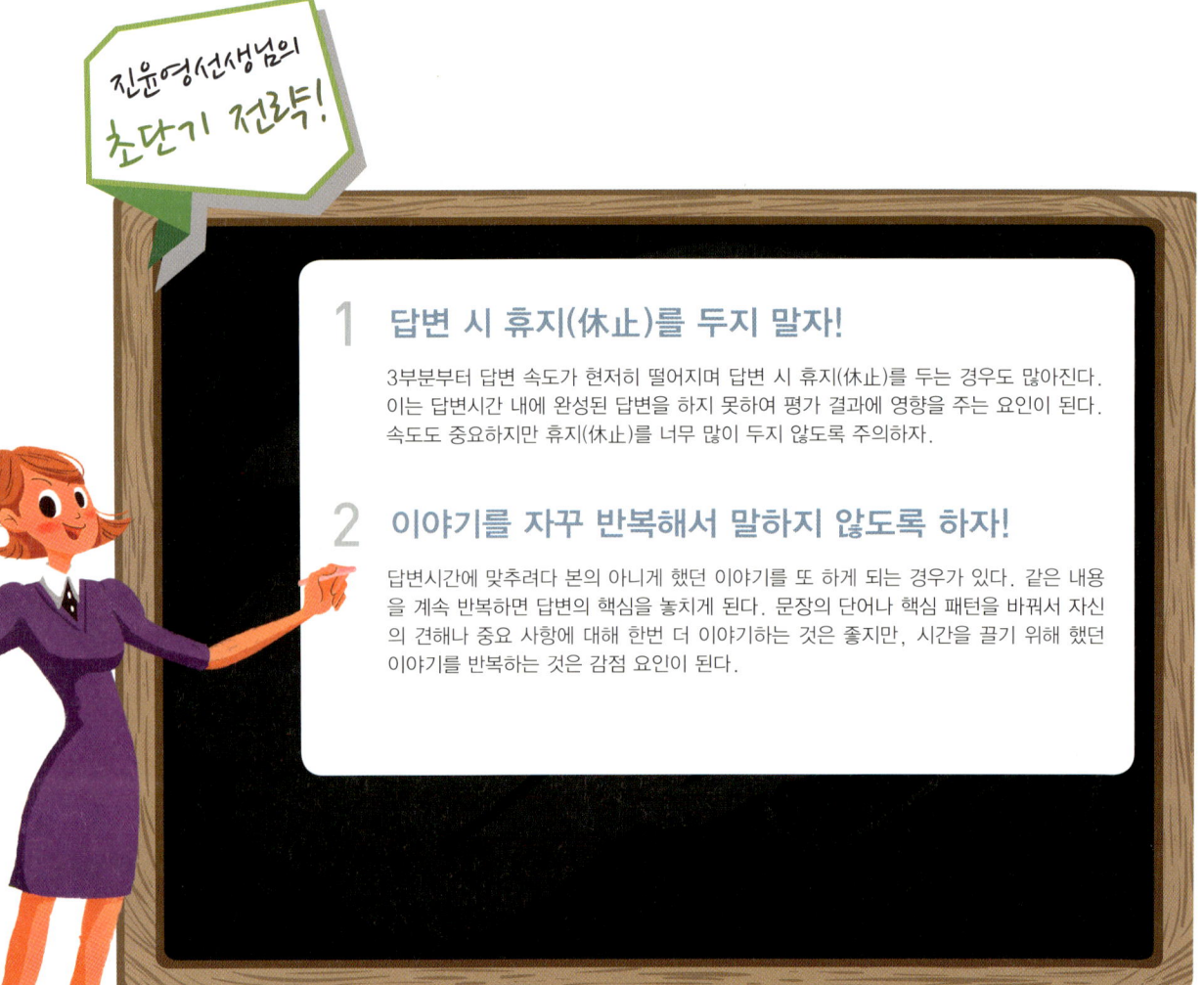

1 답변 시 휴지(休止)를 두지 말자!

3부분부터 답변 속도가 현저히 떨어지며 답변 시 휴지(休止)를 두는 경우도 많아진다. 이는 답변시간 내에 완성된 답변을 하지 못하여 평가 결과에 영향을 주는 요인이 된다. 속도도 중요하지만 휴지(休止)를 너무 많이 두지 않도록 주의하자.

2 이야기를 자꾸 반복해서 말하지 않도록 하자!

답변시간에 맞추려다 본의 아니게 했던 이야기를 또 하게 되는 경우가 있다. 같은 내용을 계속 반복하면 답변의 핵심을 놓치게 된다. 문장의 단어나 핵심 패턴을 바꿔서 자신의 견해나 중요 사항에 대해 한번 더 이야기하는 것은 좋지만, 시간을 끌기 위해 했던 이야기를 반복하는 것은 감점 요인이 된다.

3부분 情景模拟
주어진 상황에 맞게 말하기

 초단기 단어

MP3 12-1

协作 xiézuò	협업하다	固然 gùrán	물론~하지만
推荐 tuījiàn	추천하다	维持 wéichí	유지하다, 지키다
市场营销部 shìchǎng yíngxiāobù	마케팅 영업부	样品 yàngpǐn	샘플
推广 tuīguǎng	널리 보급하다	突然 tūrán	갑자기, 돌연히
经营战略部 jīngyíng zhànlüèbù	경영 전략팀	死机 sǐjī	다운되다

 초단기 어법

1. 구조조사란?

단어나 구, 문장의 뒤에 놓여 어법 관계를 나타내는 품사로 的, 得, 地가 있다.

2. 的의 특징

관형어 뒤에 위치하여 (대)명사를 수식하거나, 단어, 구, 문장 뒤에 위치하여 '~한 것'이라는 뜻의 명사형을 만든다.

- 예 **很贵的电脑** 비싼 컴퓨터
- 예 那本书**是我的**。그 책은 나의 것이다.
- 예 这件衣服是**最便宜的**。이 옷은 가장 싼 것이다.
- 예 **那边打电话的**是我同事。저쪽에서 전화하는 사람은 내 동료이다.

3. 得의 특징

술어 뒤에 위치하여 보어를 만들 때 쓰인다.

- 예 会议进行**得非常顺利**。회의는 매우 순조롭게 진행되었다.
- 예 你听**得懂**吗? 너 알아듣겠니?

4. 地의 특징

부사어(형용사/형용사구) 뒤에 위치하여 술어를 수식한다.

- 예 她**满意地**笑了。그녀는 만족한 듯 웃었다.

준비시간 20초/ 답변시간 60초

🔊 你接了一项新业务，需要选几个人协作完成。请你向上司要求帮你选几个适合协助工作的人。

Nǐ jiē le yí xiàng xīn yèwù, xūyào xuǎn jǐ ge rén xiézuò wánchéng. Qǐng nǐ xiàng shàngsī yāoqiú bāng nǐ xuǎn jǐ ge shìhé xiézhù gōngzuò de rén.

당신은 하나의 새로운 업무를 맡았고, 협업하여 업무를 완성할 몇 명의 사람을 선택해야 합니다. 상사에게 당신을 도와 업무 협조에 적당한 사람을 선택해 달라고 요구해 보세요.

> 상대방에게 요구하는 문제이다. 무언가 요청할 때는 반드시 근거를 들어서 이야기하는 것이 좋다. 이와 관련된 단어와 문형을 학습해 보자.

초단기 훈련

1 단계   답변의 핵심 키워드를 생각해 보자.

요구+근거 1	推荐市场营销部的人 tuījiàn shìchǎng yíngxiāobù de rén 마케팅 영업부 사람을 추천하다	市场推广 shìchǎng tuīguǎng 시장확대
요구+근거 2	请经营战略部协助工作 qǐng jīngyíngzhànlüèbù xiézhù gōngzuò 경영전략팀에 업무협조를 요청하다	如何维持市场重要 rúhé wéichí shìchǎng zhòngyào 어떻게 시장을 유지할 것인지가 중요하다

2 단계   답변 구성 틀에 맞춰 아래 문장을 완성해 보자.

요구+근거 1
部长，您能不能 _____ 协助工作？因为对新业务来说，_____ 是最重要的部分。
부장님. 업무 협업으로 (마케팅 영업부 사람을 추천)해 주실 수 있나요? 새로운 업무에 있어서 (시장 확대)는 가장 중요한 부분이기 때문입니다.

요구+근거 2
此外，可以的话，我想 _____ ，_____ 固然重要，但 _____ 。
그 밖에 가능하다면, 저는 (경영 전략팀에 업무 협조를 요청하고) 싶습니다. (시장 확대)도 물론 중요하지만 (어떻게 시장을 유지할 것인지가 더 중요하기 때문입니다).

3부분 情景模拟
주어진 상황에 맞게 말하기

3 단계 답변을 확인하고 큰 소리로 읽어보자.

部长，您能不能 推荐市场营销部的人 协助工作？因为对新业务来说， 市场推广 是最重要的部分。
Bùzhǎng, nín néng bu néng tuījiàn shìchǎng yíngxiāobù de rén xiézhù gōngzuò? Yīnwèi duì xīn yèwù láishuō, shìchǎng tuīguǎng shì zuì zhòngyào de bùfen.

此外，可以的话，我想 请经营战略部协助工作 ， 市场推广 固然重要， 但 如何维持市场更重要 。
Cǐwài, kěyǐ de huà, wǒ xiǎng qǐng jīngyíng zhànlüèbù xiézhù gōngzuò, shìchǎng tuīguǎng gùrán zhòngyào, dàn rúhé wéichí shìchǎng gèng zhòngyào.

부장님, 업무 협업으로 마케팅 영업부 사람을 추천해 주실 수 있나요? 새로운 업무에 있어서 시장 확대는 가장 중요한 부분이기 때문입니다. 그 밖에 가능하다면, 저는 경영 전략팀에 업무 협조를 요청하고 싶습니다. 시장 확대도 물론 중요하지만 어떻게 시장을 유지할 것인지가 더 중요하기 때문입니다.

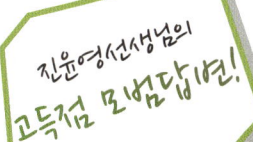

部长，您能不能帮我选几个适合协助工作的人？
Bùzhǎng, nín néng bu néng bāng wǒ xuǎn jǐ ge shìhé xiézhù gōngzuò de rén?
最好选择灵活性较强的人。因为处理新业务时会出现很多突发情况，这时能够灵机应变是最重要的。
Zuìhǎo xuǎnzé línghuóxìng jiào qiáng de rén. Yīnwèi chǔlǐ xīn yèwù shí huì chūxiàn hěn duō tūfā qíngkuàng, zhè shí nénggòu língjī yìngbiàn shì zuì zhòngyào de.
还有我需要理智稳重的人。因为比起突发情况，处理日常业务也是非常重要的。
Hái yǒu wǒ xūyào lǐzhìwěnzhòng de rén. Yīnwèi bǐqǐ tūfā qíngkuàng, chǔlǐ rìcháng yèwù yě shì fēicháng zhòngyào de.

부장님, 저를 도와 업무에 협업할 적당할 사람을 골라주실 수 있나요? 융통성이 좀 있는 사람이었으면 좋겠습니다. 왜냐면 새로운 업무를 처리할 때는 많은 돌발 상황이 생기는데, 기지를 발휘하여 변화에 대응하는 것이 매우 중요하니깐요. 그리고 침착하고 이지적인 사람이 필요합니다. 돌발 상황과 비교했을 때 일상 업무를 처리하는 것 역시 매우 중요하기 때문입니다.

★ 고득점 전략

개인의 성격과 능력적인 측면을 고려하여 업무 협조를 요청할 수도 있다. 관련 어휘를 학습해 보자.

乐观 lèguān 낙관적이다 / 悲观 bēiguān 비관적이다
内向 nèixiàng 내성적이다 / 外向 wàixiàng 외향적이다
工作能力强 gōngzuò nénglì qiáng 업무 능력이 좋다
头脑灵活 tóunǎo línghuó 머리가 빠르게 돌아간다
人际关系不错 rénjì guānxi búcuò 인간관계가 좋다

초단기 학습 2

준비시간 20초 / 답변시간 60초

긴급 상황을 보고하고 문제를 해결해야 하는 상황이다. 답변 구성의 틀에 맞추어 답변을 완성해 보자.

你为了给顾客介绍新产品而来到中国出差。明天是和顾客约好的日子，但你突然发现新产品的样品出了问题，不能用了。请你打电话向上司报告一下这种紧急情况并解决问题。

Nǐ wèi le gěi gùkè jièshào xīnchǎnpǐn ér lái dào Zhōngguó chūchāi. Míngtiān shì hé gùkè yuē hǎo de rìzi, dàn nǐ tūrán fāxiàn xīnchǎnpǐn de yàngpǐn chū le wèntí, bù néng yòng le. Qǐng nǐ dǎ diànhuà xiàng shàngsī bàogào yí xià zhè zhǒng jǐnjí qíngkuàng bìng jiějué wèntí.

당신은 고객에게 신제품을 소개하기 위해서 중국에 출장을 왔습니다. 내일이 고객과 만나기로 한 날짜인데, 신제품 샘플에 문제가 있어 사용할 수 없다는 것을 갑자기 발견하였습니다. 상사에게 이 긴급 상황을 보고하고 문제를 해결해 보세요.

초단기 훈련

1단계 답변의 핵심 키워드를 생각해 보자.

문제 상황 보고	新产品PRT3突然死机打不开了。 xīnchǎnpǐn PRT3 tūrán sǐjī dǎ bu kāi le 신제품 PRT3가 갑자기 다운되어 켜지지 않다
해결책 제시	跟客户联系把见面时间改成后天 gēn kèhù liánxì bǎ jiànmiàn shíjiān gǎi chéng hòutiān 고객에게 연락해서 만날 시간을 모레로 바꾸다

2단계 답변 구성 틀에 맞춰 아래 문장을 완성해 보자.

문제 상황 보고	部长，您好。我本来　　　　　　　　　　　　　　。 但现在　　　　　　　　　　　，我　　　　　　　　　　　。 부장님 안녕하세요. 제가 원래 (고객과 내일 직접 만나서 저희의 신제품에 대해서 이야기하기로 약속했습니다). 그런데 현재 (신제품 PRT3가 갑자기 다운되어 켜지지 않습니다). 제가 (여러 종류의 방법을 시도해 보았지만 켜지지 않습니다).
해결책 제시	您看这应该怎么解决好呢？要不然我　　　　　　　　　，怎么样？ 어떻게 해결하는 것이 좋을까요? 아니면 제가 (고객에게 연락해서 만날 시간을 모레로 바꾸겠습니다). 어떠세요?

3부분 情景模拟
주어진 상황에 맞게 말하기

3 단계 답변을 확인하고 큰 소리로 읽어보자.

 MP3 12-6

部长，您好。我本来 跟顾客约好明天要面谈咱们的新产品 。
但现在 新产品PRT3突然死机打不开了 ，我 试了好几种办法但还是打不开 。
Bùzhǎng, nín hǎo. Wǒ běnlái gēn gùkè yuē hǎo míngtiān yào miàntán zánmen de xīnchǎnpǐn. Dàn xiànzài xīnchǎnpǐn PRT3 tūrán sǐjī dǎ bu kāi le, wǒ shì le hǎo jǐ zhǒng bànfǎ dàn háishi dǎ bu kāi.
您看这应该怎么解决好呢？要不然我 跟客户联系把见面时间改成后天 ，怎么样？
Nín kàn zhè yīnggāi zěnme jiějué hǎo ne? Yàoburán wǒ gēn kèhù liánxì bǎ jiànmiàn shíjiān gǎi chéng hòutiān, zěnmeyàng?

부장님 안녕하세요. 제가 원래 고객과 내일 직접 만나서 저희의 신제품에 대해서 이야기하기로 약속했습니다. 그런데 현재 신제품 PRT3가 갑자기 다운되어 켜지지 않습니다. 제가 여러 종류의 방법을 시도해 보았지만 켜지지 않습니다. 어떻게 해결하는 것이 좋을까요? 아니면 제가 고객에게 연락해서 만날 시간을 모레로 바꾸겠습니다. 어떠세요?

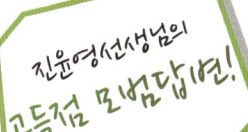
진윤영선생님의
고득점 모범답변!

 MP3 12-7

部长，您好。明天是我跟顾客见面谈新产品的日子。但新产品PRT3突然死机打不开了，而且到现在还没有找到故障原因，昨天检查的时候明明还没有问题呢。
Bùzhǎng, nín hǎo. Míngtiān shì wǒ gēn gùkè jiànmiàn tán xīnchǎnpǐn de rìzi. Dàn xīnchǎnpǐn PRT3 tūrán sǐjī dǎ bu kāi le, érqiě dào xiànzài hái méiyǒu zhǎo dào gùzhàng yuányīn, zuótiān jiǎnchá de shíhou míngmíng hái méiyǒu wèntí ne.
您看这件事怎么处理比较好？或者您能不能想办法明天把新产品的样品送到我这儿？
Nín kàn zhè jiàn shì zěnme chǔlǐ bǐjiào hǎo? Huòzhě nín néngbunéng xiǎng bànfǎ míngtiān bǎ xīnchǎnpǐn de yàngpǐn sòng dào wǒ zhèr?

부장님 안녕하세요. 내일은 고객과 만나서 신제품에 대해 이야기하기로 한 날입니다. 그런데 신제품 PRT3가 갑자기 다운되더니 켜지지 않습니다. 게다가 지금까지 고장 원인을 찾지 못했습니다. 어제 검사할 때는 분명 문제가 없었습니다. 이 일을 어떻게 처리하는 것이 비교적 좋을까요? 아니면 방법을 생각하셔서 내일 신제품 샘플을 저에게 보내주실 수 있나요?

★ **고득점 전략** 조사 呢

(1) 강조의 의미
我才不信呢。 나는 믿지 않는다.
(2) "아직"의 의미
他们还在开会呢。 그들은 아직 회의를 하고 있는 중이다.
(3) 진행, 지속의 의미
我在咖啡厅等着呢。 나는 커피숍에서 기다리고 있다.
(4) 생략 형태의 의문문
我喝咖啡，你呢？ 나는 커피 마실래, 너는?

초단기 연습

📝 준비시간 20초
⏰ 답변시간 60초

핵심 키워드 생각하기

회사 소개	
업무 소개	

나만의 답변 만들기

초단기 실전

해설 237p

1

🔊

🎧 MP3 12-9

📝 준비시간 20초
⏰ 답변시간 60초

답변 노트

2

🔊

🎧 MP3 12-10

📝 준비시간 20초
⏰ 답변시간 60초

답변 노트

3

🔊

🎧 MP3 12-11

📝 준비시간 20초
⏰ 답변시간 60초

답변 노트

4부분 意见表述

의견 말하기

4부분 실전테스트 예시

⑫ 意见表述

4부분 意见表述 초단기 공략법

의견 말하기

4부분은 화면에 제시된 문제의 음성을 듣고 답변하는 유형이다. 비즈니스 활동과 관련된 화제에 대해 토론하거나 자신의 의견을 제시하는 문제가 주로 출제된다. 자신이 어떠한 견해를 가지고 있는지 이유를 들어 답변하는 것이 중요하며, 답변 시간을 체크하여 시간을 초과하지 않도록 주의해야 한다.

 시험 구성

문항 수	총 3문항
시험 시간	각 문항 당 준비시간 20초, 답변시간 70초
출제 의도	• 사회적으로 의견이 분분한 화젯거리나 보편화된 이슈에 대해 개인의 견해를 논리적으로 펼칠 수 있는지 파악한다. • 사회적 이슈와 관련된 어휘를 익히고 있는지 파악한다. • 상황 설명 및 그에 대한 관점 전달 능력을 파악한다.
채점 포인트	• 답변의 흐름이 전체적으로 얼마나 조리 있고 일관성 있는지 평가한다. • 일관된 의견과 그에 알맞은 근거를 제시했는지 평가한다. • 발음, 성조, 문장의 문법적 완성도, 적절한 어휘 구사 여부를 평가한다.

 학습법

1. 고급 어휘를 늘리자!
4부분은 개인의 견해를 묻는 문제이기 때문에 고급 어휘를 사용할 수 있는지 여부가 중요하다. 예를 들어 "제 생각에는"이라는 표현을 하고 싶다면, "我想"보다 "我认为", "依我看来" 등을 사용하는 것이 고득점을 받는데 더 유리하다.

2. 모범답변을 미리 만들자!
사회적 이슈 또는 비즈니스 활동 관련 찬반 논란이 있는 문제들을 미리 예측하고 모범답변을 만들어 두자. 모범답변을 준비해 두면 시험에 비슷한 문제가 나왔을 경우 응용하여 답변할 수 있고, 심리적으로도 당황하지 않고 답변할 수 있다.

3. 접속사를 익히자!
4부분에서는 단문보다 복문을 사용해서 답변하는 것이 고득점을 받는데 더 유리하다. 복문을 만들기 위해서는 접속사를 사용하는 것이 중요한데, 중국어의 접속사는 종류가 다양하므로 시험 전 미리 익혀서 답변에 활용하도록 하자.

 시험 진행 프로세스

문제 제시
4부분은 화면에 제시된 질문을 듣고 자신의 생각을 말하는 문제이다.

Tip 화면에 문제가 제시되므로 화면을 보면서 질문의 핵심 파악!

준비시간 20초
질문이 끝난 후 시계에 20초가 표시되고, 마이크가 파란색으로 변하면 답변 준비를 시작한다.

Tip 자신의 경험을 바탕으로 답변을 구성하는 것이 유리!

답변시간 70초
시계에 답변시간 70초가 표시되고, 안내멘트 후 "삐" 소리와 함께 마이크가 빨간색으로 변하면 답변을 시작한다.

Tip 성조와 답변 속도에 유의하면서 답변!

 초단기 답변 포인트

1. 준비시간 동안 어떤 근거를 제시할지 키워드를 생각해보고, 전체적인 답변의 흐름을 구상한다.
2. 자신의 주장과 부연 설명의 관점은 반드시 일치해야 하며 의견을 조리 있게 표현해야 한다.
3. 문제 내용을 활용하는 것도 하나의 방법이다. 의견 제시 문제는 대부분의 문제에 근거로 활용할 수 있는 내용이 어느 정도 제시되어 있다. 적당한 근거가 바로 생각나지 않는다면 문제에 제시되어 있는 근거를 활용하여 답변을 하도록 하자.

Chapter 13

4부분 **意见表述**
의견 말하기

일반생활

사회적으로 의견이 분분한 화젯거리, 보편화되어 있는 이슈나 그 속에 내재되어 있는 사고 방식에 대해 개인의 견해를 표현하는 방법을 학습해 보도록 하자.

진윤영선생님의 초단기 전략!

1 모범답변을 미리 만들어 두자!

일반 생활과 관련되어 나올 수 있는 주제, 예를 들어 과학의 발전, 환경 오염, 사회적 이슈 등과 같은 예측 가능한 주제들은 모범답변을 미리 만들어 두면 좋다. 시험에 똑같은 문제가 나오지 않더라도 비슷한 문제가 나올 경우 미리 만들어 놓은 답변에 어휘만 바꿔서 답변할 수 있도록 미리 모범답변을 준비해 두자.

2 최대한 완벽하게 답변하자!

실제 시험장에 가면 4부분부터 주변 답변 소리가 현저히 줄어든다. 그만큼 자신의 견해를 70초 동안 조리 있게, 완벽하게 답변하는 것은 힘들다. 하지만 답변 시간을 최대한 활용하여 최선을 다해서 답변을 했다는 느낌은 줘야 한다. 단문보다는 복문을, 알고 있는 접속사나 부사를 활용하여 문장을 최대한 완벽하고 길게 말할 수 있도록 연습해야 한다.

4부분 意见表述
의견 말하기

 초단기 단어

 MP3 13-1

交谈 jiāotán	이야기를 나누다	对方 duìfāng	상대방
穿着打扮 chuānzhuó dǎban	옷차림과 치장	危害 wēihài	피해, 위험
言谈举止 yántánjǔzhǐ	언행	智能手机 zhìnéngshǒujī	스마트폰
值得 zhídé	~할 만한 가치가 있다	普及 pǔjí	보급
标准 biāozhǔn	기준	开启 kāiqǐ	열다, 개방하다

 초단기 어법

是……的 강조구문

1. 과거에 이미 진행된 사실에 대해 동작이 행해진 시간·장소·대상·방식 등을 강조한다.

   예 你<u>是</u>从哪儿来<u>的</u>? 당신은 어디에서 왔습니까?
   예 我<u>是</u>坐地铁来<u>的</u>。 저는 지하철을 타고 왔습니다.

2. 보통 "주어+是+강조하려는 내용(시간·장소·대상·방식 등)+的"의 형태로 사용된다.

   예 你<u>是</u>怎么来公司<u>的</u>? 당신은 어떻게 회사에 왔습니까?
   예 你<u>是</u>几点下班<u>的</u>? 당신은 몇 시에 퇴근을 한 것입니까?

3. 부정형은 "주어+不是+강조하려는 내용(시간·장소·대상·방식 등)+的"의 형태로 사용된다.

   예 我<u>不是</u>从北京来<u>的</u>。 나는 베이징에서 온 것이 아닙니다.
   예 我<u>不是</u>坐飞机来<u>的</u>。 저는 비행기를 타고 온 것이 아닙니다.

 초단기 학습 1

준비시간 20초/ 답변시간 70초

🔊 跟别人交谈时，第一印象中的穿着打扮，言谈举止都很重要。你认为与别人第一次见面时最重要的是什么？为什么？

Gēn biérén jiāotán shí, dì yī yìnxiàng zhōng de chuānzhuó dǎban, yántánjǔzhǐ dōu hěn zhòngyào. Nǐ rènwéi yǔ biérén dì yī cì jiànmiàn shí zuì zhòngyào de shì shénme?Wèishénme?

다른 사람과 이야기를 나눌 때, 첫인상에서 차림새와 언행은 모두 중요합니다. 당신은 다른 사람과 처음 만날 때 가장 중요한 것은 무엇이라고 생각합니까? 왜 그렇습니까?

> 첫인상에서 중요하다고 생각하는 요소에 대한 견해와 그에 따른 근거를 함께 설명해야 하는 문제이다. 관련 어휘를 학습하고 답변을 완성해 보자.

초단기 훈련

1 단계 답변의 핵심 키워드를 생각해 보자.

근거	评价一个人值不值得交往的重要标准 píngjià yí ge rén zhí bu zhídé jiāowǎng de zhòngyào biāozhǔn 그 사람과 교제할 만한 가치가 있는지 없는지를 판단하는 중요한 기준 留下良好的第一印象就等于成功了一半 liú xià liánghǎo de dì yī yìnxiàng jiù děngyú chénggōng le yí bàn 좋은 첫인상을 남기는 것은 반은 성공한 것과 같다
핵심 견해	穿着打扮 chuānzhuó dǎban 차림새 言谈举止 yántánjǔzhǐ 언행

2 단계 답변 구성 틀에 맞춰 아래 문장을 완성해 보자.

근거	人们常说 _____ 是 _____。我也觉得 _____。 사람들은 자주 (첫인상)은 (그 사람과 교제할 만한 가치가 있는지 없는지를 판단하는 중요한 기준)이라고 말합니다. 저도 (좋은 첫인상을 남기는 것은 반은 성공한 것과 같다)고 생각합니다.
핵심 견해	所以第一次见面的时候我特别注意 _____, 这样才能 _____, 更进一步地了解对方。 그러므로 처음 만날 때 저는 (차림새와 언행)에 매우 주의하고 있으며, 이렇게 해야만 (상대방에게 좋은 인상을 남기고), 상대방을 더 잘 이해할 수 있습니다.

4부분 意见表述
의견 말하기

3 단계 답변을 확인하고 큰 소리로 읽어보자.

MP3 13-3

人们常说 第一印象 是 评价一个人值不值得交往的重要标准 。我也觉得 留下良好的第一印象就等于成功了一半 。
Rénmen cháng shuō dì yī yìnxiàng shì píngjià yí ge rén zhí bu zhídé jiāowǎng de zhòngyào biāozhǔn.
Wǒ yě juéde liú xià liánghǎo de dì yī yìnxiàng jiù děngyú chénggōng le yí bàn.

所以第一次见面的时候我特别注意 衣着打扮和言谈举止 ，这样才能 给对方留下好印象 ，更进一步地了解对方。
Suǒyǐ dì yī cì jiànmiàn de shíhou wǒ tèbié zhùyì yīzhuódǎbàn hé yántánjǔzhǐ, zhèyàng cái néng gěi duìfāng liú xià hǎo yìnxiàng, gèng jìn yí bù de liǎojiě duìfāng.

사람들은 자주 첫인상은 그 사람과 교제할 만한 가치가 있는지 없는지를 판단하는 중요한 기준이라고 말합니다. 저도 좋은 첫인상을 남기는 것은 반은 성공한 것과 같다고 생각합니다. 그러므로 처음 만날 때 저는 차림새와 언행에 매우 주의하고 있으며, 이렇게 해야지만 상대방에게 좋은 인상을 남기고, 상대방을 더 잘 이해할 수 있습니다.

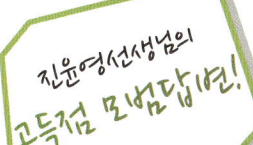

MP3 13-4

我认为找出共同的话题很重要。
Wǒ rènwéi zhǎo chū gòngtóng de huàtí hěn zhòngyào.

以我的经验来看，第一次跟别人见面时，只要找到双方感兴趣的话题，就可以很快的熟悉起来。
Yǐ wǒ de jīngyàn lái kàn, dì yī cì gēn biérén jiànmiàn shí, zhǐyào zhǎo dào shuāngfāng gǎn xìngqù de huàtí, jiù kěyǐ hěn kuài de shúxī qǐlai.

俗话里也有这样的一句话："物以类聚，人以群分。"这说明每个人都会吸引跟自己有相似的爱好和兴趣的人。
Súhuà lǐ yě yǒu zhèyàng de yí jù huà, "wù yǐ lèi jù, rén yǐ qún fēn". Zhè shuōmíng měi ge rén dōu huì xīyǐn gēn zìjǐ yǒu xiāngsì de àihào hé xìngqù de rén.

저는 공통의 화제를 찾는 것이 중요하다고 생각합니다. 저의 경험으로 미루어 볼 때, 처음 다른 사람과 만날 때 서로 흥미를 느끼는 화제를 찾아야지만 빨리 친숙해 질 수 있습니다. 옛말에도 이러한 말이 있습니다. "물건은 종류별로 모으고, 사람은 무리로 구분한다(유유상종이다)." 이것은 모든 사람들이 자신과 비슷한 취미와 흥미가 있는 사람에게 끌린다는 것을 말합니다.

★ 고득점 전략
앞 절에서는 조건을, 뒤 절에서는 그 결과를 나타낼 수 있는 조건관계 접속사를 활용해 보자.

1. 只要 A 就 B A만 하면 바로 B이다 (A는 B를 만족시키는 여러 가지 조건 중 하나임)
   예 只要做完这件事，我就可以休息了。이 일만 다 하면 나는 쉴 수 있다.

2. 只有 A 才 B 오로지 A해야만 B하다 (A는 B를 얻기 위한 유일한 조건임)
   예 只有运动才能减肥。운동을 해야만 살을 뺄 수 있다.

 초단기 학습 2

준비시간 20초 / 답변시간 70초

🔊 **有的人认为科学技术的发展无论在生活方面还是在工作方面都产生了极大的影响。但有的人认为科学技术发展带来的危害比我们想象得更严重。你认为科学技术发展的好处更多，还是坏处更多？为什么？**

Yǒu de rén rènwéi kēxué jìshù de fāzhǎn wúlùn zài shēnghuó fāngmiàn háishi zài gōngzuò fāngmiàn dōu chǎnshēng le jí dà de yǐngxiǎng. Dàn yǒu de rén rènwéi kēxué jìshù fāzhǎn dài lái de wēihài bǐ wǒmen xiǎngxiàng de gèng yánzhòng. Nǐ rènwéi kēxué jìshù fāzhǎn de hǎochù gèng duō, háishi huàichù gèng duō? Wèishénme?

어떤 사람은 과학기술의 발전이 생활 방면이든 업무 방면이든 상관없이 매우 큰 영향을 낳았다고 생각합니다. 그러나 어떤 사람은 과학기술의 발전이 가져온 위험이 우리가 상상하는 것보다 심각하다고 생각합니다. 당신이 생각하기에 과학기술의 발전은 장점이 많습니까, 단점이 많습니까? 왜 그렇습니까?

> 과학기술의 장단점은 출제될 가능성이 높으므로 관련 어휘를 반드시 익히도록 하자!

초단기 훈련

1 단계 답변의 핵심 키워드를 생각해 보자.

핵심 견해	科技发展带来的好处 kējì fāzhǎn dài lái de hǎochù 과학기술이 가져온 장점
근거	智能手机的普及 zhìnéng shǒujī de pǔjí 스마트폰의 보급
	开启了百岁时代的大门 kāiqǐ le bǎi suì shídài de dàmén 백세시대의 문을 열었다
	远程会议 yuǎnchéng huìyì 원격회의

2 단계 답변 구성 틀에 맞춰 아래 문장을 완성해 보자.

핵심 견해	我认为ㅤㅤㅤㅤㅤㅤㅤㅤㅤㅤ。 저는 (과학기술이 가져온 장점이 더 많다고) 생각합니다.
근거	首先，ㅤㅤㅤㅤㅤㅤ，无论在哪里都可以ㅤㅤㅤㅤㅤ。其次，它为我们ㅤㅤㅤㅤㅤㅤㅤㅤㅤㅤㅤㅤ。此外，我们还可以ㅤㅤㅤㅤㅤㅤ，既ㅤㅤ又ㅤㅤ。因此我相信科技发展会ㅤㅤㅤㅤㅤㅤ，ㅤㅤㅤㅤㅤㅤ。 먼저 (스마트폰의 보급에 따라) 어디 있든지 간에 (수월하게 복잡한 업무를 처리)할 수 있습니다. 둘째, 과학기술은 우리에게 (백세시대의 문을 열어주었고), (많은 난치병을 치료할 수 있게 되었습니다). 그 밖에 우리는 (화상을 통해 원격회의를 진행)할 수 있게 되어 (시간도 절약)하고 (비용도 절약)하였습니다. 그래서 저는 과학기술의 발전이 (우리의 생활을 더욱 편리하고), (더욱 풍부하게 만들어 준다고) 믿습니다.

4부분 意见表述
의견 말하기

3 단계 답변을 확인하고 큰 소리로 읽어보자.

MP3 13-6

我认为 科技发展带来的好处更多 。
Wǒ rènwéi kējì fāzhǎn dài lái de hǎochù gèng duō.

首先， 随着智能手机的普及 ，无论在哪里都可以 轻松办理复杂的业务 。其次，它为我们 开启了百岁时代的大门 ， 很多疑难杂病都可以得到治疗 。此外，我们还可以 通过视频进行远程会议 ，既 节省了时间 又 节省了费用 。因此我相信科技发展会 使我们的生活更加方便 ， 更加丰富 。
Shǒuxiān, suízhe zhìnéng shǒujī de pǔjí, wúlùn zài nǎlǐ dōu kěyǐ qīngsōng bànlǐ fùzá de yèwù. Qícì, tā wèi wǒmen kāiqǐ le bǎi suì shídài de dàmén, hěn duō yínánzábìng dōu kěyǐ dédào zhìliáo. Cǐwài, wǒmen hái kěyǐ tōngguò shìpín jìnxíng yuǎnchéng huìyì, jì jiéshěng le shíjiān yòu jiéshěng le fèiyòng. Yīncǐ wǒ xiāngxìn kējì fāzhǎn huì shǐ wǒmen de shēnghuó gèngjiā fāngbiàn, gèngjiā fēngfù.

저는 과학기술이 가져온 장점이 더 많다고 생각합니다. 먼저 스마트폰의 보급에 따라 어디 있든지 간에 수월하게 복잡한 업무를 처리할 수 있습니다. 둘째, 과학기술은 우리에게 백세시대의 문을 열어주었고, 많은 난치병을 치료할 수 있게 되었습니다. 그 밖에 우리는 화상을 통해 원격회의를 진행할 수 있게 되어 시간도 절약하고 비용도 절약하였습니다. 그래서 저는 과학기술의 발전이 우리의 생활을 더욱 편리하고, 더욱 풍부하게 만들어 준다고 믿습니다.

진윤영선생님의
고득점 공략!

MP3 13-7

我认为科技发展带来的危害十分严重。
Wǒ rènwéi kējì fāzhǎn dài lái de wēihài shífēn yánzhòng.

首先，随着科技的发展，生态环境遭到了严重的破坏。其次，产生了像网络赌博、窃取个人信息、电话诈骗等多种新型智能犯罪。最后，克隆人、转基因食品等前所未有的问题不断出现。
Shǒuxiān, suízhe kējì de fāzhǎn, shēngtài huánjìng zāodào le yánzhòng de pòhuài. Qícì, chǎnshēng le xiàng wǎngluò dǔbó、qièqǔ gèrén xìnxī、diànhuà zhàpiàn děng duō zhǒng xīnxíng zhìnéng fànzuì. Zuìhòu, kèlóngrén、zhuǎn jīyīn shípǐn děng qiánsuǒwèiyǒu de wèntí bú duàn chūxiàn.

因此我认为科技发展带来的危害比好处更多。
Yīncǐ wǒ rènwéi kējì fāzhǎn dài lái de wēihài bǐ hǎochù gèng duō.

제 생각에는 과학기술 발전이 가져온 위험이 매우 심각하다고 생각합니다. 먼저 과학기술의 발전에 따라 생태 환경은 심각한 파괴를 겪었습니다. 둘째, 인터넷 도박, 개인정보 해킹, 보이스피싱 등 많은 새로운 지능 범죄들이 생겨나고 있습니다. 마지막으로 클론, 유전자 변이 식품 등과 같은 전에 없던 문제들이 끊임없이 출현하고 있습니다. 그래서 저는 과학기술의 발전이 가져온 위험이 장점보다 더 많다고 생각합니다.

★ 고득점 전략 随着 ~에 따라서 + 发展(발전), 变化(변화), 增长(증가)

예 随着科学的发展，人们的生活水平提高了很多。
과학의 발전에 따라 사람들의 생활 수준도 많이 향상 되었다.

초단기 연습

最近很多国家都实行著作权法，目的是为了保护作者权益。但也有人说这个法律会打击新闻出版行业和文化教育等部门的传播积极性。请谈谈你对著作权法的看法。

준비시간 20초

답변시간 70초

핵심 키워드 생각하기

핵심 견해	
근거	

나만의 답변 만들기

1

MP3 13-9

目前就业形势严峻，不少人为了就业而努力。在竞争这么激烈的情况下，有人说学历高、形象好就业机会就多，也有人说学历、形象都只是一个表象，真正重要的是个人的素质与实力。你认为就业时真正重要的是什么？为什么？

준비시간 20초

답변시간 70초

답변 노트

2

MP3 13-10

为了自己的孩子，很多父母不顾一切，牺牲自己。你认为你自己的幸福重要还是孩子的幸福重要？

준비시간 20초

답변시간 70초

답변 노트

3

MP3 13-11

由于一次性用品严重地破坏环境，最近限制使用一次性用品是个热门话题。你觉得怎样才能降低一次性用品的使用率？

준비시간 20초

답변시간 70초

답변 노트

Chapter 14

4부분 **意见表述**
의견 말하기

일반 비즈니스 1

비즈니스 활동과 관련된 의견을 제시하는 문제는 반드시 출제된다. 비정규직 채용, 청년 실업 문제, 프로젝트나 업무 제휴 등에 대한 응시자의 견해를 묻는 질문이 나올 수 있으므로 관련된 어휘를 학습하고 모범 답변을 미리 준비해 보도록 하자.

진윤영선생님의 초단기 전략!

1 시간 분배를 잘 하도록 하자!

70초의 답변시간을 잘 분배하여 답변하도록 하자. 서론에 너무 많은 시간을 할애하면, 막상 질문에서 요구하는 답변을 하지 못할 수도 있다. 70초 안에 기승전결에 따라 답변을 할 수 있도록 시간 분배에 유의하자.

2 핵심 견해와 근거를 조리 있게 답변하자!

답변을 할 때 핵심 의견을 먼저 이야기하고 그 뒤에 이유와 근거를 제시하는 두괄식 답변의 방법을 사용하도록 하자. 조리 있게 답변할 수 있다면 자신의 견해에 대한 이유를 먼저 말하고, 뒤에 핵심 의견을 강조하며 마무리 해도 괜찮다. 답변시간이 70초로 짧지 않은 만큼 횡설수설하지 않도록 논리적으로 답변하는 연습을 꾸준히 하자.

4부분 意见表述
의견 말하기

 초단기 단어

 MP3 14-1

经济 jīngjì	경제	失业率 shīyèlǜ	실업률
招聘 zhāopìn	채용하다	后果 hòuguǒ	(나쁜) 결과
降低 jiàngdī	낮추다, 떨어뜨리다	随和 suíhé	(태도, 성격이) 부드럽다, 상냥하다
成本 chéngběn	원가	立场 lìchǎng	입장
负担 fùdān	부담	下属 xiàshǔ	부하 직원

 초단기 어법

1. 존현문이란?

'어떤 장소나 시간에 ~이 있다'라는 말을 강조하는 문장이므로, 동사와 관련된 중요한 문형이다.

2. 존현문의 특징

(1) 주어로 장소 혹은 시간이 나온다.

> 예 这儿有咖啡。 여기에 커피가 있다.

(2) 동사 뒤에 동태조사 了, 着, 방향보어를 쓸 수 있다.

> 예 昨天来了一个人。 어제 한 사람이 왔다. (동태조사 了)
> 예 墙上挂着一张画儿。 벽에 그림이 한 장 걸려있다. (동태조사 着)
> 예 前边开过来一辆汽车。 앞에서 차 한대가 왔다. (방향보어)

(3) 목적어는 특정 인물이나 사물을 지칭할 수 없다.

> 예 房间里走出了一个人。 (O) 방에서 한 사람이 나왔다.
> 房间里走出了这个人。 (X)

초단기 학습 1

준비시간 20초/ 답변시간 70초

🔊 因为经济不景气，很多企业选择招聘非正式职员。支持的人说招非正式职员可以降低劳动成本。反对的人说它会给社会造成更大的负担。你觉得呢？请谈谈你对招聘非正式职员的看法。

Yīnwèi jīngjì bù jǐngqì, hěn duō qǐyè xuǎnzé zhāopìn fēizhèngshì zhíyuán. Zhīchí de rén shuō zhāo fēizhèngshì zhíyuán kěyǐ jiàngdī láodòng chéngběn. Fǎnduì de rén shuō tā huì gěi shèhuì zàochéng gèng dà de fùdān. Nǐ juéde ne? Qǐng tántan nǐ duì zhāopìn fēizhèngshì zhíyuán de kànfǎ.

불경기로 인해 많은 기업들이 비정규직 직원을 채용합니다. 이에 찬성하는 사람은 비정규직 채용이 노동 원가를 낮출 수 있다고 합니다. 반대하는 사람은 그것이 사회에 더 큰 부담을 초래할 것이라고 합니다. 당신의 생각은 어떻습니까? 비정규직 직원 채용에 대한 당신의 견해를 이야기해 보세요.

> 비정규직 직원 채용에 대한 응시자의 견해를 묻는 문제이다. 견해를 뒷받침해 줄 근거와 함께 답변을 완성해 보자.

초단기 훈련

1 단계 답변의 핵심 키워드를 생각해 보자.

근거	失业率增加 shīyèlǜ zēngjiā 실업률 증가
	青年结婚率的下降 qīngnián jiéhūnlǜ de xiàjiàng 청년 결혼율 저하
핵심 견해	不仅给企业也会给社会带来严重的后果 bùjǐn gěi qǐyè yě huì gěi shèhuì dàilái yánzhòng de hòuguǒ 기업뿐만 아니라 사회에도 심각한 결과를 가져온다

2 단계 답변 구성 틀에 맞춰 아래 문장을 완성해 보자.

근거	虽然招聘非正式职员＿＿＿＿＿＿＿，但会导致＿＿＿＿＿，＿＿＿＿＿等社会问题。 비록 비정규직 직원을 채용하는 것은 (잠시 기업의 원가 부담을 줄여줄 수 있지만), (실업률 증가), (청년 결혼율 저하) 등 사회 문제를 야기할 수 있습니다.
핵심 견해	从长远角度来看，我认为招聘非正式职员＿＿＿＿＿＿＿＿＿＿。 장기적인 각도에서 보면 저는 비정규직 직원을 채용하는 것은 (기업뿐만 아니라 사회에도 심각한 결과를 가져온다)고 생각합니다.

4부분 意见表述 의견 말하기

3 단계 답변을 확인하고 큰 소리로 읽어보자.

MP3 14-3

虽然招聘非正式职员 暂时可以减轻企业的成本负担 ，但会导致 失业率增加 ， 青年结婚率的下降 等社会问题。从长远角度来看，我认为招聘非正式职员 不仅给企业也会给社会带来严重的后果 。
Suīrán zhāopìn fēizhèngshì zhíyuán zànshí kěyǐ jiǎnqīng qǐyè de chéngběn fùdān, dàn huì dǎozhì shīyèlǜ zēngjiā, qīngnián jiéhūnlǜ de xiàjiàng děng shèhuì wèntí. Cóng chángyuǎn jiǎodù lái kàn, wǒ rènwéi zhāopìn fēizhèngshì zhíyuán bùjǐn gěi qǐyè yě huì gěi shèhuì dàilái yánzhòng de hòuguǒ.

비록 비정규직 직원을 채용하는 것은 잠시 기업의 원가 부담을 줄여줄 수 있지만, 실업률 증가, 청년 결혼율 저하 등 사회 문제를 야기할 수 있습니다. 장기적인 각도에서 보면 저는 비정규직 직원을 채용하는 것은 기업뿐만 아니라 사회에도 심각한 결과를 가져온다고 생각합니다.

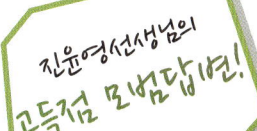

MP3 14-4

我认为招聘非正式职员不仅在经济方面有助于降低企业劳动成本，而且会使职员时刻有危机感，这对公司来说有助于提高员工们的工作效率。
Wǒ rènwéi zhāopìn fēizhèngshì zhíyuán bùjǐn zài jīngjì fāngmiàn yǒuzhùyú jiàngdī qǐyè láodòng chéngběn, érqiě huì shǐ zhíyuán shíkè yǒu wēijīgǎn, zhè duì gōngsī lái shuō yǒuzhùyú tígāo yuángōngmen de gōngzuò xiàolǜ.

因此我赞成招聘非正式职员的政策。
Yīncǐ wǒ zànchéng zhāopìn fēizhèngshì zhíyuán de zhèngcè.

저는 비정규직 직원을 채용하는 것은 경제적인 방면에서 기업의 노동 원가를 낮추는데 도움이 될 뿐만 아니라 직원들에게 항상 위기감을 조성할 수 있어, 회사의 입장에서 직원들의 업무 효율을 향상시키는데 도움이 된다고 생각합니다. 그래서 저는 비정규직 직원을 채용하는 정책에 찬성합니다.

★ **고득점 전략** 对~来说 ~에게 있어 (말하자면)

예 这对我来说不是一个简单的问题。
이것은 나에게 있어서 간단한 문제가 아니다.

예 对上班族来说，去旅游是一个可以消除压力的好方法。
직장인들에게 있어서 여행을 가는 것은 스트레스를 해소할 수 있는 좋은 방법이다.

초단기 학습 2

준비시간 20초 / 답변시간 70초

🔊 **在职场生活中，我们会遇到各种各样的上司。你认为什么样的人适合当上司呢？**

Zài zhíchǎng shēnghuó zhōng, wǒmen huì yùdào gèzhǒnggèyàng de shàngsī. Nǐ rènwéi shénmeyàng de rén shìhé dāng shàngsī ne?

직장 생활 중 우리는 다양한 상사를 만납니다. 당신은 어떠한 사람이 상사로 적합하다고 생각합니까?

> 업무능력, 성격 등의 방면에서 어떠한 사람이 상사로 적합한지 근거를 들어 답변을 완성해 보자.

초단기 훈련

1 단계 답변의 핵심 키워드를 생각해 보자.

핵심 견해	随和的人 suíhé de rén 상냥한 사람
근거	为别人工作的立场 wèi biérén gōngzuò de lìchǎng 다른 사람을 위해서 일하는 입장이다
	指着别人鼻子骂来骂去 zhǐzhe biérén bízi màláimàqù 다른 사람에게 손가락질하며 욕하다
	最不能理解 zuì bù néng lǐjiě 가장 이해할 수 없다

2 단계 답변 구성 틀에 맞춰 아래 문장을 완성해 보자.

핵심 견해	我觉得＿＿＿＿＿＿＿＿＿＿。 저는 (상냥한 사람이 상사가 되기에 비교적 적합하다고) 생각합니다.
근거	大家同样都是＿＿＿＿＿＿，只不过因为＿＿＿＿＿＿的上司，我是＿＿＿＿＿＿的。 모두들 똑같이 (다른 사람을 위해서 일하는 입장인데), 그저 (저보다 직급이 조금 높다고 다른 사람에게 손가락질하며 욕하는) 상사를 저는 (가장 이해할 수 없습니다).

4부분 意见表述
의견 말하기

3 단계 답변을 확인하고 큰 소리로 읽어보자.  MP3 14-6

我觉得 随和的人比较适合当上司 。
Wǒ juéde suíhé de rén bǐjiào shìhé dāng shàngsī.

大家同样都是 为别人工作的立场 ，只不过因为 比我的级别高一点儿就可以 指着别人鼻子骂来骂去 的上司，我是 最不能理解 的。
Dàjiā tóngyàng dōu shì wèi biérén gōngzuò de lìchǎng, zhǐbuguò yīnwèi bǐ wǒ de jíbié gāo yì diǎnr jiù kěyǐ zhǐ zhe biérén bízi màláimàqù de shàngsī, wǒ shì zuì bù néng lǐjiě de.

저는 상냥한 사람이 상사가 되기에 비교적 적합하다고 생각합니다. 모두들 똑같이 다른 사람을 위해서 일하는 입장인데, 그저 저보다 직급이 조금 높다고 다른 사람에게 손가락질하며 욕하는 상사를 저는 가장 이해할 수 없습니다.

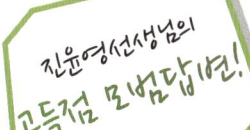

 MP3 14-7

我认为作为上司，最重要的一点就是他的领导能力。
Wǒ rènwéi zuòwéi shàngsī, zuì zhòngyào de yì diǎn jiù shì tā de lǐngdǎo nénglì.

作为一名上司，要有出众的领导能力，合理地分配工作，才能把每个职员的长处最大化，团队才能发展、才能进步。
Zuòwéi yì míng shàngsī, yào yǒu chūzhòng de lǐngdǎo nénglì, hélǐ de fēnpèi gōngzuò, cái néng bǎ měi ge zhíyuán de chángchù zuì dà huà, tuánduì cái néng fāzhǎn、cái néng jìnbù.

저는 상사로서 가장 중요한 것은 그의 리더십이라고 생각합니다. 상사로서 출중한 리더십과 합리적인 업무 분배야말로 모든 직원들의 장점을 극대화시킬 수 있고, 팀 역시 발전하고 진보할 수 있습니다.

★ 고득점 전략 作为~ ~으로서

예 作为一名老师，应该培养学生的学习兴趣。
선생님으로서 학생의 학습 흥미를 길러줘야 한다.

예 作为朋友，你应该知道什么该做，什么不该做。
친구로서 너는 무엇을 해야 하고 무엇을 해서는 안 되는지 반드시 알아야 한다.

초단기 연습

有位职员做成了一个大项目，给企业带来了很大的利润。你认为公司应该多给他一些奖金并给他升职的机会作为鼓励好，还是赋予他权力让他可以参与更多的项目，在更大的业务平台发挥能力比较好？为什么？

준비시간 20초

답변시간 70초

핵심 키워드 생각하기

핵심 견해	
근거	

나만의 답변 만들기

1

选择合作伙伴时，要考虑的因素很多。有人说要考虑合作公司的规模，也有人说要考虑合作公司的产品。你觉得呢？什么因素最重要呢？

준비시간 20초
답변시간 70초

답변 노트

2

随着网络的发展，出现了各种营销方式。其中通过社交网或博客的营销方式已经很普遍了。有人说这些社交网和博客的评价很可靠，可以吸引很多顾客。但也有人说，还是传统的营销方式比较可靠。请你说说你对网络营销的看法。

준비시간 20초
답변시간 70초

답변 노트

3

商务谈判时，要注意的部分比较多，比如语言、姿势、应变能力等等。你认为商务谈判时，要注意的是什么？

준비시간 20초
답변시간 70초

답변 노트

Chapter 15

4부분 意见表述
의견 말하기

일반 비즈니스 2

4부분에서는 다양한 비즈니스 활동과 관련된 문제를 접하게 된다. 특히 찬반 의견이 분분한 화제에 관한 문제가 출제되는데, 이때 질문에서 어떠한 찬반 의견이 존재하는지 확인하여 답변 시 활용하는 것이 좋다. 또한 주어진 문제 상황에 대한 해결책을 제시해야 하는 문제도 출제되고 있으므로 평소 관련 어휘를 학습하고 모범답변을 미리 준비하도록 하자.

진윤영선생님의 초단기 전략!

1 논리적인 흐름이 관건이다!

답변에서 부연 설명이 자신의 주장과 일치하지 않거나, 개인의 의견을 묻고 있는데 보편적 인식에 대해서만 설명하면 점수에 영향을 주게 된다. 개인의 핵심 견해를 중심으로 관련성 있는 근거들로 보충 설명을 하여 답변의 논리적인 흐름이 이어지도록 신경 써야 한다.

2 반드시 성조에 주의해야 한다!

답변시간이 길어지면서 가장 흔하게 나타나는 실수 중 하나가 바로 성조의 실수이다. 답변 내용도 생각해야 하고 속도도 신경 써야 하다 보니 성조가 부정확해 지는데, 이는 결국 의미 전달이 제대로 되지 않는 결과로 이어진다. 성조가 정확하지 않아 채점자가 "听不懂"하지 않도록 주의하자.

4부분 意见表述
의견 말하기

🔍 초단기 단어

 MP3 15-1

挑毛病 tiāo máobìng	결점을 들추다, 흠을 잡다	刺激 cìjī	자극하다
赔偿 péicháng	배상하다	竞争 jìngzhēng	경쟁하다
蛮不讲理 mánbùjiǎnglǐ	막무가내로 행동하다	体系 tǐxì	체계
绩效 jìxiào	업적과 성과	靠 kào	기대다
薪酬 xīnchóu	급여	负责 fùzé	책임지다

🔍 초단기 어법

1. 비교문이란?

비교문은 사람과 사물의 비교를 나타내는 문장을 말하며, 比가 들어간 비교문과 比가 들어가지 않은 비교문 두 가지로 구분할 수 있다.

2. 比가 들어간 비교문

(1) A 比 B + 술어   A는 B보다 ~하다

   예 今天比昨天冷。 오늘은 어제보다 춥다.

(2) A 比 B + 更/还 + 술어   A가 B보다 더 ~하다

   예 今天比昨天更冷。 오늘은 어제보다 더 춥다.

(3) A 不比 B + 술어   A는 B보다 ~하지 않다

   예 她不比我高。 그녀는 나보다 키가 크지 않다.

3. 比가 들어가지 않은 비교문

(1) A 没有 B + (那么/这么) + 술어   A는 B만큼 그렇게 ~하지 않다

   예 今天没有昨天(那么)冷。 오늘은 어제만큼 그렇게 춥지 않다.
   예 他没有我(这么)大。 그는 나만큼 나이가 많지 않다.

(2) A 跟 B + 一样 + 술어   A는 B와 똑같이 ~하다(= A와 B가 비슷하다)

   예 今天跟昨天一样冷。 오늘은 어제와 같이 춥다.

초단기 학습 1

준비시간 20초 / 답변시간 70초

🔊 最近有些顾客买了东西以后找各种借口挑产品毛病，或人为制造出毛病要求赔偿。如果你遇到了这样的"黑色消费者"你会怎么处理？

Zuìjìn yǒu xiē gùkè mǎi le dōngxi yǐhòu zhǎo gèzhǒng jièkǒu tiāo chǎnpǐn máobìng, huò rénwéi zhìzào chū máobìng yāoqiú péicháng. Rúguǒ nǐ yùdào le zhèyàng de "hēisè xiāofèizhě" nǐ huì zěnme chǔlǐ?

최근 일부 고객들이 물건을 산 이후에 각종 핑계를 대며 상품의 흠을 잡거나 혹은 인위적으로 결함을 만들어 배상을 요구합니다. 만약 당신이 이러한 "블랙컨슈머"를 만났다면 어떻게 처리하겠습니까?

> 문제 상황에 대한 해결 방법을 요구하는 문제이다. 적당한 근거를 들어 답변하도록 하자.

초단기 훈련

1단계 답변의 핵심 키워드를 생각해 보자.

근거	越对他客气，他就会提出更多无理的要求 yuè duì tā kèqi, tā jiù huì tíchū gèng duō wúlǐ de yāoqiú 그에게 예의를 차릴수록, 그 사람은 더 많은 억지스러운 요구를 한다
	有一次就会有第二次 yǒu yí cì jiù huì yǒu dì èr cì 한 번 그러면 또 다시 그러한다
핵심 견해	直接报警，交给警方来处理 zhíjiē bàojǐng, jiāo gěi jǐngfāng lái chǔlǐ 바로 경찰에 신고하여 경찰에게 넘겨서 처리하게 한다

2단계 답변 구성 틀에 맞춰 아래 문장을 완성해 보자.

근거	这种"奇葩"客人，＿＿＿＿＿＿＿＿＿＿＿＿＿＿。而且这样的人 ＿＿＿＿＿＿＿＿＿＿，所以不能＿＿＿＿＿＿＿＿。 이러한 "진귀한" 손님은 (당신이 예의를 차릴수록, 그 사람은 더 많은 억지스러운 요구를 합니다). 게다가 이러한 사람은 (한 번 그러면 또 그러기 때문에) (이런 사람한테는 예의를 차려서는) 안 됩니다.
핵심 견해	如果他＿＿＿＿＿＿＿＿＿＿，我会＿＿＿＿＿＿＿＿＿＿。 만약 그가 (계속 막무가내로 행동하면), 저는 (바로 경찰에 신고하여 경찰에게 넘겨서 처리하게) 할 것입니다.

4부분 意见表述
의견 말하기

3 단계 답변을 확인하고 큰 소리로 읽어보자.

MP3 15-3

这种"奇葩"客人，你越对他客气，他就会提出更多无理的要求。而且这样的人
有一次就会有第二次，所以不能 对这样的人太客气。
Zhè zhǒng "qípā" kèrén, nǐ yuè duì tā kèqi, tā jiù huì tíchū gèng duō wúlǐ de yāoqiú. Érqiě zhèyàng de rén yǒu yí cì jiù huì yǒu dì èr cì, suǒyǐ bù néng duì zhèyàng de rén tài kèqi.

如果他 一直蛮不讲理的话 ，我会 直接报警，交给警方来处理 。
Rúguǒ tā yìzhí mánbùjiǎnglǐ de huà, wǒ huì zhíjiē bàojǐng, jiāo gěi jǐngfāng lái chǔlǐ.

이러한 "진귀한" 손님은 당신이 예의를 차릴수록, 그 사람은 더 많은 억지스러운 요구를 합니다. 게다가 이러한 사람은 한 번 그러면 또 그러기 때문에 이런 사람한테는 예의를 차려서는 안 됩니다. 만약 그가 계속 막무가내로 행동하면, 저는 바로 경찰에 신고하여 경찰에게 넘겨서 처리하게 할 것입니다.

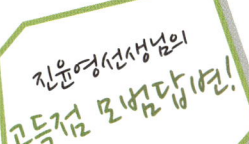

MP3 15-4

这种顾客毕竟是少数的，所以我会先满足他的要求，退款或退货都没关系，多一事不如少一事嘛。
Zhè zhǒng gùkè bìjìng shì shǎoshù de, suǒyǐ wǒ huì xiān mǎnzú tā de yāoqiú, tuìkuǎn huò tuìhuò dōu méi guānxi, duō yí shì bù rú shǎo yí shì ma.

但我会把他列入顾客黑名单，下次如果再发生类似事情的话，我会依照法律程序向他提起法律诉讼。
Dàn wǒ huì bǎ tā lièrù gùkè hēimíngdān, xiàcì rúguǒ zài fāshēng lèisì shìqing de huà, wǒ huì yīzhào fǎlǜ chéngxù xiàng tā tíqǐ fǎlǜ sùsòng.

이러한 고객은 분명 소수일 것입니다. 그래서 저는 먼저 그의 요구를 만족시켜줄 것입니다. 환불 또는 교환 모두 상관없습니다. 쓸데없이 일을 벌이는 것보다는 줄이는 편이 나으니까요. 그러나 저는 그를 고객 블랙리스트에 넣어 다음 번에 다시 이러한 일이 발생하면 법적 절차에 따라 그에게 법적 소송을 걸겠습니다.

★ **고득점 전략** 满足 / 满意 만족하다

满足 : 필요한 만큼 충분하기 때문에 만족스러운 것을 나타낸다.

예 他的汉语水平已经很高了，但他还不满足。
그의 중국어 실력은 이미 매우 높은데도 그는 아직 만족하지 않는다.

满意 : 바람을 이루어 마음에 들고, 흡족한 것을 나타낸다.

예 我们已经讨论了很久，但还没找到让双方都满意的方案。
우리는 이미 매우 오랫동안 토론했지만, 양측이 모두 만족하는 방안을 찾지 못했다.

 **초단기 학습 2**

준비시간 20초/ 답변시간 70초

🔊 很多公司实行绩效薪酬制度。有的人说这可以刺激员工之间的竞争意识，有助于提高业务效率。也有的人说只按照业务成绩定工资是不公平的。你觉得呢？什么样的薪酬体系比较合理呢？

Hěn duō gōngsī shíxíng jìxiào xīnchóu zhìdù. Yǒu de rén shuō zhè kěyǐ cìjī yuángōng zhījiān de jìngzhēng yìshí, yǒuzhùyú tígāo yèwù xiàolǜ. Yě yǒu de rén shuō zhǐ ànzhào yèwù chéngjì dìng gōngzī shì bùgōngpíng de. Nǐ juéde ne? Shénmeyàng de xīnchóu tǐxì bǐjiào hélǐ ne?

많은 회사들이 업무 성과에 따른 급여 제도를 시행합니다. 어떤 사람은 이것이 직원들간의 경쟁 의식을 자극하여 업무 효율을 향상시키는데 도움이 된다고 합니다. 또 어떤 사람은 업무 성과만을 가지고 급여를 나누는 것은 불공평하다고 합니다. 당신의 생각은 어떻습니까? 어떠한 급여 체계가 비교적 합리적이라고 생각합니까?

> 급여 체계에 대해 개인의 생각을 묻는 질문이다. 문제에 제시된 내용을 활용하여 답변을 완성해 보자.

초단기 훈련

1 단계 답변의 핵심 키워드를 생각해 보자.

근거	工作是要靠大家的力量共同完成的 gōngzuò shì yào kào dàjiā de lìliàng gòngtóng wánchéng de 업무는 모두의 힘에 기대어 공동으로 완성하는 것이다	
	工作强度是差不多的 gōngzuò qiángdù shì chàbuduō de 업무의 강도는 비슷하다	
핵심 견해	按级别定薪资是比较合理的 àn jíbié dìng xīnzī shì bǐjiào hélǐ de 직급에 따라 월급을 정하는 것이 비교적 합리적이다	

2 단계 답변 구성 틀에 맞춰 아래 문장을 완성해 보자.

근거	我觉得_____。只不过_____而已，其实_____。 저는 (업무는 모두의 힘에 기대어 공동으로 완성하는 것)이라고 생각합니다. 그저 (모든 사람들이 책임지는 부분이 다를 뿐이지) 사실 (업무의 강도는 비슷합니다).
핵심 견해	所以我觉得_____。 그래서 저는 (직급에 따라 월급을 정하는 것이 비교적 합리적이라고) 생각합니다.

4부분 意见表述
의견 말하기

3 단계 답변을 확인하고 큰 소리로 읽어보자.  MP3 15-6

我觉得 工作是要靠大家的力量共同完成的 。只不过 每个人负责的部分不同 而已，其实
工作强度是差不多的 。
Wǒ juéde gōngzuò shì yào kào dàjiā de lìliàng gòngtóng wánchéng de. Zhǐbuguò měi ge rén fùzé de bùfen bù tóng éryǐ, qíshí gōngzuò qiángdù shì chàbuduō de.

所以我觉得 按级别定薪资是比较合理的 。
Suǒyǐ wǒ juéde àn jíbié dìng xīnzī shì bǐjiào hélǐ de.

저는 업무는 모두의 힘에 기대어 공동으로 완성하는 것이라고 생각합니다. 그저 모든 사람들이 책임지는 부분이 다를 뿐이지 사실 업무의 강도는 비슷합니다. 그래서 저는 직급에 따라 월급을 정하는 것이 비교적 합리적이라고 생각합니다.

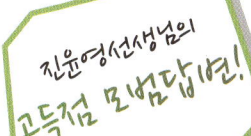

 MP3 15-7

我觉得按绩效拿薪水没什么不好。
Wǒ juéde àn jìxiào ná xīnshuǐ méi shénme bù hǎo.

干得多拿得多，全靠自己的努力赚钱挺公平的。我最看不惯那些仗着自己是老板的亲戚，整天什么活儿也不做，每个月还能拿同等工资的人。
Gàn de duō ná de duō, quán kào zìjǐ de nǔlì zhuànqián tǐng gōngpíng de. Wǒ zuì kànbuguàn nà xiē zhàngzhe zìjǐ shì lǎobǎn de qīnqi, zhěngtiān shénme huór yě bú zuò, měi ge yuè hái néng ná tóngděng gōngzī de rén.

저는 업무 성과에 따라 월급을 받는 것에 대해 나쁠 것이 없다고 생각합니다. 많이 일하면 많이 가져가고, 완전히 자신의 노력에 따라 돈을 버는 것은 매우 공평합니다. 저는 자신이 사장의 친척인 것을 무기로 하루 종일 아무 일도 안하고 매달 똑같은 월급을 받아가는 그러한 사람이 제일 눈에 거슬립니다.

★ **고득점 전략** 동사+不惯 (습관이 되지 않아서) ~할 수 없다

예 我还是吃<u>不惯</u>香菜。
　 나는 여전히 고수(향채)를 먹을 수 없다.

예 我看<u>不惯</u>那些占别人便宜的人。
　 나는 다른 사람의 덕을 보려고 하는 사람이 눈에 거슬린다.

초단기 연습

最近幼儿早教市场针对那些希望自己的孩子比别人家的孩子优秀的独生子女父母销售很多昂贵的早教产品，使学费也不断地往上涨。你对这种幼儿早期教育的新趋势有什么看法？

준비시간 20초

답변시간 70초

핵심 키워드 생각하기

핵심 견해	
근거	

나만의 답변 만들기

1

有的人认为世上没有"铁饭碗"而频繁地跳槽，也有的人觉得想成为一个权威的专家至少要在这个领域工作一万小时。你觉得呢？请说说你对工作的看法。

준비시간 20초

답변시간 70초

답변 노트

2

很多公司为了宣传自己的商品，选择植入式广告。有的人认为这是一种很有效的广告方法，也有的人认为导致植入式广告的泛滥。你怎么看植入式广告？

준비시간 20초

답변시간 70초

답변 노트

3

每个公司有不同的管理理念。有的公司认为激烈的竞争有助于企业发展，有的公司认为大家配合共同完成任务是最重要的经营理念。你认为什么样的经营管理理念适合企业发展？

준비시간 20초

답변시간 70초

답변 노트

Chapter 16

4부분 **意见表述**
의견 말하기

직무 비즈니스

직무 비즈니스 관련 문제로는 업무 능력 향상 방법, 다양한 직종에서 갖춰야 할 업무 자질, 직무 관련 문제의 해결 방법 등이 출제되고 있다. 응시자의 직무와 직접적으로 관련된 문제가 주로 출제되기 때문에 오히려 쉽게 답변할 수 있다. 단, 자신의 직무 내용과 관련된 문제를 예측하여 모범답변을 미리 준비하도록 하자.

진윤영선생님의 초단기 전략!

1 고급 어휘를 늘리자!

직무 비즈니스와 관련된 문제는 전문적인 용어 혹은 고급 어휘의 사용이 많이 요구된다. 응시자가 답변 시 사용한 어휘의 난이도는 점수에 영향을 주는 중요한 부분이다. 직무 별로 필요한 고급 어휘는 따로 정리하여 외워두도록 하자.

2 한국식 중국어는 사용하지 말자!

응시자가 흔하게 범하는 실수 중 하나가 바로 한국식 중국어이다. 특히 한자로 된 한국어 단어를 중국어 발음으로 바꿔서 말하는 경우가 많은데 이러한 한국식 중국어는 감점의 요인이 될 수 있다.

예) 会社 (X) → 公司 (O) 회사
地下铁 (X) → 地铁 (O) 지하철
家族聚会 (X) → 家庭聚会 (O) 가족 모임

4부분 意见表述
의견 말하기

 **초단기 단어**

 MP3 16-1

财务 cáiwù	재무, 재정	技术人员 jìshùrényuán	엔지니어
复杂 fùzá	복잡하다	创新 chuàngxīn	창의성, 창조성
细心 xìxīn	세심하다	取决于 qǔjuéyú	~에 달려 있다.
准则 zhǔnzé	준칙, 규범	满足 mǎnzú	만족하다
决策 juécè	책략, 정책, 방침	动力 dònglì	원동력

 **초단기 어법**

1. 겸어문이란?

한 문장에 두 개의 주어가 존재하여 첫 번째 술어의 목적어가 두 번째 술어의 주어 역할을 겸하는 문장으로, 주로 사역·요청·명령의 의미를 나타낸다.

2. 기본 어순: 주어1+让(술어1)+목적어1/주어2+술어2+목적어2

예 她 让 我 转告 你。 그녀가 나로 하여금 너에게 전하도록 했다.
주어1 술어1 목적어1 술어2 목적어2
　　　　　주어2

3. 让 대신 바꿔 쓸 수 있는 동사 叫, 使, 请

(1) 叫 jiào (~에게) ~하게 하다

예 老板<u>叫</u>你回电话。
사장님이 당신에게 전화하라고 하셨어요.

(2) 使 shǐ (~에게) ~하게 하다

예 科学技术的发展<u>使</u>人类生活变得更加方便。
과학기술의 발전은 인류의 생활을 더욱 편리하게 만들었다.

(3) 请 qǐng (~에게) 부탁하다

예 我<u>请</u>部长检查我的会议报告。
나는 부장님께 나의 회의 보고서를 검토해 달라고 부탁 드렸다.

 초단기 학습 1

준비시간 20초 / 답변시간 70초

🔊 **很多人说财务部的工作很复杂，要细心。财务部工作方面的注意事项有哪些?**

Hěn duō rén shuō cáiwùbù de gōngzuò hěn fùzá, yào xìxīn. Cáiwùbù gōngzuò fāngmiàn de zhùyìshìxiàng yǒu nǎ xiē?

많은 사람들은 재무팀의 업무가 복잡하기에 세심해야 한다고 말합니다. 재무팀 업무에서 주의 사항으로 무엇이 있습니까?

> 업무 관련 주의 사항이 무엇인지 묻는 문제이다. 적당한 근거를 2가지 정도 들어 답변을 완성해 보자.

초단기 훈련

1단계 답변의 핵심 키워드를 생각해 보자.

핵심 견해	**一定要细心，千万不能马虎** yídìng yào xìxīn, qiānwàn bù néng mǎhu 반드시 세심해야 하며, 절대로 대충해서는 안 된다
근거	**按照准则和制度的要求记录信息** ànzhào zhǔnzé hé zhìdù de yāoqiú jìlù xìnxī 준칙과 제도의 요구에 따라서 정보를 기록하다 **提供准确的财务报表** tígōng zhǔnquè de cáiwùbàobiǎo 정확한 재무제표를 제공하다

2단계 답변 구성 틀에 맞춰 아래 문장을 완성해 보자.

핵심 견해	财务部门的工作最重要的就是 _____。 재무팀 업무에서 가장 중요한 것은 바로 (반드시 세심해야 하며, 절대로 대충해서는 안 된다)는 것입니다.
근거	只有 _____, 才能为公司的决策 _____。 (준칙과 제도의 요구에 따라서 정보를 기록)해야지만, 회사의 정책을 위해 (정확한 재무제표를 제공)할 수 있습니다.

4부분 意见表述
의견 말하기

3 단계 답변을 확인하고 큰 소리로 읽어보자.

MP3 16-3

财务部门的工作最重要的就是 一定要细心，千万不能马虎 。
Cáiwùbùmén de gōngzuò zuì zhòngyào de jiù shì yídìng yào xìxīn, qiānwàn bù néng mǎhu.
只有 按照准则和制度的要求记录信息 ，才能为公司的决策 提供准确的财务报表 。
Zhǐyǒu ànzhào zhǔnzé hé zhìdù de yāoqiú jìlù xìnxī, cái néng wèi gōngsī de juécè tígōng zhǔnquè de cáiwùbàobiǎo.

재무팀 업무에서 가장 중요한 것은 바로 반드시 세심해야 하며, 절대로 대충해서는 안 된다는 것 입니다. 준칙과 제도의 요구에 따라서 정보를 기록해야지만, 회사의 정책을 위해 정확한 재무제표를 제공할 수 있습니다.

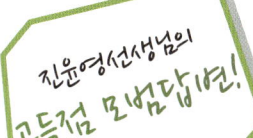

MP3 16-4

财务部的工作是公司运营的核心。
所以应该严格遵守财经纪律，把保守财务秘密作为开展工作的前提。
Cáiwùbù de gōngzuò shì gōngsī yùnyíng de héxīn.
Suǒyǐ yīnggāi yángé zūnshǒu cáijīng jìlǜ, bǎ bǎoshǒu cáiwù mìmì zuòwéi kāizhǎn gōngzuò de qiántí.
不能让企业经营信息外泄，时刻维护公司的利益。
Bùnéng ràng qǐyè jīngyíng xìnxī wàixiè, shíkè wéihù gōngsī de lìyì.

재무팀의 업무는 회사 운용 핵심입니다. 따라서 반드시 엄격하게 재정 규칙을 따라야 하고, 재무기밀을 지키는 것을 업무 전개의 전제라고 여겨야 합니다. 기업의 경영 정보가 새어나가게 하면 안되며, 항시 회사의 이익을 보호해야 합니다.

★ 고득점 전략
把 + 명사1(~을) + 作为 + 명사2 (~으로) ~을 ~으로 여기다

예 我觉得把现金作为礼物送给对方又好又方便。
저는 상대방에게 현금을 선물로 주는 것이 좋으면서도 편리하다고 생각합니다.

예 我们应该把环保作为经济发展的前提。
우리는 환경보호를 경제발전의 전제로 여겨야 합니다.

초단기 학습 2

준비시간 20초/ 답변시간 70초

🔊 最近不少公司都强调技术人员的创新能力，并认为公司的未来发展取决于技术人员的能力。请谈谈技术人员怎样才能提高创新能力。

Zuìjìn bù shǎo gōngsī dōu qiángdiào jìshùrényuán de chuàngxīn nénglì, bìng rènwéi gōngsī de wèilái fāzhǎn qǔjuéyú jìshùrényuán de nénglì. Qǐng tántan jìshùrényuán zěnyàng cái néng tígāo chuàngxīn nénglì.

최근 많은 회사들이 엔지니어의 창의력을 강조하고, 회사의 미래 발전은 엔지니어의 능력에 의해 결정된다고 생각합니다. 엔지니어가 어떻게 창의력을 향상시킬 수 있는지 이야기해 보세요.

> 엔지니어의 창의력 향상 방법을 묻는 질문이다. 자신이 생각하는 창의력 향상 방법을 2가지 정도 제시하여 답변을 완성해 보자.

초단기 훈련

1 단계 답변의 핵심 키워드를 생각해 보자.

핵심 견해	不应该满足于现状 bù yīnggāi mǎnzúyú xiànzhuàng 현재 상태에 만족해서는 안 된다	
근거	向上的动力 xiàngshàng de dònglì 진보의 원동력	
	新的追求 xīn de zhuīqiú 새로운 추구	创新 chuàngxīn 혁신, 창조

2 단계 답변 구성 틀에 맞춰 아래 문장을 완성해 보자.

핵심 견해	我认为想提高创新能力就　　　　　　　　　。 저는 창의력을 향상시키려면 (현재 상태에 만족해서는 안 된다고) 생각합니다.
근거	不满足是　　　　　　，不满足现状才会有　　　　，才会有　　　　。所以每天要告诉自己　　　　　　。这样才能有　　　　　　　　。 불만족은 (진보의 원동력)이며, 현 상태에 만족하지 않아야만 (새로운 추구)를 할 수 있고, (혁신) 이 있을 수 있습니다. 그래서 저는 매일 자신에게 (아직 부족하다고) 알려줍니다. 이렇게 해야만 (강렬한 욕망이 생겨 진취적으로 혁신할 수) 있습니다.

4부분 意见表述
의견 말하기

3 단계 답변을 확인하고 큰 소리로 읽어보자.

我认为想提高创新能力就 不应该满足于现状 。
Wǒ rènwéi xiǎng tígāo chuàngxīn nénglì jiù bù yīnggāi mǎnzúyú xiànzhuàng.

不满足是 向上的动力 ，不满足现状才会有 新的追求 ，才会有 创新 。所以每天要告诉自己 做得还不够好 。这样才能有 强烈的欲望去积极地创新 。
Bùmǎnzú shì xiàng shàng de dònglì, bùmǎnzú xiànzhuàng cái huì yǒu xīn de zhuīqiú, cái huì yǒu chuàngxīn. Suǒyǐ měitiān yào gàosu zìjǐ zuò de hái bú gòu hǎo. Zhèyàng cái néng yǒu qiánglié de yùwàng qù jījí de chuàngxīn.

저는 창의력을 향상시키려면 현재 상태에 만족해서는 안 된다고 생각합니다. 불만족은 진보의 원동력이며, 현 상태에 만족하지 않아야만 새로운 추구를 할 수 있고, 혁신이 있을 수 있습니다. 그래서 저는 매일 자신에게 아직 부족하다고 알려줍니다. 이렇게 해야지만 강렬한 욕망이 생겨 진취적으로 혁신할 수 있습니다.

진윤영선생님의
고득점 모범답변!

我认为应该时刻都要有危机意识。古话说："生于忧患，死于安乐。"人在困境中才容易激发自己的创造力。如果感觉自己的生活好了，就会放弃了进取。

Wǒ rènwéi yīnggāi shíkè dōu yào yǒu wēijī yìshí. Gǔhuà shuō : "Shēng yú yōuhuàn, sǐ yú ānlè". Rén zài kùnjìng zhōng cái róngyì jīfā zìjǐ de chuàngzàolì. Rúguǒ gǎnjué zìjǐ de shēnghuó hǎo le, jiù huì fàngqì le jìnqǔ.

因此要不断地告诉自己进取创新，每时每刻都要有危机意识，才能激发创新精神。

Yīncǐ yào búduàn de gàosu zìjǐ jìnqǔ chuàngxīn, měishíměikè dōu yào yǒu wēijī yìshí, cái néng jīfā chuàngxīn jīngshén.

저는 항상 위기 의식을 가지고 있어야 한다고 생각합니다. 옛말에 "근심 걱정을 하는 사람은 부지런하여 살아나가게 되고 안일을 추구하는 사람은 게으름을 피워 살아나갈 수 없다"고 했습니다. 사람은 곤경 속에 있어야 자신의 창의력을 쉽게 만들어 냅니다. 만약 자신의 생활이 편하면 앞으로 나아가는 것을 포기하게 됩니다. 그래서 저는 부단히 제 자신에게 진취적으로 혁신하고 매 순간마다 위기 의식을 가져야만 창의력을 발휘할 수 있다고 알려줍니다.

★ **고득점 전략** 전치사 于+시간 / 장소

'~에, ~에서'라는 뜻의 전치사로 대부분 동사 뒤에 사용한다.

예 他生于1930年，死于2001年。 그는 1930년에 태어나 2001년에 사망했다.
예 他毕业于北京大学。 그는 베이징 대학교를 졸업했다.
예 我的公司位于韩国江南。 나의 회사는 한국 강남에 위치해 있다.

초단기 연습

人们一提起人事部就会联想到招聘。但实际上除了招聘以外，人事部的业务种类很多。请你作为人事部的职员谈谈你们的业务。

- 준비시간 20초
- 답변시간 70초

핵심 키워드 생각하기

핵심 견해	
근거	

나만의 답변 만들기

1

🔊 你认为作为教师应该具备哪些素质?

📝 준비시간 20초
⏰ 답변시간 70초

답변 노트

2

🔊 你在采购部工作。有一天你发现你的上司正收受贿赂,并且你的上司也已经发现了你,这时你会怎么办?

📝 준비시간 20초
⏰ 답변시간 70초

답변 노트

3

🔊 培养优秀专业技术人员成为企业核心员工是很多公司最关心的问题。你认为如何加强专业技术人才培养?

📝 준비시간 20초
⏰ 답변시간 70초

답변 노트

5부분 看图描述

그림을 보고 이야기 만들기

5부분 실전테스트 예시

⑮ 看图描述

5부분 看图描述 초단기 공략법

그림을 보고 이야기 만들기

5부분은 연속된 4개의 그림을 보고 전개 과정을 이해한 후, 하나의 완전한 이야기를 만드는 문제이다. 응시자의 상황 설명, 프레젠테이션 및 논리적인 표현 능력을 평가하는 문제로 최대한 완전하고 자세하게 그림의 내용을 표현해야 한다.

 **시험 구성**

문항 수	1 문항
시험 시간	각 문항 당 준비시간 50초, 답변시간 120초
출제 의도	• 정확한 단어와 문법 사용, 유창한 의사 표현이 가능한지 파악한다. • 중국어 문장 완성 능력을 파악한다.
채점 포인트	• 발음, 성조, 그림에 맞는 적합한 의미의 단어 구사 여부 및 표현의 완전성을 평가한다. • 문장 완성 능력, 프레젠테이션 능력 및 논리적인 표현 능력을 평가한다.

 학습법

1. 부사, 전치사 및 보어를 익히자!
한 문장을 말하더라도 부사, 전치사, 보어를 사용한 문장이 훨씬 더 높은 점수를 받는다. 다양한 부사, 전치사, 보어를 익혀 활용하도록 하자.

2. 각종 도량형, 양사를 익히자!
5부분은 일상생활 및 비즈니스에 관련된 모든 내용이 출제된다. 상품의 기능 설명을 요구하는 문제도 출제될 가능성이 높은데, 이때 상품과 관련된 도량형, 양사 등을 알아야 보다 자세한 설명이 가능하므로 미리 익혀두도록 하자.

3. 시간을 체크하면서 연습하자!
실제 시험에 응시하고 있다고 가정하고 시간을 체크하면서 연습해 보자. 시간을 체크하면서 답변 연습을 해 봐야만 자신의 답변 길이가 어느 정도 되는지 파악할 수 있다.

 **시험 진행 프로세스**

문제 제시

5부분은 화면에 4개의 연속된 그림과 질문이 함께 제시되며 하나의 완전한 이야기를 만드는 문제이다.

Tip 그림과 질문을 보면서 답변으로 요구하는 내용이 무엇인지 파악하기!

준비시간 50초

질문이 끝난 후 시계에 50초가 표시되고, 마이크가 파란색으로 변하면 답변 준비를 시작한다.

Tip 인물과 배경, 주된 줄거리 생각하기!

답변시간 120초

시계에 답변시간 120초가 표시되고, 안내멘트 후 "삐" 소리와 함께 마이크가 빨간색으로 변하면 답변을 시작한다.

Tip 답변 문장의 길이가 점수에 영향을 주므로 최대한 길게 답변하기!

 **초단기 답변 포인트**

1. 각각의 그림 마다 균등하게 시간을 나누어서 이야기하는 것이 좋다. 어느 한 그림에 치중하여 설명하지 않도록 하며, 인물 묘사만 많이 해서도 안 된다.
2. 5부분은 그림 1개 당 최소 한 문장 이상 설명해서 그림 4개에 대한 내용을 모두 언급해야만 고득점을 받을 수 있다. 힘들더라도 그림 1개 당 한 마디씩이라도 말하는 연습을 해야 한다.
3. 한 문장이라도 최대한 자세하게 설명하는 것이 좋다. 접속사, 부사 등을 활용하여 한 문장이라도 조금 더 상세하게 설명하여 이야기를 완성하도록 하자.

Chapter 17

5부분 **看图描述**
그림을 보고 이야기 만들기

> **일반 생활**

4개의 연속된 그림을 보고 하나의 이야기를 만드는 방법에 대해서 학습해 보자. 일상 생활과 관련된 문제로 하루 일과, 길 안내, 주말을 보내는 방법, 쇼핑 순서 등이 출제될 수 있다. 4개의 그림을 모두 언급할 수 있도록 하며, 어렵다고 포기하는 것보다 최선을 다했다는 느낌을 주기 위해 그림 1개 당 한 문장 이상 이야기하는 것이 중요하다.

진윤영선생님의 **초단기 전략!**

1 그림 1개 당 한 문장씩은 이야기해야 한다

5부분을 어려워하는 사람들이 많다. 그만큼 포기하는 사람도 많은데 5부분을 너무 어렵게 생각하지 말고 그림 1개 당 한 문장씩 이야기한다는 생각으로 시작해 보자. 답변의 길이는 길수록 좋겠지만 아직 너무 어렵다고 생각되면 최소 4 문장은 이야기 한다고 생각하고 노력해 보자.

2 시간 배분을 잘하자!

각각의 그림마다 시간을 균등하게 나누어서 이야기를 하는 것이 좋다. 본인이 쉽게 설명할 수 있는 그림에 너무 많은 시간을 할애해서는 안 된다. 시간 배분을 잘하지 못하면 마지막 그림을 설명하는 도중에 답변시간이 끝나 답변을 완성하지 못할 수도 있으므로 시간 배분을 잘해야 한다.

초단기 단어

 MP3 17-1

逛街 guàngjiē	쇼핑하다	期待 qīdài	기대하다, 기다리다
果然 guǒrán	과연, 정말로	竟然 jìngrán	뜻밖에도, 의외로
度过 dùguò	보내다, 지내다	尽情 jìnqíng	실컷, 마음껏
抽出 chōuchū	빼다	享受 xiǎngshòu	누리다, 즐기다
品尝 pǐncháng	맛보다, 시식하다	时光 shíguāng	시간, 때

초단기 어법

1. 被자문이란?

"被"가 동사 앞에 위치하여 피동의 의미를 나타내는 문장을 말한다.

2. 기본 어순: 주어 + 被 + 목적어 + 술어 + 기타성분

예) 她 被 上司 称赞 过。 그녀는 상사에게 칭찬을 받은 적이 있다.
　　주어　목적어　술어　기타성분

※ 被 뒤의 행위자(목적어)는 생략 가능하다.

3. 被자문의 특징

(1) 주어는 화자와 청자가 모두 알고 있는 사람이나 사물이어야 한다.

예) 我被部长批评了一顿。(O) 나는 부장님께 한 차례 꾸짖음을 받았다.
　　一个同事被部长批评了一顿。(X)

(2) 술어 뒤에 기타성분(동태조사, 보어)이 꼭 있어야 한다.

예) 我的会议材料被小明拿走了。 내 회의 자료는 샤오밍이 가져갔다. (동태조사了)
　　我们的员工休息室被卫生清洁人员打扫得很干净。
　　우리의 직원 휴게실은 청소직원에 의해서 깨끗이 청소되었다. (정도보어)

(3) 시간부사, 부정부사, 조동사 등은 被 앞에 온다.

예) 我没被上司批评过。 나는 선생님께 꾸지람을 받은 적이 없다.

초단기 학습 1

준비시간 50초 / 답변시간 120초

그림 1

그림 2

그림 3

그림 4

🔊 丽丽上周末跟朋友们见面了。请你根据图片，说说她跟朋友们做了什么。

Lìlì shàng zhōumò gēn péngyoumen jiànmiàn le. Qǐng nǐ gēnjù túpiàn, shuōshuo tā gēn péngyoumen zuò le shénme.

리리는 지난 주말 친구들과 만났습니다. 그림에 근거해서 그녀가 친구들과 무엇을 했는지 이야기해 보세요.

> 사진 속 인물이 무엇을 했는가에 대한 질문이다. 질문은 무엇을 했는지 묻고 있지만, 동작이 일어난 장소와 동작의 묘사를 보충해주는 방법을 함께 학습해 보자.

초단기 훈련

1 단계 답변의 핵심 키워드를 생각해 보자.

그림 1	约好一起出去吃个饭 yuē hǎo yìqǐ chūqu chī ge fàn 함께 나가서 밥 먹기로 약속하다	
그림 2	去电影院看电影 qù diànyǐngyuàn kàn diànyǐng 영화관에 가서 영화를 보다	
그림 3	逛街 guàngjiē 쇼핑을 하다	买这买那的 mǎi zhè mǎi nà de 이것 저것을 사다
그림 4	去咖啡厅喝咖啡 qù kāfēitīng hē kāfēi 커피숍에 가서 커피를 마시다	

5부분 看图描述
그림을 보고 이야기 만들기

2 단계 답변 구성 틀에 맞춰 아래 문장을 완성해 보자.

그림 1
丽丽最近很忙，好久没和朋友见面了。今天是周末，＿＿＿＿＿＿＿＿＿，看个电影，顺便逛逛街。

리리는 최근 매우 바빠서 오랫동안 친구들을 만나지 못했습니다. 오늘은 주말이어서 (그녀는 친구들과 함께 나가서 밥 먹고 영화보고, 겸사겸사 쇼핑도 하기로 약속했습니다).

그림 2
于是＿＿＿＿＿＿＿＿＿。吃完饭后又＿＿＿＿＿＿＿＿＿。
＿＿＿＿＿＿＿＿＿，果然没有让她们失望。

그리하여 (그녀는 먼저 친구들과 함께 특색 있는 식당에 가서 점심을 먹었습니다). 밥을 다 먹고 (영화관에 가서 영화를 보았습니다). (이 영화는 최근 매우 인기 있는 영화여서) 과연 그녀들을 실망시키지 않았습니다.

그림 3
看完电影以后她们＿＿＿＿＿＿＿＿＿。

영화를 다 보고 난 뒤에 (그녀들은 3시간 동안 쇼핑을 하며, 이것 저것을 샀습니다).

그림 4
但逛着逛着有点儿累了，她们就＿＿＿＿＿＿＿＿＿，很高兴地度过了周末。

그러나 쇼핑을 하다 보니 조금 피곤해서 그녀들은 (커피숍에 가서 커피를 마시면서 이야기를 하였고) 매우 즐겁게 주말을 보냈습니다.

3 단계 답변을 확인하고 큰 소리로 읽어보자.

MP3 17-3

丽丽最近很忙，好久没和朋友见面了。今天是周末，她跟朋友们约好一起出去吃个饭，看个电影，顺便逛逛街。
Lìli zuìjìn hěn máng, hǎo jiǔ méi hé péngyou jiànmiàn le. Jīntiān shì zhōumò, tā gēn péngyoumen yuē hǎo yìqǐ chūqu chī ge fàn, kàn ge diànyǐng, shùnbiàn guàngguang jiē.

于是 她先和朋友们一起去了家有特色的餐厅吃午饭。吃完饭后又 去电影院看了电影。
这部电影是最近很受欢迎的电影，果然没有让她们失望。
Yúshì tā xiān hé péngyoumen yìqǐ qù le jiā yǒu tèsè de cāntīng chī wǔfàn. Chī wán fàn hòu yòu qù diànyǐngyuàn kàn le diànyǐng. Zhè bù diànyǐng shì zuìjìn hěn shòu huānyíng de diànyǐng, guǒrán méiyǒu ràng tāmen shīwàng.

看完电影以后她们 一连逛了三个多小时的街，买这买那的。
Kàn wán diànyǐng yǐhòu tāmen yìlián guàng le sān ge duō xiǎoshí de jiē, mǎi zhè mǎi nà de.

但逛着逛着有点儿累了，她们就 去咖啡厅一边喝咖啡一边聊聊天儿，很高兴地度过了周末。
Dàn guàng zhe guàng zhe yǒudiǎnr lèi le, tāmen jiù qù kāfēitīng yìbiān hē kāfēi yìbiān liáoliaotiānr, hěn gāoxìng de dùguò le zhōumò.

리리는 최근 매우 바빠서 오랫동안 친구들을 만나지 못했습니다. 오늘은 주말이어서 그녀는 친구들과 함께 나가서 밥 먹고 영화보고, 겸사겸사 쇼핑도 하기로 약속했습니다. 그리하여 그녀는 먼저 친구들과 함께 특색 있는 식당에 가서 점심을 먹었습니다. 밥을 다 먹고 영화관에 가서 영화를 보았습니다. 이 영화는 최근 매우 인기 있는 영화여서, 과연 그녀들을 실망시키지 않았습니다. 영화를 다 보고 난 뒤에 그녀들은 3시간 동안 쇼핑을 하며, 이것 저것을 샀습니다. 그러나 쇼핑을 하다 보니 조금 피곤해서 그녀들은 커피숍에 가서 커피를 마시면서 이야기를 하였고 매우 즐겁게 주말을 보냈습니다.

丽丽最近忙，好久没和朋友们见面了。今天好不容易抽出时间约了朋友们见面。
Lìli zuìjìn máng, hǎo jiǔ méi hé péngyoumen jiànmiàn le. Jīntiān hǎo bù róngyì chōu chū shíjiān yuē le péngyoumen jiànmiàn.

她和她的朋友们都喜欢品尝美食，所以选择了一家有特色的餐厅一起吃了顿午饭。之后她们去电影院看了电影。这部电影是她们期待已久的电影，果然没有让她们失望。
Tā hé tā de péngyoumen dōu xǐhuan pǐncháng měishí, suǒyǐ xuǎnzé le yì jiā yǒu tèsè de cāntīng yìqǐ chī le dùn wǔfàn. Zhīhòu tāmen qù diànyǐngyuàn kàn le diànyǐng. Zhè bù diànyǐng shì tāmen qīdài yǐ jiǔ de diànyǐng, guǒrán méiyǒu ràng tāmen shīwàng.

电影散场以后顺便逛了逛街。她们逛了好几家商店，买这买那的，一连逛了三个多小时，竟然一点儿都不觉得累，别提多高兴了。
Diànyǐng sànchǎng yǐhòu shùnbiàn guàng le guàng jiē. Tāmen guàng le hǎo jǐ jiā shāngdiàn, mǎi zhè mǎi nà de, yì lián guàng le sān ge duō xiǎoshí, jìngrán yìdiǎnr dōu bù juéde lèi, bié tí duō gāoxìng le.

逛完街后她们又去了咖啡厅一边喝咖啡一边聊聊天儿，尽情地享受了周末的美好时光。
Guàng wán jiē hòu tāmen yòu qù le kāfēitīng yìbiān hē kāfēi yìbiān liáoliaotiānr, jìnqíng de xiǎngshòu le zhōumò de měi hǎo shíguāng.

리리는 최근 바빠서 오랫동안 친구들과 만나지 못했습니다. 오늘 어렵게 시간을 내서 친구들과 만날 약속을 하였습니다. 그녀와 그녀의 친구들은 모두 맛있는 음식 먹는 걸 좋아합니다. 그래서 매우 특색 있는 식당을 찾아 함께 점심을 먹었습니다. 그리고 난 뒤 그녀들은 영화관에 가서 영화를 보았습니다. 이 영화는 그녀들이 오랫동안 기대하던 영화였는데 역시 그녀들을 실망시키지 않았습니다. 영화가 끝난 뒤 겸사겸사 쇼핑을 하였습니다. 그녀들은 상점 여러 곳을 돌아다녔고, 이것저것 사며 3시간 넘게 돌아다녔는데, 조금도 힘들어 하지 않고 얼마나 즐거웠는지 모릅니다. 쇼핑 후 그녀들은 커피숍에 가서 커피를 마시며 이야기를 하였고, 마음껏 주말의 아름다운 시간을 즐겼습니다.

★ 고득점 전략
문장을 길게 만들어 이야기하고, 난이도 있는 단어를 사용하여 답변하는 것이 고득점을 얻는데 유리하다.

예 她们都喜欢吃好吃的。 그녀들 모두 맛있는 음식 먹는 것을 좋아한다.
→ 她和她的朋友们都喜欢品尝美食。

예 看完电影以后她们又去逛了街。 영화를 본 이후에 그녀들은 또 쇼핑을 갔다.
→ 电影散场以后顺便逛了逛街。

알아두면 유용한 중국어 사자성어 ❶

1. **万众一心** wànzhòngyìxīn 모든 사람들이 한마음이다

   只要我们万众一心，就没有克服不了的困难。
   우리가 한마음으로 단결만 한다면 극복 못할 문제는 없다.

   灾难来临的时候，我们只有万众一心才能渡过难关。
   재난이 닥쳐올 때 우리는 한 마음으로 단결해야만이 난관을 극복할 수 있다.

2. **甜言蜜语** tiányánmìyǔ 감언이설

   她是一个有主见的人，甜言蜜语对她根本没有用。
   그녀는 주관이 있는 사람이어서 감언이설은 그녀에게 소용이 없다.

   我们不能轻信别人的甜言蜜语。
   우리는 다른 사람의 감언이설을 쉽게 믿어서는 안 된다.

3. **听天由命** tīngtiānyóumìng 운명을 하늘에 맡기다

   对于即将面临的挑战，你必须做好准备，不能听天由命。
   앞으로 직면하게 될 도전에 준비를 잘 해야지 운에 맡길 수는 없다.

   我该做的事都做了，其他的就听天由命吧。
   내가 해야 할 일은 다 했다. 나머지는 운명에 맡기자.

4. **十拿九稳** shínájiǔwěn 십중팔구는 틀림없다

   这件事如果没有十拿九稳的把握，就不能掉以轻心。
   이 일은 만약 확실한 자신감이 없다면 대수롭지 않게 여겨서는 안 된다.

   这件事我十拿九稳，你就放心吧。
   이번 일은 내가 확실히 보장할게. 걱정하지 말아라.

5. **司空见惯** sīkōngjiànguàn 늘 보아서 신기하지 않다

   对于广告牌上的错别字，我们早已司空见惯了。
   우리는 광고상의 오탈자를 늘 보아서 이미 신기하지 않다.

   在地铁里化妆已经是一件司空见惯的事情了。
   지하철에서 화장하는 것은 이미 흔히 있는 일이다.

초단기 학습 2

준비시간 50초/ 답변시간 120초

그림 1

그림 2

그림 3

그림 4

🔊 **请你根据图片谈谈各种休闲方式。**
Qǐng nǐ gēnjù túpiàn tántan gè zhǒng xiūxián fāngshì.
그림에 근거해서 각종 휴식 방법에 대해 이야기해 보세요.

> 그림을 보고 휴식 방법을 나타내는 표현과 그 휴식 방법을 선택하는 이유에 대해 답변하는 방법을 학습해 보도록 하자.

초단기 훈련

1 단계   답변의 핵심 키워드를 생각해 보자.

그림 1	休闲方式都不一样 휴식 방법은 모두 다르다 xiūxián fāngshì dōu bù yíyàng 抱着电视看自己喜欢的节目 TV를 끌어안고 자신이 좋아하는 프로그램을 보다 bào zhe diànshì kàn zìjǐ xǐhuan de jiémù 消除压力 스트레스를 풀다 xiāochú yālì	
그림 2	做点儿运动 zuò diǎnr yùndòng 운동 하다	增强体力 zēngqiáng tǐlì 체력을 증진하다
그림 3	跟朋友们一起边喝酒边聊天儿 gēn péngyoumen yìqǐ biān hē jiǔ biān liáotiānr 친구와 함께 술 마시면서 이야기 하다 增进朋友间的友谊 zēngjìn péngyou jiān de yǒuyì 친구 사이의 우정을 돈독히 하다	
그림 4	趁休息学点什么 chèn xiūxi xué diǎnr shénme 쉴 때를 이용해 무언가를 배우다 只有不断地学习，才不会被社会淘汰 zhǐyǒu búduàn de xuéxí, cái bú huì bèi shèhuì táotài 끊임없이 공부해야 사회에서 도태되지 않는다	

5부분 看图描述
그림을 보고 이야기 만들기

2 단계 답변 구성 틀에 맞춰 아래 문장을 완성해 보자.

그림 1

每个人的 _____。有的人愿意整天呆在家里 _____，这样可以 _____。

사람마다 (휴식 방법은 다릅니다). 어떤 사람은 하루 종일 집에서 (TV를 끌어안고 자신이 좋아하는 프로그램을 보기) 원하는데 이렇게 하면 (스트레스가 풀린다고 합니다).

그림 2

也有的人利用休息时间 _____。

또 어떤 사람은 휴식 시간을 이용해 (운동을 하여 체력을 증진합니다).

그림 3

还有的人 _____。

어떤 사람들은 (친구와 함께 술 마시고 이야기하는 것을 통해 친구 사이의 우정을 돈독히 합니다).

그림 4

此外，有的人 _____，比如外语、烹饪、吉他等等。他们认为 _____。不管选择哪种休闲方式都是 _____。

그 밖에, 어떤 사람들은 (휴식을 이용하여 무언가를 배웁니다). 예를 들어 외국어, 요리, 기타 등이 있습니다. 그들은 (이렇게 해야지만 사회에서 도태되지 않는다고 생각합니다). 어떤 휴식 방식을 선택하든 모두 (스트레스를 해소하는 좋은 방법입니다).

3 단계 답변을 확인하고 큰 소리로 읽어보자.

每个人的 休闲方式都不一样 。有的人愿意整天呆在家里 抱着电视看自己喜欢的节目 ，这样可以 消除压力 。
Měi ge rén de xiūxián fāngshì dōu bú yíyàng. Yǒu de rén yuànyì zhěngtiān dāi zài jiā lǐ bào zhe diànshì kàn zìjǐ xǐhuan de jiémù, zhèyàng kěyǐ xiāochú yālì.

也有的人利用休息时间 做点儿运动增强体力 。
Yě yǒu de rén lìyòng xiūxi shíjiān zuò diǎnr yùndòng zēngqiáng tǐlì.

还有的人 通过跟朋友们一起喝酒、聊天儿来增进朋友间的友谊 。
Hái yǒu de rén tōngguò gēn péngyoumen yìqǐ hē jiǔ、liáotiānr lái zēngjìn péngyou jiān de yǒuyì.

此外，有的人 趁着休息学点儿什么 ，比如外语、烹饪、吉他等等。他们认为 这样才能不会被社会淘汰 。不管选择哪种休闲方式都是 消除压力的好方法 。
Cǐwài, yǒu de rén chèn zhe xiūxi xué diǎnr shénme, bǐrú wàiyǔ、pēngrèn、jítā děngděng. Tāmen rènwéi zhèyàng cái néng bú huì bèi shèhuì táotài. Bùguǎn xuǎnzé nǎ zhǒng xiūxián fāngshì dōu shì xiāochú yālì de hǎo fāngfǎ.

사람마다 휴식 방법은 다릅니다. 어떤 사람은 하루 종일 집에서 TV를 끌어안고 자신이 좋아하는 프로그램을 보기 원하는데 이렇게 하면 스트레스가 풀린다고 합니다. 또 어떤 사람은 휴식 시간을 이용해 운동을 하여 체력을 증진합니다. 어떤 사람들은 친구와 함께 술 마시고 이야기하는 것을 통해 친구 사이의 우정을 돈독히 합니다. 그 밖에 어떤 사람들은 휴식을 이용하여 무언가를 배웁니다. 예를 들어 외국어, 요리, 기타 등이 있습니다. 그들은 이렇게 해야지만 사회에서 도태되지 않는다고 생각합니다. 어떤 휴식 방식을 선택하든 모두 스트레스를 해소하는 좋은 방법입니다.

俗话说: 萝卜青菜各有所爱。每个人的休闲方式都不一样。有的人愿意一个人呆在家里，抱着电视看自己喜欢的节目，可以消除压力。
Súhuà shuō: luóbo qīngcài gèyǒusuǒ'ài. Měi ge rén de xiūxián fāngshì dōu bù yíyàng. Yǒu de rén yuànyì yí ge rén dāi zài jiā lǐ, bào zhe diànshì kàn zìjǐ xǐhuan de jiémù, kěyǐ xiāochú yālì.

也有的人为了增强体力常利用休息时间去锻炼身体，不去反而会觉得浑身更累，更不舒服。
Yě yǒu de rén wèi le zēngqiáng tǐlì cháng lìyòng xiūxi shíjiān qù duànliàn shēntǐ, bú qù fǎn'ér huì juéde húnshēn gèng lèi, gèng bù shūfu.

还有的人觉得跟朋友们一起边喝酒边聊天儿是最好的休闲方式。这样不仅可以增进朋友间的友谊，还可以扩展自己的人脉，一举两得。
Hái yǒu de rén juéde gēn péngyoumen yìqǐ biān hē jiǔ biān liáotiānr shì zuì hǎo de xiūxián fāngshì. Zhèyàng bùjǐn kěyǐ zēngjìn péngyou jiān de yǒuyì, hái kěyǐ kuòzhǎn zìjǐ de rénmài, yījǔliǎngdé.

此外，有的人认为平时工作很忙，抽不出时间来学习，所以趁休息想学点儿什么，比如外语、烹饪、吉他等等。他们认为只有不断地学习，才不会被社会淘汰。
Cǐwài, yǒu de rén rènwéi píngshí gōngzuò hěn máng, chōu bu chū shíjiān lái xuéxí, suǒyǐ chèn xiūxi xiǎng xué diǎnr shénme, bǐrú wàiyǔ、pēngrèn、jítā děngděng. Tāmen rènwéi zhǐ yǒu búduàn de xuéxí, cái bú huì bèi shèhuì táotài.

옛말에 사람마다 기호가 다르다고 했듯이, 사람마다 휴식 방법도 다 다릅니다. 어떤 사람은 혼자 집에서 TV를 끌어안고 자신이 좋아하는 프로그램을 보면 스트레스가 풀린다고 합니다. 어떤 사람은 체력을 증진시키기 위해 휴식 시간을 이용해서 운동을 합니다. 안 가면 오히려 더 피곤하고 더 편치 않다고 합니다. 어떤 사람은 친구들과 함께 술 마시면서 이야기하는 것이 가장 좋은 휴식 방법이라고 합니다. 이렇게 하면 친구들 사이의 우정도 돈독히 할 수 있고, 자신의 인맥도 넓힐 수 있어 일거양득이라고 합니다. 그 밖에 어떤 사람들은 평소에 업무가 너무 바빠서 공부할 시간을 내지 못하여, 쉴 때를 이용해 외국어, 요리, 기타 등을 배우고 싶어합니다. 그들은 끊임없이 공부해야 사회에서 도태되지 않는다고 생각합니다.

★ 고득점 전략

속담을 활용하거나 답변 내용이 풍부할수록 고득점을 얻는데 유리하다.

예 每个人的休闲方式都不一样。
사람마다 휴식 방법은 다릅니다.
→ 俗话说: 萝卜青菜各有所爱。每个人的休闲方式都不一样。
옛말에 사람마다 기호가 다르다고 했듯이, 사람마다 휴식 방법도 다 다릅니다.

예 有的人通过跟朋友们一起喝酒，聊天儿来增进朋友间的友谊。
어떤 사람은 친구와 함께 술 마시고 이야기하는 것을 통해 친구 사이의 우정을 돈독히 합니다.
→ 有的人觉得跟朋友们一起边喝酒边聊天儿是最好的休闲方式。这样不仅可以增进朋友间的友谊，还可以扩展自己的人脉，一举两得。
어떤 사람들은 친구와 함께 술 마시면서 이야기하는 것이 가장 좋은 휴식 방법이라고 합니다. 이렇게 하면 친구들 사이의 우정도 돈독히 할 수 있고, 자신의 인맥관계도 넓힐 수 있어 일거양득이라고 합니다.

알아두면 유용한 중국어 사자성어 ❷

1. **一诺千金** yínuòqiānjīn 약속한 말은 틀림없이 지킨다

    你放心，我最了解他，他这个人一诺千金。
    걱정하지 마세요, 제가 그를 제일 잘 아는데 그 사람은 약속한 말은 틀림없이 지켜요.

    我认为谈生意最重要的就是信誉，必须一诺千金。
    저는 사업을 하는데 있어 가장 중요한 것은 신용이며, 반드시 약속은 지켜야 한다고 생각합니다.

2. **一丝不苟** yìsībùgǒu 조금도 빈틈이 없다

    他做什么事都一丝不苟，所以很多同事都称赞他。
    그는 무슨 일을 하든 모두 꼼꼼해서 많은 동료들이 모두 그를 칭찬한다.

    财务工作必须一丝不苟，否则会给公司带来很大的损失。
    재무 업무는 반드시 꼼꼼히 해야 한다. 그렇지 않으면 회사에 큰 소실을 가져온다.

3. **小题大做** xiǎotídàzuò 사소한 일을 떠들썩하게 굴다

    这事儿不是什么大问题，你有些小题大做了。
    이 일은 큰 문제는 아니다. 네가 좀 사소한 일로 떠들썩하게 굴었다.

    他的确是个很优秀的员工，只不过有时候有些小题大做，一惊一乍的。
    그는 정말이지 우수한 직원이지만 단지 가끔 별것 아닌 것을 큰 일처럼 만들어 놀라게 만든다.

4. **省吃俭用** shěngchījiǎnyòng 아껴 먹고 아껴 쓰다

    在我们国家，就算省吃俭用也买不起房子。
    우리 나라에서는 아껴도 집이 비싸서 살 수가 없다.

    她一生省吃俭用，把攒下来的钱都捐给了贫困地区。
    그녀는 한 평생 절약해서 모은 돈을 빈곤지역에 기부하였다.

5. **酸甜苦辣** suāntiánkǔlà 세상 풍파

    生活充满了各种酸甜苦辣。
    삶은 각종 고난으로 가득하다.

    我已经体会到了生活中的酸甜苦辣。
    나는 이미 삶 속의 온갖 고초를 다 겪었다.

초단기 연습

해설 250p

MP3 17-8

最近的智能手机功能很多，请你根据图片说说智能手机有哪些功能。

준비시간 50초　답변시간 120초

핵심 키워드 생각하기

그림 1		그림 2	
그림 3		그림 4	

나만의 답변 만들기

그림 1	
그림 2	
그림 3	
그림 4	

请你根据图片介绍一下这是什么样的餐厅。 준비시간 50초 답변시간 120초

답변 노트

请你根据图片告诉小李怎么来你的公司。 준비시간 50초 답변시간 120초

답변 노트

小丽今天早上起床以后感觉身体不舒服，请你根据图片说说小丽到底怎么了。 준비시간 50초 답변시간 120초

답변 노트

Chapter 18

5부분 **看图描述**
그림을 보고 이야기 만들기

비즈니스

4개의 연속된 비즈니스 상황의 그림을 보고 하나의 이야기를 만드는 방법에 대해서 학습해 보자. 회사 생활, 출장, 환전, 소포 보내기 등 비즈니스 활동으로 인해 자주 접할 수 있는 상황들이 그림으로 제시된다. 최대한 구체적이고 자세하게 답변하는 것이 중요하다.

진윤영선생님의 초단기 전략!

1 문법 실수를 줄이도록 하자!

5부분은 4개의 그림을 연속성 있게 설명해야 하다 보니 문법 실수가 자주 발생하게 된다. 큰 실수가 아니라면 점수에 많은 영향을 주지 않겠지만 어순이 바뀌거나, 문장을 한국식으로 표현한다면 감점 요인이 될 수 있다.

예) 그들은 회의실에서 회의를 하고 있는 중이다.
  他们在会议室里开会呢。(O)
  他们在开会呢在会议室里。(X)
  → 중국어에서 전치사구는 술어 앞에 위치한다.

2 5부분은 1-4부분의 복습이라고 생각하자!

5부분이 어렵게 느껴질 수 있으나 앞 부분의 복습이라고 생각하면 오히려 편하게 답변할 수 있다. 복습하는 마음으로 앞에서 배운 어휘, 문형 등을 활용하여 답변 연습을 하자.

초단기 단어

 MP3 18-1

初步 chūbù	처음 단계의, 시작 단계의	取得 qǔdé	얻다
洽谈 qiàtán	협의하다	圆满 yuánmǎn	원만하다
合作 hézuò	협력하다, 합작하다	分歧 fēnqí	불일치, 차이
设想 shèxiǎng	가상, 생각	吸引力 xīyǐnlì	흡입력, 매력
流通 liútōng	유통하다	协议 xiéyì	협의, 협의하다

초단기 어법

1. 把자문이란?

전치사 "把"를 사용하여 목적어를 술어 앞으로 끌어내는 문장을 말한다.

2. 기본 어순: 주어+把+목적어+술어+기타 성분

예) 我 把 会议材料 准备 好了。 나는 회의 자료를 다 준비해 두었다.
　　주어　　　목적어　　술어　기타 성분

3. 把자문의 특징

(1) 목적어는 반드시 화자와 청자가 모두 알고 있는 구체적인 것이어야 한다.

예) 我把你说的那份材料拿过来了。(O) 나는 당신이 말한 그 자료를 가져 왔다.
　　我把一份材料拿过来了。(X)

(2) 술어 뒤에 항상 술어를 보충하는 기타 성분이 와야 한다. 기타 성분으로는 동태조사 了나 着, 결과보어, 방향보어, 정도보어, 동사 중첩, 또 다른 목적어 등이 올 수 있다.

예) 我把你说的那本书买了。 나는 네가 말한 책을 샀다. (동태조사 了)
　　你把那把椅子搬过来。 너 그 의자를 옮겨 와라. (방향보어)
　　我把衣服洗得很干净。 나는 옷을 깨끗하게 세탁했다. (정도보어)
　　你把黑板擦擦。 네가 칠판 좀 닦아라. (동사 중첩)
　　请把行李送到我的房间。 짐을 내 방으로 옮겨 주세요. (또 다른 목적어)

(3) 시간부사와 부정부사는 "把" 앞에 위치한다.

예) 你马上把那本书带过来。 너 당장 그 책 가지고 와. (시간부사)
　　我没把雨伞带来。 나는 우산을 가지고 오지 않았다. (부정부사)

 **초단기 학습 1**

 MP3 18-2

준비시간 50초/ 답변시간 120초

그림 1　　　　그림 2　　　　그림 3　　　　그림 4

🔊 昨天安佳公司同中国公司进行了初步洽谈。请你根据图片，说说他们合作的过程。

Zuótiān Ānjiā gōngsī tóng Zhōngguó gōngsī jìnxíng le chūbù qiàtán. Qǐng nǐ gēnjù túpiàn, shuōshuo tāmen hézuò de guòchéng.

어제 안지아회사와 중국회사는 처음으로 협상을 진행했습니다. 그림에 근거하여 그들의 합작 과정을 이야기해 보세요.

> 회사의 합작 과정을 설명하는 문제이다. 제시된 그림을 바탕으로 합작 과정을 연결성 있게 설명해 보자.

초단기 훈련

1 단계 답변의 핵심 키워드를 생각해 보자.

그림 1	决定进行合作 juédìng jìnxíng hézuò 합작하기로 결정하다
그림 2	谈双方的设想和意见 tán shuāngfāng de shèxiǎng hé yìjiàn 양측의 생각과 의견을 이야기하다
그림 3	一起参观工厂 yìqǐ cānguān gōngchǎng. 같이 공장을 참관하다
그림 4	希望这次合作能够取得圆满的成功 xīwàng zhè cì hézuò nénggòu qǔdé yuánmǎn de chénggōng 이번 합작이 원만한 성공을 이루기를 희망하다

5부분 看图描述
그림을 보고 이야기 만들기

2 단계 답변 구성 틀에 맞춰 아래 문장을 완성해 보자.

그림 1
安佳公司和中国公司＿＿＿＿＿＿＿＿＿＿＿＿＿＿＿＿＿＿＿＿＿＿＿＿。
안지아 회사와 중국 회사는 (올해 신제품의 생산, 판매 등의 방면에서 합작하기로 결정했습니다).

그림 2
所以他们今天见面＿＿＿＿＿＿＿＿＿＿＿＿＿＿＿。
그래서 그들은 오늘 만나서 (양측의 생각과 의견을 이야기 했습니다).

그림 3
开完会以后他们还＿＿＿＿＿＿＿＿＿，并向中国代表们介绍了＿＿＿＿＿＿＿＿＿＿＿＿＿＿。
회의 이후에 그들은 (같이 공장을 참관하고), 중국 대표단에게 (신제품의 생산부터 유통까지의 전체 과정)을 소개했습니다.

그림 4
他们＿＿＿＿＿＿＿＿＿＿＿＿＿＿＿＿＿。
그들은 (이번 합작이 원만한 성공을 이루기를 희망하였습니다).

3 단계 답변을 확인하고 큰 소리로 읽어보자.

 MP3 18-3

安佳公司和中国公司 决定今年在新产品的生产、销售等方面进行合作 。
Ānjiā gōngsī hé Zhōngguó gōngsī juédìng jīnnián zài xīnchǎnpǐn de shēngchǎn、xiāoshòu děng fāngmiàn jìnxíng hézuò.

所以他们今天见面 谈了双方的设想和意见 。
Suǒyǐ tāmen jīntiān jiànmiàn tán le shuāngfāng de shèxiǎng hé yìjiàn.

开完会以后他们还 一起参观了工厂 ，并向中国代表们介绍了 从新产品的生产到流通的整个过程 。
Kāi wán huì yǐhòu tāmen hái yìqǐ cānguān le gōngchǎng, bìng xiàng Zhōngguó dàibiǎomen jièshào le cóng xīnchǎnpǐn de shēngchǎn dào liútōng de zhěng ge guòchéng.

他们 希望这次合作能够取得圆满的成功 。
Tāmen xīwàng zhè cì hézuò nénggòu qǔdé yuánmǎn de chénggōng.

안지아 회사와 중국 회사는 올해 신제품의 생산, 판매 등의 방면에서 합작하기로 결정했습니다. 그래서 그들은 오늘 만나서 양측의 생각과 의견을 이야기 했습니다. 회의 이후에 그들은 같이 공장을 참관하고, 중국 대표단에게 신제품의 생산부터 유통까지의 전체 과정을 소개했습니다. 그들은 이번 합작이 원만한 성공을 이루기를 희망하였습니다.

安佳公司和中国公司决定今年在新产品的生产、销售等方面进行合作，所以他们今天见面谈了双方的设想和意见。
Ānjiā gōngsī hé Zhōngguó gōngsī juédìng jīnnián zài xīnchǎnpǐn de shēngchǎn、xiāoshòu děng fāngmiàn jìnxíng hézuò, suǒyǐ tāmen jīntiān jiànmiàn tán le shuāngfāng de shèxiǎng hé yìjiàn.

虽然在某些地方产生了一点儿分歧，但最终还是达成了寻找协商方案的协议。
Suīrán zài mǒu xiē dìfang chǎnshēng le yì diǎnr fēnqí, dàn zuìzhōng háishi dáchéng le xúnzhǎo xiéshāng fāng'àn de xiéyì.

开完会以后他们还一起参观了工厂，并向中国代表们介绍了从新产品的生产到流通的整个过程。
Kāi wán huì yǐhòu tāmen hái yìqǐ cānguān le gōngchǎng, bìng xiàng Zhōngguó dàibiǎomen jièshào le cóng xīnchǎnpǐn de shēngchǎn dào liútōng de zhěng ge guòchéng.

中国公司认为安佳公司产品很有吸引力，希望这次合作能够取得圆满的成功。
Zhōngguó gōngsī rènwéi Ānjiā gōngsī chǎnpǐn hěn yǒu xīyǐnlì, xīwàng zhè cì hézuò nénggòu qǔdé yuánmǎn de chénggōng.

안지아 회사와 중국 회사는 올해 신제품의 생산, 판매 등의 방면에서 합작을 하기로 결정하고, 그들은 오늘 만나서 양측의 생각과 의견을 이야기 했습니다. 비록 어떤 부분에서 이견이 발생했지만 최종적으로 협상 방안을 찾는 협의에 도달하였습니다. 회의 이후에 그들은 같이 공장을 참관하였고 중국 대표단에게 신제품의 생산부터 유통까지의 전체 과정을 소개했습니다. 중국 회사는 안지아 회사의 상품이 매우 경쟁력 있다고 여겼고, 이번 합작이 원만한 성공을 이루기를 희망하였습니다.

★ 고득점 전략
전환관계란 뒤 문장의 내용이 앞 문장과 달라지는 것으로, '비록~일지라도, 그러나 ~하다'라는 의미로 해석이 된다. 뒤의 문장에는 앞의 문장과 반대되거나 또 다른 사실이 나온다.

虽然~但是~ (이미 일어난 일)
예 虽然很困难，但是我们终于成功了。
　　비록 많이 힘들었지만, 우리는 결국 성공했다.

即使~也~ (아직 일어나지 않은 일)
예 即使多么困难，也要坚持到底。
　　설령 아무리 힘들다 할지라도, 끝까지 지속할 것이다.

알아두면 유용한 Biz 중국어 Tip ❶

상품 소개

- 我们的产品在国际市场上颇具竞争力，是同类产品中最畅销的。
  저희 상품은 국제 시장에서 매우 경쟁력 있고, 같은 종류의 제품 중에서 가장 잘 팔립니다.

- 我们的产品具备了您所需要的各项工能，而且比竞争商品便宜20%。
  우리의 상품은 원하시는 각 기능들을 다 가지고 있으며, 경쟁상품보다 20% 저렴합니다.

- 我方产品质量优良，具有典型的韩国特色。
  저희 측 상품은 품질도 우수하고 전형적인 한국의 특색을 지니고 있습니다.

- 我们的产品系统经济适用，能满足贵公司的需要。
  우리 상품의 시스템은 경제적이고 실용적이어서 귀사의 요구를 만족시켜 드릴 수 있습니다.

- 我们公司的机器由于机械的构造简单，所以很少出故障，易于保养。
  저희 회사의 기계는 기계의 구조가 단순하기 때문에 고장이 잘 나지 않으며 수리도 쉽습니다.

제휴 희망 시

- 我们希望能与贵公司建立业务关系。
  저희는 귀사와 업무제휴 관계를 맺길 희망합니다.

- 我们很乐意同贵公司建立业务关系。
  저희는 귀사와 업무제휴 관계를 맺길 기꺼이 원합니다.

- 希望我们之间友好的业务关系能得到进一步的发展。
  저희의 우호적인 업무관계가 한 단계 더 발전하기를 희망합니다.

- 希望我们有合作机会，静候您的佳音。
  우리에게 합작 기회가 있기를 희망하며, 좋은 소식 기다리겠습니다.

- 真心地希望这次交易能使我们双方都满意。
  이번 교역이 저희 양측을 모두 만족시키기를 진심으로 희망합니다.

초단기 학습 2

준비시간 50초/ 답변시간 120초

그림 1　　그림 2　　그림 3　　그림 4

🔊 **请你根据图片，说说小夏的一天公司生活。**
Qǐng nǐ gēnjù túpiàn, shuōshuo Xiǎo xià de yì tiān gōngsī shēnghuó.
그림을 보고 샤오샤의 하루 회사 생활을 이야기해 보세요.

> 사진 속 주인공의 하루 일과에 대한 질문이다. 각 그림에 해당하는 핵심 키워드를 학습하고 이야기를 구성해 보자!

초단기 훈련

1단계 답변의 핵심 키워드를 생각해 보자.

그림 1	**打开邮箱查收邮件** dǎkāi yóuxiāng cháshōu yóujiàn 메일함을 열어 메일을 확인하다
그림 2	**有个会要开** yǒu ge huì yào kāi 회의가 있다
그림 3	**跟同事们边喝咖啡边聊天** gēn tóngshìmen biān hē kāfēi biān liáotiān 동료들과 커피를 마시면서 이야기를 나누다
그림 4	**加班** jiābān 야근하다

5부분 看图描述
그림을 보고 이야기 만들기

2 단계 답변 구성 틀에 맞춰 아래 문장을 완성해 보자.

그림 1
小夏一上班就 _____, 然后开始一天的工作。
샤오샤는 아침에 출근 하자마자 (메일함을 열어 메일을 확인하고), 그런 후에 하루의 업무를 시작합니다.

그림 2
他今天下午 _____, 所以 _____。今天的会议对他来说 _____, 所以 _____。
그는 오늘 오후에 (회의가 있고), 그래서 (회의 자료를 준비해야 합니다). 오늘의 회의는 그에게 있어서 (매우 중요하기) 때문에 (오랜 시간을 준비했습니다).

그림 3
会议结束以后他跟同事们 _____。他觉得 _____。
회의가 끝난 후에 그는 동료들과 (커피를 마시면서 이야기를 나누고, 잠시 쉽니다). 그는 (휴식 시간을 통해서 동료들과 더 많은 소통을 하고, 관계도 잘 맺을 수 있다고) 생각합니다.

그림 4
晚上他还要 _____, 看来他最近 _____。
저녁에 그는 또 (야근을 해야 하는데), 보아하니 그는 최근 (처리해야 할 업무가 매우 많은 것) 같습니다.

3 단계 답변을 확인하고 큰 소리로 읽어보자.

 MP3 18-6

小夏一上班就 打开邮箱查收邮件 ，然后开始一天的工作。
Xiǎo Xià yí shàngbān jiù dǎkāi yóuxiāng cháshōu yóujiàn, ránhòu kāishǐ yì tiān de gōngzuò.

他今天下午 有个会要开 ，所以 得准备会议材料 。今天的会议对他来说 很重要 ，所以 准备了很长时间 。
Tā jīntiān xiàwǔ yǒu ge huì yào kāi, suǒyǐ děi zhǔnbèi huìyì cáiliào. Jīntiān de huìyì duì tā lái shuō hěn zhòngyào, suǒyǐ zhǔnbèi le hěn cháng shíjiān.

会议结束以后他跟同事们 边喝咖啡边聊天，稍作休息 。他觉得 通过休息时间可以跟同事们多沟通，搞好关系 。
Huìyì jiéshù yǐhòu tā gēn tóngshìmen biān hē kāfēi biān liáotiān, shāo zuò xiūxi. Tā juéde tōngguò xiūxi shíjiān kěyǐ gēn tóngshìmen duō gōutōng, gǎohǎo guānxi.

晚上他还要 加班 ，看来他最近 要处理的业务还挺多 。
Wǎnshang tā hái yào jiābān, kànlái tā zuìjìn yào chǔlǐ de yèwù hái tǐng duō.

샤오샤는 아침에 출근 하자마자 메일함을 열어 메일을 확인하고. 그런 후에 하루의 업무를 시작합니다. 그는 오늘 오후에 회의가 있고, 그래서 회의 자료를 준비해야 합니다. 오늘의 회의는 그에게 있어서 매우 중요하기 때문에 오랜 시간을 준비했습니다. 회의가 끝난 후에 그는 동료들과 커피를 마시면서 이야기를 나누고, 잠시 쉽니다. 그는 휴식 시간을 통해서 동료들과 더 많은 소통을 하고, 관계도 잘 맺을 수 있다고 생각합니다.
저녁에 그는 또 야근을 해야 하는데, 보아하니 그는 최근 처리해야 할 업무가 매우 많은 것 같습니다.

小夏一般七点半到公司，开始一天的工作。他首先查收电子邮件，他每天大概会收到三十到五十封邮件，他一个一个地仔细看，然后安排自己一天要做的事情。
Xiǎo Xià yibān qī diǎn bàn dào gōngsī, kāishǐ yì tiān de gōngzuò. Tā shǒuxiān cháshōu diànzǐyóujiàn, tā měitiān dàgài huì shōudào sān shí dào wǔ shí fēng yóujiàn, tā yí ge yí ge de zǐxì kàn, ránhòu ānpái zìjǐ yi tiān yào zuò de shìqing.

下午他要与别的部门开会。由于他的主要业务是开发新的贸易渠道，所以经常要与营销部、财务部等部门开会。有时候邀请专家听取意见。
Xiàwǔ tā yào yǔ biéde bùmén kāihuì. Yóuyú tā de zhǔyào yèwù shì kāifā xīn de màoyì qúdào, suǒyǐ jīngcháng yào yǔ yíngxiāobù、cáiwùbù děng bùmén kāihuì. Yǒushíhou yāoqǐng zhuānjiā tīngqǔ yìjiàn.

工作之余他跟几个同事休息一会儿，和同事们聊这聊那稍作休息以后再重新投入到工作中。
Gōngzuò zhī yú tā gēn jǐ ge tóngshì xiūxi yí huìr, hé tóngshìmen liáo zhè liáo nà shāozuò xiūxi yǐhòu zài chóngxīn tóurù dào gōngzuò zhōng.

由于明天也要开会，他今晚得留下来加班准备明天的会议材料。
Yóuyú míngtiān yě yào kāihuì, tā jīnwǎn děi liú xiàlai jiābān zhǔnbèi míngtiān de huìyì cáiliào.

사오샤는 보통 7시 반에 회사에 도착하여 하루의 업무를 시작합니다. 그는 먼저 메일을 확인하는데 매일 대략 30~50통의 메일을 받습니다. 그는 하나하나 자세히 본 후 자신이 하루 동안 해야 할 일들을 계획합니다. 오후에 그는 다른 부서와 회의가 있습니다. 그의 주요 업무는 새로운 무역 루트를 개발하는 것이어서 자주 영업팀과 재무팀 등의 부서와 회의를 합니다. 가끔 전문가도 초빙하여 의견을 듣습니다. 업무 외의 시간에는 동료들과 잠시 쉽니다. 동료들과 이것저것 이야기하면서 잠깐 쉬고 다시 업무에 집중합니다. 내일 역시 회의가 있어서 그는 오늘 남아서 야근을 하며 내일의 회의 자료를 준비해야 합니다.

★ 고득점 전략

제시된 그림과 관련 있는 내용을 유추하여 구체적으로 표현할수록 고득점을 받을 수 있다.

예 他一上班就打开邮箱查收邮件。
그는 아침에 출근하자마자 메일함을 열어 메일을 확인한다.

→ 他首先查收电子邮件，他每天大概会收到三十到五十封邮件，他一个一个地仔细看，然后安排自己一天要做的事情。
그는 먼저 메일을 확인하는데 매일 대략 30~50통의 메일을 받는다. 그는 하나하나 자세히 본 후 자신이 하루 동안 해야 할 일들을 계획한다.

알아두면 유용한 Biz 중국어 Tip ❷

접대 장소에서

- 谢谢您的热情款待，让您费心了。
  환대해 주셔서 감사합니다. 수고 많으셨습니다.

- 为我们的合作干杯。
  우리의 합작을 위해서 건배합시다.

- 这儿的菜合您的口味吗?
  여기 음식이 입맛에 맞으세요?

- 我敬您一杯。
  제가 한 잔 드리겠습니다.

- 我们招待不周，请多包涵。
  접대가 변변치 못했습니다. 양해 바랍니다.

분쟁 해결

- 我方期待贵公司早日解决这一问题。
  귀사가 이 문제를 조속히 해결해 주시길 기대합니다.

- 希望类似事情今后不要再发生。
  비슷한 문제가 다시는 발생하지 않기를 바랍니다.

- 我希望这件不愉快的事情不会影响我们今后的合作。
  이번 불쾌한 일이 앞으로 우리의 제휴에 영향을 주지 않기를 바랍니다.

- 希望贵公司能认真考虑这件事，并尽快答复我们。
  귀사가 이 일을 신중히 고려해 보시고, 빨리 저희에게 답 주시길 바랍니다.

- 如果您有什么意见的话，我们还可以对计划稍加修改。
  만약 다른 의견이 있으시면, 계획을 조금 수정할 수 있습니다.

초단기 연습

해설 253p

MP3 18-8

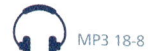

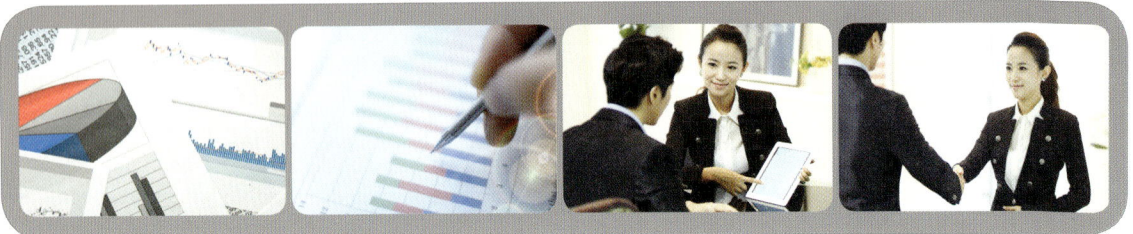

请你根据图片，说说采购员采购商品的过程。

준비시간 50초 답변시간 120초

핵심 키워드 생각하기

그림 1		그림 2	
그림 3		그림 4	

나만의 답변 만들기

그림 1	
그림 2	
그림 3	
그림 4	

1

 MP3 18-9

 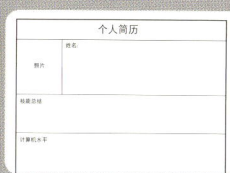  

🔊 请你根据图片介绍一下求职的流程。

📝 준비시간 50초　⏱ 답변시간 120초

답변 노트

 MP3 18-10

2

🔊 接待国外客户时方方面面都要注意。请你根据图片说说要注意哪些事项。

📝 준비시간 50초　⏱ 답변시간 120초

답변 노트

 MP3 18-11

3

🔊 应聘时要考虑各种各样的因素。请你根据图片介绍一下应聘时要考虑的因素有哪些。

📝 준비시간 50초　⏱ 답변시간 120초

답변 노트

"知之者不如好之者, 好之者不如乐之者"

아는 이는 좋아하는 이만 못하고,
좋아하는 이는 즐기는 이만 못하다.

≪論語(논어)≫ 雍也篇(옹야편)

실전 모의고사 1

1부분 快速作答 그림을 보고 간단하게 답하기

• 1부분은 총 4문항으로 그림을 보고 음성으로 제시되는 질문에 답변해야 한다.

해설
257p

1 MP3 19-1

준비시간 5초
답변시간 10초

2 MP3 19-2

준비시간 5초
답변시간 10초

3 MP3 19-3

준비시간 5초
답변시간 10초

4 MP3 19-4

준비시간 5초
답변시간 10초

2부분 简短作答 질문에 간단하게 답하기

- 2부분은 총 4문항으로 그림이 주어지지 않고 음성으로 제시되는 질문에 답변해야 한다.

5

🔊 준비시간 5초
    답변시간 20초

6

🔊 준비시간 5초
    답변시간 20초

7

🔊 준비시간 5초
    답변시간 20초

8

🔊 준비시간 5초
    답변시간 20초

3부분 情景模拟 주어진 상황에 맞게 말하기

• 3부분은 총 3문항으로 그림을 보고 음성으로 제시되는 질문에 답변해야 한다.

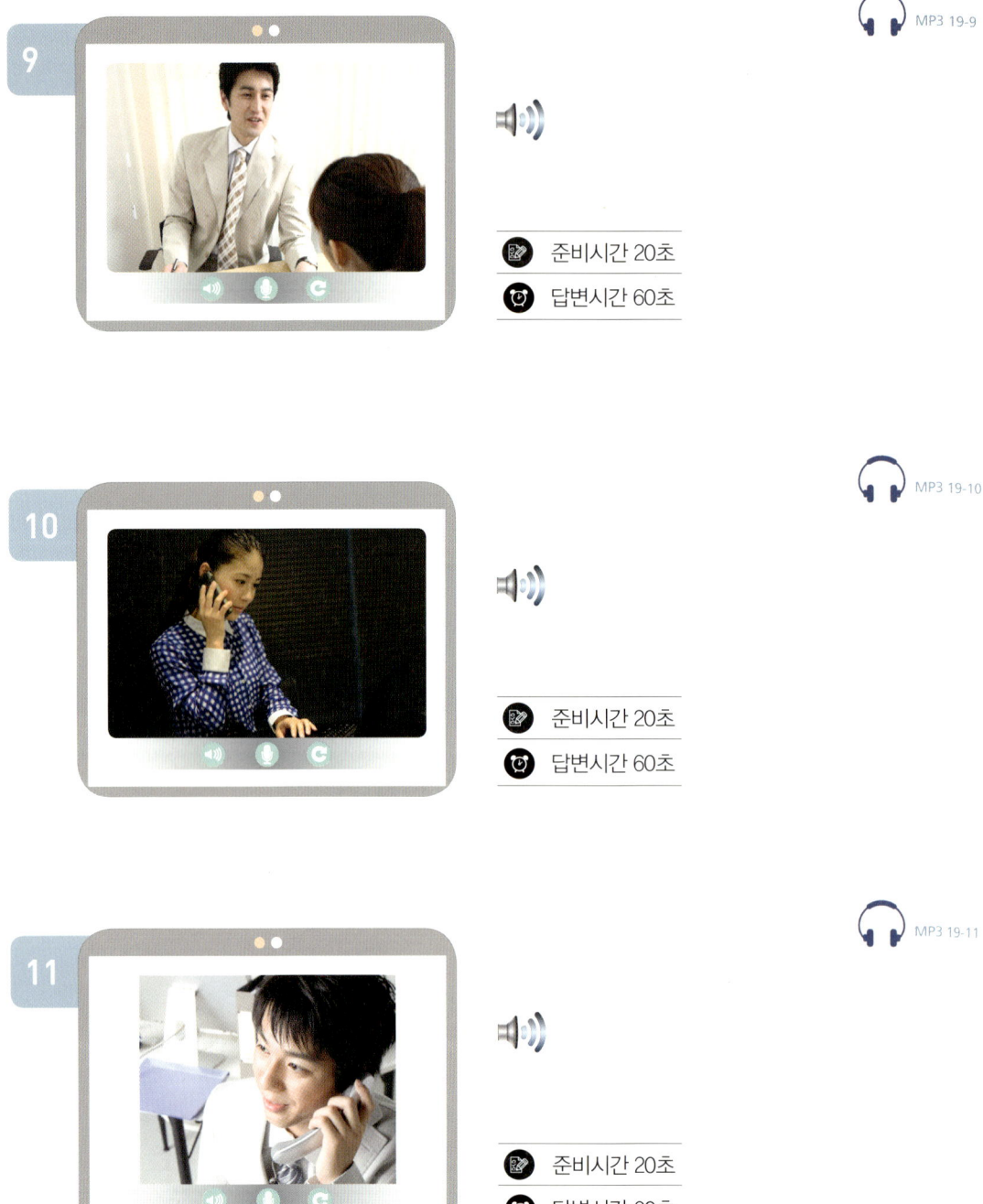

실전 모의고사 1

4부분 意见表述 의견 말하기

- 4부분은 총 3문항으로 음성과 텍스트로 제시되는 질문을 이해하고 답변해야 한다.

12

人们对住宅的概念看法都不同。有的人说住所只是提供居住的房屋，它不代表人的一种身份，但也有人说住宅越贵越好，象征着这个人的地位与财富。你觉得呢？为什么？

준비시간 20초
답변시간 70초

13

在职场中，有人认为搞好同事关系重要，也有人说搞好业绩更重要。你认为职场中最重要的是什么？为什么？

준비시간 20초
답변시간 70초

14

公司进口一批新的设备和货物时，法律上的注意事项比较多。这些注意事项中最值得注意的是什么？

준비시간 20초
답변시간 70초

5부분 看图描述 그림을 보고 이야기 만들기

• 5부분은 1문항으로 연속된 4개의 그림을 보고 하나의 이야기를 만들어 답변해야 한다.

请你根据图片说说使用提款机的方法。

준비시간 50초
답변시간 120초

실전 모의고사 2

MP3 음원은 크레듀 오픽스퀘어 www.opic.co.kr 북&앱북에서 다운로드 받으실 수 있습니다.

1부분 快速作答 그림을 보고 간단하게 답하기

• 1부분은 총 4문항으로 그림을 보고 음성으로 제시되는 질문에 답변해야 한다.

해설 263p

1

준비시간 5초
답변시간 10초

2
준비시간 5초
답변시간 10초

3

준비시간 5초
답변시간 10초

4

준비시간 5초
답변시간 10초

실전 모의고사 2

2부분 简短作答 질문에 간단하게 답하기

- 2부분은 총 4문항으로 그림이 주어지지 않고 음성으로 제시되는 질문에 답변해야 한다.

MP3 20-5

5

준비시간 5초
답변시간 20초

MP3 20-6

6

준비시간 5초
답변시간 20초

MP3 20-7

7

준비시간 5초
답변시간 20초

MP3 20-8

8

준비시간 5초
답변시간 20초

3부분　情景模拟　주어진 상황에 맞게 말하기

• 3부분은 총 3문항으로 그림을 보고 음성으로 제시되는 질문에 답변해야 한다.

9

 MP3 20-9

준비시간 20초
답변시간 60초

10

 MP3 20-10

준비시간 20초
답변시간 60초

11

 MP3 20-11

준비시간 20초
답변시간 60초

4부분 意见表述 의견 말하기

• 4부분은 총 3문항으로 음성과 텍스트로 제시되는 질문을 이해하고 답변해야 한다.

12

MP3 20-12

最近海淘成为一种流行，广受人们的欢迎。你认为人们选择海淘的原因是什么？

준비시간 20초

답변시간 70초

13

MP3 20-13

家族企业是指资本或股份主要控制在一个家族手中，家族成员出任企业的主要领导职位的企业。但家族企业在人力资源管理中存在很多缺陷。请你谈谈有哪些缺陷。

준비시간 20초

답변시간 70초

14

MP3 20-14

连锁经营是我们比较熟悉的经营模式之一。有的人认为它的出现让企业得到了更好的发展，但也有人认为连锁经营也存在着灵活性降低，风险加大等缺陷。你怎么看连锁经营？

준비시간 20초

답변시간 70초

5부분 看图描述 그림을 보고 이야기 만들기

- 5부분은 1문항으로 연속된 4개의 그림을 보고 하나의 이야기를 만들어 답변해야 한다.

王伟这个星期去中国出差了。请根据图片，说一下他都做了什么。

준비시간 50초
답변시간 120초

초단기 新BCT Speaking 공략
모범 답변 및 해설

 MP3 음원은 크레듀 오픽스퀘어 www.opic.co.kr 북&앱북에서 다운로드 받으실 수 있습니다.

모범 답변 및 해설

1부분 快速作答 그림을 보고 간단하게 답하기

Chapter 1 사실묘사 – 상태와 동작 1   26p

[초단기 연습]

他们在做什么呢?
Tāmen zài zuò shénme ne?
그들은 무엇을 하고 있습니까?

回答1 他们现在开会呢。
Tāmen xiànzài kāihuì ne.
그들은 현재 회의를 하고 있습니다.

回答2 他们在会议室里讨论着明年的销售计划。
Tāmen zài huìyìshì lǐ tǎolùn zhe míngnián de xiāoshòu jìhuà.
그들은 회의실에서 내년도 판매 계획을 토론하고 있습니다.

【해설】 질문이 무엇을 하고 있는지를 묻고 있으므로 회사원으로 보이는 인물들과 관련된 동작을 추측하여 답변하면 된다. 이때 동작이 행해지는 구체적인 장소를 같이 말하면 고득점을 얻을 수 있다.

【단어】 开会 kāihuì 회의를 하다 | 会议室 huìyìshì 회의실 | 讨论 tǎolùn 토론하다 | 销售 xiāoshòu 판매하다 | 计划 jìhuà 계획

[초단기 실전]

他正在做什么呢?
Tā zhèngzài zuò shénme ne?
그는 무엇을 하고 있습니까?

回答1 他正在骑自行车。
Tā zhèngzài qí zìxíngchē.
그는 자전거를 타고 있습니다.

回答2 他正骑着自行车去上班呢。
Tā zhèng qí zhe zìxíngchē qù shàngbān ne.
그는 자전거를 타고 출근을 하고 있습니다.

【해설】 사진 속 인물이 자전거를 타고 있으므로 질문의 핵심인 행동 묘사는 반드시 언급해야 하며 자전거를 타고 할 수 있는 행동, 예를 들어 출근하다, 운동하다 등 부연 설명을 언급해 주는 것도 좋다.

【단어】 正在 zhèngzài ~하고 있는 중이다 | 骑 qí 타다 | 自行车 zìxíngchē 자전거 | 着 zhe ~한 채로 | 上班 shàngbān 출근하다

她现在在哪儿干什么呢?
Tā xiànzài zài nǎr gàn shénme ne?
그녀는 현재 어디에서 무엇을 하고 있습니까?

回答1　她现在在医院看病呢。
　　　　Tā xiànzài zài yīyuàn kànbìng ne.
　　　　그녀는 현재 병원에서 진찰을 받고 있습니다.

回答2　因为她身体不舒服，所以现在在医院看病呢。
　　　　Yīnwèi tā shēntǐ bù shūfu, suǒyǐ xiànzài zài yīyuàn kànbìng ne.
　　　　그녀는 몸이 좋지 않아서 현재 병원에서 진찰을 받고 있습니다.

【해설】 인물이 있는 장소와 동작을 묻고 있으므로 둘 다 언급해야 한다. 말의 속도가 조금 빠른 사람이라면 진찰을 받게 된 원인을 언급해 주어도 좋다.
【단어】 医院 yīyuàn 병원 | 看病 kànbìng 진찰받다 | 因为 yīnwèi 왜냐하면 | 身体 shēntǐ 신체, 몸 | 舒服 shūfu 편안하다 | 所以 suǒyǐ 그래서

问题 3  经理让他做什么呢?
Jīnglǐ ràng tā zuò shénme ne?
사장님은 그에게 무엇을 하라고 했습니까?

回答1　经理让他复印材料。
　　　　Jīnglǐ ràng tā fùyìn cáiliào.
　　　　사장님은 그에게 자료를 복사하라고 했습니다.

回答2　经理让他复印几份会议材料。
　　　　Jīnglǐ ràng tā fùyìn jǐ fèn huìyì cáiliào.
　　　　사장님은 그에게 회의 자료를 몇 부 복사하라고 했습니다.

【해설】 질문에서 사진 속 남자의 행동 묘사를 요구하고 있다. 복사를 하는 동작만 묘사해도 되지만 무엇을 복사 하는지 동작의 대상을 함께 언급해 주는 것도 좋다. "材料(자료)"와 같은 명사를 언급할 때 양사와 함께 답변하면 고득점을 받을 수 있다.
【단어】 经理 jīnglǐ 사장님 | 让 ràng ~하게 만들다 | 复印 fùyìn 복사하다 | 材料 cáiliào 자료 | 份 fèn 부(문서, 업무 등을 세는 양사) | 会议 huìyì 회의

Chapter 2　사실묘사 – 상태와 동작 2　　　36p

[초단기 연습]

问题  这台笔记本电脑怎么样?
Zhè tái bǐjìběn diànnǎo zěnmeyàng?
이 노트북은 어떠합니까?

回答1　这台笔记本电脑外观好，价钱也划算。
　　　　Zhè tái bǐjìběn diànnǎo wàiguān hǎo, jiàqián yě huásuàn.
　　　　이 노트북은 외관도 좋고 가격 역시 적당합니다.

回答2　这台笔记本电脑不仅外观时尚，价钱也划算，而且很轻薄。
　　　　Zhè tái bǐjìběn diànnǎo bùjǐn wàiguān shíshàng, jiàqián yě huásuàn, érqiě hěn qīngbáo.
　　　　이 노트북은 최신 유행의 디자인뿐만 아니라 가격 역시 적당하고 게다가 가볍고 얇습니다.

【해설】 사물에 대한 묘사는 눈에 보이는 외관(디자인)을 먼저 언급한 뒤 가격, 무게 등을 유추하여 보충 설명으로 답변을 마무리한다.
【단어】 台 tái 대(가전 제품을 세는 양사) | 笔记本电脑 bǐjìběn diànnǎo 노트북 컴퓨터 | 外观 wàiguān 외관, 디자인 | 价钱 jiàqián 가격 | 划算 huásuàn 수지가 맞다, 계산이 맞다 | 不仅~而且~ bùjǐn~ érqiě~ ~일 뿐만 아니라 게다가~하다 | 时尚 shíshàng 최신이다, 유행이다 | 轻薄 qīngbáo 가볍고 얇다

[초단기 실전]

问题 1
她现在的心情怎么样?
Tā xiànzài de xīnqíng zěnmeyàng?
그녀는 현재 기분이 어떻습니까?

回答1 她受到了领导的表扬，所以她现在非常高兴。
Tā shòudào le lǐngdǎo de biǎoyáng, suǒyǐ tā xiànzài fēicháng gāoxìng.
그녀는 상사의 칭찬을 받아서 현재 매우 기쁩니다.

回答2 大家边祝贺她边为她鼓掌，所以她现在高兴极了。
Dàjiā biān zhùhè tā biān wèi tā gǔzhǎng, suǒyǐ tā xiànzài gāoxìng jí le.
모두들 그녀를 축하하면서 박수를 쳐주고 있어 그녀는 현재 매우 기쁩니다.

【해설】 그림을 바탕으로 사진 속 인물의 심정을 유추해야 하는 질문이다. 그림 속 사람들이 그녀에게 박수를 보내고 있으므로, 칭찬 혹은 축하를 받는 상황임을 알 수 있고, 이에 따른 기분 묘사, 즉 기쁘다는 내용으로 답변을 마무리하면 된다.

【단어】 心情 xīnqíng 심정, 기분 | 受到 shòudào 받다 | 领导 lǐngdǎo 지도자, 상사 | 表扬 biǎoyáng 칭찬하다 | 高兴 gāoxìng 즐겁다 | 祝贺 zhùhè 축하하다 | 鼓掌 gǔzhǎng 박수 치다

问题 2
今天天气怎么样?
Jīntiān tiānqì zěnmeyàng?
오늘의 날씨는 어떻습니까?

回答1 今天天气不太好，下大雨。
Jīntiān tiānqì bú tài hǎo, xià dà yǔ.
오늘 날씨는 별로 좋지 않습니다. 비가 많이 옵니다.

回答2 今天一直下大雨，所以现在有点儿潮湿。
Jīntiān yìzhí xià dà yǔ, suǒyǐ xiànzài yǒudiǎnr cháoshī.
오늘은 계속 비가 많이 와서 현재 조금 습합니다.

【해설】 사진 속 날씨는 비가 오고 있으므로 비와 관련된 날씨 묘사를 하면 된다.

【단어】 天气 tiānqì 날씨 | 下雨 xiàyǔ 비 오다 | 一直 yìzhí 줄곧, 계속 | 有点儿 yǒudiǎnr 조금 | 潮湿 cháoshī 습하다

问题 3
同事之间缺乏沟通会怎么样?
Tóngshì zhījiān quēfá gōutōng huì zěnmeyàng?
동료 사이에 소통이 부족하면 어떠합니까?

回答1 同事之间缺乏沟通就会产生矛盾，更会给工作带来影响。
Tóngshì zhījiān quēfá gōutōng jiù huì chǎnshēng máodùn, gèng huì gěi gōngzuò dài lái yǐngxiǎng.
동료 사이에 소통이 부족하면 불화가 생기며 업무에도 영향을 줄 것입니다.

回答2 如果同事之间缺乏沟通，肯定会影响到办公室的整体氛围，更会影响到工作和人际关系。
Rúguǒ tóngshì zhījiān quēfá gōutōng, kěndìng huì yǐngxiǎng dào bàngōngshì de zhěngtǐ fēnwéi, gèng huì yǐngxiǎng dào gōngzuò hé rénjìguānxi.
만약 동료 사이에 소통이 부족하다면 분명 사무실의 전체 분위기에 영향을 줄 것이고 업무와 인간관계에도 영향을 줄 것입니다.

【해설】 사진 속 여자들이 서로 싸우고 있으므로 소통의 부재로 인한 단점을 답변으로 이야기하면 된다.

【단어】 同事 tóngshì 동료 | 之间 zhījiān 사이, 지간 | 缺乏 quēfá 부족하다 | 沟通 gōutōng 소통 | 产生 chǎnshēng 낳다, 생기다 | 矛盾 máodùn 불화, 모순 | 影响 yǐngxiǎng 영향을 주다 | 如果 rúguǒ 만약 | 肯定 kěndìng 반드시, 분명히 | 办公室 bàngōngshì 사무실 | 整体 zhěngtǐ 전체 | 氛围 fēnwéi 분위기

Chapter 3 사실묘사-상태와 동작 3

46p

[초단기 연습]

 问题

小梅一般怎么订火车票?
Xiǎo Méi yìbān zěnme dìng huǒchēpiào?
샤오메이는 일반적으로 어떻게 기차표를 예매합니까?

回答1 她一般上网订火车票。
Tā yìbān shàngwǎng dìng huǒchēpiào.
그녀는 일반적으로 인터넷으로 기차표를 예매합니다.

回答2 她一般用手机上网预订火车票。
Tā yìbān yòng shǒujī shàngwǎng yùdìng huǒchēpiào.
그녀는 일반적으로 휴대폰으로 인터넷을 하여 기차표를 예매합니다.

【해설】 표를 예매하는 방법은 다양하나, 그림과 연관된 인터넷을 통해 표를 예매하는 내용으로 답변한다.

【단어】 一般 yìbān 일반적으로 | 订 dìng 예약하다 | 火车 huǒchē 기차 | 票 piào 티켓, 표 | 上网 shàngwǎng 인터넷을 하다 | 预订 yùdìng 예약하다

[초단기 실전]

 问题 1

他怎么准备会议材料?
Tā zěnme zhǔnbèi huìyì cáiliào?
그는 어떻게 회의 자료를 준비합니까?

回答1 他用复印机复印会议材料。
Tā yòng fùyìnjī fùyìn huìyì cáiliào.
그는 복사기를 사용해서 회의 자료를 복사합니다.

回答2 他常利用办公室门口的复印机帮同事们准备会议材料。
Tā cháng lìyòng bàngōngshì ménkǒu de fùyìnjī bāng tóngshìmen zhǔnbèi huìyì cáiliào.
그는 자주 사무실 입구의 복사기를 이용해서 동료들을 도와 회의 자료를 준비합니다.

【해설】 제시된 그림이 복사기이므로 반드시 복사기를 사용해서 회의 자료를 준비한다고 답변해야 한다. 복사기와 회의 자료 앞에 수식어를 덧붙여 좀 더 길게 답변해 보자.

【단어】 准备 zhǔnbèi 준비하다 | 会议 huìyì 회의 | 材料 cáiliào 자료 | 用 yòng 사용하다 | 复印机 fùyìnjī 복사기 | 复印 fùyìn 복사하다 | 利用 lìyòng 이용하다 | 办公室 bàngōngshì 사무실 | 门口 ménkǒu 입구 | 帮 bāng 돕다

 问题 2

这家公司以什么方式通知大家会议时间呢?
Zhè jiā gōngsī yǐ shénme fāngshì tōngzhī dàjiā huìyì shíjiān ne?
이 회사는 어떤 방식으로 모두에게 회의 시간을 공지합니까?

回答1 这家公司以电子邮件的方式向全体员工发送开会通知。
Zhè jiā gōngsī yǐ diànzǐyóujiàn de fāngshì xiàng quántǐ yuángōng fāsòng kāihuì tōngzhī.
이 회사는 이메일 방식으로 전체 직원에게 회의 공지를 발송합니다.

回答2 这家公司通过电子邮件的方式通知大家会议时间及地点。
Zhè jiā gōngsī tōngguò diànzǐyóujiàn de fāngshì tōngzhī dàjiā huìyì shíjiān jí dìdiǎn.
이 회사는 이메일 방식을 통해서 모두에게 회의 시간 및 장소를 공지합니다.

【해설】 회의 시간을 공지하는 방법으로 핵심 키워드는 이메일이다. 이메일이라는 공지 방식과 함께 회의 공지와 관련된 내용을 덧붙여서 답변을 마무리하면 된다.
【단어】 方式 fāngshì 방식 | 通知 tōngzhī 통지하다, 통지 | 会议 huìyì 회의 | 时间 shíjiān 시간 | 电子邮件 diànzǐyóujiàn 이메일 | 向 xiàng ~을 향해서 | 全体员工 quántǐ yuángōng 전체 직원 | 发送 fāsòng 발송하다 | 开会 kāihuì 회의를 하다 | 通过 tōngguò ~을 통해 | 地点 dìdiǎn 장소

 问题 3

他们为什么访问这家公司?
Tāmen wèishénme fǎngwèn zhè jiā gōngsī?
그들은 왜 이 회사를 방문했습니까?

回答1 他们之所以访问这家公司是为了参观工厂。
Tāmen zhīsuǒyǐ fǎngwèn zhè jiā gōngsī shì wèi le cānguān gōngchǎng.
그들이 회사를 방문한 이유는 공장을 참관하기 위해서 입니다.

回答2 他们为了了解一下产品生产过程，所以访问了这家公司。
Tāmen wèi le liǎojiě yíxià chǎnpǐn shēngchǎn guòchéng, suǒyǐ fǎngwèn le zhè jiā gōngsī.
그들은 상품 생산 과정을 알기 위해서 이 회사를 방문했습니다.

【해설】 질문의 핵심 키워드는 "이유"이므로 "공장 참관"을 이유로 들어 답변한다. 이때 공장의 무엇을 참관하는지 보충 설명을 추가해 답변해도 좋다.
【단어】 为什么 wèishénme 왜 | 访问 fǎngwèn 방문하다 | 之所以 zhīsuǒyǐ ~한 까닭은 | 为了 wèi le ~을 위해서 | 参观 cānguān 참관하다 | 工厂 gōngchǎng 공장 | 了解 liǎojiě 이해하다, 알다 | 产品 chǎnpǐn 상품 | 生产 shēngchǎn 생산하다 | 过程 guòchéng 과정

Chapter 4 개인 의견 말하기
56p

[초단기 연습]

 问题

你一般上网干什么?
Nǐ yìbān shàngwǎng gàn shénme?
당신은 보통 인터넷으로 무엇을 합니까?

回答1 我一般上网看电影或电视剧，有时候也玩玩电脑游戏什么的。
 Wǒ yìbān shàngwǎng kàn diànyǐng huò diànshìjù, yǒushíhou yě wánwan diànnǎo yóuxì shénme de.
저는 보통 인터넷으로 영화 또는 드라마를 봅니다. 가끔 컴퓨터 게임도 합니다.

回答2 我一般上网处理工作，比如收发电子邮件、收集资料、写写报告什么的。
 Wǒ yìbān shàngwǎng chǔlǐ gōngzuò, bǐrú shōu fā diànzǐyóujiàn、shōují zīliào、xiěxie bàogào shénme de.
저는 보통 인터넷으로 업무를 처리합니다. 예를 들어 이메일을 주고받거나, 자료를 수집하거나 보고서를 씁니다.

【해설】 인터넷으로 할 수 있는 일들을 생각해 보고 한 가지만 이야기하기 보다 두세 가지 정도 이야기해서 답변시간 10초를 모두 채우자.
【단어】 上网 shàngwǎng 인터넷 하다 | 电影 diànyǐng 영화 | 电视剧 diànshìjù 드라마 | 有时候 yǒushíhou 가끔, 종종 | 玩电脑游戏 wán diànnǎo yóuxì 컴퓨터 게임 하다 | 比如 bǐrú 예를 들면 | 收发 shōu fā 주고 받다 | 电子邮件 diànzǐyóujiàn 이메일 | 收集 shōují 수집하다 | 资料 zīliào 자료 | 报告 bàogào 보고서

[초단기 실전]

你打网球打得怎么样?
Nǐ dǎ wǎngqiú dǎ de zěnmeyàng?
당신은 테니스 치는 것이 어떠합니까?

回答1 我从上个月刚开始学打网球，所以打得还不是特别好。
Wǒ cóng shàng ge yuè gāng kāishǐ xué dǎ wǎngqiú, suǒyǐ dǎ de hái bú shì tèbié hǎo.
저는 지난 달부터 막 테니스를 배우기 시작했습니다. 그래서 잘 치지 못합니다.

回答2 我虽然打得不怎么样，但觉得打网球很有意思。
Wǒ suīrán dǎ de bùzěnmeyàng, dàn juéde dǎ wǎngqiú hěn yǒuyìsi.
저는 비록 잘 치지 못하지만, 테니스를 치는 것은 매우 재미있다고 느낍니다.

【해설】 테니스를 치는 수준이 어떠한지 이야기하고, 언제 배우기 시작했는지 혹은 테니스 칠 때의 기분, 감정 등을 보충 설명으로 언급해 답변을 마무리 하는 것이 좋다.

【단어】 打网球 dǎ wǎngqiú 테니스를 치다 | 从 cóng ~부터 | 刚 gāng 막, 방금 | 开始 kāishǐ 시작하다 | 虽然 suīrán 비록 | 不怎么样 bùzěnmeyàng 그리 좋지 않다 | 有意思 yǒuyìsi 재미있다

你一个星期去几次游泳场?
Nǐ yí ge xīngqī qù jǐ cì yóuyǒngchǎng?
당신은 일주일에 몇 번 수영장에 갑니까?

回答1 我几乎每天都去，上班之前大概游一个小时，感觉很爽。
Wǒ jīhū měitiān dōu qù, shàngbān zhīqián dàgài yóu yí ge xiǎoshí, gǎnjué hěn shuǎng.
저는 거의 매일 갑니다. 출근 전에 대략 한 시간 정도 수영하면 매우 상쾌합니다.

回答2 我一个星期去两三次。虽然每天都想去游泳，但平时工作很忙，所以一有空就去游泳。
Wǒ yí ge xīngqī qù liǎngsāncì. Suīrán měitiān dōu xiǎng qù yóuyǒng, dàn píngshí gōngzuò hěn máng, suǒyǐ yì yǒu kòng jiù qù yóuyǒng.
저는 일주일에 두세 번 갑니다. 비록 매일 가서 수영하고 싶지만 평소에 업무가 바빠서 시간이 생기면 가서 수영을 합니다.

【해설】 동작의 횟수에 대해 묻고 있으므로 동작의 횟수는 반드시 언급해야 한다. 더불어 언제 수영을 하는지 같이 언급하여 답변을 마무리한다.

【단어】 游泳场 yóuyǒngchǎng 수영장 | 几乎 jīhū 거의 | 大概 dàgài 대략 | 游 yóu 헤엄치다 | 爽 shuǎng 상쾌하다 | 游泳 yóuyǒng 수영하다 | 平时 píngshí 평소 | 空 kòng 짬, 겨를

你一般怎么结交朋友?
Nǐ yìbān zěnme jiéjiāo péngyou?
당신은 일반적으로 어떻게 친구를 사귑니까?

回答1 我一般通过社交网站结交朋友。这些朋友跟我有很多共同的兴趣爱好，所以很快就能成为好朋友。
Wǒ yìbān tōngguò shèjiāowǎngzhàn jiéjiāo péngyou. Zhè xiē péngyou gēn wǒ yǒu hěn duō gòngtóng de xìngqù àihào, suǒyǐ hěn kuài jiù néng chéngwéi hǎo péngyou.
저는 일반적으로 SNS를 통해서 친구를 사귑니다. 이런 친구들은 저와 공통적인 흥미와 취미가 많이 있어 금방 좋은 친구가 될 수 있습니다.

回答2 我对葡萄酒比较感兴趣，所以参加了一个葡萄酒俱乐部，在那里我认识了好几个朋友，所以我一般在俱乐部结交朋友。
Wǒ duì pútáojiǔ bǐjiào gǎn xìngqù, suǒyǐ cānjiā le yí ge pútáojiǔ jùlèbù, zài nàlǐ wǒ rènshi le hǎo jǐ ge péngyou, suǒyǐ wǒ yìbān zài jùlèbù jiéjiāo péngyou.
저는 와인에 비교적 흥미가 있어서 와인 동호회에 가입했습니다. 거기에서 저는 몇 명의 친구를 알게 되었습니다. 그래서 저는 일반적으로 동호회에서 친구를 사귑니다.

【해설】 친구를 사귀는 방법에 대한 질문에는 요즘 유행하는 SNS나 사교클럽 같은 곳을 예로 들어 자세히 설명할수록 좋다.

【단어】 结交 jiéjiāo 사귀다 | 通过 tōngguò ~을 통해 | 社交网站 shèjiāowǎngzhàn SNS | 共同 gòngtóng 공동의 | 兴趣爱好 xìngqù àihào 흥미와 취미 | 成为 chéngwéi ~으로 되다 | 对 duì ~에 대하여 | 葡萄酒 pútáojiǔ 와인 | 比较 bǐjiào 비교적 | 参加 cānjiā 참가하다 | 俱乐部 jùlèbù 동호회, 클럽 | 认识 rènshi 알다

2부분 简短作答 질문에 간단하게 답하기

Chapter 5 소개와 설명 1

70p

[초단기 연습]

问题 你的大学生活怎么样?
Nǐ de dàxué shēnghuó zěnmeyàng?
당신의 대학 생활은 어떠했습니까?

回答1 我的大学生活很平凡。跟其他大学生一样参加社团，一到考试期间就熬夜学习。
Wǒ de dàxué shēnghuó hěn píngfán. Gēn qítā dàxuéshēng yíyàng cānjiā shètuán, yí dào kǎoshì qījiān jiù áoyè xuéxí.
저의 대학생 생활은 평범했습니다. 다른 대학생과 똑같이 동아리에 가입하고, 시험기간이 되면 밤을 새워 공부했습니다.

回答2 我很充实地度过了我的大学时光。学习，参加社团，参加活动，而且大学期间我没有错过任何一个活动。对我来说我的大学时光是我的人生中最灿烂的时光。
Wǒ hěn chōngshí de dùguò le wǒ de dàxué shíguāng. Xuéxí, cānjiā shètuán, cānjiā huódòng, érqiě dàxué qījiān wǒ méiyǒu cuòguò rènhé yí ge huódòng. Duì wǒ lái shuō wǒ de dàxué shíguāng shì wǒ de rénshēng zhōng zuì cànlàn de shíguāng.
저는 매우 충실히 저의 대학시절을 보냈습니다. 공부, 동아리 가입, 행사 참가, 게다가 대학기간 동안 저는 어떠한 활동도 놓쳐본 적이 없습니다. 저에게 있어서 대학 시절은 저의 인생 중 가장 찬란했던 시절입니다.

【해설】 대학 생활을 묘사하는 형용사를 사용해서 핵심 내용을 먼저 이야기 한 뒤, 구체적인 실례를 들어 대학생활이 어떠했는지 답변하도록 한다.

【단어】 平凡 píngfán 평범하다 | 其他 qítā 기타 | 参加 cānjiā 참가하다 | 社团 shètuán 동아리 | 一~就~ yī~jiù~ ~하자마자 바로 ~하다 | 考试 kǎoshì 시험 보다, 시험 | 期间 qījiān 기간 | 熬夜 áoyè 밤새다 | 充实 chōngshí 충실하다 | 度过 dùguò 보내다, 지내다 | 时光 shíguāng 시기 | 活动 huódòng 행사 | 而且 érqiě 게다가, 뿐만 아니라 | 错过 cuòguò 놓치다 | 任何 rènhé 어떠한, 무슨 | 灿烂 cànlàn 찬란하다

[초단기 실전]

问题1 什么样的办公室环境有助于提高工作效率?
Shénmeyàng de bàngōngshì huánjìng yǒuzhùyú tígāo gōngzuò xiàolǜ?
어떠한 사무실 환경이 업무 효율을 향상시키는데 도움이 됩니까?

回答1 我觉得干净、舒适的办公室有助于提高工作效率。
Wǒ juéde gānjìng、shūshì de bàngōngshì yǒuzhùyú tígāo gōngzuò xiàolǜ.
저는 깨끗하고 쾌적한 사무실이 업무효율을 향상시키는데 도움이 된다고 생각합니다.

回答2 我认为那种能够尊重员工个性的开放式办公室有助于提高业务效率。
Wǒ rènwéi nàzhǒng nénggòu zūnzhòng yuángōng gèxìng de kāifàngshì bàngōngshì yǒuzhùyú tígāo yèwù xiàolǜ.
저는 직원들의 개성을 존중할 수 있는 개방적인 사무실이 업무효율을 향상시키는데 도움이 된다고 생각합니다.

【해설】 질문의 핵심은 "어떠한" 이다. 사무실을 형용할 수 있는 형용사 혹은 직원들의 입장에서 선호하는 사무실 유형을 생각하여 답변하도록 하자.

【단어】 办公室 bàngōngshì 사무실 | 环境 huánjìng 환경 | 有助于 yǒuzhùyú ~에 도움이 된다 | 提高 tígāo 향상시키다 | 工作 gōngzuò 일하다 | 效率 xiàolǜ 효율 | 觉得 juéde 느끼다, 생각하다 | 干净 gānjìng 깨끗하다 | 舒适 shūshì 쾌적하다, 편안하다 | 能够 nénggòu 충분히~할 수 있다 | 尊重 zūnzhòng 존중하다 | 员工 yuángōng 직원 | 个性 gèxìng 개성 | 开放 kāifàng 개방하다, 개방적이다

모범 답변 및 해설

문제 2 你认为你们公司的主要优势是什么?
MP3 05-13
Nǐ rènwéi nǐmen gōngsī de zhǔyào yōushì shì shénme?
당신이 생각하기에 당신 회사의 주요 장점은 무엇입니까?

回答 1 我认为我们公司不论从产品的品牌价值,还是企业文化都在业界占据着很大的优势。
MP3 05-13-1
Wǒ rènwéi wǒmen gōngsī búlùn cóng chǎnpǐn de pǐnpái jiàzhí, háishi qǐyè wénhuà dōu zài yèjiè zhànjù zhe hěn dà de yōushì.
저는 저희 회사가 상품의 브랜드 가치에서 보나, 아니면 기업 문화에서 보나 모두 업계에서 큰 장점을 가지고 있다고 생각합니다.

回答 2 我认为我们公司虽然不是很大,但在开拓市场、改革创新方面还是存在一定优势的。
MP3 05-13-2
Wǒ rènwéi wǒmen gōngsī suīrán bú shì hěn dà, dàn zài kāituò shìchǎng、gǎigé chuàngxīn fāngmiàn háishi cúnzài yídìng yōushì de.
저희 회사는 비록 크지는 않지만 시장 발굴과 개혁 창조 방면에 있어서 어느 정도 우위가 있다고 생각합니다.

【해설】 회사의 장점은 주요 상품, 브랜드 가치, 기업 문화 등을 예로 다양하게 답변할 수 있다.
【단어】 认为 rènwéi 여기다, ~라고 생각하다 | 主要 zhǔyào 주로, 대부분 | 优势 yōushì 우세, 장점 | 不论 búlùn ~에 상관없이 | 产品 chǎnpǐn 상품 | 品牌 pǐnpái 브랜드 | 价值 jiàzhí 가치 | 企业 qǐyè 기업 | 文化 wénhuà 문화 | 业界 yèjiè 업계 | 占据 zhànjù 점거하다, 차지하다 | 优势 yōushì 우세, 장점 | 虽然~但~ suīrán~ dàn~ 비록 ~할지라도 그러나 ~하다 | 开拓 kāituò 개척하다 | 市场 shìchǎng 시장 | 改革 gǎigé 개혁하다 | 创新 chuàngxīn 혁신하다, 창조하다 | 方面 fāngmiàn 방면, 부분 | 存在 cúnzài 존재하다 | 一定 yídìng 상당한, 어느 정도

문제 3 你的汉语水平怎么样?
MP3 05-14
Nǐ de Hànyǔ shuǐpíng zěnmeyàng?
당신의 중국어 실력은 어떠합니까?

回答 1 我的汉语水平还差得远呢。因为工作上的需要,我从去年开始学习汉语,虽然现在只能进行简单的对话,但我每天都在努力学习呢。
MP3 05-14-1
Wǒ de Hànyǔ shuǐpíng hái chà de yuǎn ne. Yīnwèi gōngzuò shàng de xūyào, wǒ cóng qùnián kāishǐ xuéxí Hànyǔ, suīrán xiànzài zhǐ néng jìnxíng jiǎndān de duìhuà, dàn wǒ měitiān dōu zài nǔlì xuéxí ne.
저의 중국어 실력은 아직 멀었습니다. 업무상 필요 때문에 저는 작년부터 중국어를 배우고 있습니다. 비록 지금은 간단한 대화 정도만 할 수 있지만 매일 열심히 공부하고 있습니다.

回答 2 我觉得我的汉语水平已经达到了一定的水平。我没有翻译也可以跟中国人交流。虽然没达到专家的程度,但在日常生活和工作上几乎没有什么问题。
MP3 05-14-2
Wǒ juéde wǒ de Hànyǔ shuǐpíng yǐjīng dádào le yídìng de shuǐpíng. Wǒ méiyǒu fānyì yě kěyǐ gēn Zhōngguórén jiāoliú. Suīrán méi dádào zhuānjiā de chéngdù, dàn zài rìchángshēnghuó hé gōngzuò shàng jīhū méiyǒu shénme wèntí.
제 생각에 저의 중국어 수준은 이미 어느 정도 실력에 도달했다고 생각합니다. 저는 통역 없이도 중국 사람들과 교류할 수 있습니다. 비록 전문가 수준까지는 아니지만 일상생활과 업무 상에서 거의 문제가 없습니다.

【해설】 중국어 실력이 어떠한지 핵심적인 내용을 먼저 이야기하고, 그렇게 생각하는 이유에 대해서 언급하여 답변을 마무리한다.
【단어】 水平 shuǐpíng 수준 | 还 hái 아직도, 여전히 | 差 chà 모자라다, 부족하다 | 需要 xūyào 필요하다 | 只 zhǐ 단지, 오로지 | 简单 jiǎndān 간단하다 | 对话 duìhuà 대화 | 努力 nǔlì 열심히 | 已经 yǐjīng 이미 | 达到 dádào 달성하다, 도달하다 | 水平 shuǐpíng 수준 | 翻译 fānyì 번역, 통역 | 可以 kěyǐ ~할 수 있다 | 交流 jiāoliú 교류하다 | 专家 zhuānjiā 전문가 | 程度 chéngdù 정도, 수준 | 几乎 jīhū 거의

Chapter 6 소개와 설명 2
80p

[초단기 연습]

문제 1 你去外国出差时会做哪些准备?
MP3 06-11
Nǐ qù wàiguó chūchāi shí huì zuò nǎ xiē zhǔnbèi?
당신은 외국으로 출장 갈 때, 무엇을 준비하겠습니까?

回答 1 到外国出差时护照、电源转换插头和国际驾照一个都不能少。
MP3 06-11-1
Dào wàiguó chūchāi shí hùzhào、diànyuán zhuǎnhuàn chātóu hé guójì jiàzhào yí ge dōu bù néng shǎo.
해외로 출장을 갈 때는 여권, 전원 콘센트 변환 플러그와 국제 면허증은 하나라도 없어서는 안 됩니다.

모범 답변 및 해설 223

回答2 我一般会准备些内衣、洗漱用品等日常用品，当然也少不了现金和信用卡。
Wǒ yìbān huì zhǔnbèi xiē nèiyī、xǐshùyòngpǐn děng rìchángyòngpǐn, dāngrán yě shǎo bù liǎo xiànjīn hé xìnyòngkǎ.
저는 일반적으로 속옷, 세면도구 등 일상용품을 준비합니다. 당연히 현금과 신용카드도 빼놓을 수 없습니다.

【해설】 자신의 경험을 바탕으로 출장 시 준비하는 물품을 생각해서 답변하도록 한다. 물품은 최소 3개 정도 언급하여 답변 시간을 채우도록 한다.

【단어】 差 chūchāi 출장 가다 | 准备 zhǔnbèi 준비하다 | 护照 hùzhào 여권 | 电源转换插头 diànyuán zhuǎnhuàn chātóu 전원 콘센트 변환 플러그 | 国际驾照 guójì jiàzhào 국제 면허증 | 内衣 nèiyī 내의 | 洗漱用品 xǐshùyòngpǐn 세면도구 | 现金 xiànjīn 현금 | 信用卡 xìnyòngkǎ 신용 카드

[초단기 실전]

问题1 你在一家什么样的公司工作？
Nǐ zài yì jiā shénmeyàng de gōngsī gōngzuò?
당신은 어떠한 회사에서 근무합니까?

回答1 我在一家电子商务公司工作。主要的业务是向消费者提供网上销售服务，并且帮助企业完成网上订购、网上支付等商务过程。
Wǒ zài yì jiā diànzǐ shāngwù gōngsī gōngzuò. Zhǔyào de yèwù shì xiàng xiāofèizhě tígōng wǎngshàng xiāoshòu fúwù, bìngqiě bāngzhù qǐyè wánchéng wǎngshàng dìnggòu、wǎngshàng zhīfù děng shāngwù guòchéng.
저는 전자 상거래 회사에서 근무합니다. 주요 업무는 소비자에게 인터넷 판매 서비스를 제공하고 기업을 도와 인터넷 구매, 인터넷 지불 등 상거래 과정을 완성합니다.

回答2 我在一家半导体公司工作。我们专注于生产并销售DRAM、NAND闪存、手机无线路由器等。
Wǒ zài yì jiā bàndǎotǐ gōngsī gōngzuò. Wǒmen zhuānzhù yú shēngchǎn bìng xiāoshòu DRAM、NAND shǎncún、shǒujī wúxiàn lùyóuqì děng.
저희는 반도체 회사에서 근무합니다. 저희는 주로 DRAM, NAND 플래시메모리, 휴대전화 무선 공유기 등을 생산 및 판매합니다.

【해설】 답변 시간이 20초 밖에 되지 않으므로 회사를 소개할 때는 회사의 연혁이나 위치 소개 보다 회사의 주요 업무, 생산 제품 등을 위주로 소개하는 것이 좋다.

【단어】 电子商务 diànzǐ shāngwù 전자상거래 | 业务 yèwù 업무 | 向 xiàng ~을 향해서 | 消费者 xiāofèizhě 소비자 | 提供 tígōng 제공하다 | 网上 wǎngshàng 인터넷 | 销售 xiāoshòu 판매하다 | 服务 fúwù 서비스 | 并且 bìngqiě 게다가 | 帮助 bāngzhù 돕다 | 订购 dìnggòu 물건을 주문하다 | 网上支付 wǎngshàng zhīfù 인터넷 지불 | 过程 guòchéng 과정 | 半导体 bàndǎotǐ 반도체 | 专注 zhuānzhù 집중하다, 전념하다 | 生产 shēngchǎn 생산하다 | 闪存 shǎncún 플래시메모리 | 手机无线路由器 shǒujī wúxiàn lùyóuqì 휴대전화 무선 공유기

问题2 来你们国家旅行的时候，在公共场所有没有需要注意的事项？
Lái nǐmen guójiā lǚxíng de shíhou, zài gōnggòngchǎngsuǒ yǒu méiyǒu xūyào zhùyì de shìxiàng?
당신의 국가에서 여행할 때, 공공장소에서 주의해야 할 사항이 있습니까?

回答1 我们国家的所有公共场所都是禁止吸烟的，如果在公共场所吸烟会被罚款的。
Wǒmen guójiā de suǒyǒu gōnggòngchǎngsuǒ dōu shì jìnzhǐ xīyān de, rúguǒ zài gōnggòngchǎngsuǒ xīyān huì bèi fákuǎn de.
저희 나라의 모든 공공장소는 모두 흡연 금지입니다. 만약 공공장소에서 흡연하면 벌금을 물어야 합니다.

回答2 可能每个国家都一样，在公共场所是不能大声喧哗的，而且要有秩序的排队等候，不能插队。
Kěnéng měi ge guójiā dōu yíyàng, zài gōnggòngchǎngsuǒ shì bù néng dàshēng xuānhuá de, érqiě yào yǒu zhìxù de páiduì děnghòu, bù néng chāduì.
아마 모든 국가가 다 같을 것입니다. 공공장소에서는 큰소리로 떠들어서는 안되며, 질서 있게 줄을 서서 기다려야지 새치기를 해서는 안됩니다.

【해설】 공공장소에서 주의해야 할 사항을 생각해 보자. 일상생활에서 흔히 볼 수 있는 흡연 금지, 조용히 하기, 새치기 하지 않기 등을 예로 들어 설명하면 된다.

【단어】 国家 guójiā 국가 | 旅行 lǚxíng 여행하다 | 公共场所 gōnggòngchǎngsuǒ 공공장소 | 需要 xūyào 필요하다 | 注意 zhùyì 주의하다 | 事项 shìxiàng 사항 | 所有 suǒyǒu 모든 | 禁止 jìnzhǐ 금지하다 | 吸烟 xīyān 흡연하다 | 如果 rúguǒ 만약 | 罚款 fákuǎn 벌금을 부과하다 | 可能 kěnéng 아마도 | 喧哗 xuānhuá 떠들다 | 秩序 zhìxù 질서 | 排队 páiduì 줄을 서다 | 插队 chāduì 새치기 하다

问题 3 你认为你的优点和缺点是什么?
Nǐ rènwéi nǐ de yōudiǎn hé quēdiǎn shì shénme?
당신의 장점과 단점은 무엇이라고 생각합니까?

回答1 我认为我的优点就是无论做什么事都很认真，坚持到底不放弃。但有时候这种优点会变成缺点。认真会变成挑剔、敏感，结果事情不顺的话，就会特别懊悔自己没有做好。
Wǒ rènwéi wǒ de yōudiǎn jiù shì wúlùn zuò shénme shì dōu hěn rènzhēn, jiānchí dào dǐ bú fàngqì. Dàn yǒushíhou zhè zhǒng yōudiǎn huì biànchéng quēdiǎn. Rènzhēn huì biànchéng tiāotī、mǐngǎn, jiéguǒ shìqíng bú shùn de huà, jiù huì tèbié àohuǐ zìjǐ méiyǒu zuò hǎo.

저는 저의 장점은 무슨 일을 하든지 모두 열심히 하고 끝까지 포기하지 않는 것이라고 생각합니다. 하지만 이러한 장점이 단점으로 바뀌기도 합니다. 열심히 하는 것이 까다롭고 예민하게 바뀌어서 결국 일이 순조롭지 않으면 스스로 잘하지 못한 것을 매우 후회합니다.

回答2 我是一个很乐观的人，也喜欢帮助别人。因此我周围人都说跟我在一起总是很快乐。但我也有一个缺点，就是组织和管理能力比较弱，所以工作中失误比较多，也不太善于拒绝。
Wǒ shì yí ge hěn lèguān de rén, yě xǐhuan bāngzhù biérén. Yīncǐ wǒ zhōuwéi rén dōu shuō gēn wǒ zài yìqǐ zǒngshì hěn kuàilè. Dàn wǒ yě yǒu yí ge quēdiǎn, jiù shì zǔzhī hé guǎnlǐ nénglì bǐjiào ruò, suǒyǐ gōngzuò zhōng shīwù bǐjiào duō, yě bú tài shànyú jùjué.

저는 매우 낙관적이고 다른 사람 돕는 것을 좋아합니다. 그래서 저의 주변 사람들은 모두 저와 함께 있으면 항상 즐겁다고 이야기합니다. 하지만 저는 단점이 하나 있습니다. 그것은 바로 체계화하고 관리하는 역량이 비교적 약하다는 것입니다. 그래서 업무 중 실수가 비교적 많고 거절도 잘 하지 못합니다.

【해설】 자신의 장점과 단점을 모두 답변해야 한다. 또한 본인의 장점과 단점으로 인해 일어나는 상황이나 느낌 등을 같이 언급하며 답변을 마무리한다.

【단어】 认为 rènwéi 여기다, ~라고 생각하다 | 优点 yōudiǎn 장점 | 缺点 quēdiǎn 단점 | 无论 wúlùn ~을 막론하고 | 认真 rènzhēn 진지하다, 열심히 하다 | 坚持 jiānchí 견지하다, 고수하다 | 放弃 fàngqì 포기하다 | 挑剔 tiāotī 까다롭다 | 敏感 mǐngǎn 예민하다 | 结果 jiéguǒ 결과 | 懊悔 àohuǐ 후회하다 | 乐观 lèguān 낙관적이다 | 周围 zhōuwéi 주위 | 快乐 kuàilè 즐겁다, 유쾌하다 | 组织 zǔzhī 조직하다 | 管理 guǎnlǐ 관리하다, 맡다 | 能力 nénglì 능력 | 弱 ruò 약하다 | 失误 shīwù 실수 | 善于 shànyú ~에 능하다 | 拒绝 jùjué 거절하다

Chapter 7 비즈니스 상황 1

90p

[초단기 연습]

问题 你认为公司大部分业务都需要共同处理的理由是什么?
Nǐ rènwéi gōngsī dàbùfen yèwù dōu xūyào gòngtóng chǔlǐ de lǐyóu shì shénme?
당신은 회사 대부분의 업무가 공동 처리를 필요로 하는 이유가 무엇이라고 생각합니까?

回答1 那是因为公司大部分业务都要发挥团体合作精神才能完成，而且我觉得集体工作有助于培养合作精神。
Nà shì yīnwèi gōngsī dàbùfen yèwù dōu yào fāhuī tuántǐ hézuò jīngshén cái néng wánchéng, érqiě wǒ juéde jítǐ gōngzuò yǒuzhùyú péiyǎng hézuò jīngshén.

그것은 회사의 업무 대부분이 단체 협조 정신을 발휘해야만 완성할 수 있기 때문입니다. 게다가 저는 함께 일을 하는 것이 협조 정신을 기르는데 도움이 된다고 생각합니다.

回答2 公司是一个为了实现共同的目标而形成的一个组织。所以大部分业务都是需要大家的共同努力与合作才能完成。而且我认为公司就是一个小社会，当然离不开大家的团结合作。
Gōngsī shì yí ge wèi le shíxiàn gòngtóng de mùbiāo ér xíngchéng de yí ge zǔzhī. Suǒyǐ dàbùfen yèwù dōu shì xūyào dàjiā de gòngtóng nǔlì yǔ hézuò cái néng wánchéng. Érqiě wǒ rènwéi gōngsī jiù shì yí ge xiǎo shèhuì, dāngrán lí bu kāi dàjiā de tuánjié hézuò.

회사는 공동의 목표를 실현하기 위해서 형성된 조직입니다. 그래서 대부분의 업무가 모두의 공동노력과 협조가 있어야만 완성될 수 있습니다. 그리고 저는 회사는 하나의 작은 사회여서 당연히 모두의 단결정신이 없어서는 안 된다고 생각합니다.

【해설】 회사는 기본적으로 업무처리가 단체로 이루어지므로 단체 정신이 어떠한 장점을 가지고 있는지 생각하여 답변한다.

【단어】 业务 yèwù 업무 | 共同 gòngtóng 공동의 | 处理 chǔlǐ 처리하다 | 理由 lǐyóu 이유 | 发挥 fāhuī 발휘하다 | 团体 tuántǐ 단체 | 合作 hézuò 협력하다, 합작하다 | 精神 jīngshén 정신 | 完成 wánchéng 완성하다 | 集体 jítǐ 단체 | 有助于 yǒuzhùyú ~에 도움이 되다 | 培养 péiyǎng 기르다, 양성하다 | 为了 wèi le ~을 위해서 | 实现 shíxiàn 실현하다 | 目标 mùbiāo 목표 | 形成 xíngchéng 형성하다 | 组织 zǔzhī 조직하다 | 努力 nǔlì 노력 | 社会 shèhuì 사회 | 离不开 líbukāi 떨어질 수 없다 | 团结 tuánjié 단결

[초단기 실전]

问题 1 新产品发布会真的有助于宣传产品吗?
Xīnchǎnpǐn fābùhuì zhēn de yǒuzhùyú xuānchuán chǎnpǐn ma?
신제품 발표회는 정말 상품 홍보에 도움이 됩니까?

回答 1 举办新产品发布会的目的就是为了推广产品，增加产品的销量。它不仅可以达到宣传产品的效果，还可以让顾客了解到新产品的使用价值。
Jǔbàn xīnchǎnpǐn fābùhuì de mùdì jiù shì wèi le tuīguǎng chǎnpǐn, zēngjiā chǎnpǐn de xiāoliàng. Tā bùjǐn kěyǐ dádào xuānchuán chǎnpǐn de xiàoguǒ, hái kěyǐ ràng gùkè liǎojiě dào xīnchǎnpǐn de shǐyòng jiàzhí.
신제품 발표회를 여는 목적은 상품을 알리고, 상품의 판매량을 증가시키기 위함입니다. 발표회는 상품 홍보의 효과를 볼 수 있고 고객으로 하여금 신상품의 사용 가치를 이해하도록 할 수 있습니다.

回答 2 我认为通过产品发布会不一定能赢得客户对产品的信任，而且有可能会造成适得其反的效果。所以新产品发布会不一定会起到宣传产品的积极作用。
Wǒ rènwéi tōngguò chǎnpǐn fābùhuì bù yídìng néng yíngdé kèhù duì chǎnpǐn de xìnrèn, érqiě yǒu kěnéng huì zàochéng shìdéqífǎn de xiàoguǒ. Suǒyǐ xīnchǎnpǐn fābùhuì bù yídìng huì qǐ dào xuānchuán chǎnpǐn de jījí zuòyòng.
저는 신제품 발표회를 통해서 상품에 대한 고객의 신임을 반드시 얻을 수 있는 것도 아닐뿐더러 정반대의 효과를 야기할 수도 있다고 생각합니다. 따라서 신제품 발표회가 반드시 상품 홍보의 긍정적인 작용을 하는 것은 아닙니다.

[해설] 신제품 발표회의 장단점을 들어 설명할 수 있다. 장점으로는 상품 홍보 및 판매 촉진을, 단점으로는 발생 가능한 역효과를 들어 답변한다.

[단어] 举办 jǔbàn 열다, 개최하다 | 发布会 fābùhuì 발표회 | 目的 mùdì 목적 | 为了 wèi le ~을 위해서 | 推广 tuīguǎng 널리 보급하다 | 增加 zēngjiā 증가하다 | 销量 xiāoliàng 판매량 | 不仅~而且 bùjǐn~érqiě~ ~일 뿐만 아니라 게다가~하다 | 达到 dádào 달성하다, 도달하다 | 宣传 xuānchuán 홍보하다 | 效果 xiàoguǒ 효과 | 顾客 gùkè 고객, 손님 | 了解 liǎojiě 알다, 이해하다 | 使用 shǐyòng 사용하다 | 价值 jiàzhí 가치 | 通过 tōngguò ~을 통해서 | 不一定 bùyídìng 반드시 ~한 것은 아니다 | 赢得 yíngdé 얻다, 획득하다 | 信任 xìnrèn 신임 | 造成 zàochéng 야기하다 | 适得其反 shìdéqífǎn 결과가 바라는 것과 정반대가 되다 | 起到 qǐdào 초래하다, 일으키다 | 作用 zuòyòng 작용, 역할 | 积极 jījí 적극적이다, 긍정적이다

问题 2 你认为公司应该以什么样的标准进行年度考核?
Nǐ rènwéi gōngsī yīnggāi yǐ shénmeyàng de biāozhǔn jìnxíng niándù kǎohé?
당신은 회사가 어떠한 기준으로 연말고과를 진행해야 한다고 생각합니까?

回答 1 我认为公司应该先根据员工的工作态度和业绩实事求是地进行年度考核，然后按照最终考核结果来嘉奖员工。
Wǒ rènwéi gōngsī yīnggāi xiān gēnjù yuángōng de gōngzuò tàidù hé yèjì shíshìqiúshì de jìnxíng niándù kǎohé, ránhòu ànzhào zuìzhōng kǎohé jiéguǒ lái jiājiǎng yuángōng.
저는 회사가 먼저 직원의 업무태도와 업무실적에 따라 사실대로 연말고과를 진행한 뒤 최종 고과 결과로 직원을 표창해야 한다고 생각합니다.

回答 2 我认为公司不仅要考虑员工的日常工作表现和工作态度，还要考虑任职能力以及人际沟通等方方面面。因为考核的目的是要使员工明确自己今后应改进的方向，而不是决定去留的标准。
Wǒ rènwéi gōngsī bùjǐn yào kǎolǜ yuángōng de rìcháng gōngzuò biǎoxiàn hé gōngzuò tàidù, hái yào kǎolǜ rènzhí nénglì yǐjí rénjì gōutōng děng fāngfāngmiànmiàn. Yīnwèi kǎohé de mùdì shì yào shǐ yuángōng míngquè zìjǐ jīnhòu yīng gǎijìn de fāngxiàng, ér bú shì juédìng qùliú de biāozhǔn.
저는 회사가 직원들의 일상업무 능력과 업무 태도를 고려해야 하고 직무 능력 및 인간관계 소통 등의 방면도 고려해야 한다고 생각합니다. 고과의 목적은 직원으로 하여금 자신의 향후 개선 방향을 명확하게 해주는 것이지 거류를 결정하는 기준이 아니기 때문입니다.

[해설] 연말고과의 기준으로 업무 능력, 업무 목표 달성 여부, 직무 능력, 동료간의 관계 등을 예로 들어 답변한다.

[단어] 以 yǐ ~로써, ~으로 | 标准 biāozhǔn 기준 | 年度考核 niándù kǎohé 연말고과 | 根据 gēnjù ~에 근거하여 | 态度 tàidù 태도 | 业绩 yèjì 업적, 실적 | 实事求是 shíshìqiúshì 실사구시 | 结果 jiéguǒ 결과 | 嘉奖 jiājiǎng 표창하고 장려하다 | 员工 yuángōng 직원 | 考虑 kǎolǜ 고려하다 | 表现 biǎoxiàn 태도, 행동 | 任职 rènzhí 직무를 맡다 | 能力 nénglì 능력 | 以及 yǐjí 그리고, 및 | 沟通 gōutōng 소통하다 | 目的 mùdì 목적 | 使 shǐ ~하게 만들다 | 明确 míngquè 명확하게 하다 | 方向 fāngxiàng 방향 | 去留 qùliú 떠나거나 머물다

问题 3 经常去国外出差有助于提高业务水平吗?
Jīngcháng qù guówài chūchāi yǒuzhùyú tígāo yèwù shuǐpíng ma?
자주 해외로 출장 가는 것은 업무 수준을 향상시키는데 도움이 됩니까?

回答1 我认为去国外出差是一个积累实战经验的好机会。因为去国外出差时需要面对很多突发事件，这很锻炼一个人的临机应变能力，而且还可以扩展人际关系，这当然有助于提高业务水平。
MP3 07-14-1
Wǒ rènwéi qù guówài chūchāi shì yí ge jīlěi shízhàn jīngyàn de hǎo jīhuì. Yīnwèi qù guówài chūchāi shí xūyào miànduì hěn duō tūfā shìjiàn, zhè hěn duànliàn yí ge rén de línjīyìngbiàn nénglì, érqiě hái kěyǐ kuòzhǎn rénjì guānxi, zhè dāngrán yǒuzhùyú tígāo yèwù shuǐpíng.

저는 해외로 출장을 가는 것이 실전 경험을 쌓을 수 있는 좋은 기회라고 생각합니다. 해외로 출장을 가면 많은 돌발 상황을 마주하게 되는데 이것은 한 사람의 임기응변 능력을 단련시켜주고 인맥관계도 넓힐 수 있어 업무 수준을 향상시키는데 당연히 도움이 됩니다.

回答2 我认为出差之前需要做好各个方面的准备，这过程很琐碎也很麻烦，而且去国外出差的主要任务就是请客吃饭应酬客户。虽然去国外出差是件难得的事儿，但不见得会提高业务水平。
MP3 07-14-2
Wǒ rènwéi chūchāi zhīqián xūyào zuò hǎo gègè fāngmiàn de zhǔnbèi, zhè guòchéng hěn suǒsuì yě hěn máfan, érqiě qù guówài chūchāi de zhǔyào rènwu jiù shì qǐng kè chīfàn yìngchou kèhù. Suīrán qù guówài chūchāi shì jiàn nándé de shìr, dàn bújiànde huì tígāo yèwù shuǐpíng.

저는 출장 전에 각 방면으로 준비를 해야 하는 이 과정이 매우 번잡하고 귀찮다고 생각합니다. 게다가 해외 출장 주요 업무는 고객을 접대하는 것이어서 비록 해외로 출장 가는 것이 흔치 않은 일이긴 하지만 반드시 업무 수준을 향상시켜 준다고 생각하지 않습니다.

【해설】 해외 출장은 실제 경험을 쌓고 인맥을 넓힐 수 있다는 장점과 준비 과정이 복잡하고 고객 접대가 힘들다는 단점을 동시에 가지고 있다. 본인의 경험에 비추어 해외 출장이 업무 수준을 향상시킬 수 있는지에 대해 답변한다.

【단어】 经常 jīngcháng 항상 | 出差 chūchāi 출장 가다 | 有助于~ yǒuzhùyú ~에 도움이 되다 | 提高 tígāo 향상시키다 | 业务 yèwù 업무 | 水平 shuǐpíng 수준 | 积累 jīlěi 쌓다 | 实战经验 shízhànjīngyàn 실전 경험 | 机会 jīhuì 기회 | 面对 miànduì 직면하다 | 突发 tūfā 갑자기 발생하다 | 锻炼 duànliàn 단련하다 | 临机应变 línjīyìngbiàn 임기응변하다 | 扩展 kuòzhǎn 넓히다, 확대하다 | 人际关系 rénjìguānxi 인간관계 | 琐碎 suǒsuì 사소하고 번잡하다 | 麻烦 máfan 귀찮다, 번거롭다 | 任务 rènwu 임무, 책무 | 应酬 yìngchou 응대하다, 접대하다 | 难得 nándé 얻기 어렵다

Chapter 8 비즈니스 상황 2

[초단기 연습]

问题 如何提高公司的知名度?
MP3 08-11
Rúhé tígāo gōngsī de zhīmíngdù?
어떻게 회사의 지명도를 올릴 수 있습니까?

回答1 我认为质量是企业生存之本。所以提高公司的知名度的最好办法就在于努力提高产品质量或服务质量，并加强网络推广力度。
MP3 08-11-1
Wǒ rènwéi zhìliàng shì qǐyè shēngcún zhī běn. Suǒyǐ tígāo gōngsī de zhīmíngdù de zuìhǎo bànfǎ jiù zài yú nǔlì tígāo chǎnpǐn zhìliàng huò fúwù zhìliàng, bìng jiāqiáng wǎngluò tuīguǎng lìdù.

저는 품질이 기업 생존의 기본이라고 생각합니다. 따라서 회사의 지명도를 올리는 가장 좋은 방법은 열심히 상품 품질 또는 서비스 품질을 향상시키고, 네트워크 보급력을 강화시키는 데 있습니다.

回答2 我觉得多参加公益慈善活动树立企业良好形象才是提高公司知名度的不二法门。
MP3 08-11-2
Wǒ juéde duō cānjiā gōngyì císhàn huódòng shùlì qǐyè liánghǎo xíngxiàng cái shì tígāo gōngsī zhīmíngdù de bú'èrfǎmén.

저는 공익 자선 활동에 많이 참가하여 기업의 좋은 이미지를 수립하는 것이야말로 회사의 지명도를 높이는 유일무이한 방법이라고 생각합니다.

【해설】 회사의 지명도를 올리는 다양한 방법을 생각해 보도록 한다. 서비스 품질 향상, 네트워크 보급력 강화, 이미지 개선, 자선 활동 참여, 제품 홍보 등 다양한 방법을 예로 들어 답변을 완성하도록 하자.

【단어】 如何 rúhé 어떻게 | 提高 tígāo 향상시키다 | 知名度 zhīmíngdù 지명도 | 质量 zhìliàng 품질, 질량 | 企业 qǐyè 기업 | 生存 shēngcún 생존 | 服务 fúwù 서비스 | 加强 jiāqiáng 강화하다 | 网络 wǎngluò 네트워크 | 推广 tuīguǎng 널리 보급하다 | 力度 lìdù 역량 | 参加 cānjiā 참가하다 | 公益 gōngyì 공익 | 慈善 císhàn 자선을 베풀다 | 活动 huódòng 행사 | 树立 shùlì 수립하다 | 形象 xíngxiàng 이미지 | 不二法门 bú'èrfǎmén 유일무이한 방법

[초단기 실전]

问题 1 你的上司让你负责你业务范围以外的项目。这时你会怎么办?
Nǐ de shàngsī ràng nǐ fùzé nǐ yèwù fànwéi yǐwài de xiàngmù. Zhè shí nǐ huì zěnmebàn?
당신의 상사가 당신에게 당신의 업무 범위 밖의 프로젝트를 맡겼습니다. 이때 당신은 어떻게 하겠습니까?

回答 1 我想我会拒绝。虽然这是一个锻炼自己的好机会,但我不想因为工作范围以外的事而影响到我的本职工作。
Wǒ xiǎng wǒ huì jùjué. Suīrán zhè shì yí ge duànliàn zìjǐ de hǎo jīhuì, dàn wǒ bù xiǎng yīnwèi gōngzuò fànwéi yǐwài de shì ér yǐngxiǎng dào wǒ de běnzhí gōngzuò.
저는 거절할 것 같습니다. 비록 자신을 단련시킬 수 있는 좋은 기회이긴 하지만 업무범위 밖의 일 때문에 저의 본래 업무에 영향을 주고 싶지 않습니다.

回答 2 人要勇于挑战。上司之所以让我负责业务范围以外的项目,说明他很信任我,或很看好我,所以我一定会把握好这个机会,尽我最大的努力,做到最好。
Rén yào yǒngyú tiǎozhàn. Shàngsī zhīsuǒyǐ ràng wǒ fùzé yèwù fànwéi yǐwài de xiàngmù, shuōmíng tā hěn xìnrèn wǒ, huò hěn kàn hǎo wǒ, suǒyǐ wǒ yídìng huì bǎwò hǎo zhè ge jīhuì, jìn wǒ zuì dà de nǔlì, zuò dào zuì hǎo.
사람은 용감하게 도전할 줄 알아야 합니다. 상사가 저에게 업무범위 밖의 프로젝트를 시키는 것은 그가 저를 신임하거나 혹은 잘 봤다라는 것을 말하는 것입니다. 따라서 저는 이 기회를 잘 잡아 최선을 다해 잘할 것입니다.

【해설】 업무범위 밖의 일을 맡게 되었을 때 발생할 수 있는 장점과 단점을 생각해 보고 답변하도록 하자. 또한 어떤 선택을 하든지 반드시 적당한 근거를 들어 답변해야 한다.

【단어】 负责 fùzé 책임지다 | 业务 yèwù 업무 | 范围 fànwéi 범위 | 项目 xiàngmù 프로젝트 | 拒绝 jùjué 거절하다 | 锻炼 duànliàn 단련하다 | 机会 jīhuì 기회 | 影响 yǐngxiǎng 영향을 미치다 | 勇于 yǒngyú 용감하게~하다 | 挑战 tiǎozhàn 도전하다 | 信任 xìnrèn 신임하다, 믿다 | 把握 bǎwò 잡다

问题 2 预测市场前景时最重要的是什么?
Yùcè shìchǎng qiánjǐng shí zuì zhòngyào de shì shénme?
시장 전망을 예측할 때 가장 중요한 것은 무엇입니까?

回答 1 未来的事情谁都无法先知,只有根据以前的经验判断现在的情况才能更好地展望未来。这时决策者的经验就尤为重要,所以我认为是决策者的知识与经验。
Wèilái de shìqing shéi dōu wúfǎ xiān zhī, zhǐ yǒu gēnjù yǐqián de jīngyàn pànduàn xiànzài de qíngkuàng cái néng gèng hǎo de zhǎnwàng wèilái. Zhè shí juécèzhě de jīngyàn jiù yóuwéi zhòngyào, suǒyǐ wǒ rènwéi shì juécèzhě de zhīshi yǔ jīngyàn.
미래의 일은 누구도 먼저 알 수 없기 때문에 이전의 경험을 근거로 현재의 상황을 판단해야지만, 미래를 전망할 수 있습니다. 이때 결정하는 사람의 경험이 가장 중요하므로, 저는 결정하는 사람의 지식과 경험이라고 생각합니다.

回答 2 我认为将理论分析与实际经验相结合才能更好地掌握未来的市场前景。理论分析会降低我们做出错误判断的风险,而实际经验会帮助我们判断目前的市场状况。
Wǒ rènwéi jiāng lǐlùn fēnxī yǔ shíjì jīngyàn xiāng jiéhé cái néng gèng hǎo de zhǎngwò wèilái de shìchǎng qiánjǐng. Lǐlùn fēnxī huì jiàngdī wǒmen zuò chū cuòwù pànduàn de fēngxiǎn, ér shíjì jīngyàn huì bāngzhù wǒmen pànduàn mùqián de shìchǎng zhuàngkuàng.
저는 이론 분석과 실제 경험이 서로 결합되어야만 미래의 시장 전망을 더 잘 파악할 수 있다고 생각합니다. 이론 분석은 우리가 잘못된 판단을 하게 될 위험을 낮춰주고, 실제 경험은 우리로 하여금 현재의 시장 상황을 판단하게 도와줍니다.

【해설】 시장 전망에 있어서 결정하는 사람의 능력과 경험, 이론 분석, 실제 경험 등이 도움이 될 수 있다. 적당한 근거를 들어 시장 전망 시 중요한 것이 무엇인지 답변하도록 하자.

【단어】 测评 cèpíng 추측하고 평론하다 | 市场 shìchǎng 시장 | 前景 qiánjǐng 전망, 장래 | 未来 wèilái 미래 | 无法 wúfǎ 방법이 없다 | 经验 jīngyàn 경험 | 总结 zǒngjié 정리하다, 총괄하다 | 展望 zhǎnwàng 전망하다 | 决策者 juécèzhě 결정하는 사람 | 尤为 yóuwéi 특별히, 특히 | 知识 zhīshi 지식 | 理论 lǐlùn 이론 | 分析 fēnxī 분석하다 | 结合 jiéhé 결합하다 | 掌握 zhǎngwò 장악하다, 파악하다 | 降低 jiàngdī 낮추다, 떨어뜨리다 | 错误 cuòwù 착오, 잘못 | 判断 pànduàn 판단하다 | 风险 fēngxiǎn 위험 | 状况 zhuàngkuàng 상황

问题 3 对于一个商业项目,应考察哪些方面?
Duìyú yí ge shāngyè xiàngmù, yīng kǎochá nǎ xiē fāngmiàn?
비즈니스 프로젝트에 있어서 어떤 방면을 조사해야 합니까?

回答 1 应考察这个项目的市场定位。比如说适合什么样的消费群体，选择哪种销售渠道，具有哪些竞争优势，这些都是决定这个项目有无市场前景的基本条件，也是项目考察的重点。
MP3 08-14-1
Yīng kǎochá zhè ge xiàngmù de shìchǎng dìngwèi. Bǐrú shuō shìhé shénmeyàng de xiāofèi qúntǐ, xuǎnzé nǎ zhǒng xiāoshòu qúdào, jùyǒu nǎ xiē jìngzhēng yōushì, zhè xiē dōu shì juédìng zhè ge xiàngmù yǒu wú shìchǎng qiánjǐng de jīběn tiáojiàn, yě shì xiàngmù kǎochá de zhòngdiǎn.

이 프로젝트의 시장 포지션을 조사해야 합니다. 예를 들어 어떠한 소비계층에 적합한지, 어떤 판매 루트를 선택해야 할지, 어떠한 경쟁 우위가 있는지, 이 모든 것들이 이 프로젝트가 시장 전망이 있는지 없는지를 결정해주는 기본 조건이자 프로젝트 조사의 중점이기도 합니다.

回答 2 我认为首先要考察这个商业项目中的竞争对手，包括产品的市场饱和度以及竞争对手的产品市场占有率。如果这个市场已经接近饱和，或者竞争对手的产品市场占有率很高的话，这个商业项目就没什么考察价值了。
MP3 08-14-2
Wǒ rènwéi shǒuxiān yào kǎochá zhè ge shāngyè xiàngmù zhōng de jìngzhēng duìshǒu, bāokuò chǎnpǐn de shìchǎng bǎohédù yǐjí jìngzhēng duìshǒu de chǎnpǐn shìchǎng zhànyǒulǜ. Rúguǒ zhè ge shìchǎng yǐjīng jiējìn bǎohé, huòzhě jìngzhēng duìshǒu de chǎnpǐn shìchǎng zhànyǒulǜ hěn gāo de huà, zhè ge shāngyè xiàngmù jiù méi shénme kǎochá jiàzhí le.

저는 먼저 상품의 시장 포화도 및 경쟁 상대의 상품 시장 점유율을 포함해서 이 비즈니스 프로젝트의 경쟁 상대가 누구인지 조사해야 한다고 생각합니다. 만약 이 시장이 이미 포화에 근접해 있거나 경쟁 상대의 상품 시장 점유율이 높다면, 이 비즈니스 프로젝트는 별다른 조사할만한 가치가 없습니다.

【해설】 비즈니스 프로젝트에서 가장 중요한 것은 경쟁 상품의 시장 점유율과 시장 포화도, 그리고 시장에서의 포지션이 어떻게 되는지 등을 파악하는 것이다. 다양한 관점에서 적절한 견해를 들어 답변해 보도록 하자.

【단어】 对于 duìyú ~에 대해 | 商业 shāngyè 상업, 비즈니스 | 项目 xiàngmù 프로젝트 | 考察 kǎochá 현지 조사하다, 시찰하다 | 方面 fāngmiàn 방면, 부분 | 比如 bǐrú 예를 들어 | 适合 shìhé 적합하다 | 消费群体 xiāofèi qúntǐ 소비계층 | 选择 xuǎnzé 선택하다 | 渠道 qúdào 경로, 루트 | 竞争 jìngzhēng 경쟁, 경쟁하다 | 优势 yōushì 우세, 장점 | 条件 tiáojiàn 조건 | 重点 zhòngdiǎn 핵심, 중점 | 对手 duìshǒu 경쟁 상대 | 包括 bāokuò 포함하다 | 饱和度 bǎohédù 포화도 | 以及 yǐjí 그리고, 및 | 占有率 zhànyǒulǜ 점유율 | 价值 jiàzhí 가치

3부분 情景模拟 주어진 상황에 맞게 말하기

Chapter 9 설명과 안내-일반 비즈니스

112p

[초단기 연습]

问题

MP3 09-8

明天是周末，你跟同事约好一起去餐厅吃饭。请你打电话告诉他见面的时间以及地点。
Míngtiān shì zhōumò, nǐ gēn tóngshì yuē hǎo yìqǐ qù cāntīng chī fàn. Qǐng nǐ dǎ diànhuà gàosu tā jiànmiàn de shíjiān yǐjí dìdiǎn.

내일은 주말입니다. 당신은 동료와 식당에 가서 밥을 먹기로 약속했습니다. 그에게 전화해서 만날 시간 및 장소를 알려주세요.

回答 1 小李，咱不是约好明天要见面嘛，你没忘吧？我在博客上找到一家很有名的海鲜餐厅。如果不提前预定的话，要排很长时间呢，所以我昨晚已经预定好了。明天中午十二点半在公司门口见，怎么样？要不我把这家餐，厅的地址发给你，你直接去也可以。
MP3 09-8-1
Xiǎo Lǐ, zán bú shì yuē hǎo míngtiān yào jiànmiàn ma, nǐ méi wàng ba? Wǒ zài bókè shàng zhǎodào yì jiā hěn yǒumíng de hǎixiān cāntīng. Rúguǒ bù tíqián yùdìng de huà, yào pái hěn cháng shíjiān ne, suǒyǐ wǒ zuówǎn yǐjīng yùdìng hǎo le. Míngtiān zhōngwǔ shí'èr diǎn bàn zài gōngsī ménkǒu jiàn, zěnmeyàng? Yàobù wǒ bǎ zhè jiā cāntīng de dìzhǐ fā gěi nǐ, nǐ zhíjiē qù yě kěyǐ.

샤오리, 내일 우리 만나기로 했는데, 잊지 않았죠? 제가 블로그에서 매우 유명한 해산물 레스토랑을 찾았어요. 미리 예약을 하지 않으면 오래 기다려야 해서 제가 어제 저녁에 이미 예약해 두었어요. 내일 점심 12시 반에 회사 입구에서 만나는 것이 어때요? 아니면 제가 이 식당의 주소를 보내드릴 테니, 그쪽으로 바로 와도 되고요.

回答 2 小李，我是小王。还记得咱明天中午见面的事儿吧？我昨晚在网上发现咱公司附近新开了一家餐厅，很多人都推荐这家餐厅呢，咱们也去尝尝吧。明天中午十二点半在公司门口见，怎么样？或者一会儿我把见面的时间和地点发给你，咱们到时候不见不散吧。
MP3 09-8-2
Xiǎo Lǐ, wǒ shì Xiǎo Wáng. Hái jìde zán míngtiān zhōngwǔ jiànmiàn de shìr ba? Wǒ zuówǎn zài wǎngshàng fāxiàn zán gōngsī fùjìn xīn kāi le yì jiā cāntīng, hěn duō rén dōu tuījiàn zhè jiā cāntīng ne, zánmen yě qù chángchang ba. Míngtiān zhōngwǔ shí'èr diǎn bàn zài gōngsī ménkǒu jiàn, zěnmeyàng? Huòzhě yíhuìr wǒ bǎ jiànmiàn de shíjiān hé dìdiǎn fā gěi nǐ, zánmen dào shíhou bújiànbúsàn ba.

샤오리, 저 샤오왕이에요. 우리 내일 점심에 만나기로 한 일 기억하고 있죠? 제가 어제 저녁에 인터넷에서 우리 회사 근처에 새로 오픈한 식당을 발견했어요. 많은 사람들이 이 식당을 추천하던데 우리도 가서 먹어봐요. 내일 점심 12시 반에 회사 입구에서 만나는 건 어때요? 아니면 조금 이따가 제가 만날 시간과 장소를 보낼 테니, 우리 그때 꼭 만나요.

【해설】 질문의 핵심이 동료에게 만날 시간 및 장소를 안내하는 것이므로 반드시 시간과 장소를 언급해야 한다. 덧붙여 어떤 식당인지, 미리 예약은 했는지 등 부연 설명을 추가하여 60초를 채우도록 한다.

【단어】 同事 tóngshì 동료 | 约好 yuē hǎo 약속하다 | 餐厅 cāntīng 레스토랑 | 以及 yǐjí 및, 그리고 | 忘 wàng 잊다 | 博客 bókè 블로그 | 有名 yǒumíng 유명하다 | 海鲜 hǎixiān 해산물 | 提前 tíqián 앞당기다 | 预定 yùdìng 예약하다 | 排 pái 줄 서다 | 地址 dìzhǐ 주소 | 直接 zhíjiē 직접 | 记得 jìde 기억하다 | 附近 fùjìn 부근, 근처 | 推荐 tuījiàn 추천하다 | 尝 cháng 맛보다 | 不见不散 bújiànbúsàn 만날 때까지 기다리다

[초단기 실전]

 问题 1

你从昨晚开始身体就不舒服，早上来到了医院看病。请你向上司说明你现在的身体状况并跟他请假。
Nǐ cóng zuówǎn kāishǐ shēntǐ jiù bù shūfu, zǎoshang lái dào le yīyuàn kànbìng. Qǐng nǐ xiàng shàngsī shuōmíng nǐ xiànzài de shēntǐ zhuàngkuàng bìng gēn tā qǐngjià.

당신은 어제 저녁부터 몸이 좋지 않아서 아침에 진찰 받으려고 병원에 왔습니다. 상사에게 당신의 현재 몸 상태를 이야기하고 휴가를 신청하세요.

回答 1 部长您好，我从昨晚开始身体就不太舒服。发高烧，头疼。早上吃了药，但还是没有好转。所以我想去医院看病，我能不能跟您请一天病假呢?
Bùzhǎng nín hǎo, wǒ cóng zuówǎn kāishǐ shēntǐ jiù bú tài shūfu. Fā gāo shāo, tóuténg. Zǎoshang chī le yào, dàn háishi méiyǒu hǎozhuǎn. Suǒyǐ wǒ xiǎng qù yīyuàn kànbìng, wǒ néng bu néng gēn nín qǐng yì tiān bìngjià ne?

부장님 안녕하세요. 제가 어제 저녁부터 몸이 좀 좋지 않습니다. 열이 많이 나고 머리도 아픕니다. 아침에 약을 먹었는데 좋아지지 않네요. 그래서 병원에 좀 가서 진찰을 받으려고 하는데 병가를 하루 신청할 수 있을까요?

回答 2 部长您好，我昨天聚餐时吃了点儿生鱼片，好像坏肚子了，回家后一直上吐下泻的，半夜还发烧了。我现在在医院，医生建议我做一些检查，我可以请半天假吗? 做完检查我会直接去公司的。
Bùzhǎng nín hǎo, wǒ zuótiān jùcān shí chī le diǎnr shēngyúpiàn, hǎoxiàng huài dùzi le, huíjiā hòu yīzhí shàngtùxiàxiè de, bànyè hái fāshāo le. Wǒ xiànzài zài yīyuàn, yīshēng jiànyì wǒ zuò yì xiē jiǎnchá, wǒ kěyǐ qǐng bàntiān jià ma? Zuò wán jiǎnchá wǒ huì zhíjiē qù gōngsī de.

부장님 안녕하세요. 제가 어제 회식 때 회를 좀 먹었는데 배탈이 난 것 같아요. 집에 가서 계속 구토하고 설사하고 밤에 열도 나더라고요. 제가 지금 병원에 있는데 의사 선생님이 검사를 좀 하라고 하셔서 반차를 쓸 수 있을까요? 검사 후에 바로 회사로 가도록 하겠습니다.

【해설】 병가 신청을 하는 원인에 대해서는 반드시 언급해야 하며, 원인이 구체적이고 자세할수록 고득점을 받는데 유리하다. 마지막으로 병가를 얼마 동안 신청할지 이야기하여 답변을 마무리한다.

【단어】 发烧 fāshāo 열 나다 | 头疼 tóuténg 머리가 아프다 | 药 yào 약 | 好转 hǎozhuǎn 호전되다, 좋아지다 | 医院 yīyuàn 병원 | 看病 kànbìng 진찰하다 | 请病假 qǐng bìngjià 병가를 신청하다 | 聚餐 jùcān 회식하다 | 生鱼片 shēngyúpiàn 회 | 好像 hǎoxiàng 마치~인 것 같다 | 坏肚子 huài dùzi 배탈이 나다 | 上吐下泻 shàngtùxiàxiè 구토하고 설사하다 | 医生 yīshēng 의사 | 建议 jiànyì 건의하다, 제안하다 | 检查 jiǎnchá 검사하다

 问题 2

你们公司同意将生产机械零部件的独家代理权授权给中国公司。请你说明一下有关具体内容。
Nǐmen gōngsī tóngyì jiāng shēngchǎn jīxiè língbùjiàn de dújiā dàilǐquán shòuquán gěi Zhōngguó gōngsī. Qǐng nǐ shuōmíng yí xià yǒuguān jùtǐ nèiróng.

당신의 회사는 생산기계 부품의 독점대리권을 중국 회사에게 부여하는 것에 동의하였습니다. 구체적인 관련 내용을 설명하세요.

回答 1 独家代理权的有效范围包括中国内陆以及港澳台地区。代理期限为十年，二零一五年一月一号起生效，至二零二五年一月一号止，代理方须支付授权方销售额的5%作为佣金，若有违约行为，将依法处理。
Dújiā dàilǐquán de yǒuxiào fànwéi bāokuò Zhōngguó nèilù yǐjí Gǎng'àotái dìqū. Dàilǐ qīxiàn wéi shí nián, èr líng yī wǔ nián yī yuè yī hào qǐ shēngxiào, zhì èr líng èr wǔ nián yī yuè yī hào zhǐ, dàilǐfāng xū zhīfù shòuquánfāng xiāoshòu'é de bǎi fēn zhī wǔ zuòwéi yòngjīn, ruò yǒu wéi xíngwéi, jiāng yī fǎ chǔlǐ.

독점대리권의 유효 범위는 중국 대륙 및 홍콩, 마카오, 대만 지역을 포함합니다. 독점대리권의 유효 기간은 10년으로 2015년 1월1일부터 2025년 1월 1일까지 효력이 발생됩니다. 대리점은 반드시 매출액의 5%를 커미션으로 권리 부여자에게 지불해야 하며, 만약 위반 행위가 있다면 법에 의거하여 처리하도록 합니다.

모범 답변 및 해설

回答2 独家代理权的有效范围在中国内陆以及港澳台地区。于二零一五年一月一号起生效，至二零二五年一月一号为止，有效期为十年。代理方有权使用产品商标，但只限于本合同内规定的产品销售范围。对于同种类商品的新产品，代理方具有同等的代理权。

Dújiā dàilǐquán de yǒuxiào fànwéi zài Zhōngguó nèilù yǐjí Gǎng'àotái dìqū. Yú èr líng yī wǔ nián yī yuè yī hào qǐ shēngxiào, zhì èr líng èr wǔ nián yī yuè yī hào wéizhǐ, yǒuxiàoqī wéi shí nián. Dàilǐfāng yǒu quán shǐyòng chǎnpǐn shāngbiāo, dàn zhǐ xiànyú běn hétong nèi guīdìng de chǎnpǐn xiāoshòu fànwéi. Duìyú tóngzhǒnglèi shāngpǐn de xīnchǎnpǐn, dàilǐfāng jùyǒu tóngděng de dàilǐquán.

독점대리권의 유효 범위는 중국 대륙 및 홍콩, 마카오, 대만 지역을 포함합니다. 2015년 1월 1일부터 2025년 1월 1일까지 효력이 발생됩니다. 대리점은 상품의 상표를 사용할 권한이 있으나 계약서 내 규정된 상품판매 범위로만 제한됩니다. 같은 종류의 신상품에 대해 대리점은 동등한 대리권을 갖습니다.

【해설】 독점대리권의 권한을 부여할 때 주의해야 할 사항, 유효 범위, 상표 사용 권한, 기타 주의 사항 등을 이야기하면 된다. 독점대리권 권한에 대한 설명은 단어를 모르면 답변하는데 어려움이 있으므로 관련 단어들을 반드시 익혀야 한다.

【단어】 同意 tóngyì 동의하다 | 将 jiāng ~을, ~를 | 生产 shēngchǎn 생산하다 | 机械 jīxiè 기계 | 零部件 língbùjiàn 부품 | 独家代理权 dújiā dàilǐquán 독점대리권 | 授权 shòuquán 권한을 부여하다 | 具体 jùtǐ 구체적이다 | 内容 nèiróng 내용 | 有效 yǒuxiào 유효하다, 효력이 있다 | 范围 fànwéi 범위 | 包括 bāokuò 포함하다 | 内陆 nèilù 대륙 | 港澳台 Gǎng'àotái 홍콩·마카오·대만 | 地区 dìqū 지역 | 限为 xiànwéi ~로 제한하다 | 生效 shēngxiào 효력이 발생하다 | 支付 zhīfù 지불하다 | 销售额 xiāoshòu'é 판매 금액 | 作为 zuòwéi ~으로 삼다, ~로 하다 | 佣金 yòngjīn 커미션 | 若 ruò 만약 | 违约 wéiyuē 계약을 위반하다 | 行为 xíngwéi 행위 | 依法 yīfǎ 법에 의거하여 | 处理 chǔlǐ 처리하다 | 由~起 yóu~ qǐ ~부터 시작하다 | 至~为止 zhì~ wéi zhǐ ~까지, ~로 끝내다 | 有效期 yǒuxiàoqī 유효 기간 | 使用 shǐyòng 사용하다 | 商标 shāngbiāo 상표 | 规定 guīdìng 규정 | 销售 xiāoshòu 판매하다

问题3 由于你的离职而要与新职员进行工作交接。请你向新职员说明一下你的工作范围以及注意事项。

Yóuyú nǐ de lízhí ér yào yǔ xīnzhíyuán jìnxíng gōngzuò jiāojiē. Qǐng nǐ xiàng xīnzhíyuán shuōmíng yí xià nǐ de gōngzuò fànwéi yǐjí zhùyì shìxiàng.

당신이 사직하게 되어서 신입 직원에게 업무 인수인계를 해야 합니다. 신입 직원에게 당신의 업무 범위 및 주의 사항을 설명해 주세요.

回答1 我来跟你交接一下工作。我们部主要负责制定公司的发展规划，所以这些资料属于企业无形资产，万一丢失需要付出高额的成本才能重建，所以平时要注意管理好这些资料。这是我的联系号码，如果以后遇到其他问题，请随时和我联系。

Wǒ lái gēn nǐ jiāojiē yí xià gōngzuò. Wǒmen bù zhǔyào fùzé zhìdìng gōngsī de fāzhǎn guīhuà, suǒyǐ zhè xiē zīliào shǔyú qǐyè wúxíngzīchǎn, wànyī diūshī xūyào fùchū gāo'é de chéngběn cái néng chóng jiàn, suǒyǐ píngshí yào zhùyì guǎnlǐ hǎo zhè xiē zīliào. Zhè shì wǒ de liánxìhàomǎ, rúguǒ yǐhòu yùdào qítā wèntí, qǐng suíshí hé wǒ liánxì.

제가 업무 인수인계를 하도록 할게요. 우리 부서는 주로 회사의 발전 계획 제정을 담당하고 있고, 이 자료들은 회사의 무형자산에 속하는 것으로 만약 분실할 경우 높은 비용을 들여서 다시 만들어야 하기 때문에 평소에 이 자료들을 관리하는데 주의해야 해요. 이것은 제 연락처예요. 만약 다른 문제가 생기면 언제든지 저에게 연락하세요.

回答2 小明，我简单地跟你说一下交接的内容。这是客户信息，我把所有与客户相关的信息都整理好了，你需要的时候可以参考一下。你的主要工作是要详细记录订单信息，有些客户的信息和订单信息发生了变化的话，一定要及时更新，要不然以后工作起来会很麻烦。如果工作中还有什么疑问，你可以问小张，他会帮你。

Xiǎo Míng, wǒ jiǎndān de gēn nǐ shuō yí xià jiāojiē de nèiróng. Zhè shì kèhù xìnxī, wǒ bǎ suǒyǒu yǔ kèhù xiāngguān de xìnxī dōu zhěnglǐ hǎo le, nǐ xūyào de shíhou kěyǐ cānkǎo yí xià. Nǐ de zhǔyào gōngzuò shì yào xiángxì jìlù dìngdān xìnxī, yǒu xiē kèhù de xìnxī hé dìngdān xìnxī fāshēng le biànhuà de huà, yídìng yào jíshí gēngxīn, yàobùrán yǐhòu gōngzuò qǐlái huì hěn máfan. Rúguǒ gōngzuò zhōng hái yǒu shénme yíwèn, nǐ kěyǐ wèn Xiǎo Zhāng, tā huì bāng nǐ.

샤오밍, 제가 간단하게 업무 인수인계 내용을 설명할게요. 이것은 고객 자료예요. 제가 모든 고객 관련 자료를 다 정리해 두었으니 필요할 때 참고하세요. 당신의 주요 업무는 상세하게 주문 정보를 기록하는 것이에요. 일부 고객들의 정보와 주문 정보에 변화가 생긴다면 반드시 바로 업데이트해야지 그렇지 않으면 이후의 업무가 복잡해질 거예요. 만약 업무 중 궁금한 점이 생기면 샤오장에게 물어봐도 돼요. 그가 당신을 도와 줄 거예요.

【해설】 업무 인수인계와 관련된 내용이다. 업무 상황, 주의점, 관련 자료 정리 등 세부적인 사항을 소개하고 문제가 생겼을 때 어찌해야 하는지 추가로 알려주는 내용으로 답변으로 마무리한다.

【단어】 由于 yóuyú 왜냐하면 | 离职 lízhí 직장을 떠나다, 사직하다 | 与 yǔ 와 | 工作交接 gōngzuò jiāojiē 업무 인수인계 | 说明 shuōmíng 설명하다 | 注意事项 zhùyì shìxiàng 주의 사항 | 主要 zhǔyào 주요하다 | 负责 fùzé 책임지다 | 制定 zhìdìng 세우다, 제정하다 | 规划 guīhuà 기획하다 | 资料 zīliào 자료 | 属于 shǔyú ~에 속하다 | 企业 qǐyè 기업 | 资产 zīchǎn 자산 | 万一 wànyī 만일, 만약 | 丢失 diūshī 분실하다 | 需要 xūyào 필요하다 | 付出 fùchū 들이다, 바치다 | 成本 chéngběn 원가 | 管理 guǎnlǐ 관리하다, 맡다 | 联系号码 liánxìhàomǎ 연락처 | 如果 rúguǒ 만약 | 遇到 yùdào 만나다 | 随时 suíshí 언제든지 | 联系 liánxì 연락하다 | 简单 jiǎndān 간단하다 | 客户 kèhù 고객 | 信息 xìnxī 소식, 정보 | 参考 cānkǎo 참고하다 | 详细 xiángxì 상세하다 | 记录 jìlù 기록하다 | 订单 dìngdān 주문서 | 变化 biànhuà 변화 | 及时 jíshí 제때에, 즉시 | 更新 gēngxīn 업데이트하다 | 麻烦 máfan 귀찮다, 번거롭다 | 疑问 yíwèn 의문

Chapter 10 설명과 안내-직무 비즈니스

120p

[초단기 연습]

问题
MP3 10-8

你是一名销售员。请从价格、功能、特点等方面来介绍一下这台电视机。
Nǐ shì yì míng xiāoshòuyuán. Qǐng cóng jiàgé、gōngnéng、tèdiǎn děng fāngmiàn lái jièshào yí xià zhè tái diànshìjī.
당신은 판매원입니다. 가격, 기능, 특징 등의 방면에서 이 TV를 소개해 보세요.

回答1
MP3 10-8-1

这台是3D超大屏液晶电视。除了基本收视功能之外,还支持无线上网、多屏互动、语音、手势识别等新功能,让您在观看电视的同时,感受到无尽的快乐。现在正好搞优惠活动,价格也很实惠,请别错过这次机会。
Zhè tái shì sānD chāodàpíng yèjīng diànshì. Chú le jīběn shōushì gōngnéng zhīwài, hái zhīchí wúxiànshàngwǎng、duōpínghùdòng、yǔyīn、shǒushì shíbié děng xīn gōngnéng, ràng nín zài guānkàn diànshì de tóngshí, gǎnshòu dào wújìn de kuàilè. Xiànzài zhènghǎo gǎo yōuhuì huódòng, jiàgé yě hěn shíhuì, qǐng bié cuòguò zhè cì jīhuì.
이것은 3D 초대형 액정 TV입니다. 기본 TV 시청 기능 이외에, 무선 인터넷, 멀티스크린, 음성, 모션 인식 등 새로운 기능을 지원하여 TV를 보는 동시에 끊임없는 즐거움을 느끼게 할 것입니다. 현재 마침 세일을 하고 있어서 가격도 합리적입니다. 이번 기회를 놓치지 마세요.

回答2
MP3 10-8-2

这台电视机是一款最新上市的智能电视。新增加了网络搜索、视频点播、网络视频电话等功能。价格也很实惠,如果您有会员卡,还可以打九折,并赠送3D眼镜。而且我们提供送货上门的服务,以及三年的无偿维修服务。
Zhè tái diànshìjī shì yì kuǎn zuìxīn shàngshì de zhìnéng diànshì. Xīn zēngjiā le wǎngluò sōusuǒ、shìpíndiǎnbō、wǎngluò shìpín diànhuà děng gōngnéng. Jiàgé yě hěn shíhuì, rúguǒ nín yǒu huìyuánkǎ, hái kěyǐ dǎ jiǔ zhé, bìng zèngsòng sānD yǎnjìng. Érqiě wǒmen tígōng sònghuòshàngmén de fúwù, yǐjí sān nián de wúcháng wéixiū fúwù.
이 TV는 새로 출시된 스마트 TV 입니다. 인터넷 검색 기능, VOD, 인터넷 화상 전화 등 새로운 기능이 추가되었습니다. 가격도 합리적이어서 만약 회원카드가 있으시다면 10%가 할인되고 3D 안경을 증정해 드립니다. 게다가 집까지 무료로 배송해 드리며 3년 동안 무상으로 A/S 해 드립니다.

【해설】 질문의 요구 사항에 맞춰 TV의 가격, 기능, 특징 등을 모두 언급한다. 가전제품의 기능은 3부분뿐만 아니라 5부분에서도 종종 출제되므로 기능 관련 단어는 미리 익혀둔다.

【단어】 价格 jiàgé 가격 | 功能 gōngnéng 기능 | 特点 tèdiǎn 특징 | 方面 fāngmiàn 방면, 부분 | 介绍 jièshào 소개하다 | 台 tái 대(가전제품을 세는 단위) | 电视机 diànshìjī TV | 超大屏 chāodàpíng 초대형 스크린 | 液晶 yèjīng 액정 | 除了 chú le 을 제외하고 | 基本 jīběn 기본 | 收视 shōushì 시청하다 | 支持 zhīchí 지원하다 | 无线上网 wúxiànshàngwǎng 무선 인터넷, 와이파이 | 多屏互动 duōpínghùdòng 멀티스크린 | 语音 yǔyīn 음성 | 手势识别 shǒushì shíbié 모션 인식 | 观看 guānkàn 보다 | 感受 gǎnshòu 느끼다 | 无尽 wújìn 끝이 없다, 무한하다 | 搞 gǎo 하다 | 优惠活动 yōuhuì huódòng 할인 행사 | 实惠 shíhuì 실속 있다, 실용적이다 | 别 bié ~하지 마라 | 错过 cuòguò 놓치다 | 机会 jīhuì 기회 | 款 kuǎn 양식, 스타일 | 上市 shàngshì 출시되다 | 智能电视 zhìnéng diànshì 스마트 TV | 增加 zēngjiā 증가하다 | 网络 wǎngluò 네트워크 | 搜索 sōusuǒ 검색하다, 찾다 | 视频点播 shìpíndiǎnbō VOD | 网络视频电话 wǎngluò shìpín diànhuà 인터넷 화상 전화 | 会员卡 huìyuánkǎ 회원카드 | 打折 dǎzhé 할인하다 | 赠送 zèngsòng 증정하다 | 眼镜 yǎnjìng 안경 | 提供 tígōng 제공하다 | 送货上门 sònghuòshàngmén 집까지 배송해 주다 | 服务 fúwù 서비스 | 以及 yǐjí 그리고, 및 | 无偿维修 wúcháng wéixiū 무상 A/S

[초단기 실전]

问题1
MP3 10-9

你在市场部工作,你将要评估这次推出的新产品价格。请你告诉部里人定价依据是什么。
Nǐ zài shìchǎngbù gōngzuò, nǐ jiāng yào pínggū zhè cì tuīchū de xīnchǎnpǐn jiàgé. Qǐng nǐ gàosu bù lǐ rén dìngjià yījù shì shénme.
당신은 마케팅팀에서 근무하며 이번에 출시할 신상품의 가격을 정하려고 합니다. 부서 사람들에게 가격 책정의 근거가 무엇인지 알려주세요.

回答1
MP3 10-9-1

与市面上的产品相比,我们产品的价格与竞争商品相差不能太大。但是这次新产品具有多种新功能,因此只要考虑物价上涨幅度就行。我认为应高于原产品价格的20%,你们觉得怎么样?
Yǔ shìmiàn shàng de chǎnpǐn xiāngbǐ, wǒmen chǎnpǐn de jiàgé yǔ jìngzhēng shāngpǐn xiāngchà bù néng tài dà. Dànshì zhè cì xīnchǎnpǐn jùyǒu duō zhǒng xīn gōngnéng, yīncǐ zhǐyào kǎolǜ wùjià shàngzhǎng fúdù jiù xíng. Wǒ rènwéi yīng gāoyú yuán chǎnpǐn jiàgé de bǎi fēn zhī èr shí, nǐmen juéde zěnmeyàng?
시장에 있는 상품들과 비교할 때, 우리의 상품 가격과 경쟁 상품의 가격 차이가 많이 날 수 없습니다. 하지만 이번 신제품에는 여러 새로운 기

능이 구비되어 있기 때문에 물가 상승률 폭만 고려하면 될 것 같습니다. 저는 기존 상품 가격보다 20% 높아야 한다고 생각하는데 여러분들의 생각은 어떠합니까?

回答2
MP3 10-9-2

我在调查产品市场状况时发现，我们的新产品在市场上占据很大的优势，客户的满意度也较高。而且最关键是市场需求量大，竞争压力小。所以我认为价位为一千五百至两千元左右的话可以获得相当的利润。你们觉得怎么样？

Wǒ zài diàochá chǎnpǐn shìchǎng zhuàngkuàng shí fāxiàn, wǒmen de xīnchǎnpǐn zài shìchǎng shàng zhànjù hěn dà de yōushì, kèhù de mǎnyìdù yě jiào gāo. Érqiě zuì guānjiàn shì shìchǎng xūqiúliàng dà, jìngzhēng yālì xiǎo. Suǒyǐ wǒ rènwéi jiàwèi wéi yì qiān wǔ bǎi zhì liǎng qiān yuán zuǒyòu de huà kěyǐ huòdé xiāngdāng de lìrùn. Nǐmen juéde zěnmeyàng?

제가 상품 시장 현황을 조사하면서 우리의 신제품이 시장에서 매우 높은 우위를 차지하고 있고, 고객의 만족도도 비교적 높다는 것을 알게 되었습니다. 게다가 관건은 시장의 수요량이 매우 많고 경쟁 압박은 낮다는 것입니다. 그래서 저는 가격이 1500위안에서 2000위안 정도면 상당한 이윤을 얻을 수 있다고 생각합니다. 여러분들은 어떻게 생각하세요?

【해설】 가격 책정의 근거는 경쟁 상품과의 가격 비교, 신제품의 추가된 기능, 물가 상승률, 고객의 만족도 등에서 다양하게 제시할 수 있다. 최소 3가지 정도의 근거 요소를 언급하여 답변하다.

【단어】 市场部 shìchǎngbù 마케팅팀 | 将要 jiāngyào 장차~하려 하다 | 评估 pínggū 평가하다 | 推出 tuīchū 내놓다, 선보이다 | 告诉 gàosu 알려주다 | 定价 dìngjià 가격을 정하다 | 依据 yījù 근거 | 与~相比 yǔ~ xiāngbǐ ~와 서로 비교하다 | 竞争 jìngzhēng 경쟁, 경쟁하다 | 考虑 kǎolǜ 고려하다 | 物价上涨幅度 wùjià shàngzhǎng fúdù 물가상승률 | 调查 diàochá 조사하다 | 状况 zhuàngkuàng 상황 | 发现 fāxiàn 발견하다, 알아차리다 | 占据 zhànjù 점거하다, 점유하다 | 优势 yōushì 우세, 장점 | 客户 kèhù 고객 | 满意度 mǎnyìdù 만족도 | 关键 guānjiàn 관건 | 需求量 xūqiúliàng 수요량 | 压力 yālì 압박, 스트레스 | 价位 jiàwèi 가격 수준, 가격 | 获得 huòdé 얻다, 획득하다 | 相当 xiāngdāng 상당하다 | 利润 lìrùn 이윤

问题2
MP3 10-10

你在法务部工作，这次你们公司将要进口新的食品原材料。作为法务部的职员，说明一下进口食品原材料时需要提供的材料。

Nǐ zài fǎwùbù gōngzuò, zhè cì nǐmen gōngsī jiāngyào jìnkǒu xīn de shípǐn yuáncáiliào. Zuòwéi fǎwùbù de zhíyuán, shuōmíng yí xià jìnkǒu shípǐn yuáncáiliào shí xūyào tígōng de cáiliào.

당신은 법무팀에서 근무합니다. 이번에 당신 회사는 새로운 식품 원재료를 수입하기로 했습니다. 법무팀의 직원으로서 식품 원재료를 수입할 때 제공해야 하는 자료에 대해 설명하세요.

回答1
MP3 10-10-1

目前对食品原材料的进口申报标准非常严格。要提交进口食品原材料出口国相关部门或机构出具的允许该产品在本国生产或者销售的证明材料以及对生产企业的认证材料。

Mùqián duì shípǐn yuáncáiliào de jìnkǒu shēnbào biāozhǔn fēicháng yángé. Yào tíjiāo jìnkǒu shípǐn yuáncáiliào chūkǒuguó xiāngguān bùmén huò jīgòu chūjù de yǔnxǔ gāi chǎnpǐn zài běnguó shēngchǎn huòzhě xiāoshòu de zhèngmíng cáiliào yǐjí duì shēngchǎn qǐyè de rènzhèng cáiliào.

현재 식품 원재료 수입에 대한 신고 기준이 매우 엄격합니다. 수입하려는 식품 원재료의 수출 국가 관련 부서 혹은 기관에서 발급한 본 상품의 자국 생산 혹은 판매 허가 증명 자료 및 생산 기업에 대한 인증 자료를 제출해야 합니다.

回答2
MP3 10-10-2

需要准备的材料如下。首先需要提供食品原材料研制报告以及安全性评估报告。其次要提供相关生产工艺，比如质量规格、检验方法等等，还需要提供标签及说明书。另外委托代理申报时需要未启封的最小包装样品一件。

Xūyào zhǔnbèi de cáiliào rúxià. Shǒuxiān xūyào tígōng shípǐn yuáncáiliào yánzhì bàogào yǐjí ānquánxìng pínggū bàogào. Qícì yào tígōng xiāngguān shēngchǎn gōngyì, bǐrú zhìliàng guīgé、jiǎnyàn fāngfǎ děngděng, hái xūyào tígōng biāoqiān jí shuōmíngshū. Lìngwài wěituō dàilǐ shēnbào shí xūyào wèi qǐfēng de zuìxiǎo bāozhuāng yàngpǐn yí jiàn.

준비해야 할 자료는 다음과 같습니다. 먼저 식품 원재료 연구 제작 보고서 및 안전성 평가 보고서를 제공해야 합니다. 그 다음 생산 공정과 관련된, 예를 들어 품질 규격, 검사 방법 등을 제공해야 하며 더불어 라벨 및 설명서도 제공해야 합니다. 그 밖에 위임 대리로 신고할 경우 미개봉된 최소 단위의 포장된 샘플 하나가 필요합니다.

【해설】 법적 관련 자료에 대한 설명은 미리 공부하지 않으면 절대로 시험장에서 답변을 할 수 없다. 비록 식품 원재료 수입 관련 문제이지만, 위에 제시된 답변은 수입 관련 증빙에 대한 내용이므로 관련 단어를 미리 익혀 다른 비슷한 문제에도 응용할 수 있도록 하자.

【단어】 法务部 fǎwùbù 법무팀 | 进口 jìnkǒu 수입하다 | 食品原材料 shípǐn yuáncáiliào 식품 원재료 | 作为 zuòwéi ~(신분/자격) 으로서 | 职员 zhíyuán 직원 | 说明 shuōmíng 설명하다 | 需要 xūyào 필요하다 | 提供 tígōng 제공하다 | 材料 cáiliào 자료 | 目前 mùqián 현재 | 申报 shēnbào 신고하다 | 标准 biāozhǔn 기준 | 严格 yángé 엄격하다 | 提交 tíjiāo 제출하다 | 出口国 chūkǒuguó 수출국 | 部门 bùmén 부서 | 机构 jīgòu 기구 | 出具 chūjù 발급하다, 발행하다 | 允许 yǔnxǔ 허락하다, 허가하다 | 该 gāi (앞에서 언급한) 이, 그 | 生产 shēngchǎn 생산하다 | 销售 xiāoshòu 판매하다 | 证明 zhèngmíng 증명하다 | 企业 qǐyè 기업 | 认证 rènzhèng 인증하다 | 如下 rúxià 다음과 같다, 아래와 같다 | 首先 shǒuxiān 가장 먼저 | 研制 yánzhì 연구 제작하다 | 报告 bàogào 보고하다 | 其次 qícì 그 다음, 두 번째 | 生产工艺 shēngchǎngōngyì 생산 공정 | 规格 guīgé 표준, 규격 | 检验 jiǎnyàn 검증하다, 검사하다 | 方法 fāngfǎ 방법 | 标签 biāoqiān 상표, 라벨 | 另外 lìngwài 그 밖에, 별도로 | 委托代理 wěituōdàilǐ 위임 대리 | 启封 qǐfēng 뜯다, 개봉하다 | 包装 bāozhuāng 포장하다 | 样品 yàngpǐn 샘플

问题3
MP3 10-11

你在财务部工作。有个同事想知道公司差旅费报销流程，请你向他说明一下。

Nǐ zài cáiwùbù gōngzuò. Yǒu ge tóngshì xiǎng zhīdao gōngsī chāilǚfèi bàoxiāo liúchéng, qǐng nǐ xiàng tā shuōmíng yí xià.

당신은 재무팀에서 근무합니다. 한 동료가 회사 출장비용 정산 과정을 알고 싶어합니다. 그에게 설명해 주세요.

回答1
MP3 10-11-1

首先出差之前必须填写"出差申请单"，并在出差回来后的三个工作日内，携带部门负责人签署的有效单据，向财务部申请，经财务负责人审核后就可以报销了。

Shǒuxiān chūchāi zhīqián bìxū tiánxiě "chūchāi shēnqǐngdān", bìng zài chūchāi huílái hòu de sān ge gōngzuòrì nèi, xiédài bùmén fùzérén qiānshǔ de yǒuxiào dānjù, xiàng cáiwùbù shēnqǐng, jīng cáiwù fùzérén shěnhé hòu jiù kěyǐ bàoxiāo le.

먼저 출장 전에 반드시 '출장 신청서'를 작성해 주세요. 그리고 출장에서 돌아오면 근무일자로 3일 안에 부서 책임자 사인이 있는 유효 영수증을 가지고 재무팀에 신청하면 재무팀 담당자의 확인을 거쳐 정산할 수 있습니다.

回答2
MP3 10-11-2

出差之前首先要填写"出差申请单"，注明出差地点、事由。出差回来后的三个工作日内，凭借由部门负责人签字的有效发票向财务部申报。这时所有的报销票据必须为当时当地发生的票据。之后财务部就会按照报销标准结算差旅费，整个过程大概需要一周左右的时间。

Chūchāi zhīqián shǒuxiān yào tiánxiě "chūchāi shēnqǐngdān", zhùmíng chūchāi dìdiǎn、shìyóu. Chūchāi huílái hòu de sān ge gōngzuòrì nèi, píngjiè yóu bùmén fùzérén qiānzì de yǒuxiào fāpiào xiàng cáiwùbù shēnbào. Zhè shí suǒyǒu de bàoxiāo piàojù bìxū wéi dāngshídāngdì fāshēng de piàojù. Zhīhòu cáiwùbù jiù huì ànzhào bàoxiāo biāozhǔn jiésuàn chāilǚfèi, zhěng ge guòchéng dàgài xūyào yì zhōu zuǒyòu de shíjiān.

출장 전에 먼저 "출장 신청서"를 작성하시고 출장지, 사유 등을 반드시 밝혀주세요. 출장에서 돌아오면 근무일자로 3일 내에 부서 담당자 사인이 있는 유효 영수증을 재무팀으로 제출해 주세요. 이 때 모든 정산 영수증은 출장 당일 현지에서 생긴 영수증이어야 합니다. 그러면 재무팀에서 정산 기준을 근거로 출장 경비를 결산해 드리며, 모든 과정은 대략 1주일 쯤의 시간이 소요됩니다.

【해설】출장 경비 신청은 출제 가능성이 높은 문제이다. 단어 난이도가 높은 만큼 반드시 따로 정리하여 외워두고, 답변 시 단어 때문에 휴지(休止)가 많이 생기지 않도록 충분한 연습을 해야한다.

【단어】**财务部** cáiwùbù 재무팀 | **差旅费** chāilǚfèi 출장 비용 | **报销** bàoxiāo 청구하다, 정산하다 | **流程** liúchéng 과정 | **必须** bìxū 반드시 | **填写** tiánxiě 기입하다, 쓰다 | **携带** xiédài 휴대하다, 지니다 | **负责人** fùzérén 책임자 | **签署** qiānshǔ 서명하다 | **有效** yǒuxiào 유용하다, 유효하다 | **单据** dānjù 영수증 | **申请** shēnqǐng 신청하다 | **经** jīng 거치다, 지나다 | **审核** shěnhé 심사하여 결정하다 | **注明** zhùmíng 밝히다 | **地点** dìdiǎn 장소 | **事由** shìyóu 사유 | **凭借** píngjiè ~을 기반으로 하다, ~에 근거하다 | **由** yóu ~개동작 주체 강조), ~에서부터 | **签字** qiānzì 서명하다 | **发票** fāpiào 영수증 | **票据** piàojù 영수증 | **按照** ànzhào ~에 의하여, ~에 따라 | **标准** biāozhǔn 기준 | **结算** jiésuàn 결산하다 | **过程** guòchéng 과정 | **大概** dàgài 대략

Chapter 11 문제 해결과 요구–일반 비즈니스

128p

[초단기 연습]

 问题
MP3 11-8

你在快递公司工作，今天你要把货送到刘先生那儿。请你打电话向他询问什么时间送货比较方便。

Nǐ zài kuàidì gōngsī gōngzuò, jīntiān nǐ yào bǎ huò sòng dào Liú xiānsheng nàr. Qǐng nǐ dǎ diànhuà xiàng tā xúnwèn shénme shíjiān sòng huò bǐjiào fāngbiàn.

당신은 택배회사에서 일합니다. 오늘 당신은 물건을 유 선생님 쪽에 보내야 합니다. 그에게 전화를 걸어 어느 시간에 물건을 배송하는 것이 편리한지 물어보세요.

回答1
MP3 11-8-1

您好，请问您是刘先生吗？我是顺天快递公司的，我这儿有一个从加拿大PPS公司寄给您的包裹，上面写的是样品。正打算给您送过去，请问，您什么时间方便？

Nín hǎo, qǐng wèn nín shì Liú xiānsheng ma? Wǒ shì Shùntiān kuàidì gōngsī de, wǒ zhèr yǒu yí ge cóng Jiānádà PPS gōngsī jì gěi nín de bāoguǒ, shàngmian xiě de shì yàngpǐn. Zhèng dǎsuan gěi nín sòng guòqù, qǐngwèn, nín shénme shíjiān fāngbiàn?

안녕하세요. 유 선생님이시죠? 저는 슌티엔 택배회사 직원입니다. 저희 쪽에 캐나다 PPS회사에서 선생님께 보낸 소포가 있는데 위에 샘플이라고 적혀있네요. 지금 배송해 드리려고 하는데, 어느 시간이 편리하세요?

回答2
MP3 11-8-2

您好，是刘先生吗？我是顺天物流公司的快递员。我这儿有您的包裹，是从加拿大PPS贸易公司发给您的样品。如果您还没下班的话，要不要直接送到您的办公室？或者告诉我您什么时间方便。

Nín hǎo, shì Liú xiānsheng ma? Wǒ shì Shùntiān wùliú gōngsī de kuàidìyuán. Wǒ zhèr yǒu nín de bāoguǒ, shì cóng Jiānádà PPS màoyì gōngsī fā gěi nín de yàngpǐn. Rúguǒ nín hái méi xiàbān de huà, yào bu yào zhíjiē sòng dào nín de bàngōngshì? Huòzhě gàosu wǒ nín shénme shíjiān fāngbiàn.

안녕하세요, 유 선생님이신가요? 저는 슌티엔 택배회사의 배달원입니다. 저희 쪽에 선생님의 소포가 있는데 캐나다 PPS 무역회사에서 선생님께 보낸 샘플입니다. 만약 아직 퇴근을 하지 않으셨다면 선생님 사무실로 바로 배송해 드릴까요? 아니면 저에게 언제가 편하신지 말씀해 주세요.

【해설】 먼저 전화한 이유를 설명하고 상대방에게 어느 시간이 편리한지 묻는다. 소포가 어디에서 온 것인지, 어디로 배송을 하면 되는지 혹은 먼저 시간을 언급하여 상대방의 의사를 물어보며 답변을 마무리한다.

【단어】 快递 kuàidì 택배, 배송 | 把 bǎ ~을(를) | 询问 xúnwèn 알아보다, 물어보다 | 送货 sònghuò 배송하다 | 加拿大 Jiānádà 캐나다 | 寄 jì 우편으로 부치다 | 包裹 bāoguǒ 소포 | 样品 yàngpǐn 샘플 | 打算 dǎsuan ~할 계획이다, 생각이다 | 物流 wùliú 물류 | 贸易 màoyì 무역 | 直接 zhíjiē 직접적인

[초단기 실전]

 问题 1

你们部的一个职员刚参加工作，由于业务还不太熟练，工作上常犯错误，因此很难过。作为他的上司请你鼓励他。

Nǐmen bù de yí ge zhíyuán gāng cānjiā gōngzuò, yóuyú yèwù hái bú tài shúliàn, gōngzuò shàng cháng fàn cuòwù, yīncǐ hěn nánguò. Zuòwéi tā de shàngsī qǐng nǐ gǔlì tā.

당신 부서에 직원 한 명이 막 들어왔습니다. 업무가 아직 능숙하지 않아 자주 실수를 하여 매우 힘들어 합니다. 그의 상사로서 그를 격려해 주세요.

回答 1 我能理解你现在的心情。我刚参加工作的时候，也经常出错，经常挨骂，可能比你现在更糟糕呢。但这是每个新职员进入职场后的必经过程。所以你别难过，时间自然会帮你解决这个问题的。

Wǒ néng lǐjiě nǐ xiànzài de xīnqíng. Wǒ gāng cānjiā gōngzuò de shíhou, yě jīngcháng chūcuò, jīngcháng áimà, kěnéng bǐ nǐ xiànzài gèng zāogāo ne. Dàn zhè shì měi ge xīnzhíyuán jìnrù zhíchǎng hòu de bì jīng guòchéng. Suǒyǐ nǐ bié nánguò, shíjiān zìrán huì bāng nǐ jiějué zhè ge wèntí de.

나는 자네의 현재 심정을 이해하네. 나도 막 처음 일을 시작했을 때 자주 실수 하고 자주 꾸중을 듣고 아마 지금의 자네보다 더 엉망이었네. 그러나 이것은 모든 신입사원이 입사한 후에 반드시 겪는 과정이라네. 그러니 너무 힘들어 하지 말게나. 시간이 자연스레 자네의 이 문제를 해결해 줄 것이니.

回答 2 我知道你一直在努力奋斗。但工作上的失误是难免的。不只是你自己这样，每个刚进公司的职员都会经历这些的。所以你别太灰心，哪有一口吃成个胖子的? 加油，有什么难题尽管来找我，我会尽量帮你的。

Wǒ zhīdào nǐ yìzhí zài nǔlì fèndòu. Dàn gōngzuò shàng de shīwù shì nánmiǎn de. Bù zhǐ shì nǐ zìjǐ zhèyàng, měi ge gāng jìn gōngsī de zhíyuán dōu huì jīnglì zhè xiē de. Suǒyǐ nǐ bié tài huīxīn, nǎ yǒu yì kǒu chī chéng ge pàngzi de? Jiāyóu, yǒu shénme nántí jǐnguǎn lái zhǎo wǒ, wǒ huì jǐnliàng bāng nǐ de.

나는 자네가 계속 노력하고 분투하고 있다는 것을 아네. 하지만 업무 상의 실수는 피할 수 없는 것이야. 자네만 그러는 것이 아니라 모든 회사에 입사한 직원들은 다 이러한 과정을 겪으니 너무 낙심하지 말게나. 첫술에 배부른 일이 어디 있겠나? 힘내게, 어려운 문제가 있으면 언제든지 나를 찾아와도 좋네. 내가 최대한 많이 도와 주겠네.

【해설】 상대방을 격려할 때는 자신의 경험에 빗대어 혹은 상대방의 입장에서 고민을 생각하여 위로할 수 있는 말을 건네면 된다. 또한 상대방을 격려, 위로하고 있으므로 말투도 실제 상황에 처해 있다고 생각하고 차분하게 답변한다.

【단어】 参加 cānjiā 참가하다 | 由于 yóuyú ~때문에 | 业务 yèwù 업무 | 熟练 shúliàn 능숙하다 | 犯 fàn 저지르다 | 错误 cuòwù 착오, 잘못 | 难过 nánguò 슬프다, 속상하다 | 上司 shàngsī 상사 | 鼓励 gǔlì 북돋우다, 격려하다 | 理解 lǐjiě 이해하다 | 心情 xīnqíng 심정, 기분 | 出错 chūcuò 실수하다 | 挨骂 áimà 꾸중을 듣다 | 可能 kěnéng 아마도 | 糟糕 zāogāo 엉망이다, 망치다 | 职场 zhíchǎng 직장 | 过程 guòchéng 과정 | 解决 jiějué 해결하다 | 奋斗 fèndòu 분투하다 | 失误 shīwù 실수 | 难免 nánmiǎn 면하기 어렵다, 피하기 어렵다 | 经历 jīnglì 겪다 | 灰心 huīxīn 낙심하다 | 尽管 jǐnguǎn 얼마든지, 맘껏 | 尽量 jǐnliàng 가능한 한, 최대한

 问题 2

你现在在协商工资，而你对现在的薪资不太满意。请你向公司要求提高工资。

Nǐ xiànzài zài xiéshāng gōngzī, ér nǐ duì xiànzài de xīnzī bú tài mǎnyì. Qǐng nǐ xiàng gōngsī yāoqiú tígāo gōngzī.

당신은 현재 연봉 협상 중인데 현재의 연봉에 그다지 만족하지 않습니다. 회사에 연봉을 올려달라고 요구해 보세요.

回答1 您好，我认为工作最重要的是开心，薪酬是其次的。但薪酬也是个人价值的体现，而且我的业绩也是全公司数一数二的，您看我的工资是不是应该上调一些呢？

Nín hǎo, wǒ rènwéi gōngzuò zuì zhòngyào de shì kāixīn, xīnchóu shì qícì de. Dàn xīnchóu yě shì gèrén jiàzhí de tǐxiàn, érqiě wǒ de yèjì yě shì quán gōngsī shǔyīshǔ'èr de, nín kàn wǒ de gōngzī shì bu shì yīnggāi shàngtiáo yì xiē ne?

안녕하세요. 저는 업무에 있어서 가장 중요한 것은 바로 즐거움이지 급여는 그 다음이라고 생각합니다. 하지만 급여는 개인의 가치를 보여주는 것입니다. 게다가 저희 업무 실적 역시 전체 회사에서 손 꼽힙니다. 저의 연봉을 조금 더 높여 주실 수 있나요?

回답2 我认为这几年来我处理业务的效率提高了很多，工作认真负责，而且年度考核评价一直很优秀。我相信我的能力可以为咱们公司创造更多的价值。所以，我希望您能给我涨工资。

Wǒ rènwéi zhè jǐ nián lái wǒ chǔlǐ yèwù de xiàolǜ tígāo le hěn duō, gōngzuò rènzhēn fùzé, érqiě niándù kǎohé píngjià yìzhí hěn yōuxiù. Wǒ xiāngxìn wǒ de nénglì kěyǐ wèi zánmen gōngsī chuàngzào gèng duō de jiàzhí. Suǒyǐ, wǒ xīwàng nín néng gěi wǒ zhǎng gōngzī.

저는 요 몇 년간 저의 업무 처리 효율성이 많이 향상되었다고 생각하며 업무도 열심히 책임을 다했고, 연말 고과 평가도 줄곧 매우 우수했습니다. 저는 제 능력이 저희 회사에 더 많은 가치를 만들어줄 것이라고 믿습니다. 따라서 저의 연봉을 올려주시길 바랍니다.

【해설】 연봉 협상을 할 때는 연봉 인상의 근거를 제시해야 한다. 연말 고과, 업무 실적, 회사 기여도를 바탕으로 답변해 본다.

【단어】 协商 xiéshāng 협상하다 | 工资 gōngzī 월급 | 薪资 xīnzī 급여 | 满意 mǎnyì 만족하다 | 提高 tígāo 향상시키다 | 开心 kāixīn 즐거워하다 | 其次 qícì 그 다음 | 薪酬 xīnchóu 급여 | 价值 jiàzhí 가치 | 体现 tǐxiàn 구현하다 | 业绩 yèjì 업적, 실적 | 数一数二 shǔyīshǔ'èr 일 이등을 다투다, 손꼽히다 | 上调 shàngtiáo 상향 조정하다 | 处理 chǔlǐ 처리하다 | 效率 xiàolǜ 효율 | 负责 fùzé 책임지다 | 年度考核评价 niándù kǎohé píngjià 연말 고과 평가 | 优秀 yōuxiù 우수하다 | 相信 xiāngxìn 믿다 | 创造 chuàngzào 창조하다, 만들다 | 涨 zhǎng 올라가다

问题3  你们公司在中国设立了一家分公司，而今天公司要举行剪彩仪式。请你为总经理撰写一段主持词并口述出来。

Nǐmen gōngsī zài Zhōngguó shèlì le yì jiā fēngōngsī, ér jīntiān gōngsī yào jǔxíng jiǎncǎi yíshì. Qǐng nǐ wèi zǒngjīnglǐ zhuànxiě yí duàn zhǔchící bìng kǒushù chūlai.

당신의 회사는 중국에 지사를 설립하였고 오늘 테이프 커팅식이 거행됩니다. 사장님을 위해 개회사를 쓰고 읽어보세요.

回答1 尊敬的各位领导、嘉宾，大家好。经过了前段的筹备，今天我们将在这里举行隆重的剪彩仪式。预祝可来有限公司北京分公司新店开业剪彩仪式圆满成功！

Zūnjìng de gèwèi lǐngdǎo、jiābīn, dàjiā hǎo. Jīngguò le qiánduàn de chóubèi, jīntiān wǒmen jiāng zài zhèlǐ jǔxíng lóngzhòng de jiǎncǎi yíshì. Yùzhù Kělái yǒuxiàngōngsī Běijīng fēngōngsī xīndiàn kāiyè jiǎncǎi yíshì yuánmǎn chénggōng!

존경하는 사장님들, 내빈 여러분. 모두 안녕하십니까. 그 동안의 준비를 거쳐 오늘 우리는 이 자리에서 성대한 테이프 커팅식을 진행하고자 합니다. 커라이주식회사의 베이징 지사 설립 테이프 커팅식이 원만하게 성공하기를 축원합니다.

回答2 尊敬的各位领导、各位来宾，很高兴今天各位能来见证可来有限公司北京分公司的成立。首先请允许我向各位介绍此次前来参加剪彩仪式的各位领导来宾。剪彩仪式结束后，将有合影留念环节，请各位领导届时留步。

Zūnjìng de gèwèi lǐngdǎo、gèwèi láibīn, hěn gāoxìng jīntiān gè wèi néng lái jiànzhèng Kělái yǒuxiàngōngsī Běijīng fēngōngsī de chénglì. Shǒuxiān qǐng yǔnxǔ wǒ xiàng gè wèi jièshào cǐ cì qiánlái cānjiā jiǎncǎi yíshì de gè wèi lǐngdǎo láibīn. Jiǎncǎi yíshì jiéshù hòu, jiāng yǒu héyǐng liúniàn huánjié, qǐng gè wèi lǐngdǎo jièshí liúbù.

존경하는 사장님들, 내빈 여러분. 오늘 여러분께서 커라이주식회사의 베이징 지사 설립에 직접 참석해 주셔서 매우 기쁩니다. 먼저 제가 여러분께 이번 테이프 커팅식에 참석한 사장님들과 내빈 여러분을 소개해 드리도록 하겠습니다. 테이프 커팅식이 끝나면 기념 단체 사진 촬영이 있을 예정이니 사장님들께서는 그때 남아주시길 바랍니다.

【해설】 개회사는 출제 가능성이 높은 문제이다. 단어와 문형을 미리 파악하고 모범답변을 정리해서 외워둔다면 시험장에서 당황하지 않고 바로 답변할 수 있다. 또한 자연스러운 말투가 관건이므로 말투에도 신경을 써야 한다.

【단어】 设立 shèlì 설립하다 | 分公司 fēngōngsī 지사 | 举行 jǔxíng 거행하다 | 剪彩仪式 jiǎncǎi yíshì 테이프 커팅식 | 撰写 zhuànxiě 쓰다 | 主持词 zhǔchící 개회사 | 口述 kǒushù 구술하다, 말하다 | 尊敬 zūnjìng 존경하다 | 领导 lǐngdǎo 지도자, 리더 | 嘉宾 jiābīn 귀빈 | 经过 jīngguò 겪다, 경유하다 | 筹备 chóubèi 기획하고 준비하다 | 隆重 lóngzhòng 성대하고 장중하다 | 预祝 yùzhù 미리 축하하다 | 有限公司 yǒuxiàngōngsī 유한회사, 주식회사 | 圆满 yuánmǎn 원만하다 | 成功 chénggōng 성공하다 | 见证 jiànzhèng 증명할 수 있다, 증거를 대다 | 允许 yǔnxǔ 허락하다, 허가하다 | 合影 héyǐng 함께 사진 찍다 | 届时 jièshí 그때가 되다

Chapter 12 문제 해결과 요구–직무 비즈니스

136p

[초단기 연습]

 问题

合作公司的客户今天来公司参观，请你给他介绍一下你们公司以及业务情况。
Hézuò gōngsī de kèhù jīntiān lái gōngsī cānguān, qǐng nǐ gěi tā jièshào yí xià nǐmen gōngsī yǐjí yèwù qíngkuàng.
합작회사의 고객이 오늘 회사에 참관하러 옵니다. 그에게 당신의 회사 및 업무 상황을 소개해 주세요.

回答1

各位来宾，大家好。欢迎来到我公司参观，由我来负责向大家介绍一下公司情况。本公司成立于2000年，15年来我们一直把"专业，可靠，安全"作为公司的经营理念，向广大用户提供优质的服务。与我们合作将是您最明智的选择。下面我带大家参观一下各部门，请跟我来。
Gèwèi láibīn, dàjiā hǎo. Huānyíng lái dào wǒ gōngsī cānguān, yóu wǒ lái fùzé xiàng dàjiā jièshào yí xià gōngsī qíngkuàng. Běn gōngsī chénglì yú èr líng líng líng nián, shí wǔ nián lái wǒmen yìzhí bǎ "zhuānyè, kěkào, ānquán" zuòwéi gōngsī de jīngyíng lǐniàn, xiàng guǎngdà yònghù tígōng yōuzhì de fúwù. Yǔ wǒmen hézuò jiāng shì nín zuì míngzhì de xuǎnzé. Xiàmiàn wǒ dài dàjiā cānguān yí xià gè bùmén, qǐng gēn wǒ lái.
내빈 여러분 안녕하십니까. 저희 회사에 참관 오신 것을 환영합니다. 제가 여러분께 회사의 상황에 대해 소개해 드리겠습니다. 저희 회사는 2000년에 설립되어 15년 동안 줄곧 "전문성, 신뢰, 안전"을 회사의 경영 이념으로, 많은 사용자들에게 최상의 서비스를 제공하고 있습니다. 저희와 제휴하신 것은 가장 현명하신 선택일 것입니다. 다음으로 제가 여러분들을 각 부서로 모셔서 참관하도록 하겠습니다. 저를 따라오세요.

回答2

大家好。很荣幸能为大家介绍本公司。本公司成立于2000年，现资产规模已超过一千亿美金，是一家生产、设计、销售、物流于一体的综合性贸易公司。我公司去年成功进入中国市场，发展前景十分可观。希望此次参观能使各位对本公司更有信心。下面我带大家参观一下生产部门，请大家戴好安全帽跟我来。
Dàjiā hǎo. Hěn róngxìng néng wèi dàjiā jièshào běn gōngsī. Běn gōngsī chénglì yú èr líng líng líng nián, xiàn zīchǎn guīmó yǐ chāoguò yì qiān yì měijīn, shì yì jiā shēngchǎn、shèjì、xiāoshòu、wùliú yú yìtǐ de zōnghéxìng màoyì gōngsī. Wǒ gōngsī qùnián chénggōng jìnrù Zhōngguó shìchǎng, fāzhǎn qiánjǐng shífēn kěguān. Xīwàng cǐcì cānguān néng shǐ gèwèi duì běn gōngsī gèng yǒu xìnxīn. Xiàmiàn wǒ dài dàjiā cānguān yí xià shēngchǎn bùmén, qǐng dàjiā dài hǎo ānquánmào gēn wǒ lái.
여러분 안녕하세요. 여러분께 저희 회사를 소개해 드리게 되어 영광입니다. 저희 회사는 2000년에 설립되어 현재 자산 규모는 이미 1000억 달러를 초과하였고, 생산, 설계, 판매, 물류가 하나로 이루어진 종합적 무역 회사입니다. 저희 회사는 작년에 성공적으로 중국 시장에 진입하였고, 발전 전망도 매우 밝습니다. 이번 참관으로 인해 여러분이 저희 회사를 더욱 신뢰하게 되길 바랍니다. 다음으로 제가 여러분들을 모시고 생산 부서를 참관하려고 합니다. 안전모를 잘 착용하시고 저를 따라오시길 바랍니다.

【해설】 고객이 회사 참관을 왔다고 가정하고, 회사의 설립연도, 이념을 소개하고 회사 규모 및 주요 업무, 발전 가능성 등을 추가하여 설명해 본다. 마지막에 회사 참관 시작을 알리는 말로 답변을 마무리한다.

【단어】 合作 hézuò 협력하다, 합작하다 | 客户 kèhù 고객 | 参观 cānguān 참관하다 | 业务 yèwù 업무 | 情况 qíngkuàng 상황 | 来宾 láibīn 손님, 내빈 | 负责 fùzé 책임지다 | 成立 chénglì 창립하다, 성립되다 | 专业 zhuānyè 전문이다 | 可靠 kěkào 믿을 만하다 | 安全 ānquán 안전하다 | 经营理念 jīngyínglǐniàn 경영 이념 | 广大 guǎngdà 크고 넓다, 광대하다 | 用户 yònghù 사용자 | 优质 yōuzhì 양질의 | 明智 míngzhì 총명하다, 현명하다 | 选择 xuǎnzé 선택 | 部门 bùmén 부서 | 荣幸 róngxìng 영광스럽다 | 资产 zīchǎn 자산 | 规模 guīmó 규모 | 超过 chāoguò 초과하다, 넘다 | 亿 yì 억 | 设计 shèjì 설계하다 | 物流 wùliú 물류 | 贸易 màoyì 무역 | 前景 qiánjǐng 전망, 장래 | 可观 kěguān 대단하다, 훌륭하다 | 信心 xìnxīn 자신감 | 戴 dài (장신구)착용하다, 쓰다, 차다 | 安全帽 ānquánmào 안전모

[초단기 실전]

 问题 1

你在公司负责物流，可你今天在合作公司生产的货物中发现了不少品质问题。请你给合作公司打电话要求承担此次公司的损失。
Nǐ zài gōngsī fùzé wùliú, kě nǐ jīntiān zài hézuò gōngsī shēngchǎn de huòwù zhōng fāxiàn le bù shǎo pǐnzhì wèntí. Qǐng nǐ gěi hézuò gōngsī dǎ diànhuà yāoqiú chéngdān cǐcì gōngsī de sǔnshī.
당신은 회사에서 물류를 담당하고 있습니다. 그런데 오늘 당신은 합작회사에서 생산한 화물 중 많은 품질 문제를 발견하였습니다. 합작회사에 전화를 걸어 당신 회사의 이번 손실을 책임지라고 요구해 보세요.

回答1

王科长，您好。我们今天在检查贵公司商品的过程中发现次品，而这次频率高达25%，这远远高于合同上的10%。而且由于造成的后果非常严重，已影响到我们公司的利益，因此我们会追究相关责任。请贵公司立刻给出解决方案。

Wáng kēzhǎng, nín hǎo. Wǒmen jīntiān zài jiǎnchá guì gōngsī shāngpǐn de guòchéng zhōng fāxiàn cìpǐn, ér zhècì pínlǜ gāodá bǎi fēn zhī èr shí wǔ, zhè yuǎnyuǎn gāoyú hétong shàng de bǎi fēn zhī shí. Érqiě yóuyú zàochéng de hòuguǒ fēicháng yánzhòng, yǐ yǐngxiǎng dào wǒmen gōngsī de lìyì, yīncǐ wǒmen huì zhuījiū xiāngguān zérèn. Qǐng guì gōngsī lìkè gěi chū jiějué fāng'àn.

왕 과장님 안녕하세요. 저희가 오늘 귀사의 상품을 검사하는 과정 중 불량품을 발견하였습니다. 이번 불량률은 25%가 넘고 이것은 계약서 상의 10%보다 훨씬 높은 것입니다. 게다가 이번 결과가 매우 심각하여 이미 저희 회사의 이익에 영향을 주었습니다. 그래서 저희는 관련 책임을 추궁하고자 합니다. 귀사에서 즉시 해결 방안을 주시길 바랍니다.

回答2 王科长，您好。我们今天在检查商品的过程中发现贵公司的货物存在很大的质量问题，这给我方带来了巨大经济损失。我方将对这部分损失正式提出赔偿要求。希望贵公司能派相关人员来我方协商具体的解决方案。谢谢。

Wáng kēzhǎng, nínhǎo. Wǒmen jīntiān zài jiǎnchá shāngpǐn de guòchéng zhōng fāxiàn guì gōngsī de huòwù cúnzài hěn dà de zhìliàng wèntí, zhè gěi wǒfāng dài lái le jùdà jīngjì sǔnshī. Wǒ fāng jiāng duì zhè bùfen sǔnshī zhèngshì tíchū péicháng yāoqiú. Xīwàng guì gōngsī néng pài xiāngguān rényuán lái wǒfāng xiéshāng jùtǐ de jiějué fāng'àn. Xièxie.

왕 과장님 안녕하세요. 저희가 오늘 상품을 검사하는 과정 중 귀사의 화물에 큰 품질 문제가 있다는 것을 발견하였고, 이것은 저희 회사에 큰 경제적 손실을 가져왔습니다. 저희는 이번 손실에 대해 정식으로 배상을 요구할 계획입니다. 귀사께서 관련 책임자를 저희 회사에 보내셔서 구체적인 해결 방안을 협상하길 바랍니다. 감사합니다.

【해설】 문제 해결을 요구할 때는 반드시 첫인사 뒤에 문제 상황을 설명해야 한다. 질문에 나와있는 문제 상황을 그대로 말해도 좋고, 품질 문제로 인해 어떠한 경제적 손실을 야기했는지 같이 언급하여도 좋다. 그리고 반드시 마지막에는 문제 해결을 요구하는 내용을 언급하여 답변을 마무리한다.

【단어】 负责 fùzé 책임지다 | 品质 pǐnzhì 품질 | 承担 chéngdān 맡다 | 损失 sǔnshī 손실 | 检查 jiǎnchá 검사하다 | 过程 guòchéng 과정 | 次品 cìpǐn 불량품 | 由于 yóuyú ~때문에 | 造成 zàochéng 야기하다 | 后果 hòuguǒ (나쁜)결과 | 严重 yánzhòng 심각하다 | 影响 yǐngxiǎng 영향을 미치다 | 利益 lìyì 이익 | 追究 zhuījiū 책임을 추궁하다 | 责任 zérèn 책임 | 解决 jiějué 해결하다 | 方案 fāng'àn 방안, 규칙 | 存在 cúnzài 존재하다 | 经济 jīngjì 경제 | 赔偿 péicháng 배상하다 | 派 pài 보내다, 파견하다 | 协商 xiéshāng 협상하다

问题2  你是一名设备管理员。这次你要指导新职员如何处理设备故障，请你讲解一下具体流程。

Nǐ shì yì míng shèbèi guǎnlǐyuán. Zhè cì nǐ yào zhǐdǎo xīnzhíyuán rúhé chǔlǐ shèbèi gùzhàng, qǐng nǐ jiǎngjiě yí xià jùtǐ liúchéng.

당신은 설비 관리자 입니다. 이번에 신입직원에게 설비 고장을 어떻게 처리하는지에 대해 지도하려고 합니다. 구체적인 과정을 설명해 보세요.

回答1 当生产设备出现故障时，首先要初步判断故障点和故障原因以后在设备故障报告单上填写故障发生日期、时间、出现故障的设备型号等等并签名确认。然后携带必要的工具和配件在十分钟内到达故障机台开始维修。

Dāng shēngchǎn shèbèi chūxiàn gùzhàng shí, shǒuxiān yào chūbù pànduàn gùzhàngdiǎn hé gùzhàng yuányīn yǐhòu zài shèbèi gùzhàng bàogàodān shàng tiánxiě gùzhàng fāshēng rìqī, shíjiān, chūxiàn gùzhàng de shèbèi xínghào děngděng bìng qiānmíng quèrèn. Ránhòu xiédài bìyào de gōngjù hé pèijiàn zài shí fēnzhōng nèi dàodá gùzhàng jītái kāishǐ wéixiū.

생산 설비에 고장이 났을 경우에는 먼저 일차적으로 고장 부분과 고장 원인을 판단한 후 설비 고장 보고서 상에 고장 발생 날짜, 시간, 고장 난 설비 모델명을 기입하고 사인하세요. 그런 다음 필요한 도구와 부품을 챙겨 10분 내에 고장 기계로 가서 수리를 시작하세요.

回答2 一般出现故障时我们可以通过调试和修配恢复设备的运行。而且应按照工作程序及时更换零部件，更换完毕后再重新调试。如果无法自行解决时你应该及时向主管汇报，联系制造商或者申请上门维修。

Yībān chūxiàn gùzhàng shí wǒmen kěyǐ tōngguò tiáoshì hé xiūpèi huīfù shèbèi de yùnxíng. Érqiě yīng ànzhào gōngzuò chéngxù jíshí gēnghuàn língbùjiàn, gēnghuàn wánbì hòu zài chóngxīn tiáoshì. Rúguǒ wúfǎ zìxíng jiějué shí nǐ yīnggāi jíshí xiàng zhǔguǎn huìbào, liánxì zhìzàoshāng huòzhě shēnqǐng shàngmén wéixiū.

일반적으로 고장이 발생했을 경우에는 성능 시험과 수리를 통해 설비의 운행을 복구시킬 수 있습니다. 또한 반드시 작업 순서에 근거하여 즉시 기계 부품을 교체하고, 교체한 후에는 다시 성능 시험을 해야 합니다. 만약 해결이 되지 않는다면 즉시 담당자에게 보고하고, 제조사에 연락하거나 출장 수리를 요청하세요.

【해설】 고장난 설비 처리 관련 문제는 단어를 익히지 않으면 시험장에서 답변하기 힘든 문제이다. 먼저 단어를 파악하고, 수리 과정 2~3가지 정도를 언급하여 답변시간을 채운다.

【단어】 设备 shèbèi 설비, 시설 | 指导 zhǐdǎo 지도하다, 이끌어주다 | 如何 rúhé 어떻게 | 处理 chǔlǐ 처리하다 | 故障 gùzhàng 고장 | 讲解 jiǎngjiě 설명하다 | 流程 liúchéng 과정 | 当~时 dāng~shí ~할 때 | 判断 pànduàn 판단하다 | 原因 yuányīn 원인, 이유 | 型号 xínghào 모델 번호 | 签名 qiānmíng 사인하다, 서명하다 | 确认 quèrèn 확인하다 | 携带 xiédài 휴대하다, 지니다 | 工具 gōngjù 공구, 도구 | 配件 pèijiàn 부품, 부속품 | 维修 wéixiū 수리하다 | 调试 tiáoshì (설비, 기기 등을) 테스트하여 조정하다, 성능 시험을 하다 | 修配 xiūpèi (고장난 부분을) 수리하고 조립하다 | 恢复 huīfù 회복하다 | 运行 yùnxíng 운행하다 | 按照 ànzhào 에 의하여, ~에 따라 | 程序 chéngxù 순서, 절차, 단계 | 及时 jíshí 제때에, 즉시 | 更换 gēnghuàn 바꾸다, 교체하다 | 零部件 língbùjiàn 부속품 | 完毕 wánbì 끝내다, 마치다 | 重新 chóngxīn 다시, 새로 | 无法 wúfǎ 방법이 없다 | 主管 zhǔguǎn 주관자, 팀장 | 汇报 huìbào 보고하다 | 制造商 zhìzàoshāng 제조업체 | 上门维修 shàngmén wéixiū 출장 수리하다

问题3
MP3 12-11

你是营业部的部长，请你鼓励一下下属使他们能够达成这个月的销售目标。
Nǐ shì yíngyèbù de bùzhǎng, qǐng nǐ gǔlì yí xià xiàshǔ shǐ tāmen nénggòu dáchéng zhè ge yuè de xiāoshòu mùbiāo.
당신은 영업팀의 부장입니다. 부하 직원들로 하여금 이번 달 영업 목표를 달성하도록 격려해 보세요.

回答1
MP3 12-11-1

我也知道大家每次都为达成销售目标而不懈努力，我为你们感到骄傲。虽然这个过程很辛苦，但我相信付出总是会有回报。来，让我们为这个月的目标一起加油吧。
Wǒ yě zhīdào dàjiā měi cì dōu wèi dáchéng xiāoshòu mùbiāo ér búxiè nǔlì, wǒ wèi nǐmen gǎndào jiāo'ào. Suīrán zhè ge guòchéng hěn xīnkǔ, dàn wǒ xiāngxìn fùchū zǒngshì huì yǒu huíbào. Lái, ràng wǒmen wèi zhè ge yuè de mùbiāo yìqǐ jiāyóu ba.
저도 여러분 모두가 매번 영업 목표를 달성하기 위해 끊임없이 노력한다는 것을 알고 있습니다. 여러분들이 정말 자랑스럽습니다. 비록 이 과정이 매우 고생스럽긴 하지만 저는 노력에 분명 보상이 있을 것이라고 믿습니다. 자, 이번 달의 목표를 위해 함께 파이팅 합시다.

回答2
MP3 12-11-2

俗话说"有志者事竟成"。要达成每个月的销售目标不是一件容易的事情，但我相信你们绝对不会放弃，而且我相信你们会做到，也一定能做到。我会一直在你们身边给你们加油。
Súhuà shuō "yǒuzhìshěshìjìngchéng". Yào dáchéng měi ge yuè de xiāoshòu mùbiāo bú shì yí jiàn róngyì de shìqíng, dàn wǒ xiāngxìn nǐmen juéduì bú huì fàngqì, érqiě wǒ xiāngxìn nǐmen huì zuò dào, yě yídìng néng zuò dào. Wǒ huì yìzhí zài nǐmen shēnbiān gěi nǐmen jiāyóu.
옛말에 "하려고만 들면 못 해낼 일이 없다"라고 하였습니다. 매달 영업 목표를 달성하는 것이 쉬운 일은 아니지만 저는 여러분들이 절대로 포기하지 않을 것이며, 할 수 있고, 해낼 수 있다고 믿습니다. 제가 계속 여러분들 곁에서 응원하겠습니다.

【해설】 팀원들을 격려하는 내용이므로 먼저 팀원들의 입장에서 고충을 이해한다는 말로 답변을 시작하고, 긍정적인 마인드를 심어줄 수 있는 말로 답변을 마무리한다.

【단어】 营业部 yíngyèbù 영업팀 | 鼓励 gǔlì 북돋우다, 격려하다 | 下属 xiàshǔ 부하 직원 | 达成 dáchéng 달성하다 | 目标 mùbiāo 목표 | 不懈 búxiè 게으르지 않다, 꾸준하다 | 骄傲 jiāo'ào 자랑스럽다 | 付出 fùchū 들이다, 바치다 | 回报 huíbào 보답하다 | 俗话 súhuà 속담, 옛말 | 有志者事竟成 yǒuzhìshěshìjìngchéng 하고자 하는 의지만 있으면 일은 반드시 성취된다 | 容易 róngyì 쉽다, ~하기 용이하다 | 相信 xiāngxìn 믿다 | 绝对 juéduì 절대로 | 放弃 fàngqì 포기하다

4부분 意见表述 의견 말하기

Chapter 13 일반생활

148p

[초단기 연습]

问题
MP3 13-8

最近很多国家都实行著作权法，目的是为了保护作者权益。但也有人说这个法律会打击新闻出版行业和文化教育等部门的传播积极性。请谈谈你对著作权法的看法。
Zuìjìn hěn duō guójiā dōu shíxíng zhùzuòquánfǎ, mùdì shì wèi le bǎohù zuòzhě quányì. Dàn yě yǒu rén shuō zhè ge fǎlǜ huì dǎjī xīnwén chūbǎn hángyè hé wénhuà jiàoyù děng bùmén de chuánbō jījíxìng. Qǐng tántan nǐ duì zhùzuòquánfǎ de kànfǎ.
최근 많은 국가들이 작가의 권익을 보호하기 위해서 저작권법을 실행하고 있습니다. 그러나 어떤 사람은 이 법률이 뉴스, 출판 업계와 문화 교육 등 부분의 미디어 적극성에 타격을 준다고 생각합니다. 저작권법에 대한 당신의 견해를 이야기해 보세요.

回答1
MP3 13-8-1

我认为国家实行著作权法能保护作者的合法权益，促进文化和科学事业的发展与进步。所以保护作者的权益能够使他们在创作上发挥更积极的作用。

Wǒ rènwéi guójiā shíxíng zhùzuòquánfǎ néng bǎohù zuòzhě de héfǎ quányì, cùjìn wénhuà hé kēxué shìyè de fāzhǎn yǔ jìnbù. Suǒyǐ bǎohù zuòzhě de quányì nénggòu shǐ tāmen zài chuàngzuò shàng fāhuī gèng jījí de zuòyòng.

저는 국가의 저작권법 시행은 저자의 합법적인 권익을 보호하고, 문화와 과학 사업의 발전과 향상을 촉진시킨다고 생각합니다. 그래서 저자의 권익을 보호하는 것은 그들로 하여금 창작에서 더욱 적극적인 작용을 발휘하게 할 수 있다고 생각합니다.

回答2 我认为实行著作权法以后，借鉴和利用他人的文字材料需要支付高额的版权费，这会给作者造成很大的成本及经济负担，因此这会打击作者创作作品的积极性。

Wǒ rènwéi shíxíng zhùzuòquánfǎ yǐhòu, jièjiàn hé lìyòng tārén de wénzì cáiliào xūyào zhīfù gāo'é de bǎnquánfèi, zhè huì gěi zuòzhě zàochéng hěn dà de chéngběn jí jīngjì fùdān, yīncǐ zhè huì dǎjī zuòzhě chuàngzuò zuòpǐn de jījíxìng.

저작권법이 시행된 이후, 타인의 텍스트 자료를 참고하거나 이용하려 할 때 고액의 판권료를 지불해야 하는데, 이것은 작가에게 매우 큰 비용과 경제 부담을 가져다 줄 수 있어 작품 창작의 적극성에 타격을 줄 수 있다고 생각합니다.

【해설】저작권법의 장단점에 대해서 언급한다. 저작권법이 시행 된 계기, 그것으로 인해 어떤 영향이 있을 수 있는지 이야기 한다.

【단어】实行 shíxíng 실행하다 | 著作权法 zhùzuòquánfǎ 저작권법 | 目的 mùdì 목적 | 为了 wèi le ~을 위해서 | 保护 bǎohù 보호하다 | 作者 zuòzhě 작가 | 权益 quányì 권익 | 法律 fǎlǜ 법률 | 打击 dǎjī 타격을 주다, 손상 시키다 | 新闻 xīnwén 뉴스 | 出版 chūbǎn 출판하다 | 行业 hángyè 직종, 업종 | 教育 jiàoyù 교육 | 传播 chuánbō 전파하다, 유포하다 | 积极性 jījíxìng 적극성 | 促进 cùjìn 촉진하다 | 发展 fāzhǎn 발전하다 | 进步 jìnbù 진보하다, 향상되다 | 能够 nénggòu 충분히~할 수 있다 | 创作 chuàngzuò 창작하다 | 发挥 fāhuī 발휘하다 | 作用 zuòyòng 작용 | 借鉴 jièjiàn 참고로 하다, 본보기로 삼다 | 利用 lìyòng 이용하다 | 文字材料 wénzìcáiliào 텍스트 자료 | 支付 zhīfù 지불하다 | 版权费 bǎnquánfèi 판권료 | 造成 zàochéng 야기하다 | 成本 chéngběn 원가 | 经济 jīngjì 경제 | 负担 fùdān 부담 | 因此 yīncǐ 그래서, 그리하여

[초단기 실전]

问题1 目前就业形势严峻，不少人为了就业而努力。在竞争这么激烈的情况下，有人说学历高、形象好就业机会就多，也有人说学历、形象都只是一个表象，真正重要的是个人的素质与实力。你认为就业时真正重要的是什么？为什么？

Mùqián jiùyè xíngshì yánjùn, bù shǎo rén wèi le jiùyè ér nǔlì. Zài jìngzhēng zhème jīliè de qíngkuàng xià, yǒu rén shuō xuélì gāo, xíngxiàng hǎo jiùyè jīhuì jiù duō, yě yǒu rén shuō xuélì, xíngxiàng dōu zhǐshì yí ge biǎoxiàng, zhēnzhèng zhòngyào de shì gèrén de sùzhì yǔ shílì. Nǐ rènwéi jiùyè shí zhēnzhèng zhòngyào de shì shénme? Wèishénme?

현재 취업 상황이 심각하며 적지 않은 사람들이 취업을 위해 노력합니다. 경쟁이 이렇게 치열한 상황에서 어떤 사람은 학력이 높고 이미지가 좋아야 취업의 기회가 많다고 생각하고, 어떤 사람은 학력, 이미지 모두 그저 표면적인 것일 뿐, 진정으로 중요한 것은 개인의 소양과 실력이라고 합니다. 당신은 취업 시 진정으로 중요한 것은 무엇이라고 생각합니까? 왜 그렇습니까?

回答1 我觉得就业能否成功取决于你的学历高不高或是形象好不好。想一想，实力与素质固然重要，但我们找工作面试的时候，在那么短的时间内，怎么能把你的素质与实力全部表现出来呢？所以我还是认为学历高、形象好更有利于就业。

Wǒ juéde jiùyè nénggòu chénggōng qǔjuéyú nǐ de xuélì gāo bu gāo huòshì xíngxiàng hǎo bu hǎo. Xiǎng yi xiǎng, shílì yǔ sùzhì gùrán zhòngyào, dàn wǒmen zhǎo gōngzuò miànshì de shíhou, zài nàme duǎn de shíjiān nèi, zěnme néng bǎ nǐ de sùzhì yǔ shílì quánbù biǎoxiàn chūlái ne? Suǒyǐ wǒ háishi rènwéi xuélì gāo, xíngxiàng hǎo gèng yǒulìyú jiùyè.

저는 취업의 성공 여부는 당신의 학력이 높은지 낮은지, 이미지가 좋은지 안 좋은지에 있다고 생각합니다. 생각해 보십시오, 실력과 소양이 중요하긴 하지만 우리가 취업 면접을 볼 때, 그렇게 짧은 시간 내에 어떻게 당신의 소양과 실력을 전부 보여줄 수 있겠습니까? 그래서 저는 학력이 높고 이미지가 좋은 것이 취업에 더 도움이 된다고 생각합니다.

回答2 不管在哪儿，出众的外貌与高学历都会给对方留下深刻的印象。但是在职场生活中，一个人的素质、品质与实力将会决定你的发展。而且职场是发挥个人能力的空间，而不是炫耀外貌与学历的地方。所以我认为就业时真正重要的还是内在的实力。

Bùguǎn zài nǎr, chūzhòng de wàimào yǔ gāo xuélì dōu huì gěi duìfāng liú xià shēnkè de yìnxiàng. Dànshì zài zhíchǎng shēnghuó zhōng, yí ge rén de sùzhì, pǐnzhì yǔ shílì jiāng huì juédìng nǐ de fāzhǎn. Érqiě zhíchǎng shì fāhuī gèrén nénglì de kōngjiān, ér bú shì xuànyào wàimào yǔ xuélì de dìfang. Suǒyǐ wǒ rènwéi jiùyè shí zhēnzhèng zhòngyào de háishi nèizài de shílì.

어디에 있든지 간에, 출중한 외모와 고학력은 모두 상대방에게 깊은 인상을 남겨줄 수 있습니다. 그러나 직장생활에서는 소양과 인품 그리고 실력이 당신의 미래를 좌우합니다. 그리고 직장은 개인의 능력을 발휘하는 공간이지, 외모와 학력을 뽐내는 곳이 아닙니다. 그래서 저는 취업 시 진정으로 중요한 것은 여전히 내재된 실력이라고 생각합니다.

【해설】 취업 시 중요한 조건에 대해서 이야기 한다. 학력, 경력, 외모 등 외재적인 조건과 실력, 성격, 적응력 등 내적인 조건에 대해서 이야기 할 수 있다. 시험에 나올 확률이 높은 문제이므로 평소 모범답변을 정리해 두는 것이 좋다.

【단어】 目前 mùqián 현재 | 就业 jiùyè 취업하다 | 形势 xíngshì 형세 | 严峻 yánjùn 중대하다, 심각하다 | 竞争 jìngzhēng 경쟁, 경쟁하다 | 激烈 jīliè 치열하다, 격렬하다 | 情况 qíngkuàng 상황 | 学历 xuélì 학력 | 形象 xíngxiàng 이미지 | 机会 jīhuì 기회 | 表象 biǎoxiàng 표상, 겉모습 | 素质 sùzhì 소양, 자질 | 实力 shílì 실력 | 取决于 qǔjuéyú ~에 달려있다 | 固然 gùrán 물론 ~하지만 | 表现 biǎoxiàn 태도, 행동 | 有利于 yǒulìyú ~에 이롭다 | 不管 bùguǎn ~을 막론하고, ~에 상관없이 | 出众 chūzhòng 출중하다 | 外貌 wàimào 외모 | 深刻 shēnkè (인상, 정도가) 깊이가 있다 | 职场生活 zhíchǎngshēnghuó 직장 생활 | 品质 pǐnzhì 인품, 자질 | 决定 juédìng 결정하다 | 前途 qiántú 앞날, 미래, 전망 | 空间 kōngjiān 공간 | 炫耀 xuànyào 자랑하다, 과시하다

问题 2 为了自己的孩子，很多父母不顾一切，牺牲自己。你认为你自己的幸福重要还是孩子的幸福重要?
MP3 13-10
Wèi le zìjǐ de háizi, hěn duō fùmǔ bú gù yíqiè, xīshēng zìjǐ. Nǐ rènwéi nǐ zìjǐ de xìngfú zhòngyào háishi háizi de xìngfú zhòngyào?

자신의 아이를 위해서 많은 부모들은 모든 것에 아랑곳하지 않고 자신을 희생합니다. 당신이 생각하기에 당신 자신의 행복이 중요합니까? 아니면 아이의 행복이 중요합니까?

回答 1 我觉得还是自己的幸福更重要。自己的幸福和人生完全是由自己来决定的，不能因为孩子而放弃自己的幸福。可能有些人会觉得我的想法很自私，但是每个人都有追求幸福的权利。
MP3 13-10-1
Wǒ juéde háishi zìjǐ de xìngfú gèng zhòngyào. Zìjǐ de xìngfú hé rénshēng wánquán shì yóu zìjǐ lái juédìng de, bù néng yīnwèi háizi ér fàngqì zìjǐ de xìngfú. Kěnéng yǒu xiē rén huì juéde wǒ de xiǎngfǎ hěn zìsī, dànshì měi ge rén dōu yǒu zhuīqiú xìngfú de quánlì.

저는 여전히 자신의 행복이 더 중요하다고 생각합니다. 자신의 행복과 인생은 완전히 자신에 의해서 결정되는 것이므로 아이 때문에 자신의 행복을 포기해서는 안됩니다. 아마 어떤 사람들은 저의 생각이 이기적이라고 생각할지도 모르겠지만 모든 사람들은 행복을 추구할 권리가 있습니다.

回答 2 我认为孩子的幸福更重要。孩子是父母生活的希望，如果子女过得不幸福，做父母的心情也不会好。所以很多父母经常这样说:"只有孩子们过得幸福，父母死的时候才能闭得上眼睛。"
MP3 13-10-2
Wǒ rènwéi háizi de xìngfú gèng zhòngyào. Háizi shì fùmǔ shēnghuó de xīwàng, rúguǒ zǐnǚ guò de bú xìngfú, zuò fùmǔ de xīnqíng yě bú huì hǎo. Suǒyǐ hěn duō fùmǔ jīngcháng zhèyàng shuō: "Zhǐyǒu háizimen guò de xìngfú, fùmǔ sǐ de shíhou cái néng bì de shàng yǎnjing."

저는 아이의 행복이 더 중요하다고 생각합니다. 아이는 부모 생활의 희망입니다. 만약 자녀가 불행하게 지낸다면 부모로서 마음이 좋지 않을 것입니다. 그래서 많은 부모들은 종종 "아이가 행복해야지만 부모가 죽을 때 눈을 감을 수 있다."라고 이야기 합니다.

【해설】 자신의 행복이 더 중요하다고 생각되면 행복을 추구할 권리의 입장에서, 아이의 행복이 중요하다면, 부모의 행복은 아이가 잘 되는 것 임을 강조해서 의견을 제시하면 된다.

【단어】 不顾 búgù 고려하지 않다, 꺼리지 않다 | 一切 yíqiè 모든 것 | 牺牲 xīshēng 희생하다 | 幸福 xìngfú 행복하다 | 由 yóu ~가(동작 주체 강조), ~에서부터 | 因为~而~ yīnwèi~ ér~ ~때문에 ~하다 | 放弃 fàngqì 포기하다 | 想法 xiǎngfǎ 생각 | 自私 zìsī 이기적이다 | 追求 zhuīqiú 추구하다 | 权利 quánlì 권리 | 希望 xīwàng 희망 | 闭 bì 닫다, 감다 | 眼睛 yǎnjing 눈

问题 3 由于一次性用品严重地破坏环境，最近限制使用一次性用品是个热门话题。你觉得怎样才能降低一次性用品的使用率?
MP3 13-11
Yóuyú yícìxìng yòngpǐn yánzhòng de pòhuài huánjìng, zuìjìn xiànzhì shǐyòng yícìxìng yòngpǐn shì ge rèmén huàtí. Nǐ juéde zěnyàng cái néng jiàngdī yícìxìng yòngpǐn de shǐyònglǜ?

일회용품이 환경을 심각하게 파괴하여 최근 일회용품 사용을 제한하는 것이 뜨거운 화제입니다. 당신은 어떻게 해야 일회용품 사용률을 낮출 수 있다고 생각합니까?

回答 1 为了方便生活，我们广泛使用一次性用品。但一次性用品不仅破坏环境，甚至严重浪费资源。我认为通过法律手段限制使用一次性用品是最好的办法，就是对一次性用品实行收费制。比如超市里的塑料袋、咖啡店的纸杯等使用一次性用品时收取费用是最行之有效的。
MP3 13-11-1
Wèi le fāngbiàn shēnghuó, wǒmen guǎngfàn shǐyòng yícìxìng yòngpǐn. Dàn yícìxìng yòngpǐn bùjǐn pòhuài huánjìng, shènzhì yánzhòng làngfèi zīyuán. Wǒ rènwéi tōngguò fǎlǜ shǒuduàn xiànzhì shǐyòng yícìxìng yòngpǐn shì zuì hǎo de bànfǎ, jiù shì duì yícìxìng yòngpǐn shíxíng shōufèizhì. Bǐrú chāoshì lǐ de sùliàodài, kāfēidiàn de zhǐbēi děng shǐyòng yícìxìng yòngpǐn shí shōuqǔ fèiyòng shì zuì xíngzhīyǒuxiào de.

생활의 편리를 위해 우리는 광범위하게 일회용품을 사용합니다. 하지만 일회용품은 환경을 파괴할 뿐만 아니라 심지어 심각하게 자원을 낭비합니다. 저는 법률 수단을 통해서 일회용품 사용을 제한하는 것, 바로 일회용품에 대해 비용을 받는 것이 가장 좋은 방법이라고 생각합니다. 예를 들어 슈퍼마켓의 비닐봉투나 커피숍의 종이컵 등 일회용품 사용에 대해 비용을 받는 것이 가장 효과 있다고 생각합니다.

回答 2 由于一次性用品给生态环境造成严重的破坏，因此最近出台了实行对使用一次性用品的收费制度，但似乎成效不大。我认为改变人们的观念才是最重要的。为了我们的家园，应该尽量避免使用一次性用品，比如
MP3 13-11-2

모범 답변 및 해설 **241**

去宾馆时自备牙刷、毛巾等生活必需品，能不用就尽量不用。
Yóuyú yícìxìng yòngpǐn gěi shēngtài huánjìng zàochéng yánzhòng de pòhuài, yīncǐ zuìjìn chūtái le shíxíng duì shǐyòng yícìxìng yòngpǐn de shōufèizhìdù, dàn sìhū chéngxiào bú dà. Wǒ rènwéi gǎibiàn rénmen de guānniàn cái shì zuì zhòngyào de. Wèi le wǒmen de jiāyuán, yīnggāi jǐnliàng bìmiǎn shǐyòng yícìxìng yòngpǐn, bǐrú qù bīnguǎn shí zì bèi yáshuā、máojīn děng shēnghuó bìxūpǐn, néng bú yòng jiù jǐnliàng bú yòng.

일회용품이 생태환경에 심각한 파괴를 야기하기에 최근 일회용품 사용에 환경보증금을 받는 제도가 시행되었지만 효과는 크지 않습니다. 저는 사람들의 인식을 바꾸는 것이 가장 중요하다고 생각합니다. 우리의 지구를 위해 최대한 일회용품 사용을 피해야 합니다. 예를 들어 호텔에 갈 때는 자신이 스스로 직접 칫솔,수건 등 생활필수품을 준비하여 최대한 안 쓸 수 있으면 안 써야 합니다.

【해설】환경에 관한 문제는 출제 확률이 높다. 일회용품 사용을 줄이기 위해서 가장 먼저 떠올릴 수 있는 방법은 바로 법적인 제도 마련과 사람들의 인식 변화이다. 견해에 구체적인 근거를 들어 답변을 마무리 하자.

【단어】由于 yóuyú ~때문에 | 一次性用品 yícìxìngyòngpǐn 일회용품 | 严重 yánzhòng 심각하다 | 破坏 pòhuài 파괴하다, 훼손하다 | 环境 huánjìng 환경 | 限制 xiànzhì 제한하다 | 使用 shǐyòng 사용하다 | 热门 rèmén 인기 있는 것 | 话题 huàtí 화제 | 降低 jiàngdī 낮추다, 떨어뜨리다 | 为了 wèi le ~을 위해서 | 方便 fāngbiàn 편리하다 | 生活 shēnghuó 생활 | 广泛 guǎngfàn 광범위하다, 폭 넓다 | 甚至 shènzhì 심지어, ~조차도 | 浪费 làngfèi 낭비하다 | 资源 zīyuán 자원 | 通过 tōngguò ~을 통해서 | 法律 fǎlǜ 법률 | 手段 shǒuduàn 수단 | 办法 bànfǎ 방법 | 实行 shíxíng 실행하다 | 收费制 shōufèizhì 비용을 받는 제도 | 比如 bǐrú 예를 들어 | 超市 chāoshì 슈퍼마켓 | 塑料袋 sùliàodài 비닐봉투 | 纸杯 zhǐbēi 종이컵 | 收取 shōuqǔ 받다 | 费用 fèiyòng 비용 | 行之有效 xíngzhīyǒuxiào (방법, 조치 등을) 실행하여 효과가 있다 | 出台 chūtái (정책, 조치 등을) 정식으로 시행하다 | 制度 zhìdù 제도 | 似乎 sìhū 마치 ~와 같다 | 成效 chéngxiào 효능, 효과 | 改变 gǎibiàn 바뀌다, 변하다 | 观念 guānniàn 관념 | 应该 yīnggāi 마땅히 ~해야한다 | 尽量 jǐnliàng 가능한 한, 최대한 | 避免 bìmiǎn 피하다, 모면하다 | 牙刷 yáshuā 칫솔 | 毛巾 máojīn 수건

Chapter 14 일반 비즈니스 1   156p

[초단기 연습]

问题
有位职员做成了一个大项目，给企业带来了很大的利润。你认为公司应该多给他一些奖金并给他升职的机会作为鼓励好，还是赋予他权力让他可以参与更多的项目，在更大的业务平台发挥能力比较好？为什么？

Yǒu wèi zhíyuán zuò chéng le yí ge dà xiàngmù, gěi qǐyè dàilái le hěn dà de lìrùn. Nǐ rènwéi gōngsī yīnggāi duō gěi tā yì xiē jiǎngjīn bìng gěi tā shēngzhí de jīhuì zuòwéi gǔlì hǎo, háishi fùyǔ tā quánlì ràng tā kěyǐ cānyù gèng duō de xiàngmù, zài gèng dà de yèwù píngtái fāhuī nénglì bǐjiào hǎo? Wèishénme?

한 직원이 큰 프로젝트를 만들어 기업에 큰 이윤을 가져다 주었습니다. 당신은 회사가 그에게 격려차 보너스와 승진의 기회를 주는 것이 좋다고 생각합니까, 아니면 그에게 권한을 주어 더 많은 프로젝트에 참가해 큰 업무 무대에서 능력을 발휘하게 해 주는 것이 비교적 좋다고 생각합니까? 왜 그렇게 생각합니까?

回答1
对于一个职员来说，在更大的业务领域发挥自己的能力固然很好，但是升职加薪更实际一些。因此我认为公司应该多给他一些奖金并给他升职的机会作为鼓励比较好。

Duìyú yí ge zhíyuán lái shuō, zài gèng dà de yèwù lǐngyù fāhuī zìjǐ de nénglì gùrán hěn hǎo, dànshì shēngzhí jiā xīn gèng shíjì yì xiē. Yīncǐ wǒ rènwéi gōngsī yīnggāi duō gěi tā yì xiē jiǎngjīn bìng gěi tā shēngzhí de jīhuì zuòwéi gǔlì bǐjiào hǎo.

직원에게 있어서, 더 큰 업무 영역에서 자신의 능력을 발휘하는 것도 물론 좋지만 승진과 연봉 인상이 좀 더 실질적입니다. 그래서 저는 회사가 그에게 격려차 보너스와 승진의 기회를 주는 것이 비교적 좋다고 생각합니다.

回答2
我认为公司应该为他准备一个更大的工作平台让他施展自己的才华。因为接触更多的项目，处理更多的业务，可以提升自己的办事能力，以后就算再困难的项目也都会轻松搞定。

Wǒ rènwéi gōngsī yīnggāi wèi tā zhǔnbèi yí ge gèng dà de gōngzuò píngtái ràng tā shīzhǎn zìjǐ de cáihuá. Yīnwèi jiēchù gèng duō de xiàngmù, chǔlǐ gèng duō de yèwù, kěyǐ tíshēng zìjǐ de bàn shì nénglì, yǐhòu jiùsuàn zài kùnnan de xiàngmù yě dōu huì qīngsōng gǎodìng.

저는 회사가 그에게 더 큰 업무 무대를 마련해서 자신의 재능을 펼칠 수 있게 해줘야 한다고 생각합니다. 더 많은 프로젝트를 접하고, 더 많은 업무를 처리하게 하는 것이 자신의 업무 처리 능력을 향상시켜 앞으로 설령 더 힘든 프로젝트라도 가볍게 해결할 수 있게 만들기 때문입니다.

【해설】 직원을 표창하는 방법은 다양하다. 보너스나 승진의 기회를 주어서 장려를 하는 방법, 능력을 펼칠 수 있는 더 큰 무대를 마련하거나 업무 처리 능력을 향상시켜 주는 방법 등이 있다. 각자의 관점에서 적당한 근거를 들어 자신의 견해를 이야기하면 된다.

【단어】 项目 xiàngmù 프로젝트 | 利润 lìrùn 이윤 | 奖金 jiǎngjīn 보너스, 상금 | 升职 shēngzhí 승진하다 | 机会 jīhuì 기회 | 鼓励 gǔlì 북돋우다, 격려하다 | 赋予 fùyǔ 부여하다 | 权力 quánlì 권력 | 平台 píngtái 무대 | 发挥 fāhuī 발휘하다 | 固然 gùrán 물론 ~하지만 | 实际 shíjì 실제, 현실적 | 施展 shīzhǎn 보여주다, 펼치다 | 才华 cáihuá 재능 | 接触 jiēchù 접촉하다 | 提升 tíshēng 진급하다 | 就算 jiùsuàn 설령~일지라도 | 困难 kùnnan 어렵다, 힘들다 | 轻松 qīngsōng 가뿐하다

[초단기 실전]

问题1 选择合作伙伴时，要考虑的因素很多。有人说要考虑合作公司的规模，也有人说要考虑合作公司的产品。你觉得呢？什么因素最重要呢？
MP3 14-9

Xuǎnzé hézuò huǒbàn shí, yào kǎolǜ de yīnsù hěn duō. Yǒu rén shuō yào kǎolǜ hézuò gōngsī de guīmó, yě yǒu rén shuō yào kǎolǜ hézuò gōngsī de chǎnpǐn. Nǐ juéde ne? Shénme yīnsù zuì zhòngyào ne?

합작 파트너를 찾을 때 고려해야 할 요소는 많습니다. 어떤 사람은 합작 회사의 규모를 고려해야 한다고 하고 어떤 사람은 합작 회사의 제품을 고려해야 한다고 합니다. 당신의 생각은 어떻습니까? 어떤 요소가 가장 중요합니까?

回答1 我觉得公司有一定的规模的话，企业信誉也应该不错。因为能在市场竞争中活下来的公司一靠技术，二靠信誉。而且规模大的公司不会发生资金周转不灵的问题。所以我觉得公司规模比较重要。
MP3 14-9-1

Wǒ juéde gōngsī yǒu yídìng de guīmó de huà, qǐyè xìnyù yě yīnggāi bú cuò. Yīnwèi néng zài shìchǎng jìngzhēng zhōng huó xiàlai de gōngsī yī kào jìshù, èr kào xìnyù. Érqiě guīmó dà de gōngsī bú huì fāshēng zījīn zhōuzhuǎn bù líng de wèntí. Suǒyǐ wǒ juéde gōngsī guīmó bǐjiào zhòngyào.

저는 회사가 어느 정도 규모가 있다면 기업의 신용도 좋을 것이라고 생각합니다. 시장 경쟁에서 살아남을 수 있는 회사는 첫째로 기술, 둘째로 신용이 뒷받침되기 때문입니다. 게다가 규모가 큰 회사는 자금 융통이 잘 되지 않는 문제가 발생하지 않을 것입니다. 그래서 저는 회사의 규모가 비교적 중요하다고 생각합니다.

回答2 我觉得产品的质量最值得考虑。中小企业的规模不如大公司，但他们生产的产品不见得比大公司差，因为要和大公司竞争，所以他们会提出更多对我们有利的条件。因此我觉得只要产品好，公司大小并不是很重要的问题。
MP3 14-9-2

Wǒ juéde chǎnpǐn de zhìliàng zuì zhíde kǎolǜ. Zhōngxiǎo qǐyè de guīmó bùrú dà gōngsī, dàn tāmen shēngchǎn de chǎnpǐn bújiànde bǐ dà gōngsī chà, yīnwèi yào hé dà gōngsī jìngzhēng, suǒyǐ tāmen huì tíchū gèng duō duì wǒmen yǒulì de tiáojiàn. Yīncǐ wǒ juéde zhǐyào chǎnpǐn hǎo, gōngsī dà xiǎo bìng bú shì hěn zhòngyào de wèntí.

저는 상품의 품질이 가장 고려할만한 가치가 있다고 생각합니다. 중소기업들의 규모는 대기업보다 못하지만 그들이 생산해 낸 제품이 대기업보다 반드시 뒤쳐진다고 할 수 없습니다. 왜냐하면 대기업과 경쟁을 해야 하기 때문에 그들이 우리에게 유리한 조건을 더 많이 내놓기 때문입니다. 그래서 저는 상품만 좋다면 회사의 크기는 그렇게 중요한 문제가 아니라고 생각합니다.

【해설】 합작 파트너를 찾을 때 합작 파트너의 제품 품질, 회사 규모, 신용도, 회사 이미지 등 다양한 요소를 고려해야 한다. 어휘를 모르면 답변이 쉽지 않으므로, 어휘를 먼저 파악하고 자신의 견해와 근거를 정리하여 모범답안을 만든다.

【단어】 选择 xuǎnzé 선택하다 | 合作 hézuò 협력하다, 합작하다 | 伙伴 huǒbàn 동반자, 파트너 | 因素 yīnsù 요소 | 规模 guīmó 규모 | 信誉 xìnyù 신용 | 竞争 jìngzhēng 경쟁, 경쟁하다 | 靠 kào 믿다, 기대다 | 技术 jìshù 기술 | 资金 zījīn 자금 | 周转 zhōuzhuǎn 돌다, 융통하다 | 值得 zhídé ~할 만한 가치가 있다 | 不如 bùrú ~만 못하다

问题2 随着网络的发展，出现了各种营销方式。其中通过社交网或博客的营销方式已经很普遍了。有人说这些社交网和博客的评价很可靠，可以吸引很多顾客。但也有人说，还是传统的营销方式比较可靠。请你说说你对网络营销的看法。
MP3 14-10

Suízhe wǎngluò de fāzhǎn, chūxiàn le gè zhǒng yíngxiāo fāngshì. Qí zhōng tōngguò shèjiāowǎng huò bókè de yíngxiāo fāngshì yǐjīng hěn pǔbiàn le. Yǒu rén shuō zhè xiē shèjiāowǎng hé bókè de píngjià hěn kěkào, kěyǐ xīyǐn hěn duō gùkè. Dàn yě yǒu rén shuō, háishi chuántǒng de yíngxiāo fāngshì bǐjiào kěkào. Qǐng nǐ shuōshuo nǐ duì wǎngluò yíngxiāo de kànfǎ.

인터넷의 발전에 따라 각종 마케팅 방식이 생겨났습니다. 그 중 SNS와 블로그를 통한 마케팅 방식은 이미 매우 보편화되어 있습니다. 어떤 사람은 SNS와 블로그의 평가가 믿을 만하여 많은 고객들을 유치할 수 있다고 하고, 어떤 사람은 전통적인 판매 방식이 비교적 믿을 만하다고 합니다. 인터넷 마케팅에 대한 당신의 견해를 이야기해 보세요.

回答1 我赞同网络营销的方法，现在已经是智能时代了，比起新闻报纸，人们更加频繁接触的是网络。而在上网时间中占据大部分的就是社交网。所以通过社交网来营销的话效果非同凡响，而且这种营销方式可以节省很多成本，因此对于商家也是一件好事。
MP3 14-10-1

243

Wǒ zàntóng wǎngluò yíngxiāo de fāngfǎ, xiànzài yǐjīng shì zhìnéng shídài le, bǐ qǐ xīnwén bàozhǐ, rénmen gèngjiā pínfán jiēchù de shì wǎngluò. Ér zài shàng wǎng shíjiān zhōng zhànjù dàbùfen de jiù shì shèjiāowǎng. Suǒyǐ tōngguò shèjiāowǎng lái yíngxiāo de huà xiàoguǒ fēitóngfánxiǎng, érqiě zhè zhǒng yíngxiāo fāngshì kěyǐ jiéshěng hěn duō chéngběn, yīncǐ duìyú shāngjiā yě shì yí jiàn hǎo shì.

저는 인터넷 마케팅의 방법에 찬성합니다. 지금은 이미 스마트 시대입니다. 뉴스와 신문에 비해 사람들이 더욱 빈번하게 접촉하는 것은 인터넷입니다. 그리고 인터넷 하는 시간 중 대부분을 차지하는 것이 바로 SNS입니다. 따라서 SNS를 통해 마케팅을 한다면 효과는 매우 좋을 것입니다. 게다가 이러한 마케팅 방식은 많은 원가를 절감할 수 있어 판매자에게 있어 좋은 일이기도 합니다.

回答2 我反对网络营销的方法。上网其实就是为了放松一下，暂时忘了那些让人眼花缭乱的广告。特别是在社交网这样的网站，人们注册的主要目的就是为了与他人分享自己的心情与状态。但如果连社交网也充满了广告的话，我觉得我肯定不会再登录社交网了。

MP3 14-10-2

Wǒ fǎnduì wǎngluò yíngxiāo de fāngfǎ. Shàngwǎng qíshí jiù shì wèi le fàngsōng yí xià, zànshí wàng le nà xiē ràng rén yǎnhuāliáoluàn de guǎnggào. Tèbié shì zài shèjiāowǎng zhèyàng de wǎngzhàn, rénmen zhùcè de zhǔyào mùdì jiù shì wèi le yǔ tārén fēnxiǎng zìjǐ de xīnqíng yǔ zhuàngtài. Dàn rúguǒ lián shèjiāowǎng yě chōngmǎn le guǎnggào de huà, wǒ juéde wǒ kěndìng bú huì zài dēnglù shèjiāowǎng le.

저는 인터넷 마케팅 방법에 반대합니다. 인터넷을 하는 것은 사실 잠깐 쉬기 위함이고, 사람들을 현혹시키는 광고를 잠시 동안 잊기 위함입니다. 특히 SNS와 같은 웹사이트에 사람들이 로그인하는 주요 목적은 바로 타인과 자신의 기분 및 상태를 공유하기 위함입니다. 하지만 만약 SNS에도 광고가 가득하다면 저는 다시는 SNS에 접속하지 않을 것입니다.

【해설】 인터넷 마케팅은 이미 보편화된 방법이다. 전통적인 판매 방식, 또는 뉴스나 신문을 통한 마케팅 방법 보다 SNS를 통한 판매가 효과적이고 빠르다는 장점이 있다. 하지만 다른 사람들과 소통하기 위한 SNS 마저 광고가 가득하다면 반감을 살 수 있다는 단점이 있다. 인터넷을 통한 마케팅 방법의 장점과 단점을 생각해보고 적절한 예를 들어 답변해 보도록 하자.

【단어】 随着 suízhe ~에 따라 | 网络 wǎngluò 네트워크 | 发展 fāzhǎn 발전하다 | 营销 yíngxiāo 판매하다, 마케팅 | 方式 fāngshì 방식 | 社交网站 shèjiāowǎngzhàn SNS | 博客 bókè 블로그 | 普遍 pǔbiàn 보편적이다 | 评价 píngjià 평가하다 | 可靠 kěkào 믿을 만하다 | 吸引 xīyǐn 끌어당기다 | 传统 chuántǒng 전통 | 智能 zhìnéng 스마트 | 新闻 xīnwén 뉴스 | 接触 jiēchù 접촉하다 | 更加 gèngjiā 더욱 | 频繁 pínfán 빈번하다 | 占据 zhànjù 점거하다 | 非同凡响 fēitóngfánxiǎng 평범하지 않다, 뛰어나다 | 节省 jiéshěng 절약하다 | 成本 chéngběn 원가 | 反对 fǎnduì 반대하다 | 放松 fàngsōng 늦추다, 긴장 풀다 | 暂时 zànshí 잠시, 잠깐 | 眼花缭乱 yǎnhuāliáoluàn 눈이 어지럽다 | 注册 zhùcè 등록하다, 가입하다 | 分享 fēnxiǎng 함께 누리다, 즐기다 | 心情 xīnqíng 심정, 기분 | 状态 zhuàngtài 상태 | 连 lián ~조차도 | 充满 chōngmǎn 충만하다, 가득하다 | 肯定 kěndìng 분명히 | 登录 dēnglù 로그인하다

问题3 商务谈判时，要注意的部分比较多，比如语言、姿势、应变能力等等。你认为商务谈判时，要注意的是什么？

MP3 14-11

Shāngwù tánpàn shí, yào zhùyì de bùfen bǐjiào duō, bǐrú yǔyán, zīshì, yìngbiàn nénglì děngděng. Nǐ rènwéi shāngwù tánpàn shí, yào zhùyì de shì shénme?

비즈니스 협상 시, 주의해야 할 부분은 비교적 많습니다. 예를 들어 언어, 자세, 임기응변 능력 등이 있습니다. 당신은 비즈니스 협상 시 주의해야 할 것이 무엇이라고 생각합니까?

回答1 我认为在商务谈判中，语言是为了表达自己的意向和要求的，所以要格外注意用词。说话时既要充分表明自己的立场，又要顾及对方的感受才是谈判时应该注意的。

MP3 14-11-1

Wǒ rènwéi zài shāngwù tánpàn zhōng, yǔyán shì wèi le biǎodá zìjǐ de yìxiàng hé yāoqiú de, suǒyǐ yào géwài zhùyì yòng cí. Shuōhuà shí jì yào chōngfèn biǎomíng zìjǐ de lìchǎng, yòu yào gùjí duìfāng de gǎnshòu cái shì tánpàn shí yīnggāi zhùyì de.

저는 비즈니스 협상에서 언어는 자신의 의향과 요구를 나타내기 위한 것이기에 단어 선택에 매우 주의해야 한다고 생각합니다. 말을 할 때 충분히 자신의 입장을 표하고 또한 상대방의 감정을 고려하는 것이야 말로 협상에서 반드시 주의해야 하는 것입니다.

回答2 我认为谈判时最需要的是灵活的应变能力。比如当你遇到很棘手的情况时，如果你不能临机应变的话，就会陷入很被动的局面，甚至让自己处于劣势。因此我认为具有灵活的应变能力才是谈判中最不可缺少的。

MP3 14-11-2

Wǒ rènwéi tánpàn shí zuì xūyào de shì línghuó de yìngbiàn nénglì. Bǐrú dāng nǐ yùdào hěn jíshǒu de qíngkuàng shí, rúguǒ nǐ bù néng línjīyìngbiàn de huà, jiù huì xiànrù hěn bèidòng de júmiàn, shènzhì ràng zìjǐ chǔyú lièshì. Yīncǐ wǒ rènwéi jùyǒu línghuó de yìngbiàn nénglì cái shì tánpàn zhōng zuì bùkěquēshǎo de.

저는 협상에서 가장 중요한 것은 재빠른 임기응변 능력이라고 생각합니다. 예를 들어 당신이 매우 난처한 상황에 부딪혔을 때, 만약 당신이 임기응변을 할 수 없다면 분명 수동적인 입장에 처하게 되고 심지어 불리한 입장에 처할 수 있습니다. 따라서 저는 재빠른 임기응변 능력을 지니고 있는 것이야 말로 협상에서 없어서는 안 되는 것이라고 생각합니다.

【해설】 문제에서 비즈니스 협상 시 주의해야 할 요소로 언어, 자세, 대화 임기응변 능력을 제시하였으므로 혹 답변 준비시간에 다른 것들이 기억이 나지 않는다면 문제의 내용을 활용하도록 하자. 문제에 제시된 내용을 주제로 적당한 근거 2, 3가지를 들어 답변을 마무리 한다.

【단어】 商务 shāngwù 비즈니스 | 谈判 tánpàn 담판하다 | 语言 yǔyán 언어 | 姿势 zīshì 자세 | 为了 wèi le ~을 위해서 | 表达 biǎodá 나타내다, 표현하다 | 意愿 yìyuàn 바람, 염원 | 要求 yāoqiú 요구 | 格外 géwài 따로, 각별히 | 注意 zhùyì 주의하다 | 充分 chōngfèn 충분하다 | 表明 biǎomíng 분명하게 밝히다, 표명하다 | 立场 lìchǎng 입장 | 顾及 gùjí ~에 주의하다, ~을 고려하다 | 对方 duìfāng 상대방 | 感受 gǎnshòu 느끼다 | 需要 xūyào 필요하다 | 灵活 línghuó 민첩하다, 영민하다 | 比如 bǐrú 예를 들어 | 遇到 yùdào 만나다 | 棘手 jíshǒu 곤란하다, 까다롭다 | 情况 qíngkuàng 상황 | 临机应变 línjīyìngbiàn 임기응변하다 | 陷入 xiànrù (불리한 지경에) 빠지다, 떨어지다 | 被动 bèidòng 피동적이다, 수동적이다 | 局面 júmiàn 국면, 형세, 양상 | 甚至 shènzhì 심지어, ~조차도 | 处于 chǔyú ~에 놓이다 | 劣势 lièshì 열세 | 不可缺少 bùkěquēshǎo 없어서는 안되다

Chapter 15 일반 비즈니스 2

164p

[초단기 연습]

问题 最近幼儿早教市场针对那些希望自己的孩子比别人家的孩子优秀的独生子女父母销售很多昂贵的早教产品，使学费也不断地往上涨。你对这种幼儿早期教育的新趋势有什么看法？
MP3 15-8
Zuìjìn yòu'ér zǎojiào shìchǎng zhēnduì nàxiē xīwàng zìjǐ de háizi bǐ biérén jiā de háizi yōuxiù de dúshēngzǐnǚ fùmǔ xiāoshòu hěn duō ángguì de zǎojiào chǎnpǐn, shǐ xuéfèi yě bú duàn de wǎng shàngzhǎng. Nǐ duì zhè zhǒng yòu'ér zǎoqī jiàoyù de xīn qūshì yǒu shénme kànfǎ?

최근 유아 조기 교육 시장은 자신의 아이가 다른 아이보다 우수하길 바라는 외동 자녀의 부모를 겨냥하여 고가의 조기 교육 상품을 판매하여 교육비를 끊임없이 올라가게 만들고 있습니다. 이러한 유아 조기 교육의 새로운 추세에 당신은 어떠한 견해를 가지고 있습니까?

回答1 我觉得这意味着早期教育市场正往多元化的方向发展。早期教育产品五花八门，各式各样，让父母有更多的选择，这本身没什么不好。
MP3 15-8-1
Wǒ juéde zhè yìwèizhe zǎoqī jiàoyù shìchǎng zhèng wǎng duōyuánhuà de fāngxiàng fāzhǎn. Zǎoqī jiàoyù chǎnpǐn wǔhuābāmén, gèshìgèyàng, ràng fùmǔ yǒu gèng duō de xuǎnzé, zhè běnshēn méi shénme bù hǎo.

저는 이것은 조기 교육 시장이 다원화 방향으로 발전하고 있는 것을 의미한다고 생각합니다. 다양하고 각양각색인 조기 교육 상품은 부모로 하여금 더 많은 선택권을 갖게 하므로 이 자체로는 별로 나쁠 것이 없다고 생각합니다.

回答2 我觉得这不仅仅是孩子的教育问题，而且也是一个很严重的社会问题。有钱人家的小孩儿就可以接受昂贵的早期教育，但一般人家的小孩儿只能接受基本的早期教育。因此这会使孩子从小就感受到贫富带来的差距，会影响到孩子以后的价值观、人生观。
MP3 15-8-2
Wǒ juéde zhè bùjǐnjǐn shì háizi de jiàoyù wèntí, érqiě yě shì yí ge hěn yánzhòng de shèhuì wèntí. Yǒu qián rén jiā de xiǎoháir jiù kěyǐ jiēshòu ángguì de zǎoqī jiàoyù, dàn yìbānrén jiā de xiǎoháir zhǐ néng jiēshòu jīběn de zǎoqī jiàoyù. Yīncǐ zhè jiù huì shǐ háizi cóng xiǎo jiù gǎnshòu dào pínfù dàilái de chājù, huì yǐngxiǎng dào háizi yǐhòu de jiàzhíguān、rénshēngguān.

저는 이것이 단지 아이의 교육 문제가 아니라 매우 심각한 사회 문제라고 생각합니다. 부잣집의 자녀들은 고가의 조기 교육을 받을 수 있지만 평범한 집의 자녀는 그저 기본적인 조기 교육 밖에 받을 수 없습니다. 그리하여 이것은 아이로 하여금 어렸을 때부터 빈부격차가 가져오는 차이를 느끼게 하여 향후 아이의 가치관, 인생관에 영향을 줄 수 있습니다.

【해설】 조기 교육 시장에 관해서는 찬반의견이 팽팽하게 존재한다. 조기 교육 시장의 다원화라는 긍정적인 입장과 갈수록 비싸지는 조기 교육 자체가 결국 빈부격차만 느끼게 할 것이라는 부정적인 입장이 존재한다. 자신의 경험에 비추어 견해와 이유를 들어 답변하도록 하자.

【단어】 幼儿 yòu'ér 유아 | 早教市场 zǎojiào shìchǎng 조기 교육 시장 | 针对 zhēnduì 겨누다, 겨냥하다 | 优秀 yōuxiù 우수하다 | 独生子女 dúshēngzǐnǚ 외아들, 외동딸 | 昂贵 ángguì 비싸다 | 不断 búduàn 부단히, 계속하다 | 上涨 shàngzhǎng 상승하다 | 早期教育 zǎoqījiàoyù 조기 교육 | 趋势 qūshì 추세, 경향 | 意味 yìwèi 의미하다, 뜻하다 | 多元化 duōyuánhuà 다원화하다 | 发展 fāzhǎn 발전하다 | 五花八门 wǔhuābāmén 각양각색이다 | 各式各样 gèshìgèyàng 각양각색 | 选择 xuǎnzé 선택 | 严重 yánzhòng 심각하다 | 接受 jiēshòu 받다 | 贫富差距 pínfùchājù 빈부격차 | 价值观 jiàzhíguān 가치관

[초단기 실전]

问题 1 有的人认为世上没有"铁饭碗"而频繁地跳槽，也有的人觉得想成为一个权威的专家至少要在这个领域工作一万小时。你觉得呢？请说说你对工作的看法。
MP3 15-9
Yǒu de rén rènwéi shì shàng méiyǒu "tiěfànwǎn" ér pínfán de tiàocáo, yě yǒu de rén juéde xiǎng chéngwéi yí ge quánwēi de zhuānjiā zhìshǎo yào zài zhè ge lǐngyù gōngzuò yí wàn xiǎoshí. Nǐ juéde ne? Qǐng shuōshuo nǐ duì gōngzuò de kànfǎ.

어떤 사람은 세상에 "철밥통"은 없다고 생각하며 빈번하게 직업을 바꿉니다. 또 어떤 사람은 권위 있는 전문가가 되려면 최소한 이 영역에서 일만 시간을 일을 해야 한다고 생각합니다. 당신은 어떻습니까? 직업에 대한 당신의 견해를 이야기해 보세요.

回答 1 俗话说："人往高处走，水往低处流"。如果工作中有更好的机会当然要把握。既然"铁饭碗"的时代已经成为历史了，那到待遇更好的地方工作又有什么不可以的呢？
MP3 15-9-1
Súhuà shuō: "rén wǎng gāo chù zǒu, shuǐ wǎng dī chù liú". Rúguǒ gōngzuò zhōng yǒu gèng hǎo de jīhuì dāngrán yào bǎwò. Jìrán "tiěfànwǎn" de shídài yǐjīng chéngwéi lìshǐ le, nà dào dàiyù gèng hǎo de dìfang gōngzuò yòu yǒu shénme bù kěyǐ de ne?

옛말에 "사람은 높은 곳으로 가고 물은 낮은 곳으로 흐른다"고 했습니다. 만약 업무 중 더 좋은 기회가 있다면 당연히 잡아야 합니다. 기왕 "철밥통"의 시대가 이미 역사가 되어 버린 이상, 대우가 더 좋은 곳으로 가는 것이 안될 것이 뭐가 있겠습니까?

回答 2 我觉得除非自己当老板，其他都是在给别人打工，所以在哪儿工作都一样。与其频繁地跳槽，还不如在一个地方好好干。现在没机会不代表以后都没机会，"是金子总是会发光的"嘛。
MP3 15-9-2
Wǒ juéde chúfēi zìjǐ dāng lǎobǎn, qítā dōu shì zài gěi biérén dǎgōng, suǒyǐ zài nǎr gōngzuò dōu yíyàng. Yǔqí pínfán de tiàocáo, hái bùrú zài yí ge dìfang hǎohāo gàn. Xiànzài méi jīhuì bú dàibiǎo yǐhòu dōu méi jīhuì, "shì jīnzǐ zǒng shì huì fā guāng de" ma.

저는 스스로 사장인 것을 제외하고 다른 것은 모두 다른 사람을 위해 일하는 것이라고 생각합니다. 그래서 어디를 가든 업무는 모두 똑같습니다. 빈번하게 직업을 바꾸는 것은 한 곳에서 일을 잘 하는 것보다 못합니다. 지금 기회가 없다고 앞으로도 기회가 없는 것은 아닙니다. "금은(재능은) 항상 빛을 발하니까요."

【해설】 이직에 관한 문제는 자주 출제된다. 더 좋은 기회를 위해서 이직은 당연한 것이라는 의견과 어딜 가든 업무는 똑같으니 빈번하게 직업을 바꾸는 것은 좋지 않다는 정반대의 의견이 존재한다. 구체적인 경험을 들어 자신의 견해를 답변해 보도록 하자.

【단어】 铁饭碗 tiěfànwǎn 철밥통 | 频繁 pínfán 잦다, 빈번하다 | 跳槽 tiàocáo 이직하다 | 成为 chéngwéi ~으로 되다 | 权威 quánwēi 권위 | 至少 zhìshǎo 최소한 | 领域 lǐngyù 영역 | 把握 bǎwò 잡다 | 历史 lìshǐ 역사 | 待遇 dàiyù 대우, 대접 | 除非 chúfēi 오직 ~하여야(비로소), ~한다면 몰라도 | 不如 bùrú ~만 못하다 | 代表 dàibiǎo 대표하다, 나타내다

问题 2 很多公司为了宣传自己的商品，选择植入式广告。有的人认为这是一种很有效的广告方法，也有的人认为导致植入式广告的泛滥。你怎么看植入式广告？
MP3 15-10
Hěn duō gōngsī wèi le xuānchuán zìjǐ de shāngpǐn, xuǎnzé zhírùshì guǎnggào. Yǒu de rén rènwéi zhè shì yì zhǒng hěn yǒuxiào de guǎnggào fāngfǎ, yě yǒu de rén rènwéi dǎozhì zhírùshì guǎnggào de fànlàn. Nǐ zěnme kàn zhírùshì guǎnggào?

많은 회사들이 자신의 상품을 홍보하기 위해 간접 광고를 선택합니다. 어떤 사람은 이것이 매우 효과적인 방법이라고 생각하고 어떤 사람들은 간접 광고 범람을 야기한다고 생각합니다. 당신은 간접 광고에 대해 어떻게 생각합니까?

回答 1 现在一些消费者愿意模仿明星，追求明星消费的产品。这些消费者看了影视作品和公众人物使用的商品，进而自己也去购买，自然而然形成了一种"模仿消费"，从公司立场上来说这就是商机。所以我认为植入式广告作为一种新型的广告方式，开拓了广告存在的空间。
MP3 15-10-1
Xiànzài yìxiē xiāofèizhě yuànyì mófǎng míngxīng, zhuīqiú míngxīng xiāofèi de chǎnpǐn. Zhè xiē xiāofèizhě kàn le yǐngshìzuòpǐn hé gōngzhòngrénwù shǐyòng de shāngpǐn, jìn'ér zìjǐ yě qù gòumǎi, zìrán'érrán xíngchéng le yìzhǒng "mófǎng xiāofèi", cóng gōngsī lìchǎng shàng lái shuō zhè jiù shì shāngjī. Suǒyǐ wǒ rènwéi zhírùshì guǎnggào zuòwéi yìzhǒng xīnxíng de guǎnggào fāngshì, kāituò le guǎnggào cúnzài de kōngjiān.

현재 일부 소비자들은 연예인들을 따라 하길 원하고 연예인이 사용하는 상품을 추구합니다. 이러한 소비자들은 영상물과 유명인사들이 사용한 상품을 보고 자신도 가서 구매하여 자연스럽게 하나의 "모방 소비"를 형성하게 됩니다. 회사의 입장에서 이것은 매우 좋은 사업 기회입니다. 따라서 저는 간접 광고가 하나의 새로운 광고 방식으로서 광고가 존재할 수 있는 공간을 개척했다고 생각합니다.

回答 2 我认为过分追求商业效益必然会导致植入式广告的泛滥，随之引起观众反感。这样有可能还没有建立起完整的商品价值评估体系，就损害了产品的形象。所以我认为植入式广告弊大于利。
MP3 15-10-2
Wǒ rènwéi guòfèn zhuīqiú shāngyè xiàoyì bìrán huì dǎozhì zhírùshì guǎnggào de fànlàn, suízhī yǐnqǐ guānzhòng fǎngǎn. Zhèyàng yǒu kěnéng hái méiyǒu jiànlì qǐ wánzhěng de shāngpǐn jiàzhí pínggū tǐxì, jiù sǔnhài le chǎnpǐn de xíngxiàng. Suǒyǐ wǒ rènwéi zhírùshì guǎnggào bìdàyúlì.

저는 과도하게 상업적 효과를 추구하는 것은 반드시 간접 광고의 범람을 야기하고, 이에 따라 시청자들의 반감을 일으킨다고 생각합니다. 이렇게 되면 완전한 상품의 가치 평가 체계를 구축하기 전에 상품의 이미지에 손해를 끼치게 될 수 있습니다. 따라서 저는 간접 광고의 단점이 장점보다 더 많다고 생각합니다.

【해설】 영상매체를 통한 간접 광고는 이미 하나의 보편적인 광고로 자리잡아 대중에게 친숙하고 소비를 촉진시킨다는 장점은 있지만, 과도한 간접 광고는 상품의 가치 보다는 상업적 효과만 추구하게 되어 결국 소비자의 반감을 일으킨다는 단점이 있다. 어휘 및 문형의 난이도가 높으므로 자신만의 모범답변을 만들어 정리해 두도록 하자.

【단어】 宣传 xuānchuán 홍보하다 | 植入式广告 zhírùshì guǎnggào 간접 광고 | 导致 dǎozhì 야기하다, 초래하다 | 泛滥 fànlàn 범람하다 | 模仿 mófǎng 모방하다 | 明星 míngxīng 스타, 연예인 | 追求 zhuīqiú 추구하다 | 影视作品 yǐngshìzuòpǐn 영상물 | 商机 shāngjī 상업, 사업 기회 | 开拓 kāituò 개척하다 | 存在 cúnzài 존재하다 | 空间 kōngjiān 공간 | 效益 xiàoyì 이익 | 导致 dǎozhì 야기하다, 초래하다 | 随之 suízhī 따라서 | 引起 yǐnqǐ 일으키다 | 反感 fǎngǎn 반감, 불만 | 建立 jiànlì 세우다, 건립하다 | 完整 wánzhěng 완전하다, 완벽하다 | 价值 jiàzhí 가치 | 评估 pínggū 평가하다 | 体系 tǐxì 체계 | 损害 sǔnhài 손상시키다, 손해를 주다 | 形象 xíngxiàng 이미지 | 弊大于利 bìdàyúlì 단점이 장점보다 크다

问题 3 每个公司有不同的管理理念。有的公司认为激烈的竞争有助于企业发展，有的公司认为大家配合共同完成任务是最重要的经营理念。你认为什么样的经营管理理念适合企业发展？
MP3 15-11

Měi ge gōngsī yǒu bùtóng de guǎnlǐ lǐniàn. Yǒude gōngsī rènwéi jīliè de jìngzhēng yǒuzhùyú qǐyè fāzhǎn, yǒude gōngsī rènwéi dàjiā pèihé gòngtóng wánchéng rènwù shì zuì zhòngyào de jīngyíng lǐniàn. Nǐ rènwéi shénmeyàng de jīngyíng guǎnlǐ lǐniàn shìhé qǐyè fāzhǎn?

모든 회사는 각기 다른 관리 이념이 있습니다. 어떤 회사는 치열한 경쟁이 기업의 발전에 도움이 된다고 생각하고, 어떤 회사는 모두의 협력과 공동으로 임무를 완성하는 것이 가장 중요한 경영 이념이라고 생각합니다. 당신은 어떠한 경영 관리 이념이 기업의 발전에 적합하다고 생각합니까?

回答 1 我认为没有竞争，就不会发展，没有发展，就会被淘汰。在这个优胜劣汰的社会，适者才能生存。因此，"八仙过海，各显神通"的经营理念才真正有助于企业的发展。
MP3 15-11-1

Wǒ rènwéi méiyǒu jìngzhēng, jiù bú huì fāzhǎn, méiyǒu fāzhǎn, jiù huì bèi táotài. Zài zhè ge yōushènglièàti de shèhuì, shìzhě cái néng shēngcún. Yīncǐ, "bāxiānguòhǎi, gèxiǎnshéntōng" de jīngyíng lǐniàn cái zhēnzhèng yǒuzhùyú qǐyè de fāzhǎn.

저는 경쟁이 없으면 발전할 수 없고, 발전이 없으면 도태된다고 생각합니다. 이런 약육강식의 시대에 적응하는 자만이 살아남게 되는 것입니다. 따라서 "자기 나름대로의 방법과 수단을 발휘하는" 경영 이념이 기업의 발전에 진정으로 도움이 됩니다.

回答 2 俗话说："一个篱笆三个桩，一个好汉三个帮"。 没有团结互助，哪儿来进步？再说，要想经营一家公司仅靠一个人的力量怎么行？一家成功的公司是靠数以万计的员工不辞辛苦，日以继夜地不断努力来实现的。因此，我认为团结互助的经营理念才有助于企业发展。
MP3 15-11-2

Súhuà shuō: "yí ge líbā sān ge zhuāng, yí ge hǎo hàn sān ge bāng". Méiyǒu tuánjié hùzhù, nǎr lái jìnbù? Zàishuō, yào xiǎng jīngyíng yì jiā gōngsī jǐn kào yí ge rén de lìliàng zěnme xíng? Yì jiā chénggōng de gōngsī shì kào shùyǐwànjì de yuángōng bùcíxīnkǔ, rìyǐjìyè de búduàn nǔlì lái shíxiàn de. Yīncǐ, wǒ rènwéi tuánjié hùzhù de jīngyíng lǐniàn cái yǒuzhùyú qǐyè fāzhǎn.

옛말에 "하나의 울타리를 세우는데 세 개의 말뚝이 필요하듯이 영웅도 세 사람의 도움이 필요하다"고 하였습니다. 단결과 서로의 도움이 없다면 어떻게 발전할 수 있겠습니까? 다시 말해 하나의 회사를 운영하는데 한 사람의 힘에만 의지해서 어찌 되겠습니까? 성공한 회사는 무수히 많은 직원들이 고생을 마다하지 않고, 밤낮으로 일하며 부단히 노력한 끝에 만들어지는 것입니다. 따라서 저는 단결과 서로 돕는 경영 이념이야말로 기업의 발전에 도움이 된다고 생각합니다.

【해설】 기업의 발전 조건으로 경쟁과 협동이라는 두 가지 상반된 요소를 제시하였으므로, 둘 중 하나를 선택하여 답변해야 한다. 기업의 발전에 도움이 되는 많은 조건이 있겠지만 질문에서 제시한 요소 중 하나를 선택하여 답변하도록 하자.

【단어】 管理 guǎnlǐ 관리하다, 맡다 | 理念 lǐniàn 이념 | 激烈 jīliè 치열하다, 격렬하다 | 企业 qǐyè 기업 | 配合 pèihé 조화되다, 협동하다 | 竞争 jìngzhēng 경쟁, 경쟁하다 | 发展 fāzhǎn 발전 | 淘汰 táotài 도태하다 | 优胜劣汰 yōushènglièàti 강한 자는 번성하고 약한 자는 쇠멸하다 | 适者 shìzhě 적자 | 生存 shēngcún 생존하다 | 八仙过海，各显神通 bāxiānguòhǎi, gèxiǎnshéntōng 사람마다 자기 나름대로의 방법과 수단을 발휘하다 | 篱笆 líba 울타리 | 桩 zhuāng 말뚝 | 团结 tuánjié 단결 | 进步 jìnbù 진보하다, 향상되다 | 靠 kào 기대다 | 力量 lìliàng 힘, 역량 | 数以万计 shùyǐwànjì 아주 많다 | 不辞辛苦 bùcíxīnkǔ 고생을 마다하지 않다 | 日以继夜 rìyǐjìyè 밤낮으로

Chapter 16 직무 비즈니스

172p

[초단기 연습]

问题 人们一提起人事部就会联想到招聘。但实际上除了招聘以外，人事部的业务种类很多。请你作为人事部的职员谈谈你们的业务。
MP3 16-8
Rénmen yì tíqǐ rénshìbù jiù huì liánxiǎng dào zhāopìn. Dàn shíjìshang chú le zhāopìn yǐwài, rénshìbù de yèwù zhǒnglèi hěn duō. Qǐng nǐ zuòwéi rénshìbù de zhíyuán tántan nǐmen de yèwù.

사람들은 인사팀을 언급하면 채용을 생각합니다. 하지만 실제로는 채용 외에도, 인사팀의 업무 종류는 많습니다. 인사팀의 직원으로서 당신의 업무에 대해 이야기해 보세요.

回答1 企业的文化及理念都是需要通过培训人员来传递给员工的，员工在工作中的积极性也是需要培训人员来传
MP3 16-8-1 达的。所以说培训是我们人事部的一个主要业务。
Qǐyè de wénhuà jí lǐniàn dōu shì xūyào tōngguò péixùn rényuán lái chuándì gěi yuángōng de, yuángōng zài gōngzuò zhōng de jījíxìng yě shì xūyào péixùn rényuán lái chuándá de. Suǒyǐ shuō péixùn shì wǒmen rénshìbù de yí ge zhǔyào yèwù.

기업의 문화 및 이념은 모두 교육 담당자를 통해 직원에게 전달되어야 하고, 직원의 업무 적극성 역시 교육 담당자를 통하여 전달되어야 합니다. 그래서 교육은 저희 인사팀의 주요 업무입니다.

回答2 人事部主要负责员工的入职、离职以及岗位调动。还有制定公司人事管理制度，设计人事管理工作程序，
MP3 16-8-2 研究、分析并提出改进工作意见和建议。此外，负责人事考核，考察工作。
Rénshìbù zhǔyào fùzé yuángōng de rùzhí、lízhí yǐjí gǎngwèi diàodòng. Háiyǒu zhìdìng gōngsī rénshìguǎnlǐ zhìdù, shèjì rénshìguǎnlǐ gōngzuò chéngxù, yánjiū、fēnxī bìng tíchū gǎijìn gōngzuò yìjiàn hé jiànyì. Cǐwài, fùzé rénshì kǎohé, kǎochá gōngzuò.

인사팀은 주로 직원의 입사, 퇴사 및 부서 이동을 담당합니다. 또한 회사의 인사 관리 제도를 제정하고 인사 관리 업무 절차를 설계하고 연구 분석하여 업무 개선에 대한 의견과 건의를 제안합니다. 그 밖에 인사 고과, 업무 시찰 등을 담당합니다.

【해설】 인사팀의 주요 업무는 직원들의 입사, 퇴사 및 부서 이동, 직원 연수 및 연구 분석 등 다양하다. 자신의 직무 경험을 바탕으로 인사팀의 주요 업무를 설명하도록 한다.

【단어】 提起 tíqǐ 언급하다 | 联想 liánxiǎng 연상하다 | 招聘 zhāopìn 채용하다 | 实际上 shíjìshang 사실상, 실제로 | 除了 chú le ~을 제외하고 | 培训 péixùn 양성하다, 훈련하다 | 传递 chuándì 전달하다, 전하다 | 员工 yuángōng 직원 | 积极性 jījíxìng 적극성 | 传达 chuándá 전달하다 | 入职 rùzhí 입사 | 离职 lízhí 퇴사하다 | 以及 yǐjí 그리고, 및 | 岗位 gǎngwèi 직장, 부서 | 调动 diàodòng 변동하다, 옮기다 | 制定 zhìdìng 세우다, 제정하다 | 制度 zhìdù 제도 | 设计 shèjì 설계하다 | 分析 fēnxī 분석하다 | 改进 gǎijìn 개선하다 | 建议 jiànyì 건의하다, 제안하다 | 此外 cǐwài 이 외에, 이 밖에 | 人事考核 rénshì kǎohé 인사 고과 | 考察 kǎochá 현지 조사하다, 시찰하다

[초단기 실전]

问题 1 你认为作为教师应该具备哪些素质？
MP3 16-9
Nǐ rènwéi zuòwéi jiàoshī yīnggāi jùbèi nǎxiē sùzhì?
당신은 교사로서 어떠한 자질을 반드시 갖춰야 한다고 생각합니까?

回答1 我认为对教师来说最重要的是要有责任心。在家父母是孩子的老师，但到了学校教师就是孩子的父母，对
MP3 16-9-1 孩子负责也是教师的义务，也是作为教师的基本素质。
Wǒ rènwéi duì jiàoshī lái shuō zuì zhòngyào de shì yào yǒu zérènxīn. Zài jiā fùmǔ shì háizi de lǎoshī, dàn dào le xuéxiào jiàoshī jiù shì háizi de fùmǔ, duì háizi fùzé yě shì jiàoshī de yìwù, yě shì zuòwéi jiàoshī de jīběn sùzhì.

저는 교사에게 있어서 가장 중요한 것은 책임감이라고 생각합니다. 집에서는 부모가 아이의 선생님이지만 학교에서는 선생님이 아이의 부모입니다. 아이를 책임지는 것이 교사의 의무이자 교사의 기본 자질이기도 합니다.

回答2 作为一名教师，我认为应该具备良好的教学方法。兴趣是孩子最好的老师，但如何让学生对学习感兴趣，
MP3 16-9-2 就要看老师怎么教了。老师教得有意思，学生自然会对学习感兴趣。所以教师应该具备良好的教学方法。
Zuòwéi yì míng jiàoshī, wǒ rènwéi yīnggāi jùbèi liánghǎo de jiàoxué fāngfǎ. Xìngqù shì háizi zuì hǎo de lǎoshī, dàn rúhé ràng xuésheng duì xuéxí gǎn xìngqù, jiù yào kàn lǎoshī zěnme jiāo le. Lǎoshī jiāo de yǒuyìsi, xuésheng zìrán huì duì xuéxí gǎn xìngqù. Suǒyǐ jiàoshī yīnggāi jùbèi liánghǎo de jiàoxué fāngfǎ.

선생님에게는 우수한 교수 방법이 있어야 한다고 생각합니다. 흥미는 아이들의 가장 좋은 선생님입니다. 그러나 학생들로 하여금 어떻게 학습에 흥미를 느끼게 만들지는 선생님이 어떻게 가르치는지를 봐야 합니다. 선생님이 재미있게 가르치면 학생도 자연적으로 학습에 흥미가 생기게 됩니다. 따라서 선생님은 우수한 교수 방법이 있어야 합니다.

【해설】 선생님의 자질로는 책임감과 교수 방법 등을 들 수 있다. 자신이 생각하기에 선생님의 자질로서 중요한 것을 이야기 하고 그에 따른 적당한 근거도 함께 제시하도록 하자.

【단어】 教师 jiàoshī 교사, 선생님 | 具备 jùbèi 갖추다, 구비하다 | 素质 sùzhì 소양, 자질 | 责任心 zérènxīn 책임감 | 义务 yìwù 의무 | 基本 jīběn 기본 | 教学 jiàoxué 수업, 교육 | 感兴趣 gǎn xìngqù 흥미를 느끼다 | 如何 rúhé 어떻게

问题 2 你在采购部工作。有一天你发现你的上司正收受贿赂，并且你的上司也已经发现了你，这时你会怎么办？

Nǐ zài cǎigòubù gōngzuò. Yǒuyìtiān nǐ fāxiàn nǐ de shàngsī zhèng shōushòu huìlù, bìngqiě nǐ de shàngsī yě yǐjīng fāxiàn le nǐ, zhèshí nǐ huì zěnmebàn?

당신은 구매팀에서 근무합니다. 어느 날 당신은 상사의 뇌물 수수를 목격하였고, 이 때 당신의 상사도 당신을 발견하였습니다. 이 때 당신은 어떻게 하시겠습니까?

回答 1 我会装作什么都没看见，如同平时一样当作没这回事。其实，我根本没有勇气举报这件事，也不愿意因为这件事影响跟领导的关系，更不愿意给自己惹麻烦。

Wǒ huì zhuāng zuò shénme dōu méi kànjiàn, rútóng píngshí yíyàng dāngzuò méi zhè huí shì. Qíshí, wǒ gēnběn méiyǒu yǒngqì jǔbào zhè jiàn shì, yě búyuànyì yīnwéi zhè jiàn shì yǐngxiǎng gēn lǐngdǎo de guānxì, gèng búyuànyì gěi zìjǐ rě máfan.

저는 아무것도 못 본 척 하고 평소와 똑같이 아무일 없었다는 듯 행동할 것입니다. 사실 저는 이러한 일을 신고할만한 용기도 없고 이 일이 저와 상사의 관계에 영향을 주는 것도 원치 않습니다. 또한 제 자신에게 복잡한 일을 만들고 싶지도 않습니다.

回答 2 我觉得不管上司接受的东西价值高不高，我都会举报。因为利用职务之便，收取贿赂本身就属于受贿罪。即使我举报后立刻被我的上司炒鱿鱼也没关系，因为我绝对不能容忍这种不正之风的存在。

Wǒ juéde bùguǎn shàngsī jiēshòu de dōngxi jiàzhí gāo bu gāo, wǒ dōu huì jǔbào. Yīnwèi lìyòng zhíwù zhī biàn, shōuqǔ huìlù běnshēn jiù shǔyú shòuhuìzuì. Jíshǐ wǒ jǔbào hòu lìkè bèi wǒ de shàngsī chǎoyóuyú yě méiguānxi, yīnwèi wǒ juéduì bùnéng róngrěn zhè zhǒng búzhèngzhīfēng de cúnzài.

저는 상사가 받은 물건의 가치가 높은 안 높든 무조건 신고할 것 입니다. 직무의 이점을 이용해 뇌물을 수수하는 것은 뇌물 수수죄에 속하기 때문입니다. 설령 제가 신고 후에 바로 상사에 의해 해고가 된다고 해도 상관없습니다. 왜냐하면 저는 절대로 이러한 부도덕한 행위의 존재를 용인할 수 없기 때문입니다.

【해설】 상사의 뇌물 수수 행위 발견에 대해 모른 척 하거나 혹은 신고를 할 수 있는 상황에 처했을 때, 어떻게 해결할지 생각해 보고 답변하도록 하자.

【단어】 采购部 cǎigòubù 구매팀 | 收受贿赂 shōushòuhuìlù 뇌물수수 | 装作 zhuāngzuò ~한 체하다 | 如同 rútóng 마치~와 같다 | 根本 gēnběn 아예 | 勇气 yǒngqì 용기 | 举报 jǔbào (위법 행위를) 신고하다, 고발하다 | 愿意 yuànyì ~하길 원하다 | 惹 rě 건드리다, 일으키다 | 麻烦 máfan 귀찮게 하다, 번거롭게 하다 | 接受 jiēshòu 받다 | 价值 jiàzhí 가치 | 职务 zhíwù 직무 | 收取 shōuqǔ 받다 | 属于 shǔyú ~에 속하다 | 立刻 lìkè 곧, 즉시 | 炒鱿鱼 chǎoyóuyú 해고하다 | 绝对 juéduì 절대로 | 容忍 róngrěn 용인하다, 참고 견디다 | 不正之风 búzhèngzhīfēng 부정행위 | 存在 cúnzài 존재하다

问题 3 培养优秀专业技术人员成为企业核心员工是很多公司最关心的问题。你认为如何加强专业技术人才培养？

Péiyǎng yōuxiù zhuānyè jìshù rényuán chéngwéi qǐyè héxīn yuángōng shì hěn duō gōngsī zuì guānxīn de wèntí. Nǐ rènwéi rúhé jiāqiáng zhuānyè jìshù réncái péiyǎng?

우수한 전문 엔지니어를 양성하여 기업의 핵심 인원으로 만드는 것은 많은 회사들이 가장 관심을 가지고 있는 문제입니다. 당신은 어떻게 전문적인 엔지니어 양성을 강화할 수 있다고 생각합니까?

回答 1 培养优秀专业技术人员对企业来说是企业能否长久发展的关键。我认为企业应该把选拔人才和培养人才放在首要位置，努力营造鼓励、支持人才发展的工作环境，为真正有才华的人才提供一个可以施展才华的舞台。

Péiyǎng yōuxiù zhuānyè jìshù rényuán duì qǐyè lái shuō shì qǐyè néngfǒu chángjiǔ fāzhǎn de guānjiàn. Wǒ rènwéi qǐyè yīnggāi bǎ xuǎnbá réncái hé péiyǎng réncái fàng zài shǒuyào wèizhì, nǔlì yíngzào gǔlì、zhīchí réncái fāzhǎn de gōngzuò huánjìng, wèi zhēnzhèng yǒu cáihuá de réncái tígōng yí ge kěyǐ shīzhǎncáihuá de wǔtái.

우수한 전문적인 엔지니어를 양성하는 것은 기업이 오랫동안 발전할 수 있는지 없는지의 관건이라고 할 수 있습니다. 저는 기업이 반드시 인재를 선발하고 양성하는 것을 가장 중요한 것으로 생각하여 인재 발전을 격려하여, 지지할 수 있는 업무 환경을 조성하고 진정으로 재능이 있는 인재를 위해서 재능을 펼칠 수 있는 무대를 제공해 줘야 한다고 생각합니다.

回答 2 企业的生存和发展依靠的就是人才和技术。我认为企业应该调动专业技术人员的创新积极性，不断提高公司技术管理、技术创新能力和员工的技能水平。

Qǐyè de shēngcún hé fāzhǎn yīkào de jiù shì réncái hé jìshù. Wǒ rènwéi qǐyè yīnggāi diàodòng zhuānyè jìshù rényuán de

chuàngxīn jījíxìng, búduàn tígāo gōngsī jìshù guǎnlǐ、jìshù chuàngxīn nénglì hé yuángōng de jìnéng shuǐpíng.
기업의 생존과 발전은 모두 인재와 기술에 달려 있습니다. 저는 기업이 전문 엔지니어의 창의력을 자극하고, 회사의 기술 관리와 기술 혁신 능력 그리고 직원의 업무 스킬 수준을 부단히 향상시켜야 한다고 생각합니다.

【해설】비록 전문적인 엔지니어 양성에 초점이 맞추어져 있지만 인재 양성 측면에서 답변할 수 있는 문제이기도 하다. 어휘와 문형을 잘 정리하여 나만의 답변으로 만들어 비슷한 문제가 나왔을 때 당황하지 않고 자신 있게 답변할 수 있도록 준비하자.

【단어】培养 péiyǎng 기르다, 양성하다 | 优秀 yōuxiù 우수하다 | 专业 zhuānyè 전문의 | 技术人员 jìshùrényuán 엔지니어 | 成为 chéngwéi ~으로 되다 | 核心 héxīn 핵심 | 如何 rúhé 어떻게 | 加强 jiāqiáng 강화하다 | 关键 guānjiàn 관건 | 选拔 xuǎnbá 선발하다 | 首要 shǒuyào 가장 중요하다 | 位置 wèizhi 위치 | 营造 yíngzào 만들다, 조성하다 | 鼓励 gǔlì 북돋우다, 격려하다 | 支持 zhīchí 지지하다 | 环境 huánjìng 환경 | 才华 cáihuá 재능, 재주 | 施展 shīzhǎn 발휘하다, 펼치다 | 舞台 wǔtái 무대 | 依靠 yīkào 의존하다, 의지하다 | 调动 diàodòng 자극하다 | 创新 chuàngxīn 창의성, 창조성 | 技能 jìnéng 기능, 솜씨

5부분 看图描述 그림을 보고 이야기 만들기

Chapter 17 일반생활

188p

[초단기 연습]

问题

MP3 17-8

最近的智能手机功能很多，请你根据图片说说智能手机有哪些功能。
Zuìjìn de zhìnéng shǒujī gōngnéng hěn duō, qǐng nǐ gēnjù túpiàn shuōshuo zhìnéng shǒujī yǒu nǎ xiē gōngnéng.
최근 스마트폰의 기능이 많습니다. 그림에 근거하여 스마트폰에 어떤 기능이 있는지 이야기해 보세요.

回答1 最近的智能手机功能特别齐全。第一，人们用手机想拍什么就拍什么，智能手机照出来的效果一点儿都不比相机差。第二，我们用手机可以收发电子邮件，不管在哪里都可以随时处理业务。第三，我们通过智能手机还可以使用网上银行迅速办理银行业务。最后，我们可以利用智能手机上网购物，你想买什么只要一点，就能快递到家，真是太方便了。
MP3 17-8-1
Zuìjìn de zhìnéngshǒujī gōngnéng tèbié qíquán. Dì yī, rénmen yòng shǒujī xiǎng pāi shénme jiù pāi shénme, zhìnéngshǒujī zhào chūlái de xiàoguǒ yìdiǎnr dōu bù bǐ xiàngjī chà. Dì èr, wǒmen yòng shǒujī kěyǐ shōufā diànzǐyóujiàn, bùguǎn zài nǎlǐ dōu kěyǐ suíshí chǔlǐ yèwù. Dì sān, wǒmen tōngguò zhìnéngshǒujī hái kěyǐ shǐyòng wǎngshàng yínháng xùnsù bànlǐ yínháng yèwù. Zuìhòu, wǒmen kěyǐ lìyòng zhìnéngshǒujī shàngwǎng gòuwù, nǐ xiǎng mǎi shénme zhǐ yào yìdiǎn, jiù néng kuàidì dào jiā, zhēn shi tài fāngbiàn le.
최근 스마트폰의 기능은 다 갖춰져 있습니다. 첫째, 사람들은 핸드폰으로 찍고 싶은 것이 있으면 바로 찍을 수 있고, 스마트폰으로 찍은 사진의 효과는 사진기에 비해 조금도 떨어지지 않습니다. 둘째, 사람들은 핸드폰으로 이메일을 주고 받을 수 있으며, 어디에 있든지, 언제든지 업무를 처리할 수 있습니다. 셋째, 우리는 스마트폰을 통해 인터넷 뱅킹을 이용하여 은행 업무를 신속하게 처리할 수 있습니다. 마지막으로 우리는 스마트폰을 이용하여 인터넷으로 물건을 살 수 있습니다. 사고 싶은 것이 있다면 터치 한 번으로 집까지 배송되기 때문에 정말 매우 편리합니다.

回答2 最近的智能手机功能特别齐全，已经达到了无所不能的地步。第一，智能手机可以拍出专业水平的照片。最近的大部分手机像素都很高，照出来的效果一点儿都不比照相机差，所以人们用手机想拍什么就拍什么。第二，我们用手机可以随时随地收发电子邮件。而且最近的智能手机都支持PDF格式，处理业务更简单更方便。第三，通过智能手机还可以使用网上银行，这使我们减少了去银行排队的麻烦，还可以迅速办理银行业务。最后，我们可以利用智能手机上网购物，你想买什么只要轻轻一点，就能快递到家，真是太方便了。
MP3 17-8-2
Zuìjìn de zhìnéngshǒujī gōngnéng tèbié qíquán, yǐjīng dádào le wúsuǒbùnéng de dìbù. Dì yī, zhìnéng shǒujī kěyǐ pāi chū zhuānyè shuǐpíng de zhàopiàn. Zuìjìn de dàbùfen shǒujī xiàngsù dōu hěn gāo, zhào chūlái de xiàoguǒ yìdiǎnr dōu bù bǐ zhàoxiàngjī chà, suǒyǐ rénmen yòng shǒujī xiǎng pāi shénme jiù pāi shénme. Dì èr, wǒmen yòng shǒujī kěyǐ suíshísuídì shōufā diànzǐ yóujiàn. Érqiě zuìjìn de shǒujī dōu zhīchí PDF géshì, chǔlǐ yèwù gèng jiǎndān gèng fāngbiàn. Dì sān, tōngguò zhìnéngshǒujī hái kěyǐ shǐyòng wǎngshàng yínháng, zhè shǐ wǒmen jiǎnshǎo le qù yínháng páiduì de máfan, hái kěyǐ xùnsù bànlǐ yínháng yèwù. Zuìhòu, wǒmen kěyǐ lìyòng zhìnéngshǒujī shàngwǎng gòuwù, nǐ xiǎng mǎi shénme zhǐyào qīngqīng yī diǎn,

jiù néng kuàidì dào jiā, zhēn shì tài fāngbiàn le.

최근의 스마트폰은 기능이 다 갖춰져 있어 못할 것이 없는 정도에 이르렀습니다. 첫째, 스마트폰은 전문가 수준의 사진을 찍을 수 있습니다. 최근 대다수 휴대폰의 화소가 매우 높아, 찍었을 때의 효과가 사진기에 비해 조금도 떨어지지 않습니다. 그래서 사람들은 휴대폰으로 찍고 싶은 것이 있으면 바로 찍습니다. 두 번째로 우리는 휴대폰을 사용해서 언제 어디서든 중요한 메일을 주고 받을 수 있습니다. 게다가 최근의 휴대폰은 모두 PDF형식을 지원하여, 업무하기에 더욱 간단하고 더욱 편리해졌습니다. 세 번째로 스마트폰으로 인터넷뱅킹을 사용할 수 있어서 우리로 하여금 은행에 가서 줄을 서야 하는 번거로움을 덜어주고, 신속하게 은행 업무를 처리할 수 있게 만들었습니다. 마지막으로 우리는 스마트폰을 이용해서 인터넷 쇼핑을 할 수 있습니다. 사고 싶은 것이 있다면 단지 터치 한 번으로 집까지 배송이 되기 때문에 정말 편리합니다.

【해설】 그림에 제시된 스마트폰의 기능을 모두 언급해야 한다. 또한 스마트폰의 기능으로 인해 우리의 생활에 어떤 변화가 있는지 보충 설명을 곁들여 답변을 하는 것이 좋다.

【단어】 智能手机 zhìnéngshǒujī 스마트폰 | 功能 gōngnéng 기능 | 根据 gēnjù ~에 근거하여 | 图片 túpiàn 그림 | 特别 tèbié 매우 | 齐全 qíquán 다 갖춰져 있다, 구비되어 있다 | 拍 pāi 사진 찍다 | 照 zhào 사진 찍다 | 效果 xiàoguǒ 효과 | 相机 xiàngjī 사진기 | 差 chà 나쁘다, 좋지 않다 | 收发 shōufā 받고 보내다 | 电子邮件 diànzǐyóujiàn 이메일 | 不管 bùguǎn ~을 막론하고, ~에 상관없이 | 随时 suíshí 언제든지 | 处理 chǔlǐ 처리하다 | 业务 yèwù 업무 | 网上银行 wǎngshàng yínháng 인터넷 뱅킹 | 迅速 xùnsù 신속하다 | 办理 bànlǐ 처리하다 | 购物 gòuwù 구매하다 | 点 diǎn 클릭하다 | 快递 kuàidì 택배, 배송 | 方便 fāngbiàn 편리하다 | 达到 dádào 달성하다, 도달하다 | 无所不能 wúsuǒbùnéng 못할 것이 없다, 뭐든지 다 할 수 있다 | 地步 dìbù (도달한) 정도, 지경 | 专业 zhuānyè 전공 | 水平 shuǐpíng 수준 | 像素 xiàngsù 화소 | 随时随地 suíshísuídì 언제 어디서든 | 支持 zhīchí 지지하다 | 格式 géshì 격식 | 简单 jiǎndān 간단하다 | 使 shǐ ~하게 만들다 | 减少 jiǎnshǎo 줄어들다, 감소하다 | 排队 páiduì 줄을 서다 | 麻烦 máfan 귀찮게 하다, 번거롭게 하다

[초단기 실전]

问题1

MP3 17-9

请你根据图片介绍一下这是什么样的餐厅。
Qǐng nǐ gēnjù túpiàn jièshào yí xià zhè shì shénmeyàng de cāntīng.

그림에 근거해서 어떤 레스토랑인지 소개해 보세요.

回答 1 这是一家位于我们公司旁边的餐厅,很好找。披萨和意大利面是这家餐厅的特色菜,味道好极了。而且披萨和意大利面种类多到每次都不知道该点什么。此外,这家餐厅的室内装修又简洁又漂亮。所以不管是白天还是晚上,顾客总是非常多。

MP3 17-9-1

Zhè shì yì jiā wèi yú wǒmen gōngsī pángbiān de cāntīng, hěn hǎo zhǎo. Pīsà hé Yìdàlìmiàn shì zhè jiā cāntīng de tèsècài, wèidao hǎo jí le. Érqiě pīsà hé Yìdàlìmiàn zhǒnglèi duō dào měi cì dōu bù zhīdào gāi diǎn shénme. Cǐwài, zhè jiā cāntīng de shìnèi zhuāngxiū yòu jiǎnjié yòu piàoliang. Suǒyǐ bùguǎn shì báitiān háishi wǎnshang, gùkè zǒngshì fēicháng duō.

이것은 저희 회사 옆에 위치해 있는 레스토랑으로 찾기 매우 쉽습니다. 피자와 스파게티가 이 식당의 특색 음식인데 맛이 매우 좋습니다. 게다가 피자와 스파게티 종류가 많아서 매번 무엇을 주문해야 할지 모르겠습니다. 그 밖에 이 식당의 실내 인테리어가 매우 깔끔하고 예뻐서 낮이건 밤이건 항상 손님이 매우 많습니다.

回答 2 我来介绍一下我跟同事常去的意大利餐厅。这家餐厅位于我们公司的旁边。披萨和意大利面是这家餐厅的招牌菜,而且菜式多样,每道菜的味道都好极了。不仅如此,这家餐厅还不断推出新菜式,使我们可以尝到各式各样地道的意大利菜。此外,室内装修很漂亮也很独特,所以吸引了很多顾客,因此每次来这家餐厅至少得排一个小时。

MP3 17-9-2

Wǒ lái jièshào yí xià wǒ gēn tóngshì cháng qù de yìdàlì cāntīng. Zhè jiā cāntīng wèiyú wǒmen gōngsī de pángbiān. Pīsà hé Yìdàlìmiàn shì zhè jiā cāntīng de zhāopáicài, érqiě càishì duōyàng, měi dào cài de wèidao dōu hǎo jí le. Bùjǐnrúcǐ, zhè jiā cāntīng hái búduàn tuīchū xīncàishì, shǐ wǒmen kěyǐ cháng dào gèshìgèyàng dìdao de Yìdàlìcài. Cǐwài, shìnèi zhuāngxiū hěn piàoliang yě hěn dútè, suǒyǐ xīyǐn le hěn duō gùkè, yīncǐ měi cì lái zhè jiā cāntīng zhìshǎo děi pái yí ge xiǎoshí.

제가 저의 동료와 자주 가는 이탈리안 레스토랑을 소개하겠습니다. 이 레스토랑은 저희 회사 옆에 위치해 있습니다. 피자와 스파게티는 이 식당의 메인 요리입니다. 게다가 종류도 다양하고 각각의 음식이 모두 맛있습니다. 이 뿐만이 아닙니다. 이 레스토랑은 끊임없이 새 메뉴를 선보여서 우리로 하여금 많은 정통 이탈리안 요리를 맛볼 수 있게 합니다. 이 밖에 실내 인테리어도 매우 예쁘고 독특하여 많은 고객들을 매료시킵니다. 그래서 매번 이 식당에 오면 최소 한 시간은 줄을 서야 합니다.

【해설】그림에 근거하여 레스토랑을 소개하는 문제이다. 첫 번째 그림은 레스토랑의 위치가 어디에 있는지 설명하는 것이 좋고, 두 번째 그림은 음식의 종류와 그에 대한 맛의 평가, 세 번째 그림은 실내장식이 어떠한지 설명하고, 마지막 그림은 그로 인해 손님이 많다는 점과 더불어 항상 사람이 많아서 줄을 서야 한다는 부연 설명을 추가하여 답변을 마무리한다.

【단어】位于 wèiyú ~에 위치해 있다 | 餐厅 cāntīng 레스토랑, 식당 | 好找 hǎozhǎo 찾기 쉽다 | 披萨 pīsà 피자 | 意大利面 yìdàlìmiàn 스파게티 | 味道 wèidao 맛 | 极了 jíle 매우 ~하다 | 而且 érqiě 게다가, 뿐만 아니라 | 种类 zhǒnglèi 종류 | 点 diǎn 주문하다 | 此外 cǐwài 이 외에, 이 밖에 | 装修 zhuāngxiū 인테리어 | 简洁 jiǎnjié 간결하다, 깔끔하다 | 白天 báitiān 대낮 | 顾客 gùkè 고객, 손님 | 介绍 jièshào 소개하다 | 招牌 zhāopái 간판 | 不仅如此 bùjǐnrúcǐ 이 뿐만이 아니다 | 不断 búduàn 부단히, 계속해서 | 推出 tuīchū 내놓다, 선보이다 | 尝 cháng 맛보다, 시식하다 | 独特 dútè 독특하다, 특별하다 | 吸引 xīyǐn 끌어당기다 | 顾客 gùkè 고객, 손님 | 因此 yīncǐ 그래서, 그리하여 | 至少 zhìshǎo 최소한

问题 2
 MP3 17-10

请你根据图片告诉小李怎么来你的公司。
Qǐng nǐ gēnjù túpiàn gàosu Xiǎo Lǐ zěnme lái nǐ de gōngsī.
그림에 근거하여 샤오리에게 당신의 회사로 어떻게 와야 하는지 알려주세요.

回答1
MP3 17-10-1
喂，小李，我们公司离地铁站不太远。你下地铁以后先从三号出口出来一直往前走三百米后右手边有个邮局，看到邮局往右拐过人行横道后约走一百米就能看到我们公司了。
Wéi, Xiǎo Lǐ, wǒmen gōngsī lí dìtiězhàn bú tài yuǎn. Nǐ xià dìtiě yǐhòu xiān cóng sān hào chūkǒu chūlái yìzhí wǎng qián zǒu sān bǎi mǐ hòu yòushǒubiān yǒu ge yóujú, kàn dào yóujú wǎng yòu guǎi guò rénxínghéngdào hòu yuē zǒu yì bǎi mǐ jiù néng kàn dào wǒmen gōngsī le.
여보세요, 샤오리, 우리 회사는 지하철역에서 그다지 멀지 않아요. 지하철에서 내린 후 먼저 3번 출구로 나와서 300미터 정도 직진하면 오른쪽에 우체국이 있어요. 우체국이 보이면 우회전해서 횡단보도를 건너 100미터 정도 걸으면 우리 회사가 보일 거예요.

回答2
MP3 17-10-2
喂，小李，我告诉你怎么来我们的公司。你坐地铁在江南站下车后从三号口出来，出来后就会看到左手边有家邮局。你在邮局路口右拐直走就行。大约走三百米后过人行横道，顺着右手边方向走一两分钟就能看到我们公司了。
Wéi, Xiǎo Lǐ, wǒ gàosu nǐ zěnme lái wǒmen de gōngsī. Nǐ zuò dìtiě zài jiāngnánzhàn xià chē hòu cóng sān hào kǒu chūlái, chūlái hòu jiù huì kàn dào zuǒshǒubiān yǒu jiā yóujú. Nǐ zài yóujú lùkǒu yòu guǎi zhí zǒu jiù xíng. Dàyuē zǒu sān bǎi mǐ hòu guò rénxínghéngdào, shùnzhe yòushǒubiān fāngxiàng zǒu yī liǎng fēnzhōng jiù néng kàn dào wǒmen gōngsī le.
여보세요, 샤오리, 제가 당신이 어떻게 우리 회사에 와야 하는지 알려줄게요. 지하철을 타고 강남 역에서 내린 뒤 3번 출구로 나오면 왼쪽에 우체국이 보일 거예요. 우체국 골목에서 우회전하여 직진하면 돼요. 대략 300미터 정도 걸은 후 횡단보도를 건너서 오른쪽 방향을 따라 1~2분만 걸어오면 우리 회사가 보일 거예요.

【해설】길 안내는 제시된 그림을 하나의 표지로 삼고 본인의 상상력을 발휘하여 답변하는 것이 좋다. 평소에 길 안내 표현과 도량형 및 방위사를 익혀 두자.

【단어】离 lí ~로부터 | 地铁站 dìtiězhàn 지하철 역 | 远 yuǎn 멀다 | 出口 chūkǒu 출구 | 一直 yìzhí 줄곧, 계속해서 | 往 wǎng ~를 향하여 | 米 mǐ 미터 | 邮局 yóujú 우체국 | 拐 guǎi 꺾다, 돌다 | 人行横道 rénxínghéngdào 횡단보도 | 告诉 gàosu 알려주다 | 路口 lùkǒu 갈림길, 길목 | 大约 dàyuē 대략 | 顺着 shùnzhe ~을 따라서

问题 3
MP3 17-11

小丽今天早上起床以后感觉身体不舒服，请你根据图片说说小丽到底怎么了。
Xiǎo Lì jīntiān zǎoshang qǐchuáng yǐhòu gǎnjué shēntǐ bù shūfu, qǐng nǐ gēnjù túpiàn shuō shuo Xiǎo Lì dàodǐ zěnme le.
샤오리는 아침에 일어나서 몸이 좋지 않은 것을 느꼈습니다. 그림에 근거해서 샤오리가 도대체 어떻게 된 건지 말해 보세요.

回答1
MP3 17-11-1
小丽今天早上起床以后感觉身体不太舒服。她不停地咳嗽，还一直流鼻涕，而且头很疼，还忽冷忽热的，好像感冒了。所以自己先量了量体温，果然发烧了。她本来想去医院看病，但感冒时最好的方法就是好好休息，所以她决定先吃药睡一觉起来再看看情况。

Xiǎo Lì jīntiān zǎoshang qǐchuáng yǐhòu gǎnjué shēntǐ bú tài shūfu. Tā bù tíng de késou, hái yìzhí liú bítì, érqiě tóu hěn téng, hái hū lěng hū rè de, hǎoxiàng gǎnmào le. Suǒyǐ zìjǐ xiān liáng le liǎng tǐwēn, guǒrán fāshāo le. Tā běnlái xiǎng qù yīyuàn kàn bìng, dàn gǎnmào shí zuì hǎo de fāngfǎ jiù shì hǎohāo xiūxi, suǒyǐ tā juédìng xiān chī yào shuì yí jiào qǐlái zài kànkan qíngkuàng.

샤오리는 오늘 아침에 일어난 이후에 몸이 좋지 않다고 생각하였습니다. 그녀는 끊임없이 기침하고 계속 콧물도 나고 머리도 너무 아프며 추웠다가 더웠다가 아무래도 감기에 걸린 것 같습니다. 그래서 먼저 혼자서 체온을 재보았는데 역시 열이 나고 있었습니다. 그녀는 원래 병원에 가서 진찰을 받으려 했지만 감기가 걸렸을 때 가장 좋은 방법은 잘 쉬는 것이기 때문에 그녀는 일단 약을 먹고 잠을 잔 후에 일어나서 다시 상황을 보기로 결정했습니다.

回答2

由于最近小丽很忙，加上早晚温差大，所以今天早上起床后感觉很不舒服。她不停地咳嗽，一直流鼻涕，头疼得像要炸开了似的，而且浑身酸疼还有点儿发烧。她量了量体温发现已经三十九度了。但她连去医院的力气都没有，所以只好先吃点儿药等好一点儿再去医院看看。

Yóuyú zuìjìn Xiǎo Lì hěn máng, jiā shàng zǎo wǎn wēnchā dà, suǒyǐ jīntiān zǎoshang qǐchuáng hòu gǎnjué hěn bù shūfu. Tā bù tíng de késou, yìzhí liú bítì, tóu téng de xiàng yào zhà kāi le shì de, érqiě húnshēn suān téng hái yǒudiǎr fāshāo. Tā liáng le liáng tǐwēn fāxiàn yǐjīng sānshíjiǔ dù le. Dàn tā lián qù yīyuàn de lìqì dōu méiyǒu, suǒyǐ zhǐhǎo xiān chī diǎnr yào děng hǎo yìdiǎnr zài qù yīyuàn kànkan.

최근 샤오리는 매우 바쁜데다가 아침 저녁 기온차가 커서 오늘 아침에 일어난 후에 몸이 좋지 않다고 느꼈습니다. 그녀는 계속 기침하고 콧물이 나며, 머리가 깨질 듯이 아팠습니다. 게다가 오한이 있고 열도 좀 났습니다. 그녀는 체온을 재보고 나서야 이미 39도라는 것을 알게 되었습니다. 하지만 그녀는 병원에 갈 기운이 없어 어쩔 수 없이 먼저 약을 좀 먹고 좀 괜찮아지면 다시 병원에 가기로 하였습니다.

【해설】 감기 질환에 관한 설명은 5부분 뿐만 아니라 3부분에서도 나올 가능성이 있는 문제이다. 감기 질환에 관련된 단어는 반드시 익히자. 몸이 좋지 않은 이유에 대한 설명과 마지막 그림이 약을 먹는 그림이지만 약을 먹고 난 이후의 상황도 간략하게 언급하여 답변 길이를 늘린다면 고득점을 받을 수 있다.

【단어】 起床 qǐchuáng 일어나다 | 感觉 gǎnjué 느끼다 | 舒服 shūfu 편안하다 | 咳嗽 késou 기침하다 | 一直 yìzhí 줄곧, 계속해서 | 流鼻涕 liú bítì 콧물을 흘리다 | 头疼 tóu téng 머리가 아프다 | 忽 hū 갑자기, 돌연 | 好像 hǎoxiàng 마치 ~인 것 같다 | 感冒 gǎnmào 감기에 걸리다 | 量体温 liáng tǐwēn 체온을 재다 | 果然 guǒrán 과연, 정말로 | 发烧 fāshāo 열이 나다 | 本来 běnlái 본래는, 원래는 | 医院 yīyuàn 병원 | 看病 kànbìng 진찰하다, 진료하다 | 方法 fāngfǎ 방법 | 休息 xiūxi 휴식하다, 쉬다 | 情况 qíngkuàng 상황 | 由于 yóuyú ~때문에 | 加上 jiāshàng 게다가 | 温差 wēnchā 온도차, 일교차 | 炸开 zhàkāi 폭파하다, 폭발하다 | 似的 shìde ~와 같다 | 浑身 húnshēn 전신, 온몸 | 酸疼 suānténg 쑤시고 아프다, 시큰시큰 아프다 | 连 lián ~조차도 | 力气 lìqì 힘, 기운 | 只好 zhǐhǎo 어쩔 수 없이

Chapter 18 비즈니스

200p

[초단기 연습]

请你根据图片，说说采购员采购商品的过程。
Qǐng nǐ gēnjù túpiàn, shuōshuo cǎigòuyuán cǎigòu shāngpǐn de guòchéng.
그림에 근거하여 구매 담당 직원이 상품을 구매하는 과정을 말해 보세요.

回答1 采购之前，采购员首先要了解市场。做详细地市场调查，了解消费者的购物需求以及销售速度等等。但市场调查时最重要的就是要比较与其他商品之间的区别，比如产品优势、价格定位什么的。如果决定好了，那么就要准备找厂家协商。采购员只有经过了这些过程才算是采购完毕。

Cǎigòu zhīqián, cǎigòuyuán shǒuxiān yào liǎojiě shìchǎng. Zuò xiángxì de shìchǎng diàochá, liǎojiě xiāofèizhě de gòuwù xūqiú yǐjí xiāoshòu sùdù děngděng. Dàn shìchǎng diàochá shí zuì zhòngyào de jiù shì yào bǐjiào yǔ qítā shāngpǐn zhījiān de qūbié, bǐrú chǎnpǐn yōushì, jiàgé dìngwèi shénme de. Rúguǒ juédìng hǎo le, nàme jiù yào zhǔnbèi zhǎo chǎngjiā xiéshāng. Cǎigòuyuán zhǐyǒu jīngguò le zhè xiē guòchéng cái suàn shì cǎigòu wánbì.

구매 전 구매 담당 직원은 먼저 시장을 이해해야 합니다. 상세히 시장 조사를 하고, 소비자의 구매 수요 및 판매 속도 등을 알아야 합니다. 하지만 시장 조사에서 가장 중요한 것은 바로 다른 상품들과의 차이점, 예를 들어 상품의 장점, 가격대 등의 차이점을 비교하는 것입니다. 만약 결정을 했다면 공급상을 찾아서 협상할 준비를 해야 합니다. 구매 담당 직원이 이러한 과정을 거쳐야지만 구매가 완료되었다고 할 수 있습니다.

回答2 采购员采购的过程比较复杂。首先，采购之前要了解市场。做详细地市场调查，了解消费者的购物需求以及销售速度等等。只有做好事先准备过程，采购过程才会顺利。其次，采购员还要仔细比较与其他商品的区别，比如产品优势、价格定位什么的。最近市场上类似的竞争商品很多，所以必须看好要采购的产品有哪些吸引力。如果决定好了，那么就要准备找厂家协商。采购员只有完成这些过程才算采购完毕。

Cǎigòuyuán cǎigòu de guòchéng bǐjiào fùzá. Shǒuxiān, cǎigòu zhīqián yào liǎojiě shìchǎng. Zuò xiángxì de shìchǎng diàochá, liǎojiě xiāofèizhě de gòuwù xūqiú yǐjí xiāoshòu sùdù děngděng. Zhǐyǒu zuò hǎo shìxiān zhǔnbèi guòchéng, cǎigòu guòchéng cái huì shùnlì. Qícì, cǎigòuyuán hái yào zǐxì bǐjiào yǔ qítā shāngpǐn de qūbié, bǐrú chǎnpǐn yōushì、jiàgé dìngwèi shénme de. Zuìjìn shìchǎng shàng lèisì de jìngzhēng shāngpǐn hěn duō, suǒyǐ bìxū kàn hǎo yào cǎigòu de chǎnpǐn yǒu nǎ xiē xīyǐnlì. Rúguǒ juédìng hǎo le, nàme jiù yào zhǔnbèi zhǎo chǎngjiā xiéshāng. Cǎigòuyuán zhǐyǒu wánchéng zhè xiē guòchéng cái suàn cǎigòu wánbì.

구매 담당 직원의 구매 과정은 비교적 복잡합니다. 먼저 구매 전 시장을 이해해야 합니다. 상세하게 시장 조사를 하고 소비자의 구매 수요 및 판매 속도 등을 이해해야 합니다. 사전에 준비 과정을 잘 해야만 구매 과정이 순조롭습니다. 그 다음 구매 담당 직원은 다른 상품들과의 차이점, 예를 들어 상품의 장점, 가격대 등을 자세하게 비교해야 합니다. 최근 시장에 비슷한 경쟁 상품이 많아서 구매하고자 하는 상품이 어떠한 경쟁력이 있는지를 반드시 잘 봐야 합니다. 만약 결정이 되었다면 공급상을 찾아서 협상할 준비를 해야 합니다. 구매 담당 직원이 이러한 과정을 끝내야만 구매가 완료되었다고 할 수 있습니다.

【해설】각각의 그림을 바탕으로 구매 담당 직원의 구매 과정을 설명하면 된다. 어휘를 알지 못하면 답변하기 어려운 질문이므로 상품 구매 과정과 관련된 어휘를 먼저 익힌다. 또한 각 그림에 나타난 구매 과정의 구체적인 예를 제시하여 문장을 길게 늘려 답변하는 것이 좋다.

【단어】采购员 cǎigòuyuán 구매 담당 직원 | 采购 cǎigòu 구매하다 | 首先 shǒuxiān 가장 먼저 | 了解 liǎojiě 알다, 이해하다 | 市场 shìchǎng 시장 | 详细 xiángxì 상세하다 | 调查 diàochá 조사하다 | 消费者 xiāofèizhě 소비자 | 需求 xūqiú 수요, 필요 | 以及 yǐjí 그리고, 및 | 速度 sùdù 속도 | 比较 bǐjiào 비교하다 | 其他 qítā 기타 | 区别 qūbié 구별, 차이 | 优势 yōushì 우세, 장점 | 价格定位 jiàgédìngwèi 가격대 | 厂家 chǎngjiā 제조업자 | 协商 xiéshāng 협상하다 | 经过 jīngguò 겪다, 경유하다 | 算是 suànshì ~한 셈 치다, ~로 간주하다 | 完毕 wánbì 끝내다, 마치다 | 复杂 fùzá 복잡하다 | 顺利 shùnlì 순조롭다 | 类似 lèisì 유사하다, 비슷하다 | 竞争 jìngzhēng 경쟁 | 必须 bìxū 반드시 | 吸引力 xīyǐnlì 흡인력, 매력

[초단기 실전]

MP3 18-9

请你根据图片介绍一下求职的流程。
Qǐng nǐ gēnjù túpiàn jièshào yí xià qiúzhí de liúchéng.
그림에 근거하여 구직 과정을 소개해 보세요.

回答1
MP3 18-9-1

求职市场招聘的职位五花八门，许多网站上都刊登了详细的招聘信息。首先，搜索一下你感兴趣的公司，然后按照公司的要求填写简历。简历上填写个人基本信息、求职意向、教育背景等等。下一步就是参加笔试。参加笔试之前先了解一下笔试行测题会对你有一定的帮助。如果你的笔试通过了，那么将要准备最后的面试。无论你参加什么样的公司面试，一律都要穿正装，而且千万不要迟到。

Qiúzhí shìchǎng zhāopìn de zhíwèi wǔhuābāmén, xǔduō wǎngzhàn shàng dōu kāndēng le xiángxì de zhāopìn xìnxī. Shǒuxiān, sōusuǒ yí xià nǐ gǎn xìngqù de gōngsī, ránhòu ànzhào gōngsī de yāoqiú tiánxiě jiǎnlì. Jiǎnlì shàng yīng tiánxiě gèrén jīběn xìnxī、qiúzhí yìxiàng、jiàoyù bèijǐng děngděng. Xià yí bù jiù shì cānjiā bǐshì. Cānjiā bǐshì zhīqián xiān liǎojiě yí xià bǐshì xíngcètí huì duì nǐ yǒu yídìng de bāngzhù. Rúguǒ nǐ de bǐshì tōngguò le, nàme jiāngyào zhǔnbèi zuìhòu de miànshì. Wúlùn nǐ cānjiā shénmeyàng de gōngsī miànshì, yílǜ dōu yào chuān zhèngzhuāng, érqiě qiānwàn bú yào chídào.

구직 시장의 채용 직책은 정말로 다양합니다. 많은 홈페이지 상에 상세한 채용 정보가 올라와 있습니다. 먼저 당신이 관심이 있는 회사를 검색한 뒤, 회사의 요구에 따라 이력서를 작성합니다. 이력서 상에는 반드시 개인의 기본 정보, 구직 의향, 교육 배경 등을 기입해야 합니다. 다음 단계는 바로 필기시험에 참가하는 것입니다. 필기시험 전에 먼저 필기시험 기출 문제를 안다면 어느 정도 도움이 될 것입니다. 만약 필기시험에 통과했다면 마지막 면접을 준비해야 할 것입니다. 어떤 회사의 면접에 참가하던 모두 정장을 입어야 하며, 절대로 지각을 해서는 안됩니다.

回答2
MP3 18-9-2

求职的步骤大概如下。首先，根据你的专业、兴趣在网上搜索招聘信息。其次就是填写简历，一份好的简历应该包括你的基本信息、求职意向、教育背景等等。第三，参加笔试。笔试一般分为专业考试、技能测试等，所以参加笔试前先了解一下笔试类型，做好充分的准备比较好。最后，参加最终面试，面试能否成功的关键就在于面试官对你有没有兴趣。如果这几个步骤你都成功的话，就意味着成功就业了。

Qiúzhí de bùzhòu dàgài rúxià. Shǒuxiān, gēnjù nǐ de zhuānyè、xìngqù zài wǎng shàng sōusuǒ zhāopìn xìnxī. Qícì jiù shì tiánxiě jiǎnlì, yí fèn hǎo de jiǎnlì yīnggāi bāokuò nǐ de jīběn xìnxī、qiúzhí yìxiàng、jiàoyù bèijǐng děngděng. Dì sān, cānjiā bǐshì. Bǐshì yībān fēn wéi zhuānyè kǎoshì、jìnéng cèshì děng, suǒyǐ cānjiā bǐshì qián xiān liǎojiě yí xià bǐshì lèixíng, zuò hǎo chōngfèn de zhǔnbèi bǐjiào hǎo. Zuìhòu, cānjiā zuìzhōng miànshì, miànshì néngfǒu chénggōng de guānjiàn jiùzàiyú miànshìguān duì nǐ yǒu méiyǒu xìngqù. Rúguǒ zhè jǐ ge bùzhòu nǐ dōu chénggōng de huà, jiù yìwèizhe chénggōng jiùyè le.

구직 과정은 대략 다음과 같습니다. 먼저, 당신의 전공, 흥미에 따라 인터넷에서 채용 정보를 검색합니다. 그 다음은 이력서 작성입니다. 좋은 이력서는 반드시 당신의 기본 정보, 구직 의향, 교육 배경 등이 포함되어 있어야 합니다. 셋째는 필기시험 참가입니다. 필기시험은 일반적으로 전공 시험과 기능 시험으로 나누어져 있습니다. 그래서 필기시험 참가 전에 먼저 필기시험 유형을 이해하고, 충분한 준비를 하는 것이 비교적 좋

습니다. 마지막으로 최종 면접 참가입니다. 면접 성공 여부의 관건은 면접관이 당신에게 관심이 있는지 없는지에 있습니다. 만약 이 몇 단계가 다 성공을 했다면 그것은 바로 성공적으로 취업을 했다는 것을 의미합니다.

【해설】 구직 과정을 설명하기에 앞서 반드시 채용 정보, 이력서 작성, 필기시험, 면접 등과 같은 기본적인 어휘는 익혀야 한다. 그런 다음 각 그림에 맞춰 구체적인 실례를 들어서 답변을 해도 좋고 본인이 생각하는 구직 방법을 추가하여 답변해도 좋다.

【단어】 求职 qiúzhí 구직하다 | 招聘 zhāopìn 채용하다 | 职位 zhíwèi 직위, 직책 | 五花八门 wǔhuābāmén 각양각색이다 | 许多 xǔduō 매우 많다 | 网站 wǎngzhàn 웹사이트, 홈페이지 | 刊登 kāndēng 게재하다, 싣다 | 详细 xiángxì 상세하다 | 信息 xìnxī 소식, 정보 | 搜索 sōusuǒ 검색하다, 찾다 | 按照 ànzhào ~에 의하여, ~에 따라 | 填写 tiánxiě 기입하다, 쓰다 | 简历 jiǎnlì 이력 | 意向 yìxiàng 의향, 의도 | 教育 jiàoyù 교육 | 背景 bèijǐng 배경 | 参加 cānjiā 참가하다 | 笔试 bǐshì 필기 시험 | 了解 liǎojiě 알다, 이해하다 | 面试 miànshì 면접 | 正装 zhèngzhuāng 정장 | 千万 qiānwàn 절대로 | 迟到 chídào 지각하다 | 步骤 bùzhòu 절차, 순서 | 大概 dàgài 대략 | 如下 rúxià 다음과 같다, 아래와 같다 | 根据 gēnjù ~에 근거하여 | 专业 zhuānyè 전공 | 包括 bāokuò 포함하다 | 技能 jìnéng 기능 | 测试 cèshì 테스트하다 | 类型 lèixíng 유형 | 能否 néngfǒu ~할 수 있나요? | 关键 guānjiàn 관건 | 意味着 yìwèizhe 의미하다, 뜻하다 | 就业 jiùyè 취업하다

问题 2

MP3 18-10

接待国外客户时方方面面都要注意。请你根据图片说说要注意哪些事项。
Jiēdài guówài kèhù shí fāngfāngmiànmiàn dōu yào zhùyì. Qǐng nǐ gēnjù túpiàn shuōshuo yào zhùyì nǎ xiē shìxiàng.
외국 고객을 접대할 때 모든 방면에 다 주의를 기울여야 합니다. 그림에 근거하여 어떤 사항을 주의해야 하는지 이야기해 보세요.

回答1 接待国外客户前，应该充分了解客户信息，比如客户公司背景、经营状况等等。饮食方面要注意有哪些禁忌，还要考虑对方的宗教信仰等。此外，还要注意穿着、说话方式。客户要走的时候可以送些小礼品，比如印有公司标志的小礼品或带有当地传统特色的纪念品。
MP3 18-10-1
Jiēdài guówài kèhù qián, yīnggāi chōngfèn liǎojiě kèhù xìnxī, bǐrú kèhù gōngsī bèijǐng, jīngyíng zhuàngkuàng děngděng. Yǐnshí fāngmiàn yào zhùyì yǒu nǎ xiē jìnjì, hái yào kǎolǜ duìfāng de zōngjiào xìnyǎng děng. Cǐwài hái yào zhùyì chuānzhuó, shuōhuà fāngshì. Kèhù yào zǒu de shíhou kěyǐ sòng xiē xiǎo lǐpǐn, bǐrú yìn yǒu gōngsī biāozhì de xiǎo lǐpǐn huò dài yǒu dāngdì chuántǒng tèsè de jìniànpǐn.

외국 고객을 접대하기 전에 먼저 고객의 정보를, 예를 들어 회사배경, 경영 상황 등을 충분히 이해해야 합니다. 음식 방면에도 무엇을 꺼리는지를 주의하고 상대방의 종교 신앙 등도 고려해야 합니다. 그 밖에 복장이나 말하는 방식도 주의해야 합니다. 고객이 떠나기 전에는 작은 선물을, 예를 들어 회사의 로고가 박힌 작은 선물이나 현지의 전통 특색이 있는 기념품 등을 줘도 좋습니다.

回答2 接待国外客户时要注意的事项比较多。首先，客户来访前应该充分了解到客户公司背景、经营状况、来访目的等。其次，要格外注意客户在饮食方面有没有忌口的，比如说伊斯兰教是不吃猪肉的，有的客户吃不惯香菜等等。此外，还要注意穿着、说话方式。最后，客户要走的时候可以选一些小礼品送给他们，很多外国顾客喜欢带有当地传统特色的纪念品，或者等客户顺利回国后写一封感谢函表示感谢，也是一种待客之道。
MP3 18-10-2
Jiēdài guówài kèhù shí yào zhùyì de shìxiàng bǐjiào duō. Shǒuxiān, kèhù láifǎng qián yīnggāi chōngfèn liǎojiě dào kèhù gōngsī bèijǐng, jīngyíng zhuàngkuàng, láifǎng mùdì děng. Qícì, yào géwài zhùyì kèhù zài yǐnshí fāngmiàn yǒu méiyǒu jìkǒu de, bǐrú shuō Yīsīlánjiào shì bù chī zhūròu de, yǒu de kèhù chībuguàn xiāngcài děngděng. Cǐwài, hái yào zhùyì chuānzhuó, shuōhuà fāngshì. Zuìhòu, kèhù yào zǒu de shíhou kěyǐ xuǎn yì xiē xiǎo lǐpǐn sòng gěi tāmen, hěn duō wàiguó gùkè xǐhuan dài yǒu dāngdì chuántǒng tèsè de jìniànpǐn, huòzhě děng kèhù shùnlì huíguó hòu xiě yì fēng gǎnxièhán biǎoshì gǎnxiè, yě shì yì zhǒng dàikèzhīdào.

외국 고객을 접대할 때 주의 사항은 비교적 많습니다. 먼저 고객이 방문하기 전 상대방 회사의 배경, 경영 상황, 방문 목적 등을 충분히 이해해야 합니다. 그런 다음 고객이 음식 방면에 있어 기피하는 것이 있는지, 예를 들어 이슬람교는 돼지고기를 먹지 않고, 어떤 고객들은 상차이를 먹지 못하는 것 등에 매우 주의해야 합니다. 그 밖에 협상을 할 때는 공정해야지 어떤 한 쪽으로 치우쳐서는 안되며 자세하게 협상 내용을 대조 검토해야 합니다. 마지막으로 고객이 떠날 때 작은 선물을 줘도 좋습니다. 많은 외국 고객들은 현지의 전통 특색이 있는 기념품을 좋아합니다. 아니면 고객이 무사히 귀국한 후 감사 편지를 써서 감사를 표현하는 것이 하나의 고객을 접대하는 예의이기도 합니다.

【해설】 답변 시 부사, 전치사, 접속사 등을 최대한 많이 사용하는 것이 좋다. 각각의 그림에 해당하는 주의 사항의 실례를 들어 설명하거나 자신의 경험에 빗대어서 설명해도 좋다.

【단어】 接待 jiēdài 접대하다 | 客户 kèhù 고객 | 注意 zhùyì 주의하다 | 事项 shìxiàng 사항 | 充分 chōngfèn 충분하다 | 经营 jīngyíng 경영하다 | 状况 zhuàngkuàng 상황 | 饮食 yǐnshí 음식 | 禁忌 jìnjì 금기 | 考虑 kǎolǜ 고려하다 | 宗教 zōngjiào 종교 | 信仰 xìnyǎng 신앙 | 反复 fǎnfù 반복하다, 되풀이하다 | 核对 héduì 대조 확인하다 | 谈判 tánpàn 담판하다 | 内容 nèiróng 내용 | 穿着 chuānzhuó 차림새 | 标志 biāozhì 상징, 표지 | 传统 chuántǒng 전통 | 目的 mùdì 목적 | 忌口 jìkǒu 음식을 가리다 | 伊斯兰教 Yīsīlánjiào 이슬람교 | 猪肉 zhūròu 돼지고기 | 吃不惯 chībúguàn 음식이 입에 맞지 않다 | 香菜 xiāngcài 고수, 상차이 | 公平公正 gōngpíng gōngzhèng 공평하다, 공정하다 | 偏向 piānxiàng 기울다, 쏠리다 | 仔细 zǐxì 자세하다, 상세하다 | 表示 biǎoshì 나타내다, 의미하다 | 感谢 gǎnxiè 감사하다

问题 3

应聘时要考虑各种各样的因素。请你根据图片介绍一下应聘时要考虑的因素有哪些？
Yìngpìn shí yào kǎolǜ gèzhǒnggèyàng de yīnsù. Qǐng nǐ gēnjù túpiàn jièshào yí xià yìngpìn shí yào kǎolǜ de yīnsù yǒu nǎ xiē?

회사에 지원을 할 때 각종 요소를 고려해야 합니다. 그림에 근거하여 회사 지원 시 고려해야 할 요소로 어떤 것들이 있는지 소개해 보세요.

回答1 应聘公司时要考虑的因素比较多。首先要看这家公司的经营理念，通过经营理念我们能知道这家公司未来的发展方向。还要考虑办公环境，整齐、清洁、安静、美观的办公环境有助于提高员工的办公效率。此外，同事之间的关系也很重要，同事之间相处得好，才能更专心地工作。最后，要看工资，因为又高又稳定的薪酬才是努力工作的动力。

Yìngpìn gōngsī shí yào kǎolǜ de yīnsù bǐjiào duō. Shǒuxiān yào kàn zhè jiā gōngsī de jīngyínglǐniàn, tōngguò jīngyínglǐniàn wǒmen néng zhīdào zhè jiā gōngsī wèilái de fāzhǎn fāngxiàng. Hái yào kǎolǜ bàngōng huánjìng, zhěngqí、qīngjié、ānjìng、měiguān de bàngōng huánjìng yǒuzhùyú tígāo yuángōng de bàngōng xiàolǜ. Cǐwài, tóngshì zhījiān de guānxi yě hěn zhòngyào, tóngshì zhījiān xiāngchǔ de hǎo, cái néng gèng zhuānxīn de gōngzuò. Zuìhòu, yào kàn gōngzī, yīnwèi yòu gāo yòu wěndìng de xīnchóu cái shì nǔlì gōngzuò de dònglì.

회사에 지원을 할 때 고려해야 할 요소는 비교적 많습니다. 먼저 이 회사의 경영 이념을 봐야 합니다. 경영 이념을 통해 우리는 이 회사의 미래 발전 방향을 알 수 있습니다. 또한 사무 환경도 고려해야 합니다. 깨끗하고, 청결하고, 조용하며 보기 좋은 사무실은 직원들의 업무 효율을 향상시켜 줍니다. 그 밖에 동료들 간의 관계도 매우 중요합니다. 동료간에 서로 잘 지내야만 업무에 몰두할 수 있습니다. 마지막으로 연봉도 봐야 합니다. 높고 안정적인 연봉이야말로 열심히 일할 수 있는 동력이기 때문입니다.

回答2 应聘公司时首先要看公司的经营理念是否与自己未来的职业规划相符。其次，办公环境也是要考虑的因素。因为一个整齐、清洁、安静的办公环境有助于提高工作效率和工作积极性。第三，同事关系也是不能忽略的一部分，同事之间相处得好，你才能更专心地工作。最后，要考虑的就是薪资问题。每个人对薪资的要求都不一样，但一般高薪是带动员工的积极性的重要因素。

Yìngpìn gōngsī shí shǒuxiān yào kàn gōngsī de jīngyínglǐniàn shìfǒu yǔ zìjǐ wèilái de zhíyè guīhuà xiāngfú. Qícì, bàngōng huánjìng yě shì yào kǎolǜ de yīnsù. Yīnwèi yí ge zhěngqí、qīngjié、ānjìng de bàngōng huánjìng yǒuzhùyú tígāo gōngzuò xiàolǜ hé gōngzuò jījíxìng. Dì sān, tóngshì guānxi yě shì bù néng hūlüè de yí bùfen, tóngshì zhījiān xiāngchǔ de hǎo, nǐ cái néng gèng zhuānxīn de gōngzuò. Zuìhòu, yào kǎolǜ de jiù shì xīnzī wèntí. Měi ge rén duì xīnzī de yāoqiú dōu bù yíyàng, dàn yìbān gāoxīn shì dàidòng yuángōng de jījíxìng de zhòngyào yīnsù.

회사에 지원을 할 때 먼저 회사의 경영 이념이 자신의 미래 직업 계획과 부합하는지 봐야 합니다. 그 다음 사무실 환경도 고려해야 할 요소입니다. 정돈되고, 청결하며, 조용한 사무 환경은 업무 효율과 업무 적극성을 향상시키는데 도움이 되기 때문입니다. 세 번째로 동료 관계 역시 소홀히 해서는 안 되는 부분입니다. 동료간에 서로 잘 지내야 일에 몰두할 수 있습니다. 마지막으로 고려해야 할 요소는 바로 연봉 문제입니다. 사람마다 연봉에 대한 요구가 다르지만 일반적으로 고액의 연봉은 직원의 적극성을 고취시켜주는 중요한 요소입니다.

【해설】 그림과 관련된 핵심 단어들을 바탕으로 자신의 견해를 표현할 수 있는 문제이다. 경영 이념이 자신의 직업관과 부합하는지, 어떠한 사무 환경이 업무에 도움이 되는지 동료관계와 연봉이 구직에 있어서 어떠한 영향을 미치는지 구체적으로 답변한다.

【단어】 应聘 yìngpìn 지원하다 | 考虑 kǎolǜ 고려하다 | 各种各样 gèzhǒnggèyàng 각양각색 | 因素 yīnsù 요소 | 经营理念 jīngyínglǐniàn 경영 이념 | 发展 fāzhǎn 발전하다 | 方向 fāngxiàng 방향 | 环境 huánjìng 환경 | 整齐 zhěngqí 깔끔하다, 가지런하다 | 清洁 qīngjié 청결하다, 깨끗하다 | 安静 ānjìng 조용하다 | 美观 měiguān 보기 좋다, 예쁘다 | 有助于 yǒuzhùyú ~에 도움이 된다 | 提高 tígāo 향상시키다 | 员工 yuángōng 직원 | 效率 xiàolǜ 효율 | 此外 cǐwài 이 외에, 이 밖에 | 相处 xiāngchǔ 서로 알고 지내다 | 专心 zhuānxīn 심혈을 기울이다, 전념하다 | 工资 gōngzī 월급 | 稳定 wěndìng 안정적이다 | 薪酬 xīnchóu 급여 | 动力 dònglì 원동력 | 是否 shìfǒu ~인지 아닌지 | 规划 guīhuà 계획 | 相符 xiāngfú 서로 일치하다 | 积极性 jījíxìng 적극성 | 忽略 hūlüè 소홀히 하다 | 薪资 xīnzī 급여

실전모의고사 1

204p

问题 1

他们现在在哪儿干什么?
Tāmen xiànzài zài nǎr gàn shénme?
그들은 현재 어디에서 무엇을 하고 있습니까?

回答 1 他们现在在会议室开会呢。
Tāmen xiànzài zài huìyìshì kāi huì ne.
그들은 현재 회의실에서 회의를 하고 있습니다.

回答 2 他们在会议室里讨论新产品广告方案。
Tāmen zài huìyìshì lǐ tǎolùn xīnchǎnpǐn guǎnggào fāng'àn.
그들은 회의실에서 신제품 광고 방안을 토론하고 있습니다.

【단어】 会议室 huìyìshì 회의실 | 开会 kāi huì 회의를 열다 | 讨论 tǎolùn 토론하다 | 广告 guǎnggào 광고 | 方案 fāng'àn 방안, 규칙

问题 2

今天天气怎么样?
Jīntiān tiānqì zěnmeyàng?
오늘 날씨는 어떠합니까?

回答 1 今天天气非常好,是个大晴天。
Jīntiān tiānqì fēicháng hǎo, shì ge dà qíngtiān.
오늘 날씨는 매우 좋습니다. 매우 맑은 날씨입니다.

回答 2 今天天气好极了,适合进行户外活动。
Jīntiān tiānqì hǎo jí le, shìhé jìnxíng hùwài huódòng.
오늘은 날씨가 매우 좋습니다. 실외 활동을 하기에 적합합니다.

【단어】 晴天 qíngtiān 맑은 날씨 | 极了 jí le (보어로) 매우 ~하다 | 适合 shìhé 적합하다 | 户外活动 hùwài huódòng 실외활동

问题 3

他五月末有什么安排?
Tā wǔ yuè mò yǒu shénme ānpái?
그는 5월 말에 무슨 스케줄이 있습니까?

回答 1 他五月末要去中国出差,回来之后还要开会,做报告。
Tā wǔ yuè mò yào qù Zhōngguó chūchāi, huílái zhīhòu hái yào kāi huì, zuò bàogào.
그는 5월말에 중국으로 출장을 가야 합니다. 돌아와서는 회의를 하고 보고를 해야 합니다.

回答 2 他五月末要去中国出差,回来后的第二天要在会议上做一个简单的出差报告。
Tā wǔ yuè mò yào qù Zhōngguó chūchāi, huílái hòu de dì èr tiān yào zài huìyì shàng zuò yí ge jiǎndān de chūchāi bàogào.
그는 5월 말에 중국으로 출장을 갑니다. 출장을 갔다온 그 다음날에는 회의에서 간단한 출장 보고를 해야 합니다.

【단어】 安排 ānpái 스케줄 | 出差 chūchāi 출장 가다 | 报告 bàogào 보고 | 简单 jiǎndān 간단하다

问题 4  你喜欢看电视吗？平时一天看几个小时?
Nǐ xǐhuan kàn diànshì ma? Píngshí yì tiān kàn jǐ ge xiǎoshí?
당신은 TV 보는 것을 좋아합니까? 평소 하루에 몇 시간을 봅니까?

回答 1 我一天看三四个小时的电视。我喜欢看电视剧和综艺节目。
Wǒ yì tiān kàn sān sì ge xiǎoshí de diànshì. Wǒ xǐhuan kàn diànshìjù hé zōngyì jiémù.
저는 하루에 3, 4시간 정도 TV를 봅니다. 저는 드라마와 예능프로그램 보는 것을 좋아합니다.

回答 2 我一天看一两个小时的电视。我不太喜欢看电视剧，但喜欢看新闻和一些纪录片。
Wǒ yì tiān kàn yì liǎng ge xiǎoshí de diànshì. Wǒ bú tài xǐhuan kàn diànshìjù, dàn xǐhuan kàn xīnwén hé yì xiē jìlùpiàn.
저는 하루에 한 두시간 정도 TV를 봅니다. 저는 드라마 보는 것을 별로 좋아하지는 않지만 뉴스와 일부 다큐멘터리 보는 것은 좋아합니다.

【단어】 平时 píngshí 평소, 평상시 | 小时 xiǎoshí 시간 | 电视剧 diànshìjù 드라마 | 综艺 zōngyì 종합 예술 | 节目 jiémù 프로그램 | 新闻 xīnwén 뉴스 | 纪录片 jìlùpiàn 다큐멘터리

205p

问题 5 你身体不舒服的时候怎么做?
Nǐ shēntǐ bù shūfu de shíhou zěnme zuò?
당신은 몸이 좋지 않을 때 어떻게 합니까?

回答 1 我一般吃药以后在家好好休息。我觉得休息是最好的治疗方法。
Wǒ yìbān chī yào yǐhòu zài jiā hǎohāo xiūxi. Wǒ juéde xiūxi shì zuìhǎo de zhìliáo fāngfǎ.
저는 일반적으로 약을 먹고 집에서 잘 쉽니다. 저는 휴식이 가장 좋은 치료 방법이라고 생각합니다.

回答 2 我马上去医院看病打针。我认为吃药不如去医院好得快。
Wǒ mǎshàng qù yīyuàn kànbìng dǎzhēn. Wǒ rènwéi chī yào bù rú qù yīyuàn hǎo de kuài.
저는 바로 병원에 가서 진찰 받고 주사를 맞습니다. 저는 약을 먹는 것은 병원에 가는 것보다 빨리 낫지 않는다고 생각합니다.

【단어】 舒服 shūfu 편안하다 | 治疗 zhìliáo 치료하다 | 方法 fāngfǎ 방법 | 看病 kànbìng 진찰하다, 진료하다 | 打针 dǎzhēn 주사를 놓다, 주사를 맞다 | 不如 bùrú ~만 못하다 | 医院 yīyuàn 병원

问题 6 你的上司是个什么样的人?
Nǐ de shàngsī shì ge shénmeyàng de rén?
당신의 상사는 어떠한 사람입니까?

回答 1 我的上司工作能力很强，而且善于管理下属。他按照我们的工作能力适当地分配工作，我很佩服他。
Wǒ de shàngsī gōngzuò nénglì hěn qiáng, érqiě shànyú guǎnlǐ xiàshǔ. Tā ànzhào wǒmen de gōngzuò nénglì shìdàng de fēnpèi gōngzuò, wǒ hěn pèifú tā.
저의 상사는 업무 능력이 매우 좋고, 부하 직원들을 잘 관리합니다. 그는 저희의 업무 능력에 따라 적당하게 업무를 분배하는데 저는 그에게 탄복합니다.

回答 2 我的上司虽然有点儿挑剔，但他每次都试着站在我们的立场考虑问题。我觉得他就是一个刀子嘴，豆腐心的人。
Wǒ de shàngsī suīrán yǒu diǎnr tiāotī, dàn tā měi cì dōu shì zhe zhàn zài wǒmen de lìchǎng kǎolǜ wèntí. Wǒ juéde tā jiù shì yí ge dāozuǐ, dòufuxīn de rén.
저의 상사는 비록 조금 까다롭긴 하지만 매번 우리의 입장에서 문제를 생각하려고 노력합니다. 저는 그가 말은 날카로워도 마음은 부드러운 사람인 것 같습니다.

【단어】 上司 shàngsī 상사 | 善于 shànyú ~에 능하다 | 管理 guǎnlǐ 관리하다, 맡다 | 下属 xiàshǔ 부하 직원 | 按照 ànzhào ~에 의하여, ~에 따라 | 适当 shìdàng 적당하다 | 分配 fēnpèi 분배하다, 할당하다 | 佩服 pèifú 탄복하다, 감복하다 | 挑剔 tiāotī 지나치게 트집잡다 | 试 shì 시험삼아 해보다 | 立场 lìchǎng 입장 | 考虑 kǎolǜ 고려하다 | 刀子 dāozi 칼 | 嘴 zuǐ 입 | 豆腐 dòufu 두부

问题 7 怎样才能让企业盈利?
MP3 19-7
Zěnyàng cái néng ràng qǐyè yínglì?
어떻게 하면 기업으로 하여금 이윤을 얻게 할 수 있습니까?

回答 1 我认为要构建一个良好的企业文化,让员工有归属感、责任感和成就感,激发他们的潜能,可以为企业创造效益。
MP3 19-7-1
Wǒ rènwéi yào gòujiàn yí ge liánghǎo de qǐyè wénhuà, ràng yuángōng yǒu guīshǔgǎn、zérèngǎn hé chéngjiùgǎn, jīfā tāmen de qiánnéng, kěyǐ wèi qǐyè chuàngzào xiàoyì.
저는 좋은 기업문화를 구축하고, 직원들로 하여금 소속감, 책임감과 성취감을 느끼게 하고, 그들의 잠재력을 끌어내야지만 기업을 위해 이익을 만들어 낼 수 있다고 생각합니다.

回答 2 我认为"诚信"才是让企业盈利的关键,俗话说"人无信而不立",做生意最讲究的就是信誉,有了信誉就等于拥有了财富。
MP3 19-7-2
Wǒ rènwéi "chéngxìn" cái shì ràng qǐyè yínglì de guānjiàn, súhuà shuō "rén bú xìn ér bú lì", zuò shēngyì zuì jiǎngjiu de jiù shì xìnyù, yǒu le xìnyù jiù děngyú yōngyǒu le cáifù.
저는 "신용"이야말로 기업에 이윤을 남겨주는 관건이라고 생각합니다. 옛말에 "사람은 신용이 없으면 일어서지 못한다"라고 하였습니다. 비즈니스를 하는데 가장 고려해야 할 것이 바로 신용이며, 신용이 있는 것은 재산이 있는 것과 마찬가지 입니다.

【단어】 企业 qǐyè 기업 | 盈利 yínglì 이윤, 이익 | 构建 gòujiàn 세우다, 수립하다 | 文化 wénhuà 문화 | 归属感 guīshǔgǎn 소속감 | 责任感 zérèngǎn 책임감 | 成就感 chéngjiùgǎn 성취감 | 激发 jīfā 불러일으키다, 분발시키다 | 潜能 qiánnéng 잠재력 | 创造 chuàngzào 창조하다, 만들다 | 效益 xiàoyì 이익 | 诚信 chéngxìn 신용을 지키다 | 关键 guānjiàn 관건 | 做生意 zuòshēngyi 장사를 하다, 사업하다 | 讲究 jiǎngjiu 중요시하다, 주의하다 | 信誉 xìnyù 신용, 명성 | 拥有 yōngyǒu 소유하다, 가지다 | 财富 cáifù 재산

问题 8 个人的生活对工作状态的影响大吗?
MP3 19-8
Gèrén de shēnghuó duì gōngzuò zhuàngtài de yǐngxiǎng dà ma?
개인의 생활이 업무 상황에 미치는 영향이 큽니까?

回答 1 工作成功与否取决于职员的个人能力。如果个人生活不稳定,就不能正常发挥出自己的能力,这肯定会影响到工作质量。
MP3 19-8-1
Gōngzuò chénggōng yǔfǒu qǔjuéyú zhíyuán de gèrén nénglì. Rúguǒ gèrén shēnghuó bù wěndìng, jiù bù néng zhèngcháng fāhuī chū zìjǐ de nénglì, zhè kěndìng huì yǐngxiǎng dào gōngzuò zhìliàng.
업무 성공 여부는 직원들의 개인 능력에 의해 결정됩니다. 만약 개인의 생활이 안정적이지 않다면 정상적으로 자신의 능력을 발휘할 수 없어 업무의 질에 반드시 영향을 주게 됩니다.

回答 2 我认为大部分成功人士都善于控制自己,具有很强的毅力与意志力。所以无论生活上发生了什么事,都不会把坏情绪带到工作上来,因此个人生活对工作状态的影响不大。
MP3 19-8-2
Wǒ rènwéi dàbùfen chénggōng rénshì dōu shànyú kòngzhì zìjǐ, jùyǒu hěn qiáng de yìlì yǔ yìzhìlì. Suǒyǐ wúlùn shēnghuó shàng fāshēng le shénme shì, dōu bú huì bǎ huài qíngxù dài dào gōngzuò shànglái, yīncǐ gèrén shēnghuó duì gōngzuò zhuàngtài de yǐngxiǎng bú dà.
저는 대부분의 성공한 사람들은 모두 자신을 잘 제어하고, 강한 의지와 의지력을 지녔다고 생각합니다. 따라서 생활에 있어 어떤 일이 발생하든지 간에 나쁜 감정을 업무 중에 가져가지 않습니다. 따라서 업무 상황에 대한 개인 생활의 영향은 크지 않습니다.

【단어】 状态 zhuàngtài 상태 | 影响 yǐngxiǎng 영향 | 取决于 qǔjuéyú ~에 달려있다 | 稳定 wěndìng 안정적이다 | 发挥 fāhuī 발휘하다 | 肯定 kěndìng 분명히 | 善于 shànyú ~에 능하다 | 控制 kòngzhì 제어하다, 통제하다 | 毅力 yìlì 의지 | 意志力 yìzhìlì 의지력 | 无论 wúlùn ~을 막론하고 | 情绪 qíngxù 정서, 기분

问题 9

部长问你最近在业务上有什么困难。请你跟他说最近让你倍感压力的事。
Bùzhǎng wèn nǐ zuìjìn zài yèwù shàng yǒu shénme kùnnan. Qǐng nǐ gēn tā shuō zuìjìn ràng nǐ bèigǎn yālì de shì.

부장님이 당신에게 최근 업무상에 어떠한 어려움이 있는지 묻습니다. 그에게 당신이 최근 스트레스를 많이 느끼는 일에 대해 이야기해 보세요.

回答 1 我最近工作量比平时更多。又要写下周会议的报告，又要准备开会时用的产品样品。所以我最近工作压力比较大。
Wǒ zuìjìn gōngzuòliàng bǐ píngshí gèng duō. Yòu yào xiě xiàzhōu huìyì de bàogào, yòu yào zhǔnbèi kāihuì shí yòng de chǎnpǐn yàngpǐn. Suǒyǐ wǒ zuìjìn gōngzuò yālì bǐjiào dà.

저는 최근 업무량이 평소보다 더 많습니다. 또한 다음주 회의 보고서도 써야 하고 회의 때 사용할 상품 샘플도 준비해야 합니다. 그래서 저는 최근 업무 스트레스가 비교적 큽니다.

回答 2 我觉得最近一直在做我工作范围以外的工作，所以压力比较大。这不仅影响到我本来的工作，还影响到我个人的生活，一想到这件事情我就头疼。
Wǒ juéde zuìjìn yìzhí zài zuò wǒ gōngzuò fànwéi yǐwài de gōngzuò, suǒyǐ yālì bǐjiào dà. Zhè bùjǐn yǐngxiǎng dào wǒ běnlái de gōngzuò, hái yǐngxiǎng dào wǒ gèrén de shēnghuó, yì xiǎng dào zhè jiàn shìqing wǒ jiù tóu téng.

저는 최근 계속 저의 업무 범위 밖의 일을 하여 스트레스가 비교적 큽니다. 이것은 저의 원래 업무에 영향을 줄 뿐만 아니라 제 개인의 생활에도 영향을 주어 이 일만 생각하면 머리가 아픕니다.

【단어】 困难 kùnnan 어려움 | 倍感 bèigǎn 더욱더 느끼다 | 压力 yālì 스트레스 | 样品 yàngpǐn 샘플 | 范围 fànwéi 범위

问题 10

你用电脑打报告的时候办公室突然停电了，请给管理员打电话说明情况。
Nǐ yòng diànnǎo dǎ bàogào de shíhou bàngōngshì tūrán tíngdiàn le, qǐng gěi guǎnlǐyuán dǎ diànhuà shuōmíng qíngkuàng.

당신이 컴퓨터로 보고서를 작성할 때 사무실이 갑자기 정전되었습니다. 관리 직원에게 전화해서 상황을 설명해 보세요.

回答 1 喂，是管理员吗？我们的办公室突然停电了。你能帮我确认一下原因吗？我现在需要尽快完成一份报告，可是又不知道办公室到底哪儿出了问题，麻烦您上来一趟行吗？
Wéi, shì guǎnlǐyuán ma? Wǒmen de bàngōngshì tūrán tíngdiàn le. Nǐ néng bāng wǒ quèrèn yí xià yuányīn ma? Wǒ xiànzài xūyào jǐnkuài wánchéng yí fèn bàogào, kěshì yòu bù zhīdào bàngōngshì dàodǐ nǎr chū le wèntí, máfan nín shànglái yí tàng xíng ma?

여보세요. 관리직원이시죠? 저희 사무실이 갑자기 정전이 되었습니다. 원인 좀 체크해 주실 수 있나요? 제가 지금 급하게 보고서를 완성해야 하는데, 도대체 사무실 어디에 문제가 생겼는지 모르겠습니다. 번거로우시겠지만 한 번 올라와 주시겠어요?

回答 2 喂，是管理员吗？我们的办公室突然停电了。我也不知道是线路接触不良还是线路出了故障，而且一会儿将有一个重要的顾客来我们公司，请你马上帮我确认一下原因吧。
Wéi, shì guǎnlǐyuán ma? Wǒmen de bàngōngshì tūrán tíngdiàn le. Wǒ yě bù zhīdào shì xiànlù jiēchù bùliáng háishi xiànlù chū le gùzhàng, érqiě yíhuìr jiāng yǒu yí ge zhòngyào de gùkè lái wǒmen gōngsī, qǐng nǐ mǎshàng bāng wǒ quèrèn yí xià yuányīn ba.

여보세요. 관리직원이시죠? 저희 사무실이 갑자기 정전이 되었습니다. 저도 회로 접촉 불량인지 아니면 회로에 고장이 생겼는지 모르겠습니다. 게다가 조금 이따가 중요한 손님이 저희 회사로 오시기로 하셨으니 바로 원인을 확인해 주시기 부탁 드립니다.

【단어】 突然 tūrán 갑자기, 돌연히 | 停电 tíngdiàn 정전되다 | 确认 quèrèn 확인하다 | 原因 yuányīn 원인, 이유 | 尽快 jǐnkuài 최대한 빨리 | 趟 tàng 한차례, 한바탕 | 线路 xiànlù 회로 | 接触 jiēchù 접촉 | 故障 gùzhàng 고장

 问题11

合作公司着急需要你们公司的一批货。请你答应他立刻发运。
Hézuò gōngsī zháojí xūyào nǐmen gōngsī de yì pī huò. Qǐng nǐ dāyìng tā lìkè fāyùn.
합작회사에서 급하게 당신 회사의 대량의 물품을 필요로 합니다. 그에게 바로 물건을 발송하겠다고 대답해 보세요.

回答1
张经理，我们公司可以立刻装货，赶在明天晚上之前发运。但是因为时间紧迫，要改用空运，而且很可能要分两批装运，还有希望运费是由贵公司承担。
Zhāng jīnglǐ, wǒmen gōngsī kěyǐ lìkè zhuāng huò, gǎn zài míngtiān wǎnshang zhīqián fāyùn. Dànshì yīnwèi shíjiān jǐnpò, yào gǎi yòng kōngyùn, érqiě hěn kěnéng yào fēn liǎng pī zhuāngyùn, hái yǒu xīwàng yùnfèi shì yóu guìgōngsī chéngdān.
장 사장님, 저희 회사는 바로 물건을 포장해서 내일 저녁 전에 발송할 수 있습니다. 하지만 시간이 긴박해서 항공편으로 변경해야 하고 두 개로 나누어서 보내야 할 것 같습니다. 그리고 운송비는 귀사에서 부담하셨으면 좋겠습니다.

回答2
张经理，我们可以立刻装货，下午就能发运。但因为时间紧迫，我们将以空运的方式发货，而且由于货运量较多可能要分两批装运。您如果有其他要求请及时告诉我们。
Zhāng jīnglǐ, wǒmen kěyǐ lìkè zhuāng huò, xiàwǔ jiù néng fāyùn. Dàn yīnwèi shíjiān jǐnpò, wǒmen jiāng yǐ kōngyùn de fāngshì fā huò, érqiě yóuyú huòyùnliàng jiào duō kěnéng yào fēn liǎng pī zhuāngyùn. Nín rúguǒ yǒu qítā yāoqiú qǐng jíshí gàosu wǒmen.
장 사장님, 저희는 바로 물건을 포장해서 오후에는 발송할 수 있습니다. 하지만 시간이 촉박한 관계로 항공편으로 물건을 발송해야 하고, 게다가 화물량이 비교적 많아 두 개로 나누어서 보내야 할 것 같습니다. 만약 다른 요구가 있으시면 바로 저희에게 알려주십시오.

【단어】 合作 hézuò 협력하다, 합작하다 | 着急 zháojí 조급하다 | 答应 dāying 대답하다, 동의하다 | 立刻 lìkè 곧, 즉시 | 发运 fāyùn 물건을 발송하다 | 装货 zhuānghuò 물건을 포장하다 | 赶 gǎn 서두르다 | 紧迫 jǐnpò 급박하다, 긴박하다 | 运费 yùnfèi 운송비, 수송비 | 承担 chéngdān 맡다 | 及时 jíshí 제때에, 즉시

207p

问题12
人们对住宅的概念看法都不同。有的人说住所只是提供居住的房屋，它不代表人的一种身份，但也有人说住宅越贵越好，象征着这个人的地位与财富。你觉得呢？为什么？
Rénmen duì zhùzhái de gàiniàn kànfǎ dōu bù tóng. Yǒu de rén shuō zhùsuǒ zhǐshì tígōng jūzhù de fángwū, tā bú dàibiǎo rén de yìzhǒng shēnfen, dàn yě yǒu rén shuō zhùzhái yuè guì yuè hǎo, xiàngzhēng zhe zhè ge rén de dìwèi yǔ cáifù. Nǐ juéde ne? Wèishénme?
사람들의 집에 대한 개념과 생각은 다 다릅니다. 어떤 사람은 집은 그저 거주하는 공간이며 사람의 신분을 나타내지는 않는다고 생각합니다. 하지만 어떤 사람은 집은 비쌀수록 좋고 개인의 지위와 재산을 상징한다고 생각합니다. 당신의 생각은 어떻습니까? 왜 입니까?

回答1
我认为住宅已成为一种身份，社会地位的象征。比如在首尔，有人说自己住江南的话，大部分人会认为他的生活水平很高，生活质量也不错。这说明住宅已不仅仅是一个居所，更是一种社会地位的体现。
Wǒ rènwéi zhùzhái yǐ chéngwéi yì zhǒng shēnfen, shèhuì dìwèi de xiàngzhēng. Bǐrú zài Shǒu'ěr, yǒu rén shuō zìjǐ zhù jiāngnán de huà, dàbùfen rén huì rènwéi tā de shēnghuó shuǐpíng hěn gāo, shēnghuó zhìliàng yě bú cuò. Zhè shuōmíng zhùzhái yǐ bùjǐnjǐn shì yí ge jūsuǒ, gèng shì yì zhǒng shèhuì dìwèi de tǐxiàn.
저는 집은 이미 하나의 신분이자 사회적 지위의 상징이라고 생각합니다. 예를 들어 서울에서 어떤 사람이 강남에 산다고 하면 대부분의 사람들은 그의 생활 수준이 높고 생활의 질도 괜찮다고 생각합니다. 이것은 집은 이미 하나의 거주지가 아닌 하나의 사회적 지위를 보여주는 것임을 설명합니다.

回答2
我认为住宅不代表任何身份或社会地位，它只是一个可以提供休息的地方。因为人们在选择住宅时，考虑更多的因素是它能不能给我们带来安逸和幸福，或者是离工作单位远近等跟自己生活密切有关的部分。
Wǒ rènwéi zhùzhái bú dàibiǎo rènhé shēnfen huò shèhuì dìwèi, tā zhǐshì yí ge kěyǐ tígōng xiūxi de dìfang. Yīnwèi rénmen zài xuǎnzé zhùzhái shí, kǎolǜ gèng duō de yīnsù shì tā néng bu néng gěi wǒmen dài lái ānyì hé xìngfú, huòzhě shì lí gōngzuò dānwèi yuǎn jìn děng gēn zìjǐ shēnghuó mìqiè yǒu guān de bùfen.
저는 주택이 신분이나 사회적 지위를 나타내지 않고, 그저 휴식을 제공하는 공간이라고 생각합니다. 왜냐하면 사람들이 주택을 선택할 때, 집이 우리에게 안정과 행복을 줄 수 있는지, 회사에서 거리가 가까운지 먼지 등 자신의 생활과 밀접 관련이 있는 부분을 더 많이 고려하기 때문입니다.

【단어】 住宅 zhùzhái 주택 | 概念 gàiniàn 개념 | 看法 kànfǎ 견해, 생각 | 提供 tígōng 제공하다 | 居所 jūsuǒ 거주지 | 房屋 fángwū 집, 주택 | 代表 dàibiǎo 대표하다, 나타내다 | 身份 shēnfen 신분 | 象征 xiàngzhēng 상징하다 | 地位 dìwèi 자리, 지위 | 财富 cáifù 재산 | 体现 tǐxiàn 구현하다 | 因素 yīnsù 요소 | 安逸 ānyì 편안하고 한가하다 | 幸福 xìngfú 행복하다 | 密切 mìqiè 밀접하다

问题 13 在职场中，有人认为搞好同事关系重要，也有人说搞好业绩更重要。你认为职场中最重要的是什么？为什么？

Zài zhíchǎng zhōng, yǒu rén rènwéi gǎo hǎo tóngshì guānxi zhòngyào, yě yǒu rén shuō gǎohǎo yèjì gèng zhòngyào. Nǐ rènwéi zhíchǎng zhōng zuì zhòngyào de shì shénme? Wèishénme?

직장에서 어떤 사람은 동료와의 관계를 잘 하는 것이 중요하고, 어떤 사람은 업무 실적을 잘 관리하는 것이 중요하다고 합니다. 당신이 생각하기에 직장에서 가장 중요한 것은 무엇입니까? 왜 입니까?

回答 1 我个人认为在职场中搞好人际关系最重要。因为我们都是为了一个共同的目标而形成的一个组织。只有搞好同事关系，才能避免一些工作上的矛盾。所以我认为搞好关系比较重要。

Wǒ gèrén rènwéi zài zhíchǎng zhōng gǎohǎo rénjìguānxi zuì zhòngyào. Yīnwèi wǒmen dōu shì wèi le yí ge gòngtóng de mùbiāo ér xíngchéng de yí ge zǔzhī. Zhǐyǒu gǎo hǎo tóngshì guānxi, cái néng bìmiǎn yì xiē gōngzuò shàng de máodùn. Suǒyǐ wǒ rènwéi gǎo hǎo guānxi bǐjiào zhòngyào.

저는 개인적으로 직장에서 인간관계를 잘 하는 것이 가장 중요하다고 생각합니다. 우리는 모두 하나의 목표를 위해 형성된 조직이기 때문입니다. 동료 관계를 잘 해야만 업무상의 충돌을 피할 수 있습니다. 그래서 저는 관계를 잘 하는 것이 비교적 중요하다고 생각합니다.

回答 2 虽然我同意搞好同事关系很重要，但我认为在公司重要的还是业绩。因为对企业来说不管是生存问题还是发展问题都和业绩息息相关。而且对员工来说，业绩是晋升和加薪的一个重要参考依据。所以我认为我们有必要搞好业绩。

Suīrán wǒ tóngyì gǎo hǎo tóngshì guānxi hěn zhòngyào, dàn wǒ rènwéi zài gōngsī zhòngyào de háishi yèjì. Yīnwèi duì qǐyè lái shuō bùguǎn shì shēngcún wèntí háishi fāzhǎn wèntí dōu hé yèjì xīxīxiāngguān. Érqiě duì yuángōng lái shuō, yèjì shì jìnshēng hé jiāxīn de yí ge zhòngyào cānkǎo yījù. Suǒyǐ wǒ rènwéi wǒmen yǒu bìyào gǎo hǎo yèjì.

비록 저는 동료관계를 잘 하는 것이 중요하다는 것에 동의하지만, 회사에서 더욱 중요한 것은 업무 실적이라고 생각합니다. 왜냐하면 기업에 있어서 생존 문제나 발전 문제는 모두 업무 실적과 밀접한 관계가 있기 때문입니다. 게다가 직원에게 있어서, 업무 실적은 승진과 임금인상에 중요한 참고 근거가 됩니다. 따라서 저는 우리가 업무 실적을 잘 관리해야 할 필요가 있다고 생각합니다.

【단어】 职场 zhíchǎng 직장 | 业绩 yèjì 업적, 실적 | 人际关系 rénjìguānxi 인간관계 | 目标 mùbiāo 목표 | 形成 xíngchéng 형성하다 | 组织 zǔzhī 조직하다 | 避免 bìmiǎn 피하다, 모면하다 | 矛盾 máodùn 모순, 갈등 | 生存 shēngcún 생존하다 | 息息相关 xīxīxiāngguān 관계가 아주 밀접하다 | 晋升 jìnshēng 승진하다, 진급하다 | 参考 cānkǎo 참고하다 | 依据 yījù 근거

问题 14 公司进口一批新的设备和货物时，法律上的注意事项比较多。这些注意事项中最值得注意的是什么？

Gōngsī jìnkǒu yì pī xīn de shèbèi hé huòwù shí, fǎlǜ shàng de zhùyì shìxiàng bǐjiào duō. Zhè xiē zhùyì shìxiàng zhōng zuì zhídé zhùyì de shì shénme?

회사에서 새로운 설비와 화물을 수입할 때 법률상 주의해야 할 항목들이 비교적 많습니다. 이러한 주의 사항 중 가장 주의해야 할 것은 무엇입니까?

回答 1 进口设备是需要向海关申报的，而且还需要做一些进口法定检查。还要有进口许可证，如果进口税号涉及到国家强制认证的需要提供3C证书。

Jìnkǒu shèbèi shì xūyào xiàng hǎiguān shēnbào de, érqiě hái xūyào zuò yìxiē jìnkǒu fǎdìng jiǎnchá. Hái yào yǒu jìnkǒu xǔkězhèng, rúguǒ jìnkǒu shuìhào shèjí dào guójiā qiángzhì rènzhèng de xūyào tígōng sānCzhèngshū.

설비 수입은 세관에 신고를 해야 하고 수입 법률에 따른 검사를 해야 합니다. 또한 수입 허가증이 있어야 하며, 만약 수입 사업자 인증 번호가 국가강제인증제도(중국CCC인증제도)와 관계가 있다면 3C인증서를 제공해야 합니다.

回答 2 应该确定进口设备的海关编码，因为只有拿到准确的海关编码，才能确定进口设备的监管条件，即确定进口许可证是国家商务部审批的，还是省或地方商务部门审批的。

Yīnggāi quèdìng jìnkǒu shèbèi de hǎiguān biānmǎ, yīnwèi zhǐyǒu ná dào zhǔnquè de hǎiguān biānmǎ, cái néng quèdìng jìnkǒu shèbèi de jiānguǎn tiáojiàn, jí quèdìng jìnkǒu xǔkězhèng shì guójiā shāngwùbù shěnpī de, háishi shěng huò dìfāng shāngwùbùmén shěnpī de.

수입할 설비의 세관 코드를 확정해야 합니다. 정확한 세관 코드를 받아야지만 수입할 설비의 관리 조건을 확정할 수 있습니다. 즉 수입 허가증을 국가 상무부에서 비준하는지 아니면 성 혹은 지방 상무부에서 비준하는지를 확정해야 합니다.

【단어】 进口 jìnkǒu 수입하다 | 批 pī 무더기, 떼 | 设备 shèbèi 설비, 시설 | 货物 huòwù 화물 | 法律 fǎlǜ 법률 | 值得 zhídé ~할 가치가 있다 | 海关 hǎiguān 세관 | 申报 shēnbào 신고하다 | 检查 jiǎnchá 검사하다 | 许可证 xǔkězhèng 허가증 | 涉及 shèjí 관련되다, 연관되다 | 强制 qiángzhì 강제하다, 강요하다 | 认证 rènzhèng 인증하다 | 证书 zhèngshū 증서 | 确定 quèdìng 확정하다 | 编码 biānmǎ 코드 | 监管 jiānguǎn 감독 관리하다 | 条件 tiáojiàn 조건 | 审批 shěnpī 심사하여 비준하다

208p

 问题15

请你根据图片说说使用提款机的方法。
Qǐng nǐ gēnjù túpiàn shuōshuo shǐyòng tíkuǎnjī de fāngfǎ.
그림에 근거하여 ATM기를 사용하는 방법에 대해 말해보세요.

回答1　使用提款机其实很简单。先把银行卡插入自动提款机，屏幕上会出现提款机能够提供的服务。按"取现"键后，输入你需要提取的数额，然后接着输入银行卡的密码。就可以把钱取出来了。不论是在白天还是在晚上，甚至在银行关门后也可以使用自动提款机。

Shǐyòng tíkuǎnjī qíshí hěn jiǎndān. Xiān bǎ yínhángkǎ chārù zìdòng tíkuǎnjī, píngmù shàng huì chūxiàn tíkuǎnjī nénggòu tígōng de fúwù. Àn "qǔxiàn" jiàn hòu, shūrù nǐ xūyào tíqǔ de shù'é, ránhòu jiēzhe shūrù yínhángkǎ de mìmǎ. Jiù kěyǐ bǎ qián qǔ chūlai le. Búlùn shì zài báitiān háishi zài wǎnshang, shènzhì zài yínháng guānmén hòu yě kěyǐ shǐyòng zìdòng tíkuǎnjī.

ATM기를 사용하는 것은 사실 매우 간단합니다. 먼저 은행카드를 ATM기에 넣으면 화면에 ATM기가 제공하는 서비스가 나타납니다. "출금"을 누른 후, 당신이 출금할 금액을 입력하고 바로 이어서 은행카드 비밀번호를 누릅니다. 이렇게 하면 돈을 출금할 수 있습니다. 낮이든 밤이든 심지어 은행이 문을 닫은 후에도 ATM기를 사용할 수 있습니다.

回答2　先把银行卡按照箭头的方向插入自动提款机中，然后屏幕上会出现提款机能够提供的服务。在选择"取款"键后，选择你需要提取的金额，接着输入银行卡的密码。这样就可以把钱取出来了。使用提款机无时间限制，二十四小时都可以取钱。

Xiān bǎ yínhángkǎ ànzhào jiàntóu de fāngxiàng chārù zìdòng tíkuǎnjī zhōng, ránhòu píngmù shàng huì chūxiàn tíkuǎnjī nénggòu tígōng de fúwù. Zài xuǎnzé "qǔkuǎn" jiàn hòu, xuǎnzé nǐ xūyào tíqǔ de jīn'é, jiē zhe shūrù yínhángkǎ de mìmǎ. Zhèyàng jiù kěyǐ bǎ qián qǔ chūlai le. Shǐyòng tíkuǎnjī wú shíjiān xiànzhì, èr shí sì xiǎoshí dōu kěyǐ qǔ qián.

먼저 은행카드를 화살표 방향에 따라 ATM기에 넣으면 화면에 ATM기가 제공하는 서비스가 나타납니다. "출금"을 누른 후, 당신이 출금할 금액을 누르고 은행 카드 비밀번호를 누릅니다. 이렇게 하면 돈을 출금할 수 있습니다. ATM기를 사용하는 것은 시간의 제한이 없어 24시간 모두 출금할 수 있습니다.

【단어】使用 shǐyòng 사용하다 | 提款机 tíkuǎnjī 예금 인출기 | 其实 qíshí 사실은 | 插入 chārù 넣다, 꽂다 | 屏幕 píngmù 화면, 스크린 | 按 àn 누르다 | 键 jiàn 건반, 버튼 | 输入 shūrù 입력하다 | 提取 tíqǔ 찾다, 인출하다 | 数额 shù'é 액수 | 密码 mìmǎ 비밀 번호 | 取 qǔ 가지다, 취하다 | 甚至 shènzhì 심지어, ~조차도 | 箭头 jiàntóu 화살표 | 接着 jiēzhe 이어서, 연이어 | 限制 xiànzhì 제한

실전모의고사 2

210p

 问题1

这个办公室的环境怎么样？
Zhè ge bàngōngshì de huánjìng zěnmeyàng?
이 사무실의 환경은 어떠합니까?

回答1　这个办公室的环境很好，干净、舒适。
Zhè ge bàngōngshì de huánjìng hěn hǎo, gānjìng、shūshì.
이 사무실의 환경은 매우 좋고 깨끗하며 쾌적합니다.

回答2　这个办公室的环境又干净又舒适，非常适合工作。
Zhè ge bàngōngshì de huánjìng yòu gānjìng yòu shūshì, fēicháng shìhé gōngzuò.
이 사무실의 환경은 깨끗하면서도 쾌적하여 업무하기에 매우 적합합니다.

【단어】办公室 bàngōngshì 사무실 | 环境 huánjìng 환경 | 干净 gānjìng 깨끗하다 | 舒适 shūshì 쾌적하다 | 适合 shìhé 적합하다

问题2 这家工厂的主要生产产品是什么?
Zhè jiā gōngchǎng de zhǔyào shēngchǎn chǎnpǐn shì shénme?
이 공장은 주로 생산하는 제품이 무엇입니까?

回答1 这家工厂生产各种各样的饮料。
Zhè jiā gōngchǎng shēngchǎn gèzhǒnggèyàng de yǐnliào.
이 공장은 각종 음료를 생산합니다.

回答2 这家工厂生产各种各样的饮料, 有可乐、牛奶、果汁儿什么的。
Zhè jiā gōngchǎng shēngchǎn gèzhǒnggèyàng de yǐnliào, yǒu kělè、niúnǎi、guǒzhīr shénme de.
이 공장은 각종 음료, 콜라, 우유, 주스 등을 생산합니다.

【단어】 工厂 gōngchǎng 공장 | 主要 zhǔyào 주로, 대부분 | 生产 shēngchǎn 생산하다 | 产品 chǎnpǐn 상품 | 各种各样 gèzhǒnggèyàng 각양각색 | 饮料 yǐnliào 음료수 | 可乐 kělè 콜라 | 果汁儿 guǒzhīr 과일 주스

问题3 他现在怎么了?
Tā xiànzài zěnme le?
그는 현재 무슨 일이 있습니까?

回答1 因为他的工作非常多, 所以他现在特别生气。
Yīnwèi tā de gōngzuò fēicháng duō, suǒyǐ tā xiànzài tèbié shēngqì.
그의 업무가 너무 많아서 그는 현재 매우 화가 났습니다.

回答2 因为他这几天一直加班, 但没做完工作, 所以他现在很生气。
Yīnwèi tā zhèjǐtiān yīzhí jiābān, dàn méi zuò wán gōngzuò, suǒyǐ tā xiànzài hěn shēngqì.
그는 요 며칠 계속 야근을 했는데, 일을 다 끝내지 못해서 그는 현재 매우 화가 나 있습니다.

【단어】 特别 tèbié 매우 | 生气 shēngqì 화내다 | 这几天 zhèjǐtiān 최근, 요 며칠 | 一直 yīzhí 줄곧, 계속해서 | 加班 jiābān 야근하다

问题4 你一般在哪儿看电影?
Nǐ yìbān zài nǎr kàn diànyǐng?
당신은 일반적으로 어디에서 영화를 봅니까?

回答1 我一般在家里下载电影或通过视频点播看电影。
Wǒ yìbān zài jiā lǐ xiàzài diànyǐng huò tōngguò shìpíndiǎnbō kàn diànyǐng.
저는 일반적으로 집에서 영화를 다운 받거나 혹은 VOD를 통해서 영화를 봅니다.

回答2 我一般去电影院看电影。因为在电影院里看电影屏幕大, 声音也清晰。
Wǒ yìbān qù diànyǐngyuàn kàn diànyǐng. Yīnwèi zài diànyǐngyuàn lǐ kàn diànyǐng píngmù dà, shēngyīn yě qīngxī.
저는 일반적으로 영화관에 가서 영화를 봅니다. 왜냐하면 영화관에서 영화를 보면 화면도 크고 소리도 깨끗하고 선명하기 때문입니다.

【단어】 一般 yìbān 일반적으로 | 下载 xiàzài 다운로드하다 | 或 huò 혹은, 또는 | 通过 tōngguò ~을 통해서 | 视频点播 shìpíndiǎnbō VOD | 屏幕 píngmù 화면, 스크린 | 声音 shēngyīn 소리 | 清晰 qīngxī 깨끗하고 선명하다

211p

问题 5 你认为上班时什么样的穿着打扮合适?
Nǐ rènwéi shàngbān shí shénmeyàng de chuānzhuó dǎban héshì?
당신은 출근할 때 어떤 복장이 적합하다고 생각합니까?

回答1 我觉得只要别穿得太随便，大方得体就行。我也同意穿着是一种商务礼仪，但觉得穿西装很不舒服反而会影响工作。
Wǒ juéde zhǐyào bié chuān de tài suíbiàn, dàfāngdétǐ jiù xíng. Wǒ yě tóngyì chuānzhuó shì yì zhǒng shāngwù lǐyí, dàn juéde chuān xīzhuāng hěn bù shūfu fǎn'ér huì yǐngxiǎng gōngzuò.
저는 너무 제멋대로이지 않고, 점잖으면 된다고 생각합니다. 저도 옷차림은 하나의 비즈니스 예의라는 데 동의하지만 정장은 불편해서 오히려 업무에 영향을 준다고 생각합니다.

回答2 我在营销部工作，换句话说，每天都要跟顾客见面谈工作。因此我认为穿得正式一些比较好，这样才能给顾客留下良好的印象，也算是尊重对方的一种表现。
Wǒ zài yíngxiāobù gōngzuò, huàn jù huà shuō, měitiān dōu yào gēn gùkè jiànmiàn tán gōngzuò. Yīncǐ wǒ rènwéi chuān de zhèngshì yì xiē bǐjiào hǎo, zhèyàng cái néng gěi gùkè liú xià liánghǎo de yìnxiàng, yě suànshì zūnzhòng duìfāng de yì zhǒng biǎoxiàn.
저는 마케팅팀에서 근무합니다. 바꿔말하면 매일 고객과 만나서 업무 이야기를 해야 합니다. 그래서 저는 정장 스타일로 입는 것이 비교적 좋다고 생각합니다. 이렇게 해야 고객에게 좋은 인상을 남길 수 있고 상대방을 존중한다는 표현이기도 합니다.

【단어】穿着 chuānzhuó 차림새 | 打扮 dǎban 치장하다, 꾸미다 | 别 bié ~하지 마라 | 随便 suíbiàn 제멋대로이다 | 大方 dàfāng 시원시원하다, 대범하다 | 得体 détǐ 적당하다, 적절하다 | 同意 tóngyì 동의하다 | 商务 shāngwù 비즈니스 | 礼仪 lǐyí 예의 | 西装 xīzhuāng 양복 | 反而 fǎn'ér 반대로, 도리어 | 影响 yǐngxiǎng 영향을 미치다 | 顾客 gùkè 고객, 손님 | 正式 zhèngshì 정식의, 공식의 | 印象 yìnxiàng 인상 | 算是 suànshì ~한 셈이다 | 尊重 zūnzhòng 존중하다 | 对方 duìfāng 상대방 | 表现 biǎoxiàn 태도, 표현

问题 6 五天工作制有哪些好处?
Wǔtiāngōngzuòzhì yǒu nǎ xiē hǎochu?
주5일 근무제는 어떠한 장점이 있습니까?

回答1 五天工作制让员工有充分的时间去享受自己的业余生活，放松身心，结果工作效率自然会提高。
Wǔtiāngōngzuòzhì ràng yuángōng yǒu chōngfèn de shíjiān qù xiǎngshòu zìjǐ de yèyú shēnghuó, fàngsōng shēnxīn, jiéguǒ gōngzuò xiàolǜ zìrán huì tígāo.
주5일 근무제는 직원들로 하여금 충분한 시간을 갖고 자신의 여가 생활을 즐기게 하고, 몸과 마음을 편안하게 만들어 주어 그 결과 업무 효율도 자연스럽게 향상됩니다.

回答2 五天工作制可以让员工好好休息，和家人团聚一下。得到充分的休息以后，工作会更有激情，更有效率。
Wǔtiāngōngzuòzhì kěyǐ ràng yuángōng hǎohāo xiūxi, hé jiārén tuánjù yí xià. Dédào chōngfèn de xiūxi yǐhòu, gōngzuò huì gèng yǒu jīqíng, gèng yǒu xiàolǜ.
주5일 근무제는 직원들로 하여금 잘 쉬게 만들고, 가족들과 함께 모일 수 있게 만듭니다. 충분한 휴식을 취한 후 업무는 더욱 열정적이고, 더욱 효율적이게 됩니다.

【단어】好处 hǎochu 좋은 점, 장점 | 充分 chōngfèn 충분하다 | 享受 xiǎngshòu 누리다, 즐기다 | 放松 fàngsōng 늦추다, 긴장 풀다 | 结果 jiéguǒ 결과 | 效率 xiàolǜ 효율 | 自然 zìrán 자연스럽게 | 提高 tígāo 향상되다 | 团聚 tuánjù 단결하다, 모으다 | 激情 jīqíng 열정적인 감정

问题 7 销售工作的优点是什么?
Xiāoshòu gōngzuò de yōudiǎn shì shénme?
판매 업무의 장점은 무엇입니까?

回答1 我认为和每天千篇一律的工作相比，销售工作更有挑战性。所以我比较喜欢干销售工作。
Wǒ rènwéi hé měitiān qiānpiānyílǜ de gōngzuò xiāngbǐ, xiāoshòu gōngzuò gèng yǒu tiǎozhànxìng. Suǒyǐ wǒ bǐjiào xǐhuan gàn xiāoshòu gōngzuò.
저는 매일 천편일률적인 업무와 비교했을 때, 판매업무가 더욱 도전적이라고 생각합니다. 그래서 저는 판매 업무 하는 것을 비교적 좋아합니다.

回答2 销售这个行业每天都要和不同的人打交道，同时还要推广自己的产品。我认为销售这个工作又艰难又有挑战性，这就是销售工作的优点。

Xiāoshòu zhè ge hángyè měitiān dōu yào hé bù tóng de rén dǎ jiāodao, tóngshí hái yào tuīguǎng zìjǐ de chǎnpǐn. Wǒ rènwéi xiāoshòu zhè ge gōngzuò yòu jiānnán yòu yǒu tiǎozhànxìng, zhè jiù shì xiāoshòu gōngzuò de yōudiǎn.

판매라는 직업은 매일 다른 사람들과 교류하고 동시에 자신의 상품도 홍보해야 합니다. 저는 판매라는 직업이 어려우면서도 도전적이라고 생각하는데 이것이 바로 판매 업무의 장점이기도 합니다.

【단어】销售 xiāoshòu 판매하다 | 优点 yōudiǎn 장점 | 挑战 tiǎozhàn 도전하다 | 职业 zhíyè 직업 | 千篇一律 qiānpiānyílǜ 천편일률적이다 | 打交道 dǎ jiāodao 왕래하다, 교제하다 | 推广 tuīguǎng 널리 보급하다 | 艰难 jiānnán 곤란하다, 어렵다

问题8 公司录用新职员时应该看哪些方面?

Gōngsī lùyòng xīn zhíyuán shí yīnggāi kàn nǎ xiē fāngmiàn?
회사가 신입사원을 채용할 때 어떤 방면을 반드시 고려해야 합니까?

回答1 公司在录用新职员的时候主要看应聘者的性格、品行素质、工作热情等内在因素。
Gōngsī zài lùyòng xīn zhíyuán de shíhou zhǔyào kàn yīngpìnzhě de xìnggé、pǐnxíng sùzhì、gōngzuò rèqíng děng nèizài yīnsù.
회사가 신입사원을 채용할 때는 주로 지원자의 성격, 품행과 소양, 업무에 대한 열정 등 내적인 요소를 봐야 합니다.

回答2 我认为公司录用新职员时不仅要看学历、外貌等外在因素, 还要看性格、沟通能力等内在因素。
Wǒ rènwéi gōngsī lùyòng xīn zhíyuán shí bùjǐn yào kàn xuélì、wàimào děng wàizài yīnsù, hái yào kàn xìnggé、gōutōng nénglì děng nèizài yīnsù.
저는 회사가 신입사원을 채용할 때 학력, 외모 등 외적인 요소뿐 아니라 성격, 소통 능력 등 내적인 요소도 봐야 한다고 생각합니다.

【단어】录用 lùyòng 채용하다 | 应聘 yìngpìn 지원하다 | 性格 xìnggé 성격 | 品行 pǐnxíng 품행 | 素质 sùzhì 소양 | 热情 rèqíng 열정 | 因素 yīnsù 요소 | 学历 xuélì 학력 | 外貌 wàimào 외모 | 沟通 gōutōng 소통하다

问题9

你正在跟某个公司讨论商品的订购数量和价格, 但觉得定价有点儿高。请你跟对方公司商量能否给予适当的优惠。
Nǐ zhèngzài gēn mǒu ge gōngsī tǎolùn shāngpǐn de dìnggòu shùliàng hé jiàgé, dàn juéde dìngjià yǒudiǎnr gāo. Qǐng nǐ gēn duìfāng gōngsī shāngliang néngfǒu jǐyǔ shìdàng de yōuhuì.
당신은 어떤 회사와 상품의 구매 수량과 가격에 대해 토론하고 있습니다. 하지만 책정 가격이 조금 높다고 생각합니다. 상대방 회사에게 적당하게 할인을 해줄 수 있는지 상의해 보세요.

回答1 李科长, 我们对你们厂生产的这批货物的质量非常满意, 只不过报价稍高了点儿, 您看能不能给我们一些适当的优惠啊? 这次我们预计订购一千个, 但如果我们增加订购数量, 您可不可以降低报价呢?
Lǐ kēzhǎng, wǒmen duì nǐmen chǎng shēngchǎn de zhè pī huòwù de zhìliàng fēicháng mǎnyì, zhǐbúguò bàojià shāo gāo le diǎnr, nín kàn néng bu néng gěi wǒmen yì xiē shìdàng de yōuhuì ā? Zhè cì wǒmen yùjì dìnggòu yì qiān ge, dàn rúguǒ wǒmen zēngjiā dìnggòu shùliàng, nín kě bu kěyǐ jiàngdī bàojià ne?
이 과장님, 저희는 귀사 공장에서 생산한 이 제품들의 품질에 매우 만족하고 있습니다만 오퍼 가격이 조금 높은 것 같습니다. 저희에게 적당한 할인을 해 주실 수 있는지요? 이번에 저희가 1000개를 주문할 예정인데 만약 저희가 구매 수량을 늘린다면 오퍼 가격을 조금 낮춰 주실 수 있는지요?

回答2 李科长, 贵公司的货物质量非常不错, 只是报价稍微高了点儿。所以您能不能将报价再往下降一点儿? 我们也知道现在的报价已经很低了, 但我们可以一次付清全部货款, 所以每箱再便宜二十美金, 七百八十美金怎么样?
Lǐ kēzhǎng, guì gōngsī de huòwù zhìliàng fēicháng bú cuò, zhǐ shì bàojià shāowēi gāo le diǎnr. Suǒyǐ nín néng bu néng jiāng bàojià zài wǎng xiàjiàng yìdiǎnr? Wǒmen yě zhīdao xiànzài de bàojià yǐjīng hěn dī le, dàn wǒmen kěyǐ yí cì fù qīng quánbù huòkuǎn, suǒyǐ měi xiāng zài piányi èr shí měijīn, qī bǎi bā shí měijīn zěnmeyàng?
이 과장님, 귀사의 제품 품질은 매우 좋습니다만 오퍼 가격이 살짝 높은 것 같습니다. 오퍼 가격을 조금 낮춰주실 수 있는지요? 저희도 현재 오퍼 가격이 이미 낮다는 것을 알지만 저희가 일시불로 결제해 드릴 수 있으니 매 박스마다 20달러씩 싸게 해주셔서 780달러에 해주시는 건 어떠세요?

【단어】 某 mǒu 아무, 어느 | 讨论 tǎolùn 토론하다 | 订购 dìnggòu 물건을 주문하다 | 数量 shùliàng 수량 | 价格 jiàgé 가격 | 定价 dìngjià 가격을 정하다 | 给予 jǐyǔ 주다, 부여하다 | 适当 shìdàng 적당하다 | 优惠 yōuhuì 특별대우하다, 할인해주다 | 生产 shēngchǎn 생산하다 | 批 pī 무더기, 떼 | 货物 huòwù 화물 | 满意 mǎnyì 만족하다 | 报价 bàojià 가격을 제시하다 | 稍 shāo 약간, 조금 | 预计 yùjì 예측하다, 추산하다 | 增加 zēngjiā 증가하다 | 降低 jiàngdī 낮추다, 떨어뜨리다 | 下降 xiàjiàng 줄어들다, 떨어지다

问题10

MP3 20-10

你正在参加面试，请你说说你应聘这个职位的理由。
Nǐ zhèngzài cānjiā miànshì, qǐng nǐ shuōshuo nǐ yìngpìn zhè ge zhíwèi de lǐyóu.
당신은 현재 면접 중에 있습니다. 이 직책에 지원한 이유에 대해 이야기해 보세요.

回答1
MP3 20-10-1

各位面试官好！自我上大学以来，学习了很多有关营销方面的专业知识，比如市场调查方法论、消费心理学以及财务分析等等。如果贵公司能给我机会，我愿意为贵公司的发展献出一份自己的力量，谢谢。
Gè wèi miànshìguān hǎo! Zì wǒ shàng dàxué yǐlái, xuéxí le hěn duō yǒuguān yíngxiāo fāngmiàn de zhuānyè zhīshi, bǐrú shìchǎng diàochá fāngfǎlùn、xiāofèi xīnlǐxué yǐjí cáiwù fēnxī děngděng. Rúguǒ guì gōngsī néng gěi wǒ jīhuì, wǒ yuànyì wèi guì gōngsī de fāzhǎn xiàn chū yí fèn zìjǐ de lìliàng, xièxie.
면접관님들 안녕하십니까. 저는 대학에 진학한 이후 많은 영업 판매 방면의 전공 지식, 예를 들어 시장 조사 방법론, 소비심리학 및 재무 분석 등을 배웠습니다. 만약 귀사에서 저에게 기회를 주신다면 귀사의 발전에 저의 역량을 바치겠습니다. 감사합니다.

回答2
MP3 20-10-2

我之所以选择这个职位，是因为我对营销这个职业抱有极大的热情。我相信自己的这份热情会使我更加专注于工作。而且我认为本人具有相当的职业洞察力和交际能力。因此我希望能成为贵公司的一员，为公司的发展增砖添瓦，谢谢。
Wǒ zhīsuǒyǐ xuǎnzé zhè ge zhíwèi, shì yīnwèi wǒ duì yíngxiāo zhè ge zhíyè bàoyǒu jí dà de rèqíng. Wǒ xiāngxìn zìjǐ de zhè fèn rèqíng huì shǐ wǒ gèngjiā zhuānzhùyú gōngzuò. Érqiě wǒ rènwéi běnrén jùyǒu xiāngdāng de zhíyè dòngchálì hé jiāojì nénglì. Yīncǐ wǒ xīwàng néng chéngwéi guì gōngsī de yìyuán, wèi gōngsī de fāzhǎn zēngzhuāntiānwǎ, xièxie.
제가 이 직책을 선택한 이유는 제가 영업 판매 이 분야에 매우 큰 열정을 가지고 있기 때문입니다. 저는 제 자신의 열정이 저로 하여금 더 업무에 집중할 수 있게 만들어 줄 것이라고 믿습니다. 게다가 저는 제 자신이 상당한 직업 통찰력과 교제 능력이 있다고 생각합니다. 따라서 저는 귀사의 일원이 되어 회사의 발전에 온 힘을 다하고 싶습니다. 감사합니다.

【단어】 面试 miànshì 면접 | 理由 lǐyóu 이유 | 面试官 miànshìguān 면접관 | 自 zì ~에서부터, ~에서 시작하여 | 营销 yíngxiāo 판매하다, 마케팅하다 | 知识 zhīshi 지식 | 调查 diàochá 조사하다 | 分析 fēnxī 분석하다 | 发展 fāzhǎn 발전하다 | 献出 xiànchū 바치다, 내놓다 | 力量 lìliàng 힘, 역량 | 之所以 zhīsuǒyǐ ~의 이유, ~한 까닭은 | 选择 xuǎnzé 선택하다 | 职位 zhíwèi 직위, 직책 | 抱有 bàoyǒu 품다, 가지다 | 相信 xiāngxìn 믿다 | 专注 zhuānzhù 집중하다, 전념하다 | 具有 jùyǒu 있다, 가지다 | 洞察力 dòngchálì 통찰력 | 交际 jiāojì 사귀다, 교제하다 | 增砖添瓦 zēngzhuāntiānwǎ 벽돌을 보태고 기와를 더하다, 온 힘을 다하다

问题11

MP3 20-11

你们部门里新来了几个实习生。但他们工作态度不认真，而且经常迟到。请你作为他们的上司批评一下他们。
Nǐmen bùmén lǐ xīn lái le jǐ ge shíxíshēng. Dàn tāmen gōngzuò tàidù bú rènzhēn, érqiě jīngcháng chídào. Qǐng nǐ zuòwéi tāmen de shàngsī pīpíng yí xià tāmen.
당신 부서에 새로 몇 명의 인턴직원들이 왔습니다. 하지만 그들의 업무태도가 성실하지 않고 게다가 자주 지각을 합니다. 그들의 상사로서 그들에게 훈계해 보세요.

回答1
MP3 20-11-1

我理解你们刚来公司，还不太适应新的工作环境。但公司是一个有组织有纪律的地方，不是你们想来就来想走就走的地方，你们工作态度这么不认真，还经常迟到，已经影响到其他同事的工作情绪。如果再被我发现一次，到时候就不是口头警告了，希望你们下不为例。
Wǒ lǐjiě nǐmen gāng lái gōngsī, hái bú tài shìyìng xīn de gōngzuò huánjìng. Dàn gōngsī shì yí ge yǒu zǔzhī yǒu jìlǜ de dìfang, bú shì nǐmen xiǎng lái jiù lái xiǎng zǒu jiù zǒu de dìfang, nǐmen gōngzuò tàidù zhème bú rènzhēn, hái jīngcháng chídào, yǐjīng yǐngxiǎng dào qítā tóngshì de gōngzuò qíngxù. Rúguǒ zài bèi wǒ fāxiàn yí cì, dàoshíhou jiù bú shì kǒutóu jǐnggào le, xīwàng nǐmen xiàbùwéilì.
나도 여러분이 막 회사에 와서 새로운 업무 환경에 아직 잘 적응하지 못한다는 것을 알고 있어요. 하지만 회사는 조직과 규칙이 있는 곳이지, 마음대로 오고 싶으면 오고 가고 싶으면 가는 그런 곳이 아니에요. 여러분의 업무 태도가 이렇게 불성실하고 자주 지각을 해서 이미 다른 동료들의 업무 상태에 영향을 주고 있어요. 만약 한 번만 더 나에게 발각되면 그때는 이렇게 경고만으로 그치지 않겠어요. 이번이 마지막이길 바라요.

回答2
MP3 20-11-2

我不久前刚警告过你们别迟到，但你们还是迟到，工作态度上也没有改变，还听说你们连上个星期的实习生培训也没参加。看来你们根本没把公司的实习生培训放在眼里。由于你们的行为较为严重，我已经向部长报告了此事，并会按照公司的规定来处理这件事。

Wǒ bù jiǔ qián gāng jǐnggào guò nǐmen bié chídào, dàn nǐmen háishi chídào, gōngzuò tàidù shàng yě méiyǒu gǎibiàn, hái tīngshuō nǐmen lián shàng ge xīngqī de shíxíshēng péixùn yě méi cānjiā. Kànlái nǐmen gēnběn méi bǎ gōngsī de shíxíshēng péixùn fàng zài yǎn lǐ. Yóuyú nǐmen de xíngwéi jiàowéi yánzhòng, wǒ yǐjīng xiàng bùzhǎng bàogào le cǐ shì, bìng huì ànzhào gōngsī de guīdìng lái chǔlǐ zhè jiàn shì.

내가 얼마전에 여러분들에게 지각하지 말라고 경고를 했음에도 여전히 지각하고 업무 태도 상에도 변화가 없으며 지난 주에 있었던 인턴 교육에도 참가하지 않았다고 들었어요. 보아하니 여러분들은 회사의 인턴교육은 안중에도 없었던 것 같네요. 여러분들의 태도가 비교적 지나쳐서 제가 이미 부장님께 이 일을 보고하였고 회사의 규정에 따라 이번 일을 처리하도록 하겠어요.

【단어】 部门 bùmén 부서 | 实习生 shíxíshēng 실습생, 인턴 | 态度 tàidù 태도 | 认真 rènzhēn 진지하다, 열심히 하다 | 经常 jīngcháng 항상 | 迟到 chídào 지각하다 | 批评 pīpíng 비판하다 | 组织 zǔzhī 조직하다 | 纪律 jìlǜ 규율 | 情绪 qíngxù 정서, 기분 | 发现 fāxiàn 발견하다, 알아차리다 | 警告 jǐnggào 경고하다 | 下不为例 xiàbùwéilì 이번으로 마지막이다 | 改变 gǎibiàn 바뀌다, 변하다 | 培训 péixùn 양성하다, 훈련하다 | 行为 xíngwéi 행위 | 严重 yánzhòng 심각하다 | 报告 bàogào 보고하다 | 此 cǐ 이것 | 按照 ànzhào ~에 의하여, ~에 따라 | 规定 guīdìng 규정 | 处理 chǔlǐ 처리하다

213p

问题12 最近海淘成为一种流行，广受人们的欢迎。你认为人们选择海淘的原因是什么？

Zuìjìn hǎitáo chéngwéi yì zhǒng liúxíng, guǎngshòu rénmen de huānyíng. Nǐ rènwéi rénmen xuǎnzé hǎitáo de yuányīn shì shénme?

최근 해외 직구가 하나의 유행이 되어 널리 사람들의 환영을 받고 있습니다. 당신은 사람들이 해외 직구를 선택하는 이유가 무엇이라고 생각합니까?

回答1 我认为"省钱"这两个字是这个问题的最佳答案。虽然海淘的过程比较麻烦，还要自付运费和税款，但还是要比国内便宜得多，能省下很多国内流通过程中的"冤枉钱"。我认为海淘是一种很明智的选择。

Wǒ rènwéi "shěngqián" zhè liǎng ge zì shì zhè ge wèntí de zuì jiā dá'àn. Suīrán hǎitáo de guòchéng bǐjiào máfan, hái yào zì fù yùnfèi hé shuìkuǎn, dàn háishi yào bǐ guónèi piányi de duō, néng shěng xià hěn duō guónèi liútōng guòchéng zhōng de "yuānwang qián". Wǒ rènwéi hǎitáo shì yì zhǒng hěn míngzhì de xuǎnzé.

저는 "절약"이라는 이 두 글자가 이 문제의 가장 적합한 답이라고 생각합니다. 비록 해외 직구의 과정이 비교적 번거롭고 스스로 배송비와 세금을 지불해야 하지만 국내보다 훨씬 저렴하여 국내 유통 과정 중의 "헛되게 쓰는 돈"을 아낄 수 있습니다. 저는 해외 직구가 하나의 현명한 선택이라고 생각합니다.

回答2 海淘的商品除了物美价廉，还不必担心有假货。而且可以购买到国内没有的产品，这点非常吸引人。不仅如此，我认为海淘的商品质量比较有保证，特别是海淘的母婴用品能够放心使用。这些因素都使海淘成为一种流行趋势。

Hǎitáo de shāngpǐn chú le wùměijiàlián, hái bú bì dānxīn yǒu jiǎhuò. Érqiě kěyǐ gòumǎi dào guónèi méiyǒu de chǎnpǐn, zhè diǎn fēicháng xīyǐn rén. Bùjǐnrúcǐ, wǒ rènwéi hǎitáo de shāngpǐn zhìliàng bǐjiào yǒu bǎozhèng, tèbié shì hǎitáo de mǔyīng yòngpǐn nénggòu fàngxīn shǐyòng. Zhè xiē yīnsù dōu shǐ hǎitáo chéngwéi yì zhǒng liúxíng qūshì.

해외 직구 상품은 물건이 좋고 가격이 저렴할 뿐만 아니라 가짜 상품에 대해 걱정하지 않아도 됩니다. 게다가 국내에 없는 상품도 구매할 수 있어 이 점이 매우 매력적이라고 생각합니다. 이 뿐만이 아니라 저는 해외 직구 상품의 품질이 비교적 믿을만 하고, 특히 해외 직구 상품의 유아용품은 마음놓고 사용할 수 있다고 생각합니다. 이러한 요소들은 해외 직구가 하나의 유행 트렌드로 자리잡도록 만들었습니다.

【단어】 海淘 hǎitáo 해외 직구 | 流行 liúxíng 유행하다 | 受欢迎 shòu huānyíng 환영 받다 | 原因 yuányīn 원인, 이유 | 省 shěng 덜다, 아끼다 | 佳 jiā 좋다, 아름답다 | 答案 dá'àn 답안 | 过程 guòchéng 과정 | 麻烦 máfan 귀찮다, 번거롭다 | 付 fù 지불하다 | 运费 yùnfèi 운송비 | 税款 shuìkuǎn 세금 | 冤枉 yuānwang 억울하다 | 明智 míngzhì 총명하다, 현명하다 | 除了 chú le ~을 제외하고 | 物美价廉 wùměijiàlián 물건이 좋고 가격이 싸다 | 担心 dānxīn 걱정하다 | 假货 jiǎhuò 가짜 상품 | 吸引 xīyǐn 끌어당기다 | 保证 bǎozhèng 보장하다, 약속하다 | 放心 fàngxīn 마음을 놓다 | 使用 shǐyòng 사용하다 | 趋势 qūshì 추세, 경향

问题13 家族企业是指资本或股份主要控制在一个家族手中，家族成员出任企业的主要领导职位的企业。但家族企业在人力资源管理中存在很多缺陷。请你谈谈有哪些缺陷。

Jiāzú qǐyè shì zhǐ zīběn huò gǔfèn zhǔyào kòngzhì zài yí ge jiāzú shǒu zhōng, jiāzú chéngyuán chūrèn qǐyè de zhǔyào lǐngdǎo zhíwèi de qǐyè. Dàn jiāzú qǐyè zài rénlì zīyuán guǎnlǐ zhōng cúnzài hěn duō quēxiàn. Qǐng nǐ tántan yǒu nǎ xiē quēxiàn.

가족기업은 자본과 주식이 주로 가족들에 의해 통제되고, 가족 구성원이 기업의 주요 임원을 맡게 되는 기업을 말합니다. 하지만 가족기업은 인력자원 관리 방면에 많은 결점을 가지고 있습니다. 어떠한 결점이 있는지 이야기해 보세요.

回答1 我认为家族企业的经营管理机制具有很强的自主性和灵活性。这有助于及时调节市场供求关系，但人事制度不太健全，对于员工的招聘、录用、晋升等没有合理的制度和操作程序，容易发生各种纠纷。

Wǒ rènwéi jiāzú qǐyè de jīngyíng guǎnlǐ jīzhì jùyǒu hěn qiáng de zìzhǔxìng hé línghuóxìng. Zhè yǒuzhùyú jíshí tiáojié shìchǎng gōngqiú guānxi, dàn rénshì zhìdù bú tài jiànquán, duìyú yuángōng de zhāopìn、lùyòng、jìnshēng děng méiyǒu hélǐ de zhìdù hé cāozuò chéngxù, róngyì fāshēng gè zhǒng jiūfēn.

저는 가족기업의 경영관리 시스템에 매우 큰 자주성과 융통성이 있다고 생각합니다. 이것은 시장 공급 수요 관계를 제때 조절하는데 도움이 되지만 인사제도가 그다지 완벽하지 않아 직원의 채용, 고용, 승진 등에 대해 합리적인 제도와 작업 절차가 없어 각종 분쟁이 쉽게 발생할 수 있습니다.

回答2
MP3 20-13-2

创建家族企业时由家族成员承担要职是大多数家族企业的普遍做法，但对家族成员之间的产权界定很模糊，特别是在家族企业继承权不明确的情况下会给家族企业经营发展带来影响。

Chuàngjiàn jiāzú qǐyè shí yóu jiāzú chéngyuán chéngdān yàozhí shì dàduōshù jiāzú qǐyè de pǔbiàn zuòfǎ, dàn duì jiāzú chéngyuán zhījiān de chǎnquán jièdìng hěn móhu, tèbié shì zài jiāzú qǐyè jìchéngquán bù míngquè de qíngkuàng xià huì gěi jiāzú qǐyè jīngyíng fāzhǎn dàilái yǐngxiǎng.

가족기업 설립 시 가족 구성원이 요직을 맡는 것이 대다수 가족기업의 보편적인 방법입니다. 하지만 가족구성원 사이의 재산권 경계가 모호하고, 특히 가족기업의 상속권 문제가 명확하지 않은 상황에서 가족기업의 경영 발전에 영향을 줄 수 있습니다.

【단어】 家族 jiāzú 가족 | 企业 qǐyè 기업 | 指 zhǐ 가리키다 | 资本 zīběn 자본 | 股份 gǔfèn 주식 | 控制 kòngzhì 제어하다, 통제하다 | 出任 chūrèn 임무나 관직을 맡다 | 缺陷 quēxiàn 결점, 결함 | 经营 jīngyíng 경영하다 | 机制 jīzhì 체계, 구조 | 灵活 línghuó 융통성 있다 | 有助于 yǒuzhùyú ~에 도움이 되다 | 及时 jíshí 제때에, 즉시 | 调节 tiáojié 조절하다 | 供求 gōngqiú 공급하고 수요되다 | 关系 guānxi 관계 | 健全 jiànquán 완전하다, 완벽하다 | 招聘 zhāopìn 채용하다 | 录用 lùyòng 채용하다 | 晋升 jìnshēng 승진하다, 진급하다 | 操作 cāozuò 조작하다, 다루다 | 程序 chéngxù 순서, 절차, 단계 | 容易 róngyì 쉽다, ~하기 용이하다 | 导致 dǎozhì 야기하다, 초래하다 | 纠纷 jiūfēn 다툼, 분쟁 | 承担 chéngdān 맡다 | 要职 yàozhí 요직 | 普遍 pǔbiàn 보편적이다 | 模糊 móhu 모호하다, 흐리멍덩하다 | 继承 jìchéng 상속하다, 계승하다 | 明确 míngquè 명확하다

问题14
MP3 20-14

连锁经营是我们比较熟悉的经营模式之一。有的人认为它的出现让企业得到了更好的发展，但也有人认为连锁经营也存在着灵活性降低，风险加大等缺陷。你怎么看连锁经营？

Liánsuǒjīngyíng shì wǒmen bǐjiào shúxī de jīngyíng móshì zhī yī. Yǒu de rén rènwéi tā de chūxiàn ràng qǐyè dédào le gèng hǎo de fāzhǎn, dàn yě yǒu rén rènwéi liánsuǒjīngyíng yě cúnzài zhe línghuóxìng jiàngdī, fēngxiǎn jiā dà děng quēxiàn. Nǐ zěnme kàn liánsuǒjīngyíng?

프랜차이즈 경영은 우리에게 비교적 익숙한 경영 모식 중 하나입니다. 어떤 사람들은 이것이 기업으로 하여금 더 발전할 수 있게 만든다고 여기고, 어떤 사람은 프랜차이즈 경영이 융통성이 떨어지고, 위험이 크다는 결점을 가지고 있다고 생각합니다. 당신은 프랜차이즈 경영에 대해 어떻게 생각합니까?

回答1
MP3 20-14-1

连锁经营之所以能成为世界上许多国家采用的方式，关键就在于这种经营模式有许多无以比拟的优势，使没有创业经验的人减少失败的风险。所以我认为连锁经营的好处比坏处更多。

Liánsuǒjīngyíng zhīsuǒyǐ néng chéngwéi shìjiè shàng xǔduō guójiā cǎiyòng de fāngshì, guānjiàn jiù zàiyú zhè zhǒng jīngyíng móshì yǒu xǔduō wúyǐbǐnǐ de yōushì, shǐ méiyǒu chuàngyè jīngyàn de rén jiǎnshǎo shībài de fēngxiǎn. Suǒyǐ wǒ rènwéi liánsuǒjīngyíng de hǎochù bǐ huàichù gèng duō.

프랜차이즈 경영이 세계적으로 많은 국가들이 채택하는 방식이 될 수 있었던 관건은 이런 프랜차이즈 경영의 많은 비교할 수 없는 장점이 창업 경험이 없는 사람들로 하여금 실패의 위험을 적게 만든데 있습니다. 그래서 저는 프랜차이즈 경영의 장점이 단점보다 더 많다고 생각합니다.

回答2
MP3 20-14-2

我认为市场会变，人们的消费习惯也会发生改变。而大型连锁经营的企业适应市场变化往往需要较长的时间，而且连锁经营一向强调提供统一产品和标准化的服务，这不可能百分百满足消费者的需求，最终导致客源流失。

Wǒ rènwéi shìchǎng huì biàn, rénmen de xiāofèi xíguàn yě huì fāshēng gǎibiàn. Ér dàxíng liánsuǒjīngyíng de qǐyè shìyìng shìchǎng biànhuà wǎngwǎng xūyào jiào cháng de shíjiān, érqiě liánsuǒjīngyíng yíxiàng qiángdiào tígōng tǒngyī chǎnpǐn hé biāozhǔnhuà de fúwù, zhè bù kěnéng bǎi fēn bǎi mǎnzú xiāofèizhě de xūqiú, zuìzhōng dǎozhì kèyuán liúshī.

저는 시장은 변하며, 사람들의 소비 습관에도 변화가 발생한다고 생각합니다. 하지만 대형 프랜차이즈 경영 기업은 시장의 변화에 적응하는데 비교적 많은 시간이 걸리며, 심지어 프랜차이즈 경영은 줄곧 통일된 상품과 표준화된 서비스를 제공하는 것을 강조하기 때문에 소비자의 요구를 100% 만족시킬 수 없어 고객이 빠져나가는 것을 야기한다고 생각합니다.

【단어】 连锁经营 liánsuǒjīngyíng 프랜차이즈 경영 | 采用 cǎiyòng 채택하다 | 方式 fāngshì 방식 | 关键 guānjiàn 관건 | 在于 zàiyú ~에 있다, ~에 달려 있다 | 模式 móshì 모식, 모델 | 许多 xǔduō 매우 많다 | 无以比拟 wúyǐbǐnǐ 비교할 수 없다 | 优势 yōushì 우세, 장점 | 创业 chuàngyè 창업하다 | 经验 jīngyàn 경험 | 减少 jiǎnshǎo 감소하다 | 失败 shībài 실패 | 风险 fēngxiǎn 위험 | 一向 yíxiàng 줄곧, 내내 | 强调 qiángdiào 강조하다 | 提供 tígōng 제공하다 | 统一 tǒngyī 통일하다 | 满足 mǎnzú 만족하다 | 需求 xūqiú 수요, 필요 | 流失 liúshī 유실되다, 빠져나가다

问题15

214p

王伟这个星期去中国出差了。请根据图片，说一下他都做了什么。
Wáng Wěi zhè ge xīngqī qù Zhōngguó chūchāi le. Qǐng gēnjù túpiàn, shuō yí xià tā dōu zuò le shénme.

왕웨이는 이번 주에 중국 출장을 갔습니다. 그림에 근거하여 그가 무엇을 했는지 말해 보세요.

回答1 王伟这个星期去中国出差了。他下飞机后，在北京首都机场见到了中国合作公司的负责人李刚，然后一起回到公司开了个会。他们在会议上讨论了明年要推出的新产品生产及销售流程。下午去参观了电子产品博览会，顺便了解了一下竞争产品的特点及其功能。晚上中国合作公司邀请王伟共进晚餐。吃饭应酬对王伟来说也是工作的一部分。

Wáng Wěi zhè ge xīngqī qù Zhōngguó chūchāi le. Tā xià fēijī hòu, zài Běijīng Shǒudū Jīchǎng jiàn dào le Zhōngguó hézuò gōngsī de fùzérén Lǐ Gāng, ránhòu yìqǐ huí dào gōngsī kāi le ge huì. Tāmen zài huìyì shàng tǎolùn le míngnián yào tuīchū de xīnchǎnpǐn shēngchǎn jí xiāoshòu liúchéng. Xiàwǔ qù cānguān le diànzǐchǎnpǐn bólǎnhuì, shùnbiàn liǎojiě le yí xià jìngzhēng chǎnpǐn de tèdiǎn jí qí gōngnéng. Wǎnshang Zhōngguó hézuò gōngsī yāoqǐng Wáng Wěi gòngjìn wǎncān. Chī fàn yìngchou duì Wáng Wěi lái shuō yě shì gōngzuò de yí bùfen.

왕웨이는 이번주에 중국으로 출장을 갔습니다. 그는 비행기에서 내린 후 베이징 수도 공항에서 중국 협력 회사 담당자 리강을 만났고 함께 회사로 돌아가 회의를 했습니다. 그들은 회의에서 내년에 출시할 신상품 생산 및 판매 과정을 토론하였습니다. 오후에는 전자 박람회에 참가하였고 겸사겸사 경쟁 상품의 특징 및 기능을 조사했습니다. 저녁에는 중국 협력 회사가 왕웨이에게 저녁 식사를 대접했습니다. 식사와 접대도 왕웨이에게 있어서는 업무의 일부분입니다.

回答2 王伟这次去中国出差是为了和合作公司探讨一下明年即将推出的新产品的生产及销售流程。合作公司派代表到机场迎接王伟，这是他们第二次见面。回到公司，他们先开会讨论了有关工作的事。会议开得很顺利，双方都对讨论方案很满意。开完会后离吃饭还有些时间，他们就去参观了电子产品博览会，去看看最近市面上有哪些电子产品比较受欢迎。晚上中国的合作公司为王伟接风，并且预祝此次合作能圆满成功。

Wáng Wěi zhè cì qù Zhōngguó chūchāi shì wèi le hé hézuò gōngsī tàntǎo yí xià míngnián jíjiāng tuīchū de xīnchǎnpǐn de shēngchǎn jí xiāoshòu liúchéng. Hézuò gōngsī pài dàibiǎo dào jīchǎng yíngjiē Wáng Wěi, zhè shì tāmen dì èr cì jiànmiàn. Huí dào gōngsī, tāmen xiān kāihuì tǎolùn le yǒuguān gōngzuò de shì. Huìyì kāi de hěn shùnlì, shuāngfāng dōu duì tǎolùn fāng'àn hěn mǎnyì. Kāi wán huì hòu lí chī fàn hái yǒu xiē shíjiān, tāmen jiù qù cānguān le diànzǐchǎnpǐn bólǎnhuì, qù kànkan zuìjìn shìmiàn shàng yǒu nǎ xiē diànzǐchǎnpǐn bǐjiào shòu huānyíng. Wǎnshang Zhōngguó de hézuò gōngsī wèi Wáng Wěi jiēfēng, bìngqiě yùzhù cǐ cì hézuò néng yuánmǎn chénggōng.

왕웨이는 이번에 협력 회사와 내년에 곧 출시하게 될 신상품의 생산 및 판매 과정에 대해 토론하기 위해서 중국 출장을 갔습니다. 협력 회사는 대표를 공항으로 파견하여 왕웨이를 맞이하였고, 이것은 그들의 두 번째 만남입니다. 회사로 가서 그들은 먼저 업무와 관련된 일을 토론했습니다. 회의는 순조롭게 진행되었고 양측 모두 토론 방안에 만족했습니다. 회의가 끝난 후 식사까지 얼마간의 시간이 있어 그들은 전자제품 박람회를 참관하였고 시장에서 어떠한 전자 제품이 환영 받는지 보았습니다. 저녁에 중국 협력 회사는 왕웨이에게 식사를 대접하였고, 이번 합작의 원만한 성공을 미리 축하했습니다.

【단어】 出差 chūchāi 출장 가다 | 合作 hézuò 협력하다, 합작하다 | 负责人 fùzérén 책임자 | 讨论 tǎolùn 토론하다 | 推出 tuīchū 내놓다, 선보이다 | 流程 liúchéng 과정 | 博览会 bólǎnhuì 박람회 | 顺便 shùnbiàn ~하는 김에, 겸사겸사 | 了解 liǎojiě 알다, 이해하다 | 竞争 jìngzhēng 경쟁하다 | 特点 tèdiǎn 특징 | 功能 gōngnéng 기능 | 邀请 yāoqǐng 초청하다, 초대하다 | 共进 gòngjìn 함께 식사하다 | 应酬 yìngchou 응대하다, 접대하다 | 探讨 tàntǎo 토론하다 | 即将 jíjiāng 곧, 머지않아 | 派 pài 보내다, 파견하다 | 迎接 yíngjiē 맞이하다 | 顺利 shùnlì 순조롭다 | 方案 fāng'àn 방안, 규칙 | 市面 shìmiàn 시장 상황 | 接风 jiēfēng 멀리서 온 손님에게 식사를 대접하다 | 并且 bìngqiě 게다가 | 预祝 yùzhù 미리 축하하다 | 圆满 yuánmǎn 원만하다

멀티캠퍼스 최강스펙 완성 프로젝트!

新BCT 대비 멀티캠퍼스 Best 온라인 과정

과정 특징
- BCT 평가 주관사 멀티캠퍼스에서 제시하는 고득점 전략
- 새롭게 바뀐 BCT(Business Chinese Test) 문제 유형 완벽 분석
- 엄선된 빈출 문제 풀이를 통한 실전 감각 UP
- 비즈니스 핵심 어휘 및 표현 학습을 통한 비즈니스 중국어 회화 능력 향상

초단기 新BCT Speaking 공략   초단기 新BCT Speaking 실전테스트   新BCT 첫걸음 A형 공략   新BCT 첫걸음 B형 공략

OPIc 중국어 대비 멀티캠퍼스 Best 온라인 과정

과정 특징
- OPIc 평가 주관사 멀티캠퍼스에서 개발한 국내 유일무이한 OPIc 중국어 대비 과정
- 최신 경향을 반영한 빈출 문제 및 OPIc 중국어 전문가가 제시하는 고득점 전략
- 시험장에서 바로 활용할 수 있는 핵심 패턴 및 어휘 제공
- OPIc 레벨 달성과 중국어 회화 실력 향상을 동시에 만족시켜 주는 과정

New OPIc 중국어 첫걸음   OPIc 중국어의 정석! IM공략   OPIc 중국어의 정석! IH공략

TSC 대비 멀티캠퍼스 Best 온라인 과정

과정 특징
- 최신 시험 경향을 반영한 국내 최고의 TSC 대비 과정
- 단기간에 레벨 UP! 하기 위한 핵심 전략과 유형별 공략법 제시
- 실제 시험과 유사한 실전테스트 제공
- 다양한 표현과 문장 확장 연습을 통한 중국어 회화 실력 향상

한달에 끝내는 TSC 첫걸음 3급공략   한달에 끝내는 TSC 실전테스트   초단기 TSC 4급공략   초단기 TSC 4급공략 실전테스트

온라인 교육과정 문의 TEL 1544-9001 | Website www.opic.co.kr

OPIc 대비 멀티캠퍼스 Best 온라인 과정

OPIc 전략과정
美ACTFL과의 공동연구 기반의 OPIc 전략 과정

한국인의 말하기 특징 분석 IL공략	한국인의 말하기 특징 분석 IM공략	한국인의 말하기 특징 분석 IH공략	한국인의 말하기 특징 분석 AL공략

OPIc 등급공략과정
OPIc 주관사 멀티캠퍼스에서 제시하는 레벨별 맞춤 공략 과정

New OPIc 첫걸음	New OPIc SOS Start	New OPIc SOS IM공략	New OPIc의 정석! IH공략

OPIc 실전과정
OPIc 최고 강사진이 전하는 최신 경향의 실전 대비 과정

OPIc IL Master	OPIc IM Master	OPIc IH Master

OPIc 특화과정
니즈에 따라 선택 가능한 맞춤 특화 과정

막판뒤집기 2주 완성 학생편/직장인편	OPIc 모의테스트	Talklish OPIc IL/IM/IH

新BCT Speaking 단어 정복하기!

▶ 계절과 날씨

- 季节　　　　　jìjié　　　　　　계절
- 春天　　　　　chūntiān　　　　봄
- 夏天　　　　　xiàtiān　　　　 여름
- 秋天　　　　　qiūtiān　　　　 가을
- 冬天　　　　　dōngtiān　　　　겨울
- 天气　　　　　tiānqì　　　　　날씨
- 热　　　　　　rè　　　　　　　덥다
- 冷　　　　　　lěng　　　　　　춥다
- 暖和　　　　　nuǎnhuo　　　　 따뜻하다, 따사롭다
- 凉快　　　　　liángkuai　　　 선선하다, 시원하다
- 潮　　　　　　cháo　　　　　　습하다
- 干燥　　　　　gānzào　　　　　건조하다
- 下雨　　　　　xiàyǔ　　　　　 비가 오다
- 下雪　　　　　xiàxuě　　　　　눈이 내리다
- 刮风　　　　　guāfēng　　　　 바람이 불다
- 阴天　　　　　yīntiān　　　　 흐린 날씨
- 晴天　　　　　qíngtiān　　　　맑은 날씨
- 打雷　　　　　dǎléi　　　　　 천둥치다
- 蓝天　　　　　lántiān　　　　 푸른 하늘
- 阳光　　　　　yángguāng　　　 햇빛

▶ 숫자

- 一(=壹)   yī   1
- 二(=贰)   èr   2
- 三(=叁)   sān   3
- 四(=肆)   sì   4
- 五(=伍)   wǔ   5
- 六(=陆)   liù   6
- 七(=柒)   qī   7
- 八(=捌)   bā   8
- 九(=玖)   jiǔ   9
- 十(=拾)   shí   10
- 百(=佰)   bǎi   100
- 千(=仟)   qiān   1,000
- 万(=萬)   wàn   10,000

▶ 취미

◎ 스포츠

- 踢足球 tī zúqiú 축구하다
- 打篮球 dǎ lánqiú 농구하다
- 打棒球 dǎ bàngqiú 야구하다
- 打网球 dǎ wǎngqiú 테니스 치다
- 打台球 dǎ táiqiú 당구 치다
- 打羽毛球 dǎ yǔmáoqiú 배드민턴 치다
- 打乒乓球 dǎ pīngpāngqiú 탁구 치다
- 打高尔夫球 dǎ gāo'ěrfūqiú 골프 치다
- 打保龄球 dǎ bǎolíngqiú 볼링 치다
- 打排球 dǎ páiqiú 배구하다
- 游泳 yóuyǒng 수영하다
- 爬山 páshān 등산하다
- 散步 sànbù 산책하다
- 滑冰 huábīng 스케이트 타다
- 滑雪 huáxuě 스키 타다
- 健身 jiànshēn 헬스하다
- 练瑜伽 liàn yújiā 요가하다

◎ 사교

- 聚会 jùhuì 모임
- 俱乐部 jùlèbù 클럽
- 社团 shètuán 동아리

· 交友	jiāoyǒu	친구를 사귀다
· 社交网站	shèjiāo wǎngzhàn	SNS
· 推特	tuītè	트위터
· 脸谱	liǎnpǔ	페이스북
· 微信	wēixìn	위채트
· 博客	bókè	블로그
· 微博	wēibó	웨이보(중국판 SNS)

◎ 오락

· 看电视	kàn diànshì	TV 보다
· 看电影	kàn diànyǐng	영화 보다
· 上网	shàngwǎng	인터넷 하다
· 玩游戏	wán yóuxì	게임하다
· 唱卡拉OK	chàng kǎlā OK	노래방에 가다
· 跳舞	tiàowǔ	춤추다
· 逛街	guàngjiē	쇼핑하다
· 画画儿	huàhuàr	그림 그리다
· 弹钢琴	tán gāngqín	피아노 치다
· 弹吉他	tán jítā	기타 치다
· 下围棋	xià wéiqí	바둑을 두다
· 收集	shōují	수집하다
· 拼图	pīntú	퍼즐 맞추다
· 拍摄	pāishè	사진 찍다
· 看书	kànshū	독서하다

▶ 일상생활

- 起床　　　　　qǐchuáng　　　　　기상하다, 일어나다
- 吃饭　　　　　chīfàn　　　　　　밥 먹다
- 上班　　　　　shàngbān　　　　　출근하다
- 下班　　　　　xiàbān　　　　　　퇴근하다
- 休息　　　　　xiūxi　　　　　　　쉬다
- 睡觉　　　　　shuìjiào　　　　　잠 자다
- 洗澡　　　　　xǐzǎo　　　　　　샤워하다
- 聊天儿　　　　liáotiānr　　　　　이야기를 나누다
- 学习　　　　　xuéxí　　　　　　공부하다
- 上补习班　　　shàng bǔxíbān　　학원 다니다
- 工作　　　　　gōngzuò　　　　　일하다
- 做家务　　　　zuò jiāwù　　　　　집안일 하다
- 见朋友　　　　jiàn péngyou　　　친구를 만나다
- 锻炼身体　　　duànliàn shēntǐ　　신체를 단련하다

▶ 장소

◎ 병원

(1) 접수와 진료

- 医院 yīyuàn 병원
- 患者 huànzhě 환자
- 挂号 guàhào 접수하다
- 门诊 ménzhěn 진찰, 진료
- 急诊 jízhěn 응급 진료
- 看病 kànbìng 진찰하다
- 检查 jiǎnchá 검사하다
- 做手术 zuò shǒushù 수술하다
- 开药方 kāi yàofāng 약을 처방하다
- 打针 dǎzhēn 주사 맞다, 주사 놓다
- 验血 yànxiě 혈액 검사를 하다
- 拍X光 pāi X guāng X-RAY를 찍다
- 打石膏 dǎ shígāo 깁스하다
- 住院 zhùyuàn 입원하다
- 出院 chūyuàn 퇴원하다
- 病房 bìngfáng 병실
- 救护车 jiùhùchē 구급차

(2) 질병

- 感冒 gǎnmào 감기
- 流感 liúgǎn 유행성 감기

咳嗽	késou	기침하다
打喷嚏	dǎpēntì	재채기 하다
流鼻涕	liúbítì	콧물 나다
发烧	fāshāo	열 나다
呕吐	ǒutù	구토
腹泻	fùxiè	설사
胃炎	wèiyán	위염
肠炎	chángyán	장염
鼻炎	bíyán	비염
肝炎	gānyán	간염
肺炎	fèiyán	폐렴
头疼	tóuténg	두통
牙疼	yáténg	치통
痔疮	zhìchuāng	치질
失眠	shīmián	불면증에 걸리다
过敏	guòmǐn	알레르기 반응을 보이다
扭伤	niǔshāng	접질리다, 삐다
消化不良	xiāohuàbùliáng	소화불량
营养不良	yíngyǎngbùliáng	영양불량
食物中毒	shíwùzhòngdú	식중독
高血压	gāoxuèyā	고혈압
糖尿病	tángniàobìng	당뇨병
心脏病	xīnzàngbìng	심장병
癌症	áizhèng	암
艾滋病	àizībìng	에이즈

◎ 은행

· 银行	yínháng	은행
· 储蓄	chǔxù	저축하다
· 储户	chǔhù	예금주
· 存折	cúnzhé	예금 통장
· 账号	zhànghào	계좌번호
· 取款	qǔkuǎn	예금 인출하다
· 存款	cúnkuǎn	저금하다
· 贷款	dàikuǎn	대출받다
· 担保	dānbǎo	담보하다
· 兑换	duìhuàn	환전하다
· 汇率	huìlǜ	환율
· 兑现	duìxiàn	(수표·어음 등을) 현금으로 바꾸다
· 汇款	huìkuǎn	송금하다
· 货币	huòbì	화폐
· 利息	lìxī	이자
· 融资	róngzī	융자
· 开户行	kāihùháng	계좌 개설 은행
· 借记卡	jièjìkǎ	직불카드
· 自动取款机	zìdòngqǔkuǎnjī	현금 자동 인출기

◎ 우체국

· 邮局	yóujú	우체국
· 信	xìn	편지
· 航空信	hángkōngxìn	항공 우편
· 信封	xìnfēng	편지봉투

- 明信片 　　　　　　 míngxinpiàn 　　　　　　 엽서
- 包裹 　　　　　　　 bāoguǒ 　　　　　　　　 소포
- 寄信 　　　　　　　 jìxìn 　　　　　　　　　 편지를 부치다
- 邮寄 　　　　　　　 yóujì 　　　　　　　　　 우편으로 보내다
- 邮件 　　　　　　　 yóujiàn 　　　　　　　　 우편물
- 邮箱 　　　　　　　 yóuxiāng 　　　　　　　 우편함
- 邮费 　　　　　　　 yóufèi 　　　　　　　　 배송비
- 地址 　　　　　　　 dìzhǐ 　　　　　　　　　 주소
- 邮政编码 　　　　　 yóuzhèngbiānmǎ 　　　　 우편번호
- 寄件人 　　　　　　 jìjiànrén 　　　　　　　 발신인
- 收件人 　　　　　　 shōujiànrén 　　　　　　 수취인
- 邮递员 　　　　　　 yóudìyuán 　　　　　　　 우편배달부
- 无法投递的 　　　　 wúfǎ tóudì de 　　　　　 배달할 수 없는

◎ 호텔

- 酒店 　　　　　　　 jiǔdiàn 　　　　　　　　 호텔
- 宾馆 　　　　　　　 bīnguǎn 　　　　　　　　 호텔
- 旅馆 　　　　　　　 lǚguǎn 　　　　　　　　 여관
- 前台 　　　　　　　 qiántái 　　　　　　　　 프론트 데스크
- 订房 　　　　　　　 dìngfáng 　　　　　　　 룸을 예약하다
- 登记入住 　　　　　 dēngjì rùzhù 　　　　　 체크인하다
- 退房 　　　　　　　 tuìfáng 　　　　　　　　 체크아웃하다
- 小费 　　　　　　　 xiǎofèi 　　　　　　　　 팁
- 双人间 　　　　　　 shuāngrénjiān 　　　　　 트윈룸
- 单人间 　　　　　　 dānrénjiān 　　　　　　　 1인실
- 标准间 　　　　　　 biāozhǔnjiān 　　　　　 더블룸

- 豪华间　　　　　　háohuájiān　　　　　스위트룸
- 无烟客房　　　　　wúyānkèfáng　　　　금연룸
- 特大号床　　　　　tèdàhàochuáng　　　킹사이즈 베드
- 商务中心　　　　　shāngwùzhōngxīn　　비즈니스 센터
- 叫醒服务　　　　　jiàoxǐng fúwù　　　　모닝콜 서비스
- 提供早餐　　　　　tígōng zǎocān　　　조식제공

◎ 식당
(1) 식당과 주문

- 饭馆　　　　　　　fànguǎn　　　　　　식당
- 餐厅　　　　　　　cāntīng　　　　　　레스토랑
- 酒吧　　　　　　　jiǔbā　　　　　　　술집
- 菜单　　　　　　　càidān　　　　　　메뉴판
- 点菜　　　　　　　diǎncài　　　　　　음식을 주문하다
- 上菜　　　　　　　shàngcài　　　　　요리를 내오다
- 茶水　　　　　　　cháshuǐ　　　　　차
- 茶杯　　　　　　　chábēi　　　　　　찻잔
- 茶壶　　　　　　　cháhú　　　　　　차 주전자
- 勺子　　　　　　　sháozi　　　　　　숟가락
- 筷子　　　　　　　kuàizi　　　　　　젓가락
- 叉子　　　　　　　chāzi　　　　　　　포크
- 饭碗　　　　　　　fànwǎn　　　　　　밥그릇
- 主菜　　　　　　　zhǔcài　　　　　　메인 요리
- 凉菜　　　　　　　liángcài　　　　　냉채, 차게 먹는 요리
- 甜点　　　　　　　tiándiǎn　　　　　디저트
- 家常菜　　　　　　jiācháng cài　　　일상 가정 요리

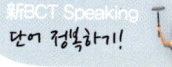

- 服务员　　　　　　fúwùyuán　　　　　　종업원

(2) 음식

한국 음식

- 泡菜　　　　　　　pàocài　　　　　　　김치
- 烤肉　　　　　　　kǎoròu　　　　　　　불고기
- 拌饭　　　　　　　bànfàn　　　　　　　비빔밥
- 冷面　　　　　　　lěngmiàn　　　　　　냉면
- 生菜包肉　　　　　shēngcàibāoròu　　　보쌈
- 猪排　　　　　　　zhūpái　　　　　　　돼지갈비
- 五花肉　　　　　　wǔhuāròu　　　　　　삼겹살
- 拌杂菜　　　　　　bànzácài　　　　　　잡채
- 泡菜饼　　　　　　pàocàibǐng　　　　　김치전
- 海鲜葱饼　　　　　hǎixiāncōngbǐng　　해물파전
- 炒鱿鱼　　　　　　chǎoyóuyú　　　　　오징어볶음
- 参鸡汤　　　　　　shēnjītāng　　　　　삼계탕
- 大酱汤　　　　　　dàjiàngtāng　　　　된장찌개
- 辣牛肉汤　　　　　làniúròutāng　　　　육계장
- 年糕汤　　　　　　niángāotāng　　　　떡국
- 紫菜包饭　　　　　zǐcàibāofàn　　　　김밥
- 炒年糕　　　　　　chǎoniángāo　　　　떡볶이

중국 음식

- 包子　　　　　　　bāozi　　　　　　　바오즈
- 饺子　　　　　　　jiǎozi　　　　　　　쟈오즈

· 火锅	huǒguō	훠궈
· 烤鸭	kǎoyā	카오야(오리구이)
· 锅包肉	guōbāoròu	궈바오러우
· 羊肉串	yángròuchuàn	양러우촨(양꼬치)
· 东坡肉	dōngpōròu	둥포러우(동파육)
· 麻辣烫	málàtàng	마라탕
· 糖醋肉	tángcùròu	탕추러우(탕수육)
· 担担面	dàndànmiàn	단단몐
· 刀削面	dāoxiāomiàn	다오샤오몐(도삭면)
· 水煮鱼	shuǐzhǔyú	쉐이주위
· 红烧肉	hóngshāoròu	훙사오러우
· 麻婆豆腐	mápódòufu	마포더우푸(마파두부)
· 宫保鸡丁	gōngbǎojīdīng	궁바오지딩
· 鱼香肉丝	yúxiāngròusī	위샹러우쓰
· 扬州炒饭	yángzhōuchǎofàn	양저우차오판(양주볶음밥)
· 西红柿鸡蛋汤	xīhóngshìjīdàntāng	시훙스지단탕(토마토계란탕)

세계 음식

· 披萨	pīsà	피자
· 咖喱	gālí	카레
· 牛排	niúpái	스테이크
· 寿司	shòusī	스시
· 薯片	shǔpiàn	포테이토칩
· 汉堡	hànbǎo	햄버거
· 布丁	bùdīng	푸딩

- 吐司 tǔsī 토스트
- 蛋挞 dàntà 에그타르트
- 爆米花 bàomǐhuā 팝콘
- 甜甜圈 tiántiánquān 도너츠
- 越南米粉 yuènánmǐfěn 베트남 쌀국수
- 羊角面包 yángjiǎomiànbāo 크로와상
- 意大利面 yìdàlìmiàn 스파게티
- 墨西哥卷饼 mòxīgējuǎnbǐng 타코
- 泰式炒米粉 tàishìchǎomǐfěn 팟타이
- 西班牙大锅饭 xībānyádàguōfàn 파에야

(3) 음료

- 可乐 kělè 콜라
- 雪碧 xuěbì 스프라이트
- 芬达 fēndá 환타
- 可可 kěkě 코코아
- 咖啡 kāfēi 커피
- 酸奶 suānnǎi 요거트
- 果汁 guǒzhī 과일 주스
- 奶昔 nǎixī 밀크쉐이크
- 红牛 hóngniú 레드불
- 矿泉水 kuàngquánshuǐ 생수
- 碳酸水 tànsuānshuǐ 탄산수
- 卡普奇诺 kǎpǔqínuò 카푸치노
- 美式咖啡 měishìkāfēi 아메리카노

- 浓缩咖啡   nóngsuōkāfēi   에스프레소
- 摩卡咖啡   mókǎkāfēi   카페모카
- 拿铁咖啡   nátiěkāfēi   카페라떼
- 马琪雅朵   mǎqíyǎduǒ   마키아토
- 维他命水   wéitāmìngshuǐ   비타민워터
- 宝矿力水特   bǎokuànglìshuǐtè   포카리스웨트

(4) 술

- 啤酒   píjiǔ   맥주
- 扎啤   zhāpí   생맥주
- 烧酒   shāojiǔ   소주
- 马格利酒   mǎgélìjiǔ   막걸리
- 清酒   qīngjiǔ   청주
- 洋酒   yángjiǔ   양주
- 果酒   guǒjiǔ   과실주
- 朗姆酒   lǎngmǔjiǔ   럼주
- 威士忌   wēishìjì   위스키
- 鸡尾酒   jīwěijiǔ   칵테일
- 白兰地   báilándì   브랜디
- 伏特加   fútèjiā   보드카
- 白葡萄酒   báipútáojiǔ   화이트와인
- 红葡萄酒   hóngpútáojiǔ   레드와인
- 高粱酒   gāoliángjiǔ   고량주
- 茅台   máotái   마오타이주
- 水井坊   shuǐjǐngfáng   수정방

· 五粮液	wǔliángyè	우량예
· 莫吉托	mòjítuō	모히토

(5) 차

· 绿茶	lǜchá	녹차
· 红茶	hóngchá	홍차
· 奶茶	nǎichá	밀크티
· 抹茶	mǒchá	말차
· 铁观音	tiěguānyīn	철관음
· 普洱茶	pǔ'ěrchá	보이차
· 龙井茶	lóngjǐngchá	용정차
· 菊花茶	júhuāchá	국화차
· 薄荷茶	bòhechá	페퍼민트티
· 乌龙茶	wūlóngchá	우롱차
· 柚子茶	yòuzichá	유자차
· 柠檬茶	níngméngchá	레몬티
· 茉莉花茶	mòlihuāchá	재스민차
· 玫瑰花茶	méiguīhuāchá	장미차
· 薰衣草茶	xūnyīcǎochá	라벤더티
· 格雷伯爵茶	géléibójuéchá	얼그레이차
· 大吉岭红茶	dàjílǐnghóngchá	다즐링차

◎ 공항, 기차역

· 机场	jīchǎng	공항
· 航班	hángbān	항공편

· 行李	xíngli	짐
· 乘客	chéngkè	승객
· 空姐	kōngjiě	스튜어디스
· 乘务员	chéngwùyuán	승무원
· 起飞	qǐfēi	이륙하다
· 着陆	zhuólù	착륙하다
· 头等舱	tóuděngcāng	일등석
· 商务舱	shāngwùcāng	비즈니스석
· 经济舱	jīngjìcāng	일반석, 이코노미클래스
· 登机牌	dēngjīpái	탑승권
· 登机口	dēngjīkǒu	탑승구
· 入境卡	rùjìngkǎ	입국신고서
· 推迟	tuīchí	연착되다
· 火车站	huǒchēzhàn	기차역
· 火车票	huǒchēpiào	기차표
· 车厢	chēxiāng	(열차 등의) 객실
· 终点	zhōngdiǎn	종착지
· 软卧	ruǎnwò	(열차의)일등 침대석
· 硬卧	yìngwò	(열차의)일반 침대석

◎ 기타 장소

· 学校	xuéxiào	학교
· 超市	chāoshì	슈퍼
· 商店	shāngdiàn	상점
· 桑拿	sāngná	사우나
· 便利店	biànlìdiàn	편의점

- 家具店　　　　　jiājùdiàn　　　　　가구점
- 电影院　　　　　diànyǐngyuàn　　　영화관
- 健身房　　　　　jiànshēnfáng　　　헬스클럽
- 图书馆　　　　　túshūguǎn　　　　도서관
- 博物馆　　　　　bówùguǎn　　　　박물관
- 咖啡厅　　　　　kāfēitīng　　　　　커피숍
- 派出所　　　　　pàichūsuǒ　　　　파출소
- 旅行社　　　　　lǚxíngshè　　　　　여행사
- 大使馆　　　　　dàshǐguǎn　　　　대사관
- 名胜古迹　　　　míngshènggǔjì　　명승고적

▶ 교통

◎ 교통수단

- 汽车 — qìchē — 자동차
- 火车 — huǒchē — 기차
- 飞机 — fēijī — 비행기
- 地铁 — dìtiě — 지하철
- 出租车 — chūzūchē — 택시
- 的士 — dīshì — 택시
- 自行车 — zìxíngchē — 자전거
- 船 — chuán — 배, 선박
- 班车 — bānchē — 통근버스
- 公共交通工具 — gōnggòng jiāotōng gōngjù — 대중교통 수단

◎ 교통 관련 어휘

- **交通** — jiāotōng — 교통
- **开车** — kāichē — 운전하다
- **驾驶** — jiàshǐ — 운전하다
- **打车** — dǎchē — 택시 타다
- **驾照** — jiàzhào — 운전면허증
- **拼车** — pīnchē — 카풀(car pool)하다
- **乘坐** — chéngzuò — (자동차·배·비행기 등을) 타다
- **换乘** — huànchéng — 환승하다
- **堵车** — dǔchē — 차가 막히다
- **拥挤** — yōngjǐ — 붐비다, 혼잡하다
- **尾气** — wěiqì — 배기가스

- 专用车道　　　　　zhuānyòngchēdào　　　　전용도로
- 高速公路　　　　　gāosùgōnglù　　　　　　고속도로
- 早晚高峰期　　　　zǎowǎn gāofēngqī　　　　출퇴근 러시아워
- 交通事故　　　　　jiāotōngshìgù　　　　　　교통사고

▶ 직업

· 医生	yīshēng	의사
· 教师	jiàoshī	교사
· 律师	lǜshī	변호사
· 记者	jìzhě	기자
· 演员	yǎnyuán	배우
· 秘书	mìshū	비서
· 导游	dǎoyóu	가이드
· 厨师	chúshī	요리사
· 司机	sījī	기사
· 护士	hùshi	간호사
· 教授	jiàoshòu	교수
· 作家	zuòjiā	작가
· 编辑	biānjí	에디터
· 销售员	xiāoshòuyuán	판매원, 세일즈맨
· 公司职员	gōngsīzhíyuán	회사원
· 会计	kuàijì	회계사
· 工程师	gōngchéngshī	기술자, 엔지니어
· 银行职员	yínháng zhíyuán	은행원
· 研究员	yánjiūyuán	연구원
· 公务员	gōngwùyuán	공무원
· 房地产经纪人	fángdìchǎnjīngjìrén	부동산 중개사
· 金融家	jīnróngjiā	금융가
· 事业家	shìyèjiā	사업가

▶ 회사 생활

◎ 회사

公司	gōngsī	회사
单位	dānwèi	회사
员工	yuángōng	직원
职员	zhíyuán	직원
国企	guóqǐ	국유기업
成立	chénglì	창립하다
创立	chuànglì	창립하다
倒闭	dǎobì	부도나다
规模	guīmó	규모
母公司	mǔgōngsī	모회사
子公司	zǐgōngsī	자회사
经营理念	jīngyíng lǐniàn	경영 이념

◎ 채용

求职	qiúzhí	구직하다
应聘	yìngpìn	지원하다
招聘	zhāopìn	채용하다
录用	lùyòng	채용하다
录取	lùqǔ	채용하다, 뽑다
提拔	tíbá	발탁하다
聘任	pìnrèn	초빙하여 임용하다
笔试	bǐshì	필기시험
面试	miànshì	면접

- 本科　　　　　　běnkē　　　　　　　학부
- 研究生院　　　　yánjiūshēngyuàn　　대학원
- 硕士　　　　　　shuòshì　　　　　　석사
- 博士　　　　　　bóshì　　　　　　　박사
- 本领　　　　　　běnlǐng　　　　　　능력, 기량
- 毕业　　　　　　bìyè　　　　　　　　졸업하다
- 教育背景　　　　jiàoyùbèijǐng　　　교육 배경
- 投简历　　　　　tóu jiǎnlì　　　　　이력서를 넣다
- 工作经验　　　　gōngzuò jīngyàn　　실무 경험
- 就业难　　　　　jiùyènán　　　　　　취업난
- 竞争激烈　　　　jìngzhēng jīliè　　경쟁이 치열하다

◎ 한국식 직함

- 会长　　　　　　huìzhǎng　　　　　　회장
- 副会长　　　　　fùhuìzhǎng　　　　　부회장
- 社长　　　　　　shèzhǎng　　　　　　사장
- 副社长　　　　　fùshèzhǎng　　　　　부사장
- 专务理事　　　　zhuānwùlǐshì　　　　전무이사
- 常务理事　　　　chángwùlǐshì　　　　상무이사
- 理事　　　　　　lǐshì　　　　　　　　이사
- 顾问　　　　　　gùwèn　　　　　　　　고문
- 部长　　　　　　bùzhǎng　　　　　　　부장
- 次长　　　　　　cìzhǎng　　　　　　　차장
- 科长　　　　　　kēzhǎng　　　　　　　과장
- 代理　　　　　　dàilǐ　　　　　　　　대리
- 主任　　　　　　zhǔrèn　　　　　　　　주임

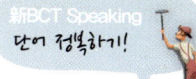

- 职员　　　　　　zhíyuán　　　　　　사원
- 实习生　　　　　shíxíshēng　　　　실습생, 인턴

◎ 중국식 직함

- 总裁　　　　　　zǒngcái　　　　　　기업의 총수
- 董事长　　　　　dǒngshìzhǎng　　　대표이사, 이사장
- 总经理　　　　　zǒngjīnglǐ　　　　최고경영자
- 总监　　　　　　zǒngjiān　　　　　총감
- 经理　　　　　　jīnglǐ　　　　　　경리
- 职员　　　　　　zhíyuán　　　　　　사원
- 实习生　　　　　shíxíshēng　　　　실습생, 인턴

◎ 부서

- 总公司　　　　　zǒnggōngsī　　　　본사
- 分公司　　　　　fēngōngsī　　　　　지점, 지사
- 营业部　　　　　yíngyèbù　　　　　영업팀
- 人事部　　　　　rénshìbù　　　　　인사팀
- 财务部　　　　　cáiwùbù　　　　　재무팀
- 经营战略部　　　jīngyíngzhànlüèbù　경영전략팀
- 销售部　　　　　xiāoshòubù　　　　판매팀
- 市场部　　　　　shìchǎngbù　　　　마케팅팀
- 研发部　　　　　yánfābù　　　　　　연구개발팀
- IT部　　　　　　ITbù　　　　　　　IT 팀
- 宣传部　　　　　xuānchuánbù　　　홍보팀
- 法务部　　　　　fǎwùbù　　　　　　법무팀

◎ 사무용품

- 铅笔　　　qiānbǐ　　　연필
- 钢笔　　　gāngbǐ　　　만년필
- 橡皮　　　xiàngpí　　　지우개
- 剪刀　　　jiǎndāo　　　가위
- 图钉　　　túdīng　　　압정
- 胶带　　　jiāodài　　　테이프
- 尺子　　　chǐzi　　　자
- 海报　　　hǎibào　　　포스터
- 胶水　　　jiāoshuǐ　　　풀
- 电池　　　diànchí　　　건전지
- U盘　　　U pán　　　USB
- 贴纸　　　tiēzhǐ　　　포스트잇
- 激光笔　　　jīguāngbǐ　　　레이저 포인터
- 圆珠笔　　　yuánzhūbǐ　　　볼펜
- 文件夹　　　wénjiànjiā　　　서류철
- 邀请函　　　yāoqǐnghán　　　초청장
- 订书器　　　dìngshūqì　　　스테이플러
- 回形针　　　huíxíngzhēn　　　클립
- 修正液　　　xiūzhèngyè　　　수정액
- 扫描仪　　　sǎomiáoyí　　　스캐너
- 投影仪　　　tóuyǐngyí　　　빔프로젝터

◎ 근무환경

- 办公　　　bàngōng　　　근무하다
- 环境　　　huánjìng　　　환경

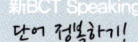

· 改善	gǎishàn	개선하다
· 舒适	shūshì	쾌적하다
· 舒心	shūxīn	마음이 편하다
· 干净	gānjìng	깨끗하다
· 复杂	fùzá	복잡하다
· 整洁	zhěngjié	정돈되고 깨끗하다
· 明亮	míngliàng	밝다
· 独特	dútè	독특하다
· 设计	shèjì	설계, 디자인
· 装饰	zhuāngshì	장식
· 开放式	kāifàngshì	개방형
· 有效率	yǒuxiàolǜ	효율적이다
· 促进交流	cùjìn jiāoliú	교류를 촉진시키다
· 充满活力	chōngmǎnhuólì	활기차다

◎ 동료관계

· 同事	tóngshì	동료
· 沟通	gōutōng	소통하다
· 交流	jiāoliú	교류하다
· 鼓励	gǔlì	격려하다
· 鼓舞	gǔwǔ	고무하다, 기운 나다
· 称赞	chēngzàn	칭찬하다
· 口碑	kǒubēi	평가, 평판
· 矛盾	máodùn	갈등, 대립
· 配合	pèihé	호흡을 맞추다, 협동하다
· 相处	xiāngchǔ	함께 지내다

- 郁闷　　　　　　yùmèn　　　　　　답답하다, 우울하다
- 尊重　　　　　　zūnzhòng　　　　　존중하다
- 团结　　　　　　tuánjié　　　　　　단결하다
- 谈心　　　　　　tánxīn　　　　　　마음을 터놓고 이야기하다
- 竞争　　　　　　jìngzhēng　　　　　경쟁
- 发生分歧　　　　fāshēng fēnqí　　　이견이 발생하다
- 互相帮助　　　　hùxiāng bāngzhù　　서로 돕다
- 精诚合作　　　　jīngchéng hézuò　　성심성의로 협력하다
- 同甘共苦　　　　tónggāngòngkǔ　　　동고동락하다
- 生死与共　　　　shēngsǐyǔgòng　　　생사를 함께 하다
- 亲如一家　　　　qīnrúyìjiā　　　　　가족처럼 가깝다

◎ 복지와 연봉

- 福利　　　　　　fúlì　　　　　　　복지
- 待遇　　　　　　dàiyù　　　　　　대우
- 报酬　　　　　　bàochou　　　　　보수, 급여
- 红利　　　　　　hónglì　　　　　　주식 배당, 보너스
- 津贴　　　　　　jīntiē　　　　　　수당을 지급하다, 보조하다
- 劳务费　　　　　láowùfèi　　　　　노동 임금
- 年薪　　　　　　niánxīn　　　　　연봉
- 起薪　　　　　　qǐxīn　　　　　　초봉
- 薪水　　　　　　xīnshuǐ　　　　　급여
- 薪酬　　　　　　xīnchóu　　　　　급여
- 礼金　　　　　　lǐjīn　　　　　　사례금
- 保险　　　　　　bǎoxiǎn　　　　　보험
- 工伤　　　　　　gōngshāng　　　　산업 재해

- 企业培训　　　　　qǐyè péixùn　　　　　기업 교육
- 现金补贴　　　　　xiànjīn bǔtiē　　　　현금 보조
- 年终奖金　　　　　niánzhōng jiǎngjīn　　연말 보너스

◎ 인사고과

- 业绩　　　　　　　yèjì　　　　　　　　　업무성과
- 反映　　　　　　　fǎnyìng　　　　　　　반영하다
- 评估　　　　　　　pínggū　　　　　　　　평가하다
- 评价　　　　　　　píngjià　　　　　　　 평가하다
- 表现　　　　　　　biǎoxiàn　　　　　　　태도, 행동
- 标准　　　　　　　biāozhǔn　　　　　　　기준
- 引导　　　　　　　yǐndǎo　　　　　　　　이끌다, 인도하다
- 考评　　　　　　　kǎopíng　　　　　　　 심사하여 평가하다
- 挑选　　　　　　　tiāoxuǎn　　　　　　　선발하다, 뽑다
- 公平　　　　　　　gōngpíng　　　　　　　공평하다
- 赏罚　　　　　　　shǎngfá　　　　　　　 상과 벌
- 审核　　　　　　　shěnhé　　　　　　　　심사하여 결정하다
- 实际情况　　　　　shíjì qíngkuàng　　　 실제 상황
- 绩效考核　　　　　jìxiào kǎohé　　　　　업적과 성과 심사

▶ 업무

◎ 회의

· 会议	huìyì	회의
· 开会	kāihuì	회의를 열다
· 流程	liúchéng	과정
· 步骤	bùzhòu	순서, 단계
· 材料	cáiliào	자료
· 草案	cǎo'àn	초안
· 意见	yìjiàn	의견
· 提案	tí'àn	제안하다
· 提议	tíyì	제의하다
· 建议	jiànyì	건의하다
· 磋商	cuōshāng	상세하게 논의하다
· 面议	miànyì	직접 만나서 의논하다
· 探讨	tàntǎo	연구 토론하다
· 谈判	tánpàn	담판하다
· 接受	jiēshòu	받아들이다
· 可视电话	kěshìdiànhuà	화상전화

◎ 보고

· 报告	bàogào	보고하다
· 筹备	chóubèi	기획하고 준비하다
· 档案	dàng'àn	문서, 서류
· 反馈	fǎnkuì	피드백
· 方案	fāng'àn	방안

· 方法	fāngfǎ	방법
· 方式	fāngshì	방식
· 过目	guòmù	훑어보다
· 汇报	huìbào	보고하다
· 上报	shàngbào	보고하다
· 述职	shùzhí	(주관 부서 등에) 업무 상황을 보고하다
· 发言	fāyán	발언하다

◎ 이메일

· 电子邮件	diànzǐyóujiàn	이메일
· 发送	fāsòng	발송하다
· 登录	dēnglù	로그인하다
· 退出	tuìchū	로그아웃하다
· 收信	shōuxìn	편지를 받다
· 写信	xiěxìn	편지를 쓰다
· 发件人	fājiànrén	보내는 사람
· 收件人	shōujiànrén	받는 사람
· 附件	fùjiàn	첨부 파일
· 添加附件	tiānjiā fùjiàn	파일을 첨부하다
· 超大附件	chāodà fùjiàn	대용량 첨부 파일
· 通讯录	tōngxùnlù	주소록
· 垃圾箱	lājīxiāng	스팸 메일함
· 邮件箱	yóujiànxiāng	메일함
· 已发送	yǐfāsòng	보낸 편지함

◎ 출장

· 出差	chūchāi	출장가다
· 拜访	bàifǎng	방문하다
· 出境	chūjìng	출국하다
· 经费	jīngfèi	경비
· 报销	bàoxiāo	(사용 경비를) 청구하다
· 护照	hùzhào	여권
· 机票	jīpiào	비행기표
· 顺利	shùnlì	순조롭다
· 接风	jiēfēng	접대하다
· 博览会	bólǎnhuì	박람회
· 倒时差	dǎoshíchā	시차에 적응하다
· 居留许可	jūliúxǔkě	거류 허가
· 差旅费	chāilǚfèi	출장비

◎ 합작

· 毁约	huǐyuē	계약을 파기하다
· 标书	biāoshū	입찰문서
· 客户	kèhù	고객
· 合同	hétong	계약서
· 合作	hézuò	합작하다
· 合资	hézī	합자하다
· 伙伴	huǒbàn	파트너
· 签名	qiānmíng	사인하다
· 签署	qiānshǔ	정식 서명하다
· 签约	qiānyuē	서명하다

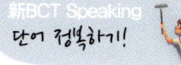

· 签字	qiānzì	사인하다
· 报盘	bàopán	(파는 쪽이) 가격을 제시하다, 오퍼를 내다

◎ 프로젝트

· 项目	xiàngmù	프로젝트
· 短期	duǎnqī	단기
· 长期	chángqī	장기
· 协作	xiézuò	협업하다
· 进行	jìnxíng	진행하다
· 通宵	tōngxiāo	밤을 새우다
· 熬夜	áo'yè	밤을 새우다
· 安置	ānzhì	배치하다
· 目标	mùbiāo	목표
· 目的	mùdì	목적
· 调查	diàochá	조사하다
· 策划	cèhuà	계획하다
· 分析	fēnxī	분석하다
· 决策	juécè	책략
· 实施	shíshī	실시하다
· 负责人	fùzérén	책임자, 담당자
· 计划书	jìhuàshū	계획서
· 初步计划	chūbù jìhuà	1차 계획
· 市场预测	shìchǎng yùcè	시장 예측

◎ 신제품 출시

· 新产品	xīnchǎnpǐn	신제품

- 推出 　　　　　 tuīchū 　　　　　　　 출시하다
- 研究 　　　　　 yánjiū 　　　　　　　 연구하다
- 宣传 　　　　　 xuānchuán 　　　　　 홍보하다
- 价位 　　　　　 jiàwèi 　　　　　　　 가격대
- 功能 　　　　　 gōngnéng 　　　　　　성능, 기능
- 特点 　　　　　 tèdiǎn 　　　　　　　 특징
- 上市 　　　　　 shàngshì 　　　　　　출시되다
- 策略 　　　　　 cèlüè 　　　　　　　　전략
- 推广 　　　　　 tuīguǎng 　　　　　　홍보하다, 널리 알리다
- 广告 　　　　　 guǎnggào 　　　　　　광고
- 推销 　　　　　 tuīxiāo 　　　　　　　내다 팔다
- 销路 　　　　　 xiāolù 　　　　　　　 판로
- 商机 　　　　　 shāngjī 　　　　　　　사업 기회
- 促销 　　　　　 cùxiāo 　　　　　　　 판촉하다
- 针对 　　　　　 zhēnduì 　　　　　　　겨냥하다
- 饱和度 　　　　 bǎohédù 　　　　　　 포화도
- 带动市场 　　　 dàidòng shìchǎng 　　 시장을 선도하다
- 竞争商品 　　　 jìngzhēng shāngpǐn 　 경쟁 상품
- 营销活动 　　　 yíngxiāo huódòng 　　 판매 프로모션

◎ 생산과 유통

- 生产 　　　　　 shēngchǎn 　　　　　 생산하다
- 流通 　　　　　 liútōng 　　　　　　　 유통하다
- 厂家 　　　　　 chǎngjiā 　　　　　　 공장, 제조상
- 厂商 　　　　　 chǎngshāng 　　　　　공장, 제조상
- 出货 　　　　　 chūhuò 　　　　　　　출고하다

· 供给	gōngjǐ	공급하다
· 供应	gōngyìng	공급하다, 보급하다
· 海运	hǎiyùn	해상 운송
· 空运	kōngyùn	항공 운송
· 回执	huízhí	영수증, 수령증
· 货物	huòwù	화물
· 库存	kùcún	재고
· 快递	kuàidì	택배
· 投产	tóuchǎn	생산에 들어가다
· 流水线	liúshuǐxiàn	어셈블리 라인
· 生产线	shēngchǎnxiàn	생산 라인
· 信用证	xìnyòngzhèng	신용장(L/C)
· 供不应求	gōngbùyìngqiú	공급이 수요를 따르지 못하다
· 资金周转	zījīnzhōuzhuǎn	자금순환

◎ 영업과 판매

· 营业	yíngyè	영업하다
· 营销	yíngxiāo	판매하다, 판촉하다
· 畅销	chàngxiāo	잘 팔리다
· 出售	chūshòu	판매하다
· 热销	rèxiāo	불티나게 팔리다
· 外卖	wàimài	포장 판매하다
· 抛售	pāoshòu	덤핑 판매하다
· 拍卖	pāimài	경매하다, 할인 판매하다
· 零售	língshòu	소매
· 垄断	lǒngduàn	독점하다

· 经销	jīngxiāo	위탁 판매하다
· 佣金	yòngjīn	커미션, 중개 수수료
· 滞销	zhìxiāo	판매가 부진하다
· 独家代理	dújiādàilǐ	독점 대리
· 连锁经营	liánsuǒjīngyíng	프랜차이즈
· 薄利多销	bóliduōxiāo	박리다매
· 达成营业额	dáchéng yíngyè'é	영업액을 달성하다

◎ 수출입

· 进口	jìnkǒu	수입하다
· 出口	chūkǒu	수출하다
· 贸易	màoyì	무역
· 关税	guānshuì	관세
· 回扣	huíkòu	수수료, 커미션
· 交易	jiāoyì	교역하다
· 海关	hǎiguān	세관
· 缴纳	jiǎonà	납부하다, 납입하다
· 进货	jìnhuò	입하하다, 물품이 들어오다
· 净重	jìngzhòng	실중량
· 仓单	cāngdān	창고증권
· 集装箱	jízhuāngxiāng	컨테이너
· 报关	bàoguān	통관 수속을 하다
· 贸易壁垒	màoyìbìlěi	무역 장벽

◎ 제품과 구매

· 编号	biānhào	일련 번호

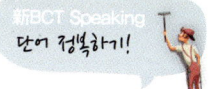

标签	biāoqiān	상표, 라벨
尺寸	chǐcun	사이즈
档次	dàngcì	등급
盗版	dàobǎn	해적판
二手	èrshǒu	중고
废品	fèipǐn	불량품, 폐품
规格	guīgé	규격
国产	guóchǎn	국산
品质	pǐnzhì	품질
式样	shìyàng	스타일, 디자인
条形码	tiáoxíngmǎ	바코드
残次品	cáncìpǐn	불량품
保质期	bǎozhìqī	품질 보증 기간
包退包换	bāotuìbāohuàn	교환보증
采购	cǎigòu	구매하다
垫付	diànfù	잠시 돈을 대신 내다
订单	dìngdān	주문서
订金	dìngjīn	계약금
购买	gòumǎi	구매하다
购置	gòuzhì	(장기간 사용할 것을) 사들이다
经手人	jīngshǒurén	브로커, 취급인
竞标	jìngbiāo	경쟁 입찰하다
买卖	mǎimài	매매하다
盘点	pándiǎn	(재고를) 정리·정검하다
收购	shōugòu	사들이다, 매입하다

- 团购 　　　　　　tuángòu　　　　　　공동구매

◎ 가격과 결제
- 价格　　　　　　jiàgé　　　　　　가격
- 暴跌　　　　　　bàodiē　　　　　　폭락하다
- 本金　　　　　　běnjīn　　　　　　원금
- 本钱　　　　　　běnqián　　　　　　원금, 자본
- 贬值　　　　　　biǎnzhí　　　　　　(화폐 가치가) 평가 절하되다
- 差价　　　　　　chājià　　　　　　가격 차이
- 定额　　　　　　dìng'é　　　　　　할당량
- 价位　　　　　　jiàwèi　　　　　　가격 수준
- 降价　　　　　　jiàngjià　　　　　　가격을 낮추다
- 杀价　　　　　　shājià　　　　　　값을 깎다
- 砍价　　　　　　kǎnjià　　　　　　값을 깎다
- 免税　　　　　　miǎnshuì　　　　　　면세되다
- 还盘　　　　　　huánpán　　　　　　카운터 오퍼
- 付款　　　　　　fùkuǎn　　　　　　지불하다
- 结算　　　　　　jiésuàn　　　　　　결산하다
- 结账　　　　　　jiézhàng　　　　　　계산하다
- 买单　　　　　　mǎidān　　　　　　계산하다
- 首付　　　　　　shǒufù　　　　　　계약금을 치르다
- 预付　　　　　　yùfù　　　　　　선불하다
- 抬价　　　　　　táijià　　　　　　가격을 올리다
- 汇兑　　　　　　huìduì　　　　　　환으로 보내진 돈을 수취인에게 지불하다
- 电汇　　　　　　diànhuì　　　　　　전신환
- 转账　　　　　　zhuǎnzhàng　　　　　　계좌 이체하다

- 物超所值　　　wùchāosuǒzhí　　　가격대비 상품의 질이 좋다
- 物美价廉　　　wùměijiàlián　　　상품의 질이 좋고 값도 저렴하다
- 委托收款　　　wěituōshōukuǎn　　추심
- 现金付款　　　xiànjīnfùkuǎn　　　현금지급
- 一次付清　　　yícifùqīng　　　　일괄지급

◎ 클레임

- 故障　　　　　gùzhàng　　　　　고장
- 次品　　　　　cìpǐn　　　　　　질이 낮은 물건
- 断线　　　　　duànxiàn　　　　　연결이 끊어지다
- 追究　　　　　zhuījiū　　　　　　추궁하다
- 导致　　　　　dǎozhì　　　　　　야기하다
- 抢修　　　　　qiǎngxiū　　　　　서둘러 수리하다
- 损失　　　　　sǔnshī　　　　　손실
- 中断　　　　　zhōngduàn　　　　중단하다
- 赔偿　　　　　péicháng　　　　　배상하다
- 索赔　　　　　suǒpéi　　　　　배상을 요구하다
- 理赔　　　　　lǐpéi　　　　　　배상 청구를 해결하다
- 遗漏　　　　　yílòu　　　　　　누락하다, 빠드리다
- 延误　　　　　yánwù　　　　　　지체하다
- 违约　　　　　wéiyuē　　　　　위약하다
- 违反　　　　　wéifǎn　　　　　위반하다
- 吊销　　　　　diàoxiāo　　　　　(이미 발급한 증서를) 회수하여 취소하다
- 纠纷　　　　　jiūfēn　　　　　　분쟁
- 失效　　　　　shīxiào　　　　　효력을 잃다
- 补救方案　　　bǔjiùfāng'àn　　　보완 방안

◎ 개막식과 준공식

开幕	kāimù	개막하다
闭幕	bìmù	폐막하다
出席	chūxí	참석하다
典礼	diǎnlǐ	의식, 행사
动工	dònggōng	착공하다
恭喜	gōngxǐ	축하하다
鼓掌	gǔzhǎng	박수치다
剪彩	jiǎncǎi	기념 테이프를 끊다
建立	jiànlì	건립하다
建设	jiànshè	건설하다
开拓	kāituò	개척하다, 확장하다
来宾	láibīn	내빈
庆祝	qìngzhù	경축하다
施工	shīgōng	시공하다
庆贺	qìnghè	경축하다
竣工	jùngōng	준공하다

◎ 회식과 접대

聚餐	jùcān	회식
盛情	shèngqíng	후의, 두터운 정
包间	bāojiān	(음식점에서) 독방, 룸
酬劳	chóuláo	(금품으로) 사례하다, 감사의 뜻을 전하다
酬谢	chóuxiè	(금품으로) 사례하다
应酬	yìngchou	접대하다
接待	jiēdài	접대하다

· 款待	kuǎndài	환대하다, 정성껏 대접하다
· 就餐	jiùcān	식사하다
· 敬酒	jìngjiǔ	술을 올리다
· 丰盛	fēngshèng	성대하다, 풍성하다
· 迎接	yíngjiē	마중하다
· 接风洗尘	jiēfēngxǐchén	(멀리서 온) 손님에게 환영회를 열어주다
· 迎来送往	yíngláisòngwǎng	손님을 잘 접대하다

▶ 직무

◎ 인사와 행정

- 培训   péixùn   교육
- 裁员   cáiyuán   감원하다
- 解雇   jiěgù   해고하다
- 开除   kāichú   해고하다
- 升职   shēngzhí   승진하다
- 晋升   jìnshēng   승진하다
- 派遣   pàiqiǎn   파견하다
- 跳槽   tiàocáo   이직하다
- 退休   tuìxiū   퇴직하다
- 下岗   xiàgǎng   퇴직하다, 근무 교대하다
- 考勤   kǎoqín   출근을 기록하다
- 督办   dūbàn   감독하다, 관리하다
- 行政   xíngzhèng   행정
- 调处纠纷   tiáochǔ jiūfēn   분쟁을 조정하다
- 人力资源   rénlìzīyuán   인력자원

◎ 재무회계

- 财务   cáiwù   재무
- 财政   cáizhèng   재정
- 财经   cáijīng   재정과 경제
- 资金   zījīn   자금
- 会计   kuàijì   회계
- 资产   zīchǎn   자산

- 收支	shōuzhī	수입과 지출
- 出纳	chūnà	출납하다
- 核算	hésuàn	정산하다
- 纳税	nàshuì	납세하다
- 财务管理	cáiwùguǎnlǐ	재무관리
- 财务报表	cáiwùbàobiǎo	재무재표
- 成本预算	chéngběnyùsuàn	원가예산
- 财务预算	cáiwùyùsuàn	재무예산
- 资金预算	zījīnyùsuàn	자금예산
- 资本融通	zīběnróngtōng	자본융통
- 现金流量	xiànjīnliúliàng	현금 흐름
- 利润分配	lìrùnfēnpèi	이익금처분, 이익분배
- 年度会计决算	niándù kuàijìjuésuàn	연도 회계 결산

◎ 마케팅

- 销售	xiāoshòu	판매하다
- 营销	yíngxiāo	판매하다, 판촉하다
- 品牌	pǐnpái	브랜드
- 产销	chǎnxiāo	생산과 판매
- 预测	yùcè	예측하다
- 消费者	xiāofèizhě	소비자
- 购物心理	gòuwùxīnlǐ	구매심리
- 市场调查	shìchǎng diàochá	시장 조사
- 分析变动	fēnxībiàndòng	변동 분석
- 占有率	zhànyǒulǜ	점유율
- 市场需求	shìchángxūqiú	시장수요

단어 정복하기! **41**

- 推广渠道　　　tuīguǎng qúdào　　　판로를 넓히다
- 竞争对手　　　jìngzhēng duìshǒu　　경쟁 상대
- 产品定价　　　chǎnpǐn dìngjià　　　상품 가격 결정
- 拟定销售计划　nǐdìng xiāoshòu jìhuà　판매 계획을 입안하다

◎ 엔지니어링

- 工程师　　gōngchéngshī　　엔지니어
- 安装　　　ānzhuāng　　　　설치하다
- 设置　　　shèzhì　　　　　설치하다
- 维修　　　wéixiū　　　　　수리하다
- 保修　　　bǎoxiū　　　　　수리를 보증하다
- 启动　　　qǐdòng　　　　　작동을 시작하다, 시동을 걸다
- 驱动　　　qūdòng　　　　　시동을 걸다, 움직이게 하다
- 软件　　　ruǎnjiàn　　　　소프트웨어
- 程序　　　chéngxù　　　　　프로그램
- 故障　　　gùzhàng　　　　　고장
- 机器　　　jīqì　　　　　　기계
- 技术　　　jìshù　　　　　　기술
- 零件　　　língjiàn　　　　부품
- 设备　　　shèbèi　　　　　설비
- 新颖　　　xīnyǐng　　　　　참신하다
- 创新　　　chuàngxīn　　　　창의, 창조하다
- 示意图　　shìyìtú　　　　　설명도, 안내도

◎ 교육

- 教育　　　　jiàoyù　　　　　　교육
- 智慧　　　　zhìhuì　　　　　　지혜
- 素质　　　　sùzhì　　　　　　소질, 소양
- 榜样　　　　bǎngyàng　　　　본보기
- 师德　　　　shīdé　　　　　　스승으로서의 도덕 규범
- 备课　　　　bèikè　　　　　　수업을 준비하다
- 培养　　　　péiyǎng　　　　　양성하다, 기르다
- 潜能　　　　qiánnéng　　　　잠재력, 가능성
- 责任感　　　zérèngǎn　　　　책임감
- 肯于吃苦　　kěnyúchīkǔ　　　기꺼이 고생하다
- 以身作则　　yǐshēnzuòzé　　　솔선수범하다
- 无私奉献　　wúsīfèngxiàn　　　사심 없는 공헌
- 诲人不倦　　huìrénbújuàn　　　가르침에 게으르지 않다

◎ 법률

- 法律　　　　fǎlǜ　　　　　　법률
- 案例　　　　ànlì　　　　　　사례
- 罚金　　　　fájīn　　　　　　벌금, 벌금형
- 法规　　　　fǎguī　　　　　　법규
- 非法　　　　fēifǎ　　　　　　불법
- 规章　　　　guīzhāng　　　　규정, 규칙
- 处置　　　　chǔzhì　　　　　처벌하다, 징벌하다
- 抵押　　　　dǐyā　　　　　　저당하다
- 督促　　　　dūcù　　　　　　독촉하다
- 吊销　　　　diàoxiāo　　　　(이미 발급한 증서를) 회수하여 취소하다

단어 정복하기! **43**

- 过户　　　　　　guòhù　　　　　　소유권의 명의를 변경하다
- 冒牌　　　　　　màopái　　　　　상표를 도용하다
- 批准　　　　　　pīzhǔn　　　　　비준
- 起诉　　　　　　qǐsù　　　　　　기소하다
- 诉讼　　　　　　sùsòng　　　　　소송하다
- 守法　　　　　　shǒufǎ　　　　　법을 지키다
- 审查　　　　　　shěnchá　　　　 심사하다, 검열하다

◎ 의료

- 病床　　　　　　bìngchuáng　　　병상
- 病历　　　　　　bìnglì　　　　　병력
- 临床　　　　　　línchuáng　　　 임상
- 抢救　　　　　　qiǎngjiù　　　　구출하다, 구조하다
- 治疗　　　　　　zhìliáo　　　　 치료하다
- 治愈　　　　　　zhìyù　　　　　 치료하다
- 护理　　　　　　hùlǐ　　　　　　간호하다, 간병하다
- 会诊　　　　　　huìzhěn　　　　 (두 명 이상의 의사가) 합동 진찰하다
- 诊断　　　　　　zhěnduàn　　　　진단하다
- 巡诊　　　　　　xúnzhěn　　　　 회진하다
- 用药　　　　　　yòngyào　　　　 약을 사용하다
- B超　　　　　　 B chāo　　　　　초음파
- 医疗器械　　　　yīliáoqìxiè　　 의료기기

▶ 컴퓨터와 인터넷

◎ 컴퓨터

- 鼠标　　　　　shǔbiāo　　　　　　마우스
- 键盘　　　　　jiànpán　　　　　　키보드
- 显示屏　　　　xiǎnshìpíng　　　　모니터
- 安装　　　　　ānzhuāng　　　　　설치하다
- 内存　　　　　nèicún　　　　　　메모리 용량
- 上传　　　　　shàngchuán　　　　업로드하다
- 下载　　　　　xiàzǎi　　　　　　다운로드하다
- 云端　　　　　yúnduān　　　　　클라우드
- 系统　　　　　xìtǒng　　　　　　시스템
- 密码　　　　　mìmǎ　　　　　　비밀 번호
- 删除　　　　　shānchú　　　　　삭제하다
- 微软　　　　　wēiruǎn　　　　　마이크로소프트
- 杀毒软件　　　shādúruǎnjiàn　　 백신
- 木马病毒　　　mùmǎbìngdú　　　트로잔 바이러스
- 恶意代码　　　èyìdàimǎ　　　　　악성코드

◎ 인터넷

- 网民　　　　　wǎngmín　　　　　네티즌
- 网页　　　　　wǎngyè　　　　　　홈페이지
- 上网　　　　　shàngwǎng　　　　인터넷을 하다
- 无线网络　　　wúxiànwǎngluò　　와이파이
- 应用程序　　　yìngyòngchéngxù　어플리케이션
- 网络　　　　　wǎngluò　　　　　네트워크

· 更新	gēngxīn	업데이트
· 回帖	huítiě	댓글
· 搜索	sōusuǒ	검색하다
· 账号	zhànghào	아이디
· 恶意评论	èyìpínglùn	악플
· 视频聊天	shìpínliáotiān	화상채팅
· 网上银行	wǎngshàngyínháng	인터넷뱅킹
· 网上赌博	wǎngshàngdǔbó	인터넷도박
· 电话诈骗	diànhuàzhàpiàn	보이스피싱
· 网络犯罪	wǎngluòfànzuì	인터넷범죄
· 官方网站	guānfāngwǎngzhàn	공식홈페이지
· 窃取个人信息	qièqǔ gèrénxìnxī	개인정보를 해킹하다
· 泄露个人信息	xièlòu gèrénxìnxī	개인정보를 유출하다